OS FRANCESES

COLEÇÃO POVOS & CIVILIZAÇÕES

Coordenação Jaime Pinsky

OS ALEMÃES *Vinícius Liebel*
OS AMERICANOS *Antonio Pedro Tota*
OS ARGENTINOS *Ariel Palacios*
OS CANADENSES *João Fábio Bertonha*
OS CHINESES *Cláudia Trevisan*
OS COLOMBIANOS *Andrew Traumann*
OS ESCANDINAVOS *Paulo Guimarães*
OS ESPANHÓIS *Josep M. Buades*
OS FRANCESES *Ricardo Corrêa Coelho*
OS INDIANOS *Florência Costa*
OS INGLESES *Peter Burke* e *Maria Lúcia Pallares-Burke*
OS IRANIANOS *Samy Adghirni*
OS ITALIANOS *João Fábio Bertonha*
OS JAPONESES *Célia Sakurai*
OS LIBANESES *Murilo Meihy*
OS MEXICANOS *Sergio Florencio*
O MUNDO MUÇULMANO *Peter Demant*
OS PORTUGUESES *Ana Silvia Scott*
OS RUSSOS *Angelo Segrillo*

Proibida a reprodução total ou parcial em qualquer mídia sem a autorização escrita da Editora.
Os infratores estão sujeitos às penas da lei.

A Editora não é responsável pelo conteúdo deste livro.
O Autor conhece os fatos narrados, pelos quais é responsável, assim como se responsabiliza pelos juízos emitidos.

Consulte nosso catálogo completo e últimos lançamentos em www.editoracontexto.com.br.

Ricardo Corrêa Coelho

OS FRANCESES

Copyright © 2007 Ricardo Corrêa Coelho

Todos os direitos desta edição reservados à
Editora Contexto (Editora Pinsky Ltda.)

Imagem de capa
© Hulton Archive/Getty Images

Montagem de capa e *diagramação*
Gustavo S. Vilas Boas

Revisão
Daniela Marini Iwamoto
Ruth Kluska

Dados Internacionais de Catalogação na Publicação (CIP)
(Câmara Brasileira do Livro, SP, Brasil)

Coelho, Ricardo Corrêa
Os franceses / Ricardo Corrêa Coelho. –
2. ed., 4ª reimpressão. – São Paulo : Contexto, 2024.

Bibliografia.
ISBN 978-85-7244-373-9

1. Arte – França 2. Cultura – França 3. Educação – França
4. França – História 5. França – Política e governo
6. França – Usos e costumes I. Título.

07-6421	CDD-944

Índice para catálogo sistemático:
1. França : História : Civilização   944

2024

EDITORA CONTEXTO
Diretor editorial: *Jaime Pinsky*

Rua Dr. José Elias, 520 – Alto da Lapa
05083-030 – São Paulo – SP
PABX: (11) 3832 5838
contato@editoracontexto.com.br
www.editoracontexto.com.br

SUMÁRIO

INTRODUÇÃO	9
O POVO E O TERRITÓRIO	13
A FORMAÇÃO DOS FRANCESES	15
Antes dos gauleses	16
Dos gauleses aos reis francos	21
Quem são os franceses da gema?	28
Primeira leva de imigrantes: um caso bem-sucedido de assimilação	36
Segunda leva de imigrantes: um caso malsucedido de integração	42
O ESPAÇO FRANCÊS	55
Da Monarquia ao Império republicano	56
Da República imperial ao hexágono	64
Os resquícios do grande império colonial: os departamentos e territórios ultramarinos	69
O espaço hexagonal	74
A unidade na diversidade	89
Paris e o interior	94
OS VIZINHOS	97
As guerras	98
Os valores	108
Estereótipos, conceitos e preconceitos	116
O outro ontem e hoje	134

VIVER À FRANCESA — 143

Cotidiano e comportamento social — 145
Dia a dia em Paris — 146
Capital e periferia — 157
Famílias francesas — 162
Beleza e harmonia — 166

A comunicação — 169
A língua francesa: *urbis et orbi* — 171
Raciocinar e exprimir-se à francesa — 179
O dito e o não dito na cultura francesa — 182
A comunicação escrita: do correio ao *minitel* — 184

O lazer — 189
O piquenique — 189
O esporte — 192
As festas públicas — 199
As férias de verão — 203
Retorno ao cotidiano — 206
As celebrações privadas — 211

A gastronomia — 215
Os ingredientes — 217
A sequência de pratos — 223
O serviço à mesa no Antigo Regime — 227
Breve história dos restaurantes — 231
Os queijos — 234
Os vinhos — 237

OS FRANCESES E SUAS INSTITUIÇÕES — 247

A política — 249
A República é uma mulher — 249
Napoleão, a Revolução e o Império — 253
Esquerda e direita — 258
Os intelectuais franceses e a política — 263

A EDUCAÇÃO 279

    A escola pública republicana: laica, gratuita e obrigatória 280

    Baccalauréat: passaporte para a educação superior 285

    A universidade e a expansão do ensino superior 288

    As grandes *écoles* e a reprodução da elite republicana 293

A ARTE 299

    Palais Royal, Salle Richelieu, 1º *arrondissement*: o teatro francês 300

    Museu do Louvre, 1º *arrondissement*:

        da pintura clássica à romântica 304

    Maison de Balzac, 16º *arrondissement*:

        o romance como grande literatura 308

    Museu d'Orsay, 7º *arrondissement*: a revolução impressionista 311

    Cinemateca francesa, 12º *arrondissement*:

        o cinema e casamento da arte com a indústria 320

    A arte nas ruas 325

    Epílogo 334

RECEITAS 337

CRONOLOGIA 339

BIBLIOGRAFIA 343

ICONOGRAFIA 345

AGRADECIMENTOS 347

O AUTOR 349

INTRODUÇÃO

Sofisticados, refinados e cultos; mal-humorados, briguentos e pretensiosos. Inventivos, exuberantes e sedutores; reprimidos, melancólicos e saudosistas. Revolucionários, irrequietos e universalistas; conservadores, reacionários, chauvinistas e xenófobos. Todas essas características contraditórias compõem o espírito dos franceses, formando um povo *sui generis*. Aqueles que veem, em primeiro lugar, suas características positivas, costumam admirá-los. Já os que enxergam antes o lado negro da sua alma tendem a desgostar deles. Mas raros são os que permanecem indiferentes ao seu caráter e forma de ser. Definitivamente, os franceses não são um povo insosso, assim como não é insossa a sua comida, nem apática a sua vida política e muito menos desprezível a sua colaboração para a filosofia, a ciência, a literatura e as artes.

A editora Contexto convidou-me a escrever este livro, que faz parte de uma coleção dedicada aos povos e civilizações. Esta obra dirige-se a todos aqueles que se interessam pela França, pela sua cultura e pelo modo de vida do seu povo, independentemente de conhecerem ou não a sua língua, ou de já terem visitado ou vivido naquele país. Aos pouco iniciados, *Os franceses* oferece uma visão abrangente dos diversos aspectos da história e da cultura francesas, e aos que já têm um maior conhecimento e intimidade com o país e o seu povo ele apresenta novas e atualizadas informações.

O objetivo de *Os franceses* não poderia ser o de traçar um panorama completo da sua história, que tem mais de dois mil anos, tampouco se resumir a fazer um relato meramente impressionista da sua vida política, econômica, social e cultural. No primeiro caso, a narrativa iria ficar demasiadamente longa e cansativa, e, no segundo, iria lhe faltar um substrato para a reflexão. Por isso, este livro apresenta uma série de informações bastante precisas, sempre contextualizadas e frequentemente acompanhadas de comentários do autor, que poderão ajudar o leitor a formar a sua própria opinião. A história é o pano de fundo necessário deste livro – pois não seria possível falar de um povo passando ao largo do seu passado –, mas o seu enfoque é a sociedade francesa contemporânea. Por essa razão, os capítulos de *Os franceses* não obedecem a uma linha temporal, mas se organizam em temas.

A primeira parte do livro situa os franceses no tempo e no espaço. O capítulo "A formação dos franceses", o mais claramente histórico de todos, aborda a formação do povo desde os seus primórdios na Pré-História e na Antiguidade até o momento atual. O capítulo "O espaço francês" explora a relação dos franceses com o seu território – que, ao longo do tempo, teve extensão e fronteiras muito variadas – e a diversidade regional da França contemporânea. E o capítulo "Os vizinhos" analisa as relações mantidas pelos franceses com os seus vizinhos europeus, enfocando suas afinidades, rusgas e divergências.

A segunda parte de *Os franceses* trata da sua vida cotidiana, seus hábitos e costumes a partir de uma perspectiva menos histórica e mais etnográfica. No capítulo "Cotidiano e comportamento social", o espaço doméstico e o comportamento social dos parisienses são descritos e analisados. O capítulo "A comunicação" dedica-se a explorar a relação dos franceses com a sua própria língua, que é o principal meio de interação de uns com os outros e que revela, talvez mais do que qualquer outra forma de expressão, a sua forma de raciocinar e conceber o mundo. No capítulo "O lazer", explora-se a forma particular que os franceses têm de se divertir e utilizar o seu tempo livre, que vai da prática desportiva às férias e às festas públicas e privadas. Por fim, a análise do cotidiano dos franceses encerra-se com o capítulo "A gastronomia", que trata da sua peculiar relação com os prazeres da mesa.

Na terceira e última parte do livro, as principais instituições políticas, educacionais e culturais dos franceses recebem atenção. O capítulo "A política" analisa os símbolos e os valores que balizam a vida política dos franceses contemporâneos, que tiveram grande influência sobre boa parte do mundo, mas que hoje são bastante específicos. No capítulo "A educação", o enfoque recai sobre o papel das escolas primárias, secundárias e de educação superior na formação dos indivíduos, que tanto funcionam como canal de promoção da igualdade formal entre franceses de origens sociais diferentes quanto de reprodução das desigualdades existentes. Por fim, no último capítulo, "A arte", são a literatura, o teatro, a pintura, a música e o cinema produzidos pelos franceses que completam o panorama apresentado ao leitor.

Embora a estrutura e organização das partes e capítulos de *Os franceses* seja temática, a abordagem de cada assunto não poderia ser rigidamente compartimentada, pois suprimiria aquilo que existe de mais rico na vida de cada povo, que é o constante diálogo entre o cotidiano, a arte, a política e demais expressões coletivas. Por isso, por todo o livro, e não apenas em capítulos específicos, o leitor encontrará referências à história, à literatura, ao cinema, à política, à pintura, à língua, aos heróis nacionais, aos conceitos e preconceitos e aos hábitos cotidianos. Afinal, se a abordagem de um tema complexo – como um povo – pode ser focada em certos aspectos que auxiliam a dissecar e classificar o todo em partes, a sua complexidade de povo só se torna realmente compreensível quando cada parte enfocada é relacionada ao todo. É essa perspectiva que orienta este livro da primeira à última página.

Os franceses foi escrito tendo por fontes, além de livros e da experiência do autor, que viveu em Paris, uma série de programas radiofônicos das emissoras France Inter e France Culture, que a partir do janeiro de 2006 passaram a pôr à disposição do público as suas emissões diárias e semanais pelo sistema de *podcast*. Como é do costume dos franceses, os programas radiofônicos de conteúdo histórico e cultural estruturam-se sob a forma de entrevistas com autores que acabaram de publicar um livro sobre o assunto em discussão. Por isso, à parte as necessárias referências bibliográficas às obras clássicas, este livro tem por base trabalhos bastante recentes, a maioria deles publicados já no início deste século. Nas páginas que seguem, o leitor encontrará muitas ilustrações – fotos, gravuras, desenhos e pinturas – que o ajudarão a mergulhar no fascinante universo da cultura francesa.

O POVO E O TERRITÓRIO

A FORMAÇÃO DOS FRANCESES

A formação de um povo é sempre um processo longo, cujo início é frequentemente ignorado. No decorrer de muitas décadas e séculos durante os quais as identidades dos povos foram construídas, muitos elos se perdem pelo simples efeito do tempo. Isso é verdadeiro, inclusive, para povos de formação relativamente recente, como os da América Pós-Colombiana, que não têm mais que cinco séculos de existência. Apesar da abundância de registros e do recuo temporal relativamente curto para encontrar as marcas iniciais da formação do povo americano, brasileiro ou argentino, não é fácil estabelecer o momento e as circunstâncias em que os colonos europeus que atravessaram o Atlântico rumo à "terra prometida" (pois era assim que muitos dos protestantes puritanos que migraram para a América do Norte entendiam a sua epopeia transatlântica) passaram a se considerar americanos, e não mais ingleses, escoceses ou irlandeses. Tampouco é simples precisar quando portugueses, africanos e seus descendentes – que entraram em processo de miscigenação com as populações nativas à medida que foram ocupando as terras orientais da América do Sul, da costa atlântica em direção ao interior do continente – começaram a se identificar como brasileiros. A mesma incerteza aplica-se aos espanhóis e mestiços que se assentaram nas planícies em torno e ao sul do rio da Prata, região que hoje constitui a Argentina. Para todos os demais povos que habitam o Novo Mundo, independentemente de suas atuais identidades regionais ou nacionais, o problema é sempre o mesmo.

O que dizer, então, em relação aos povos do Velho Mundo? Em que ponto preciso dos seus muitos séculos de história seria possível fixar a formação do povo alemão, russo ou francês? Em virtude dessa impossibilidade prática é que todos os povos, sem exceção, acabam por escolher uma referência – que sempre foi e será, em maior ou em menor medida, arbitrária – a partir da qual passarão a contar a sua história como povos específicos e singulares. Os franceses acabaram elegendo as tribos gaulesas como o marco zero da sua história, já que estas habitavam o atual território da França antes que os romanos ocupassem a Gália, no século I.

"Nossos ancestrais, os gauleses" (*Nos ancêtres les Gaulois*): é esse bordão que resume para os franceses de todas as gerações a sua origem e é isso que, tradicionalmente, ensina-se às crianças nas escolas de toda a França. Independentemente de quão arbitrário e impreciso seja esse marco, o fato é que a herança gaulesa ocupa lugar central no imaginário nacional francês. No Segundo Império, sob Napoleão III, o chefe militar gaulês Vercingetorix, que encabeçou a mais importante resistência à invasão da Gália pelas legiões romanas comandadas por Júlio César, foi transformado em herói nacional e revestido de toda a aura que envolve os heróis românticos do século XIX. A partir da segunda metade do século XX, as histórias de *Asterix* iriam se tornar muito populares na França e bastante conhecidas mundo afora, sendo traduzidas em diversas línguas, reforçando, pelo humor, a relação de identidade entre gauleses e franceses. Apesar de todas as imprecisões que envolvem a história e a cultura desse povo celta, como mais adiante se verá, certo é que os gauleses ocupam o espaço de mito fundador da unidade e identidade dos franceses. E, na história, o poder dos mitos não se tem mostrado menos importante que o poder dos fatos.

No entanto, os registros arqueológicos existentes na região mostram que, muito antes de os gauleses se estabelecerem por lá, aquela parte da terra já havia conhecido a presença humana. Trata-se de registros pré-históricos, que datam do Paleolítico e nos contam um pouco do que eram os homens que viviam no que é hoje o território francês, antes que existissem gauleses e, muito menos, franceses.

ANTES DOS GAULESES

No sudoeste da França, mais precisamente, ao longo do vale do rio Dordonha, a leste da cidade de Bordeaux, existe uma série de grutas, esculpidas pela ação da água na rocha calcária ao longo de milênios, onde o homem pré-histórico deixou vários registros. Entre as cerca de 130 cavernas com inscrições pré-históricas da região, a mais famosa, mais rica e, sem dúvida, mais importante é a de Lascaux. Essa caverna foi descoberta durante a Segunda Guerra por pura obra do acaso. Graças à curiosidade característica dos adolescentes, os arqueólogos têm, hoje, à disposição para a realização de estudos um dos mais bem conservados sítios pré-históricos já descobertos no mundo.

Foi no fim do verão de 1940 – quando a França já se encontrava dividida entre a zona de ocupação alemã e a chamada "zona livre", que estava sob o controle do regime colaboracionista de Vichy – que quatro garotos fizeram a mais importante descoberta arqueológica do século. Enquanto perambulavam pela colina que domina a pequena cidade de Montignac, situada à margem do rio Vézère, a cerca de 150 quilômetros de Bordeaux, os rapazes perceberam, em meio às árvores, a existência de uma fenda no solo, que só se tornara visível após a queda de um grande pinheiro alguns anos antes. Após alargarem um pouco a entrada do buraco, o suficiente para que um corpo pudesse por ele passar, os garotos entraram na cavidade. Depois disso, trataram de remover os escombros de terra que bloqueavam a entrada original da caverna, conseguindo, finalmente, adentrar em um espaço mais amplo. Mal sabiam eles que acabavam de penetrar na sala dos touros (*salle des taureaux*) e que sobre suas cabeças e sob seus olhos encontravam-se as pinturas pré-históricas mais notáveis e bem conservadas que o homem contemporâneo já tivera o privilégio de ver.

As pinturas rupestres de Lascaux datam, possivelmente, de 15.000 a.C. e chamam a atenção pela sua riqueza e estado de conservação. Não é preciso muita imaginação nem ter qualquer iniciação em arqueologia para logo perceber as figuras de touros, cavalos, cervos e bisões ali retratados, além de ursos, felinos e de outros tantos animais pré-históricos já desaparecidos, estes, sim, só identificáveis com o auxílio dos especialistas. Nesse complexo de sete salas interligadas, onde se encontram pinturas e vestígios da presença humana, há cerca de seiscentas representações de animais nas paredes e teto, o que faz de Lascaux um acervo extremamente rico e completo. As representações animais têm, em geral, contornos muito bem definidos e precisos e são coloridas em diferentes tons de amarelo, ocre, vermelho e preto. Os animais representados são dotados de um movimento notável e seus corpos, patas, cabeças e chifres, retratados em detalhes. Nada lembra aquelas figuras rupestres, quase estilizadas de tão simples os traços, da maioria dos sítios arqueológicos que conhecemos. Em compensação, as representações humanas já são menos numerosas – o que é comum na maior parte dos sítios arqueológicos – e bem menos detalhadas que a dos animais. Cabeça, corpo, membros, mãos e órgãos genitais são representados de forma extremamente simplificada, tal como nos desenhos infantis. Apesar disso, a riqueza de detalhes do conjunto das representações da gruta de Lascaux impressiona e transporta a imaginação de quem a visita para os tempos em que, naquela região, o homem vivia sob condições climáticas semelhantes às da Sibéria. Naquele momento, a Terra atravessava o seu último período de glaciação e não havia, então, nem agricultura, nem cidades, nem França, muito menos franceses. Mas os homens que ocupavam aquelas cavernas não se contentavam mais em apenas se alimentar e se proteger do frio, como havia sido o caso durante muitos milênios. A partir daquele momento, passa também a lhes interessar a representação do mundo em que viviam através da pintura, gravura e escultura.

Gruta de Lascaux, localizada no vale do rio Dordonha, no sudoeste da França, com o mais importante conjunto de pinturas rupestres da Pré-História. Na parede norte da sala dos touros (A) encontram-se representados um grande touro cercado por cavalos e cervos, e na parede sul, dois auroques, touros primitivos já extintos (B). No divertículo Axial, encontra-se um dos chamados "cavalos chineses" (C) e na nave central da gruta, um par de bisões em cores bastante fortes (D).

Após o fim da Segunda Guerra, a entrada da gruta de Lascaux foi ampliada e rearrumada de forma a facilitar o acesso dos turistas, que, sem dúvida, se interessariam em conhecê-la. De fato, um grande número de pessoas, cerca de 1,2 mil por dia, passou a visitá-la regularmente. Em alguns poucos anos, aquilo que durante milênios havia ficado caprichosamente preservado sob a terra, ao abrigo da luz, do ar e da água começava a sofrer os efeitos corrosivos do gás carbônico exalado pela respiração do grande número de visitantes que por ali circulava todos os dias. O alerta vermelho, então, acendeu. Depois da realização de uma série de estudos, não houve outra

A formação dos franceses | 19

alternativa senão fechar a caverna ao público, em 1963, a fim de preservar o seu valioso conteúdo. Enquanto se tentava "curar" a caverna dos males que os visitantes lhe causaram – o que, felizmente, foi conseguido –, começou-se a pensar em construir sua réplica para visitação pública. Assim, aquele patrimônio arqueológico seria devidamente preservado enquanto o público recuperaria a possibilidade de se deliciar com suas magníficas pinturas, que seriam reproduzidas o mais fielmente possível conforme as condições ambientais originais. Finalmente, em 1983, a cerca de duzentos metros da entrada da caverna original e após 20 anos do seu fechamento, foi aberta à visitação pública a caverna Lascaux II. Uma estrutura de concreto armado foi construída em um plano rebaixado e coberta por terra, reproduzindo o espaço interno e as condições gerais da caverna original. Em seu interior, procurou-se reproduzir, com a maior exatidão possível, a textura da rocha sobre a qual foram reproduzidas as figuras nos mesmos formatos, cores e posições originais.

Além da caverna de Lascaux, a região abriga outros sítios arqueológicos que testemunham a presença humana na região. Bem perto dali, a apenas cerca de vinte quilômetros de Lascaux, na bucólica cidadezinha chamada Les Eyzies, localiza-se o Museu Nacional da Pré-História, e, em seu entorno, existem outras grutas com pinturas rupestres, como a gruta de Font-de-Gaume, que foi descoberta em 1901 e ainda se encontra aberta ao público; a gruta de Combarelles, em cujas paredes há uma representação bastante variada da fauna conhecida dos homens pré-históricos, como renas, bisões, mamutes; e a gruta de Rouffignac, cuja descoberta data do século XVI. Essa região reúne uma grande concentração de testemunhos da presença humana na Europa do período Paleolítico.

A cerca de quinhentos quilômetros a noroeste dali, encontram-se outros registros pré-históricos importantes. Trata-se dos menires da Bretanha, que ali foram deixados pelos povos primitivos que começaram a povoar a península a partir do 4º milênio a.C., já no período Neolítico, época que se segue à última glaciação e em que o homem começou a desenvolver a agricultura e a dedicar-se ao pastoreio. Calcula-se que os megalitos da Bretanha tenham sido erigidos por volta de 2.800 a.C., mais ou menos à mesma época em que Stonehenge começou a ser erguido na Inglaterra. Eles distribuem-se numa vasta área ao sul do departamento de Morbihan, ocupando todo o interior da cidade de Carnac, que fica à beira-mar. Existem, atualmente, cerca de três mil menires erguidos na região, mas imagina-se que, originalmente, houvesse muitos outros que, ao longo dos séculos, foram removidos e destruídos para serem utilizados em construções diversas. O significado desses enormes blocos de pedra (alguns atingem até seis metros de altura) para os povos que ali os colocaram segue, até hoje, um mistério. Muito provavelmente aquelas construções teriam sentido religioso, mas a observação da sua distribuição espacial leva alguns a supor que se trataria também de uma espécie de calendário, construído a partir da observação dos astros. As diferentes composições dos megalitos receberam nomes formados a partir de palavras do bretão. Por exemplo: chamam-se *menires* os blocos de pedras colocados na vertical, isolados ou dispostos em linha. Em bretão, *men* quer dizer "pedra", e *hir* quer dizer "comprido", portanto, "pedra comprida". Já as construções compostas por dois menires que sustentam uma pedra colocada horizontalmente sobre eles, formando um arco, são chamadas de *dólmens*, sendo *dol* a palavra correspondente a "mesa" em bretão, portanto, "mesa de pedra". Na região, encontram-se também dólmens alinhados, formando alamedas cobertas. Algumas destas estão cobertas de terra, formando uma espécie de câmara mortuária e, por isso, são chamadas *tumulus*. Tudo leva a crer, como o próprio nome sugere, que esses *tumulus* eram utilizados para sepultamentos individuais ou coletivos.

Em Carnac, encontra-se também um importante museu de pré-história, formado com peças recolhidas em diversos sítios arqueológicos da Bretanha. Há peças que datam do Paleolítico, encontradas no sítio de Saint-Colomban, em Carnac, um dos mais antigos sítios pré-históricos da região; outras do Mesolítico, originárias dos sítios de Téviec e Hoëdic, localizados também no departamento de Morbihan; e, é claro, muitas peças do Neolítico, que ajudam os arqueólogos a conhecer a vida cotidiana daqueles povos, como instrumentos de pedra polida, sílex e osso, cerâmicas e adereços corporais. A coleção desse museu avança na Proto-História, isto é, o período intermediário entre a Pré-História e a História, que começa com a Idade do Cobre e termina com a Idade do Ferro. É nessa última fase que o território da França começa a ser ocupado pelo primeiro grupamento humano que os historiadores conseguem identificar com precisão – os celtas –, sendo todos os anteriores inteiramente desconhecidos e denominados genericamente como "homens primitivos".

Os celtas eram de origem provavelmente ariana e caucasiana e falavam uma língua da família indo-europeia, da qual restam ainda alguns vestígios nas línguas regionais faladas no País de Gales, na Escócia e na Bretanha. Hábeis no manuseio do ferro, os celtas iriam se espalhar por toda Europa, chegando até a Irlanda, levando o continente europeu da Idade do Bronze à Idade do Ferro. Os relatos de que dispomos sobre os celtas nos foram legados inicialmente pelos gregos e mais tarde pelos romanos, guardando, portanto, um forte viés cultural dos narradores, que os viam como bárbaros e sanguinários. Sabe-se que por volta do ano 900 a.C. colonos gregos foram se instalar no sul do atual território da França, à beira do Mediterrâneo, fundando a cidade de Marselha. Será só depois desse momento que os gregos passarão a conhecer melhor os celtas e a fazer as suas primeiras narrativas. As referências iniciais que temos dos celtas são de Hecateu de Mileto (546-480 a.C.), devidamente registradas por Heródoto

(485-420 a.C.), seu discípulo, e Diodoro de Sicília (século I a.C.). Mais que um povo, os celtas eram, na verdade, uma civilização proto-histórica europeia que se subdividia em uma infinidade de povos e tribos com costumes, ritos e leis muito diferentes. Entre os celtas não havia qualquer unidade política. Divididos por intermináveis lutas intestinas, os celtas compartilhavam, contudo, uma vocação guerreira notável, que mereceu referência de todos os seus comentadores, e uma expressão comum a todos nos planos artístico (com tendências claramente abstratas) e religioso (o druidismo).

Ignora-se como os celtas denominavam a si mesmos. A palavra "celta" foi cunhada por outras civilizações que com eles interagiram. Não se sabe nem mesmo ao certo a origem de tal palavra, mas todas as hipóteses apontam na mesma direção. Sua origem poderia ser as palavras indo-europeias *kel-kol*, que significa "colonizador", ou *keleto*, que significa "rápido", alusão à velocidade com que eles se deslocavam a cavalo em suas incursões guerreiras. Outra hipótese é que a palavra "celta" derivaria do grego *keltoï* ou *galatai*, que significa "invasor", e que, em seguida, daria origem ao gentílico "gálata". E por fim, passando pelo grego *galatai*/gálata, chegar-se-ia à palavra latina *gallus*, que, em francês, teria se transformado em *gaulois*, ou seja, gaulês. É a partir deste ponto que os franceses cravam na linha do tempo a sua cunha e começam, orgulhosamente, a contar a sua própria história.

DOS GAULESES AOS REIS FRANCOS

Se é certo dizer que todos os gauleses eram celtas, seria, entretanto, um erro crasso afirmar que todos os celtas fossem também gauleses. O gentílico "gaulês" foi reservado pela História aos povos que, entre o final do século IV a.C. e 51 d.C. (ano em que Roma ocupou, definitivamente, a Gália), habitavam o território que atualmente compreende a França, a Bélgica, o extremo oeste da Alemanha e o norte da Itália. Os demais povos celtas receberam outras denominações através da História, como "gálatas", na Ásia Menor, "bretões", nas Ilhas Britânicas, "celtiberos", na Península Ibérica, entre outras. No entanto, existem alguns traços do caráter e da cultura dos celtas que aparecem desde as narrativas dos gregos, na Antiguidade, até os relatos dos anglo-saxões sobre os celtas da Irlanda, já na Idade Média, sendo também aplicáveis aos gauleses. Na imagem popular que os franceses e o mundo têm dos gauleses, há muitos traços e características que vêm absolutamente ao encontro da narrativa dos antigos, mas há outros que são completamente conflitantes e até descabidos.

Os gauleses, como todos os celtas, eram um povo festivo, briguento e supersticioso. Aquela imagem popularizada por *Asterix*, de que os gauleses só temiam que o céu caísse sobre as suas cabeças, corresponde perfeitamente à curiosa associação entre valentia e superstição existente na alma gaulesa. Outra imagem comum nessas histórias em quadrinhos, a das discussões dos aldeões que logo degeneravam em bate-bocas acalorados, também corresponde ao espírito briguento dos gauleses. Quem conhece a França e os franceses percebe logo que essa propensão para a exaltação e altercação verbais dos gauleses ainda permanece viva nos franceses do nosso tempo, apesar dos muitos séculos transcorridos. Além disso, os gauleses eram grandes bebedores de cerveja, como, aliás, ainda o são todos os povos do norte da Europa. Entretanto, se os franceses de hoje apreciam muito mais o vinho do que a cerveja, isso certamente se deve à influência romana, e não à gaulesa.

Como todos os celtas, os gauleses eram um povo que se dedicava, fundamentalmente, à agricultura e à criação de animais, e não à caça e à coleta, como os povos que os precederam naquele território. Plantavam centeio, trigo, aveia, lentilhas e linho, e criavam aves, vacas, carneiros e porcos. Portanto, aquela imagem muito difundida por *Asterix*, de que os gauleses seriam caçadores e devoradores insaciáveis de javalis, não encontra qualquer respaldo na história. Eles até podiam comer, de vez em quando, javalis selvagens, mas esta, certamente, não era a base da sua alimentação. Outra imagem deturpada sobre os gauleses, também passada por *Asterix* na figura de Obelix, é a de que eles fabricavam menires. Nada mais inexato. Quando os celtas chegaram à Bretanha, os menires lá se encontravam já há muitos séculos, deixados por povos que eles nem sequer chegaram a conhecer. Contudo, é bem provável que os menires lá existentes tenham tido algum significado e função nos rituais religiosos dos gauleses, que eram realizados ao ar livre e em meio à floresta, e não em templos.

Sabe-se ainda que os seus cultos religiosos eram celebrados pelos druidas, que, além da função de sacerdotes, desempenhavam diversas funções na sociedade gaulesa. E, acima de tudo, exerciam o papel de guardiões do saber e da sabedoria gaulesa. A própria palavra "druida", derivada da celta *dru-wid-es*, quer dizer "muito sábio". Embora os gauleses conhecessem a escrita, provavelmente por influência etrusca, na sua sociedade era a transmissão oral do saber o meio principal de preservação da cultura e de formação dos jovens, sempre a cargo dos druidas. Assim, além de ministrar os cultos, os druidas exerciam também as funções de conselheiros dos reis e dos guerreiros; de juristas e de juízes; de professores e historiadores; de médicos, magos e adivinhos; e também de poetas. É claro que eles não detinham individualmente todos esses conhecimentos e habilidades. Por isso, a classe dos druidas era subdivida em duas grandes especialidades. Havia os bardos, a quem cabia formular, declamar (ou cantar) poesias, além de fazer os louvores, as sátiras e as repreensões públicas necessárias ou merecidas. E havia os ovados, que se ocupavam de celebrar os cultos e fazer os sacrifícios,

Estátua ao herói militar gaulês Vercingetorix, erigida por Napoleão III no local em que teria ocorrido a batalha de Alésia, na Borgonha, quando as tropas de Júlio César venceram, definitivamente, a resistência dos gauleses, dando início à romanização da Gália. Vercingetorix é representado com longos cabelos e fartos bigodes que caracterizavam os povos celtas.

exercitar a adivinhação e a mágica, e praticar a medicina. Nas histórias de *Asterix*, esses dois personagens aparecem claramente definidos nas figuras de Chatotorix, o bardo, e de Panoramix, o mago, embora o primeiro não seja apresentado, em momento algum, como pertencente à categoria dos druidas.

Como em toda a civilização celta, a sociedade gaulesa era organizada a partir de clãs familiares em torno dos quais se associavam clientelas. O grupo como um todo se subdividia em três categorias sociais fundamentais: a dos druidas; a dos guerreiros; e a dos produtores – artesãos, agricultores, pastores etc. Abaixo de todos, como, aliás, em todas as sociedades da Antiguidade, situavam-se os escravos, que não eram gauleses, mas outros povos submetidos à escravidão pela guerra. Apesar de os narradores gregos e romanos terem descrito os gauleses como bárbaros e sanguinários, os registros históricos mostram que eles se encontravam em um nível de desenvolvimento quase equivalente ao dos demais povos civilizados que habitavam a bacia do Mediterrâneo entre os séculos IV e II a.C., como os cartagineses, etruscos, romanos e gregos. Mas, assim como todos os seus contemporâneos na região, os gauleses acabaram sendo dominados pelos romanos nos séculos seguintes. Após a vitória final das tropas de Júlio César sobre as de Vercingetorix, na batalha de Alésia, em 51 d.C., o processo de romanização da Gália foi rápido e irreversível, sobretudo das suas elites, nelas incluídos os druidas, que a partir do imperador Cláudio passaram a ter assento no Senado romano. Apesar disso, a cultura gaulesa não desapareceu completamente, deixando muitas contribuições que acabaram por ser incorporadas pelos romanos e pelos povos que os sucederam na Europa. É por isso que se fala do surgimento de uma cultura galo-romana na região.

As contribuições gaulesas aos romanos e à posteridade foram diversas. A primeira e mais imediata foi no plano militar. Bons ferreiros que eram, os gauleses inventaram o colete de malha de ferro, que era uma proteção corporal ao mesmo tempo flexível – porque formada por anéis de ferro entrelaçados, mas não soldados uns aos outros – e resistente aos golpes de espada. Essa invenção foi logo adotada pelos romanos e utilizada com grande sucesso até a Idade Média, dando aos cruzados uma vantagem enorme em suas guerras contra os árabes. A espada longa foi também uma invenção gaulesa, assimilada posteriormente pelos povos germânicos que com elas venceram as batalhas derrotando os romanos, os quais utilizavam a espada curta. Mas as contribuições mais perenes dos gauleses foram as invenções do barril, para armazenar cerveja e vinho, e do sabonete para a higiene corporal.

Os gregos e romanos utilizavam-se, tradicionalmente, de ânforas de barro para guardar vinho, azeite e água. Os engenhosos gauleses iriam criar o barril, um recipiente bem mais resistente e prático. Fabricado com tiras de madeira mantidas juntas por cintas de ferro, formando um cilindro bojudo, esse recipiente virá, também, a ser chamado de pipa ou de tonel, conforme o seu tamanho e capacidade de armazenamento. Embora de fabricação mais elaborada e custosa que as ânforas de barro, os tonéis apresentam a vantagem de ser muito menos frágeis que as peças de barro, facilitando a sua manipulação para o transporte e estocagem de cargas sólidas e líquidas. Além disso, dependendo da madeira com que fossem construídos, os barris emprestariam ao álcool que iriam guardar – fosse ele vinho, uísque ou outro tipo de aguardente – um sabor e um perfume suplementares. Em função disso, por volta do século III, os romanos abandonaram as suas tradicionais ânforas de barro para adotar, em definitivo, os barris gauleses.

Outra contribuição gaulesa para a civilização europeia foi o sabonete. Embora os sírios já tivessem inventado o sabonete séculos antes, utilizando uma mistura de óleo de oliva, soda vegetal e cinza de folhas de louro, eles o utilizavam com finalidade estritamente medicinal para desinfecção. Na Europa, os gauleses acabariam desenvolvendo o mesmo produto, misturando cinzas alcalinas com sebo de boi ou de carneiro, mas utilizando-o para a higiene corporal. Essa invenção não foi, entretanto, adotada pelos romanos, que mantiveram o hábito de frequentar as termas, cuja finalidade não se restringia à higiene corporal. As termas romanas eram também locais de encontros sociais, de prática de esportes e de leitura. Geralmente, após uma manhã de trabalho, os romanos dirigiam-se às termas para, primeiro, praticar esporte, o que os fazia suar, abrindo os poros do corpo, facilitando a higiene. Em seguida, seguiam a sequência de banhos quente, morno e frio nas enormes piscinas chamadas *caldarium*, *tepidarium* e *frigidarium*, respectivamente. Em seguida, depilavam-se, recebiam massagem e perfumavam-se com óleos e, finalmente, dirigiam-se à biblioteca para ler e enriquecer o seu intelecto. Portanto, não havia sabonete, por mais perfumado que fosse, que pudesse substituir esses prazeres que os romanos proporcionavam aos seus corpos e espíritos. Por toda a Gália, assim como em todos os territórios até onde o Império Romano chegou, foram construídas termas. Nenhuma do porte da de Diocleciano ou de Caracalla, em Roma, mas construções suficientemente majestosas, como as Termas de Cluny, construídas no final do século II em Lutécia, hoje Paris, e cujas ruínas são visíveis por quem passa no cruzamento do Boulevard Saint-Michel com o Boulevard Saint-Germain, no Quartier Latin.

Uma colaboração gaulesa à vestimenta dos contemporâneos foram as calças compridas. Embora essa indumentária não fosse exclusividade gaulesa, já que também era utilizada em algumas sociedades do Oriente, na Europa, os gauleses e celtas eram os únicos a usá-las, uma vez que no mundo greco-romano utilizavam-se túnicas. Eis aqui mais uma contribuição perene dos gauleses à cultura europeia.

26 | Os franceses

Outras criações gaulesas não se espalharam pelo Ocidente, mas ficaram restritas aos franceses, ainda que apenas parcialmente. Contrariamente ao sistema numérico decimal hoje vigente em todo o mundo, os gauleses utilizavam um sistema vigesimal, isto é, baseado em 20. Na França contemporânea, observam-se ainda resquícios desse sistema. Por exemplo, as notas com que os alunos são avaliados no sistema escolar francês são distribuídas numa base vigesimal. A nota máxima que se pode alcançar em uma escola francesa é 20/20, assim como uma boa nota é 16/20 e uma nota passável é 12/20. Essas notas têm o seu equivalente perfeito no sistema decimal utilizado na maior parte dos países – 10, 8 e 6, respectivamente –, mas a tradição francesa mantém o sistema vigesimal intocado. Outra manifestação dessa memória viva na cultura francesa é a forma como alguns números são expressos oralmente. Os franceses verbalizam o número 80 da seguinte forma: *quatre-vingts* (literalmente, "quatro vintes") e não *octante*, como dizem os suíços; o número 90 pronuncia-se na França, *quatre-vingts-dix* ("quatro vintes dez"), e não *nonante*, como na Bélgica e na Suíça. Enfim, essas são idiossincrasias francesas que podem ou não ter como origem o sistema vigesimal gaulês. Afinal, como explicar a partir do sistema vigesimal que os franceses e demais francófonos pronunciem o número 60 *soixante,* e não *trois-vingts* ("três vintes")? Enfim, não há como sanar essa dúvida depois de tantos séculos, e todas as especulações a respeito parecem mais diletantismo que investigação linguística séria. Mas como diriam os seus vizinhos italianos em ocasiões em que se tem uma boa versão, mas nenhuma certeza, *se non è vero è bene trovato!*

Com a queda do Império Romano no Ocidente, a Gália Romana viria a ser invadida e ocupada pelos francos, um povo de origem germânica que vivia do outro lado do Reno e era considerado pelos romanos como povo bárbaro. Na sua língua, também derivada do tronco indo-europeu, *frank* significava "livre", o que quer dizer que eles se viam – e de fato eram – um povo livre da dominação romana. Os povos germânicos, que vieram a suceder os celtas na Europa, não eram menos desunidos do que estes foram antes de serem dominados pelos romanos. Os francos nutriam uma grande rivalidade com os alamanos. Ambos eram povos germânicos e vizinhos na margem direita do Reno, uns mais ao norte, outros mais ao sul. Os francos viriam a dar origem aos franceses, assim como os alamanos aos alemães (*Alle Männer*, isto é, povo de "todos os homens"). Viria de tão longe a rivalidade franco-alemã, responsável por tantos conflitos, guerras e preconceitos mútuos? É bem possível. Mas, no início, apesar de suas querelas intestinas, a história dos franceses e dos alemães foi uma só.

O terceiro rei da dinastia dos merovíngios e primeiro rei franco a se converter ao catolicismo, Clóvis I (465-511), promoveu a unificação dos diversos reinos bárbaros que viviam em constante guerra entre si, subjugando os borguinhões que ocupavam

A formação dos franceses | 27

À esquerda, perfil de Clóvis I, gravado em medalha de bronze de 1720,
o primeiro dos reis francos a se converter ao catolicismo.
À direita, estátua (erigida na Alemanha) de Carlos Magno,
o último dos grandes imperadores da Europa Medieval.

a Savoia, os alamanos, estabelecidos do outro lado de Reno, e os visigodos, que ocupavam a costa da França ao sul do vale do Loire. Clóvis I iria estabelecer a capital do seu *regnum francorum* em Paris, estendendo seus domínios pelo atual território da França, da Suíça, da Bélgica, da Holanda e de parte da Alemanha. Seu nome deriva de *Hlodowig*, na língua dos francos, que daria, mais tarde, origem aos nomes *Louis*, em francês, e *Ludwig*, em alemão, nomes frequentes dos reis franceses e alemães. Mas esse grande reino não iria durar muito. Na dinastia dos merovíngios, após a morte do rei, o reino deveria ser dividido equitativamente entre todos os seus filhos homens, o que levava à constante subdivisão dos territórios, multiplicando o número de soberanos que passavam a dominar áreas cada vez menores e ensejando as disputas e guerras entre eles. Entrava-se, assim, o longo e lento processo de dissolução do mundo antigo rumo ao mundo medieval.

Com Carlos Magno (742-814), da dinastia dos carolíngios, tem-se a última tentativa de reunificação do poder territorial nos moldes conhecidos na Antiguidade – o Império. No ano 800, Carlos Magno é coroado imperador dos francos e dos romanos pelo papa, em Roma, com toda a pompa e circunstância da tradição imperial romana. Mas essa unidade tampouco iria durar muito. Cerca de 40 anos após a sua coroação, o império de Carlos Magno iria ser dividido entre seus três netos, dando origem à separação definitiva dos territórios ocidentais (*Francia occidentalis*), onde surgiria, posteriormente, o reino da França – região em que a cultura galo-romana havia deixado uma marcada influência e onde se falava uma língua românica (*romana lingua)*, que era intermediária entre o latim e o francês moderno – e dos territórios orientais (*Francia orientalis)*, onde viriam a se formar, mais tarde, os diversos Estados alemães e onde predominava uma língua de origem germânica (*teudisca lingua)*, que, por sua vez, viria a dar origem ao alemão moderno. Como uma cunha separando os territórios ocidentais dos orientais, foi criado um terceiro e efêmero reino, que começava no sul, ocupando toda a Itália, e subia ao norte por uma estreita faixa de terra entre os rios Reno e Ródano até chegar à Holanda, a Lotaríngia (*Lotharii regnun*), nome derivado do seu rei, Lotário. Após a dissolução da Lotaríngia, em 959, iria surgir o Ducado da Lorena, que permaneceria independente até o século XVIII, quando seria incorporado ao Reino da França, em 1766.

QUEM SÃO OS FRANCESES DA GEMA?

Afinal – irá se perguntar o leitor –, quando, então, será possível começar a falar em franceses propriamente ditos? Como se verá nas próximas páginas, a resposta não é nada simples, pois aqueles que hoje formam o povo francês têm origem étnica e

Guilherme, o Conquistador, rei normando que se fez coroar rei da Inglaterra. Representação exposta no Museu de Bayeux.

histórica muito variada. E não se trata apenas dos descendentes de imigrantes que se instalaram no país nos séculos XIX e XX, pois mesmo aqueles que se poderiam considerar como filhos da terra – tais como os borguinhões, normandos, bretões, aquitanos, savoios e lioneses, sem falar dos bascos, corsos e alsacianos – assumiram-se enquanto franceses em momentos e em condições históricas muito distintas. Isso não quer dizer que não existam franceses propriamente ditos e que essa identidade nada mais é do que uma ficção propagada pelo Estado. Quem conhece um pouco a França e já teve algum contato com o seu povo não tem a menor dúvida de que os franceses existem, sim, tão forte e marcante é a sua identidade. No entanto, uma coisa é a identidade de um povo, outra bem diferente é sua composição étnica e formação histórica. Tomemos alguns casos para exemplificar essa unidade identitária na diversidade étnico-histórica.

Se hoje não há qualquer dúvida de que os bretões sejam franceses da gema, apesar de terem alguns traços culturais bem peculiares e uma língua regional que não tem nada a ver com o francês e com as línguas latinas, esta certeza é relativamente recente. Os bretões têm, ainda, uma origem étnica peculiar e diferente da dos demais franceses. São oriundos da Grã-Bretanha, de onde vem a origem do topônimo "Bretanha" e do gentílico "bretão". Muito provavelmente, foi a expulsão dos bretões de suas terras insulares pelos anglo-saxões, que então invadiam a Inglaterra por volta do século V, que os levou a migrar em massa para aquela península que se projeta mar adentro entre o Canal da Mancha e o oceano Atlântico. Os bretões mantiveram-se independentes e politicamente separados dos franceses até o século XVI. Seria apenas em 1532 que o Ducado da Bretanha passaria à condição de província do Reino da França. E mesmo por um longo tempo após essa união, a Bretanha seria vista como uma província "estrangeira" ligada à coroa francesa.

Já com os normandos, a história foi completamente outra. Sua origem étnica também difere completamente da dos demais franceses. Descendem dos vikings. Alguns séculos após a ocupação pelos bretões da pensínsula da Armórica (como era chamada na Antiguidade toda a região que ia da Bretanha à Normandia), foi a vez dos escandinavos desembarcarem nas terras contíguas ao norte. Mas os vikings não migraram em massa, como fizeram os bretões. Foram aos poucos, entre 790 e 1030. Inicialmente, os *northmanorum*, isto é, os "homens do norte", como eram chamados pelos habitantes locais – donde a origem do gentílico "normando" e do topônimo "Normandia" –, iam durante o verão saquear os tesouros dos mosteiros cristãos localizados no que fora antes a Gália Ocidental, voltando com o butim em suas embarcações para passar os invernos na Escandinávia. Aos poucos, aqueles vikings – majoritariamente originários da Dinamarca, mas também da Noruega e da Suécia – foram se instalando e miscigenando com a população local, dando origem aos normandos propriamente ditos. Dos vikings, os normandos herdaram a habilidade e a tecnologia da construção naval, o que lhes permitiu, mais tarde, formarem o que foi, provavelmente, o mais forte Estado feudal do Ocidente, lançando-se, com sucesso, à conquista da Inglaterra, da Sicília e do Oriente Próximo durante as Cruzadas. Contrariamente aos bretões, que mantiveram a sua língua original e que cultivam, até hoje, um nacionalismo bastante forte, os normandos logo adotaram a língua francesa, levando-a, inclusive, para a Inglaterra. Durante mais de três séculos, a Inglaterra foi governada por reis normandos, sendo o francês a língua oficial da corte inglesa.

Os savoios (*savoyards*) só passaram a ser franceses a partir de 1860, quando Napoleão III assinou com Victor Emanuel II, rei da Sardenha, o Tratado de Turim, que anexava a Savoia à França. Durante a primeira parte do século XIX, os savoios, povo que habita a parte ocidental dos Alpes, emigraram em grande número para a França a fim de exercer diversas atividades, sobretudo as menos qualificadas. Mas, entre os diversos estrangeiros que chegavam à França, os savoios eram considerados os mais franceses dos imigrantes vindos das províncias vizinhas. Além de bons trabalhadores, ordeiros e dóceis, o que logo lhes trouxe uma boa reputação, eles destacavam-se dos demais imigrantes em algo que é muito importante para os franceses: a facilidade com que aprendiam e falavam francês e assimilavam os costumes locais. Por isso, chegaram mesmo a ser considerados como "aristocracia da imigração".[1] Devido à rapidez e facilidade de sua assimilação à sociedade francesa, os imigrantes savoios logo se tornaram partidários da incorporação da sua região natal à nação francesa, incentivando os seus compatriotas a votarem pela anexação no plebiscito de 1860.

A região ao sul da Savoia, já à beira do Mediterrâneo, na Côte d'Azur, constituía até 1860 o Condado de Nice, que foi criado em 1388 e manteve-se ligado ao Ducado da Savoia e aos diferentes estados italianos até a sua anexação pela França. Diferentemente da Savoia, onde não se percebem mais vestígios da sua longa ligação com a Itália, em Nice a presença italiana é marcante, embora nem tanto na região litorânea ao longo da Promenade des Anglais, onde se situam os hotéis elegantes e concentram-se os turistas, mas claramente na cidade velha, que ocupa a região em torno do cais. Quem anda pela velha Nice sente-se numa cidadezinha italiana, com seus edifícios pintados em tons de amarelo e ocre, roupas penduradas em varais nas janelas e balcões e lambretas circulando em suas ruas estreitas. Nos restaurantes, a massa é um acompanhamento presente na maior parte dos pratos principais. Embora todos falem francês, os sobrenomes de muitos de seus habitantes são de origem italiana. Uma visita ao cemitério de Nice é bastante reveladora desse fato, tantos são os nomes italianos inscritos nas lápides.

32 | Os franceses

A integração dos corsos à França, embora anterior em quase um século à dos nativos da Savoia e de Nice, não é até hoje tão pacificamente aceita, ao menos por uma parte deles. Entre todas as regiões da França, é na Córsega que se encontra o movimento separatista mais forte e violento do país. Embora a Córsega receba anualmente centenas de milhares de turistas, que no verão fazem a sua população quintuplicar, os "estrangeiros" – isto é, os não corsos, ainda que franceses – não são bem vistos como proprietários de imóveis na ilha. Os que ousam desafiar esse sentimento, comprando uma das tantas casas em ruínas que se encontram nos seus inúmeros vilarejos com o intuito de recuperá-las e utilizá-las como casas de veraneio, correm o risco de tê-las depredadas durante o inverno. Essa é uma forma nada sutil, mas bastante eficiente, de desencorajar os forasteiros a se instalarem por lá. Fora essas reações dos grupos extremistas, os corsos, em geral, são muito afáveis e recebem bem os turistas e são, sobretudo, muito orgulhosos da sua terra e das suas origens.

Entre os corsos mais famosos e notáveis de toda a França encontra-se Napoleão Bonaparte, nascido em Ajaccio, maior cidade da Córsega, localizada ao sul da ilha, apenas um ano após a anexação do território à França. Mas o orgulho corso não se satisfaz em ter apenas Napoleão como conterrâneo. Ao lado desse ícone que levou os valores da Revolução Francesa a toda Europa, os corsos perfilam aquele que levou os europeus ao Novo Mundo: Cristóvão Colombo. Sim, para os corsos Colombo não teria sido genovês, como nos ensinaram na escola, mas corso, nascido na cidade de Calvi, ao norte da ilha. Na cidadela de Calvi, há umas ruínas onde, afirmam eles, seria a casa na qual teria nascido o navegante que descobriu a América. Embora não haja qualquer comprovação histórica, essa versão é bastante provável. A Córsega esteve sob dominação genovesa durante quatro séculos, antes de ser vendida à França, em 1768. Certo é que quando Colombo nasceu, em 1451, os genoveses ocupavam a ilha. A questão da nacionalidade de Cristóvão Colombo seria, então, semelhante à dos sírios e libaneses que migraram para a América do Sul no final do século XIX e início do século XX. Embora árabes, passaram a ser chamados de turcos, tanto no Brasil quanto na Argentina, pelo simples fato de portarem um passaporte do Império Otomano. Com Cristóvão Colombo teria acontecido o mesmo. Embora nascido na Córsega, ele era cidadão genovês, e como genovês entrou na história para desalento de seus compatriotas corsos. Como a história não dirime essa questão, mais uma vez, aplica-se aqui o ditado italiano: *se non è vero è bene trovato!*

Excetuando o lado extremista e violento dos separatistas da Córsega, o nacionalismo dos corsos, em geral, não conflita com a nacionalidade francesa. Problemática e conflitante mesmo foi a situação que viveram os alsacianos e lorenos entre a segunda metade do século XIX e a primeira do século XX. Como região limítrofe entre duas das mais fortes e rivais nações da Europa, os habitantes da Alsácia-Lorena seriam ora

Ponte sobre o rio Mosela, em Metz, na Lorena. Abaixo, um vilarejo na costa norte da Córsega. Na ponta da praia, uma torre genovesa em ruínas.

franceses, ora alemães, sem que ninguém lhes perguntasse o que eles, de fato, queriam ser. O que se convencionou chamar de Alsácia-Lorena é uma região composta pela totalidade da Alsácia – atualmente dividida em dois departamentos, Baixo Reno e Alto Reno, cujas cidades principais são Estrasburgo e Mulhouse, respectivamente – e por um quarto da Lorena, que compreende o departamento da Mosela, e que tem Metz por cidade principal. Os outros três quartos da Lorena, que têm Nancy como cidade principal e que durante séculos foi a capital do Ducado da Lorena, são inteiramente franco-franceses. A língua, a culinária, a arquitetura, nada ali lembra a Alemanha, contrariamente ao que ocorre na Alsácia e na Mosela, onde tudo parece alemão. E não é para menos. As populações nativas da Alsácia-Lorena são de origem germânica e falam, ainda hoje, uma língua regional que é um dialeto do alemão. Do século XVII até a Guerra Franco-Prussiana, em 1870, a região esteve ligada à França. Essa relação estranha e peculiar da Alsácia com a França foi definida por Voltaire (1694-1778) da seguinte maneira: *terre qui est en France et non terre de France*, ou seja, uma terra que estava na França, mas que não era a França. O domínio francês sobre a região foi interrompido em decorrência da derrota do exército francês pelo prussiano, em 1870. Com a Unificação Alemã no ano seguinte, a região passou a ser parte integrante do Império Alemão, deixando seus habitantes de serem cidadãos franceses para se tornarem cidadãos alemães. É claro que essa mudança brusca de cidadania não foi fácil para todos. Embora houvesse muitos pangermanistas entre os alsacianos, havia outros tantos que eram francófilos e se sentiam franceses. A anexação da região à Alemanha levou, então, muitos alsacianos a trocar a sua terra natal pela Argélia, como o pai de Albert Camus (1913-1960), ou por outras regiões da França, como a família do capitão Alfred Dreyfus (1859-1935). Mas é claro que nem todos os alsacianos e lorenos francófilos migraram, permanecendo a maior parte deles em suas terras a despeito de suas preferências nacionais. Foi, provavelmente, pela presença de uma população hostil à nação alemã na Alsácia-Lorena que a região não se tornou um entre outros estados da Alemanha unificada. Se tivesse adquirido a condição de *Staat*, a Alsácia-Lorena teria ganhado certa autonomia administrativa, o que parecia um tanto temerário ao poder central alemão. E, para não ser incorporada à Prússia, o que daria a esse estado uma força ainda maior do que já tinha no conjunto da jovem nação alemã, a região adquiriu a situação peculiar de *Reichsland*, isto é, "terra do império", o que *grosso modo* equivaleria à situação de um território federal na federação brasileira. Foi apenas em 1911 que o *Reichsland* se transformaria em *Land*, isto é, ganharia a mesma condição dos demais estados que compunham, então, a Alemanha. Mas essa condição duraria pouco, voltando a região aos domínios da França após a Primeira Guerra Mundial.

Como alemães, e com seus ônus e bônus, os alsacianos e os lorenos da Mosela viveriam por quase cinquenta anos. E os bônus não foram poucos. Assim como os demais alemães, os habitantes da Alsácia-Lorena se beneficiariam muito com o vigoroso desenvolvimento econômico ocorrido após a unificação da Alemanha. Foi certamente por essa razão que o retorno da Alsácia-Lorena à França, em 1919, teve de ser acompanhado de algumas concessões do Estado francês à região. Não seria mais possível ignorar quase meio século de dominação alemã sob a qual os alsacianos e lorenos ganharam alguns direitos e vantagens de que não dispunham nem nunca dispuseram os demais cidadãos franceses. Assim, criou-se um regime jurídico específico para os dois departamentos da Alsácia e para a Mosela, composto por um misto de leis francesas anteriores a 1871 e não revogadas pelo Império Alemão, leis alemãs criadas entre 1871 e 1918 e algumas outras disposições com validade restrita à região. Ainda hoje, os habitantes daqueles três departamentos da França gozam de vantagens específicas, como alguns dias de feriado a mais por ano, uma cobertura maior da previdência social e alguns direitos civis e comerciais específicos. Em matéria de relações entre Estado e religião, as diferenças entre a região e o restante da França são ainda mais marcantes. A clara separação entre Estado e religião, que foi iniciada com a instituição da escola pública, leiga e obrigatória, em 1881, e completada com a lei de 1905 (*Loi de la laïcité*), ocorreu na França quando a Alsácia-Lorena já se encontrava sobre dominação alemã. E, se para os franceses a República leiga se tornou um marco fundamental na sua identidade nacional, para os alemães a questão *Catholish oder Protestant?* continuou sendo tão fundamental quanto no tempo da Reforma. Na Alemanha, não há separação completa entre Estado e religião e, conforme a resposta que o cidadão-contribuinte der a essa questão, parte de seus impostos será destinada às igrejas de confissão reformada ou de confissão romana. Na Alsácia-Lorena, restou uma memória desta aproximação entre Estado e Igrejas. Na região, não vige o princípio do ensino laico, como no restante da França, mas o estabelecido no Concordato de 1801, que disciplinava as relações do Estado francês com as religiões então dominantes na sociedade e reconhecidas pelo poder público: a católica, as diferentes denominações protestantes tradicionais e a judaica. Assim, nas escolas da Alsácia e da Mosela, o ensino religioso é obrigatório na escola primária, sendo dispensados dessa formação os alunos cujos pais assim o desejarem e se manifestarem por escrito. Além disso, e mais surpreendente ainda, é a prerrogativa do presidente da República Francesa de nomear os bispos de Estrasburgo e de Metz – após a devida consulta e a aprovação da Santa Sé, é claro! De forma análoga, o Estado francês tem influência na nomeação dos grão-rabinos e dos membros dos consistórios protestantes na região.

Essa relação especial que a Alsácia-Lorena mantém com o restante da França foi interrompida apenas por um curto período, quando o exército nazista invadiu a França, em 1940, e reintegrou a região à Alemanha do Terceiro *Reich*. Durante cinco anos até a capitulação da Alemanha, os alsacianos e lorenos da Mosela voltaram a ser cidadãos alemães, como haviam sido vinte anos antes por quase meio século. Depois disso, os habitantes da Alsácia-Lorena voltaram a usufruir da cidadania francesa e a gozar do estatuto especial concedido à região em 1919. Com a criação da Comunidade Econômica Europeia após a Segunda Guerra, Estrasburgo iria ser escolhida como sede do Parlamento Europeu, uma escolha ao mesmo tempo simbólica e estratégica para mostrar aos franceses, aos alemães e a todos os europeus que aquela não era mais uma região de disputa franco-alemã, mas de integração da Europa e de entendimento entre os seus povos. E que, a despeito de suas rivalidades históricas e após tantas guerras que deixaram tantos mortos em ambos os lados, franceses e alemães acabaram, finalmente, decidindo construir pela via do diálogo e do entendimento um futuro comum para ambos e para todos os europeus que assim o desejassem.

A esse núcleo duro de franceses da gema, formado por sucessivas camadas tectônicas sedimentadas em diferentes períodos da geo(nea)logia do povo francês, agregaram-se outros muitos novos franceses, só que não mais pela anexação de territórios à pátria-mãe, mas pela imigração. A primeira onda de imigrantes oriundos, sobretudo, de outros países da Europa, acabou sendo bem integrada, apesar de ter suscitado vivas reações de xenofobia no início. A segunda, no entanto, composta majoritariamente de imigrantes de origem africana e muçulmana, até hoje não foi bem digerida por nenhuma das partes: nem pelos velhos, nem pelos novos franceses.

PRIMEIRA LEVA DE IMIGRANTES: UM CASO BEM-SUCEDIDO DE ASSIMILAÇÃO

A imigração tem e teve significados muito distintos no Velho e no Novo Mundo. O Novo Mundo, por definição, é uma terra de imigrantes. São os imigrantes que iriam imprimir a sua marca à nova sociedade a ser construída, cabendo às populações nativas vítimas do desprezo dos colonizadores, a aculturação e assimilação, na melhor das hipóteses, ou pura e simplesmente o seu extermínio. Nas Américas e na Oceania, a imigração ganhou um sentido épico e grandioso, ainda que a história mostre que as coisas não foram bem assim. Muitos dos primeiros imigrantes do Brasil e da Austrália eram degredados, indivíduos indesejados nas suas sociedades de origem e com problemas com a justiça. Outros tantos eram indesejados por razões religiosas, como os puritanos que migraram para os Estados Unidos e os cristãos-novos que trocaram Portugal pelo nordeste do Brasil. Outros ainda não eram queridos porque não havia lugar para eles em seus países por serem muito pobres, analfabetos e camponeses sem terra, como os italianos e alemães que migraram para o Brasil durante o século XIX e início do século xx. Algumas vezes, eram rejeitados por serem sindicalistas anarquistas, como muitos dos que migraram para São Paulo e Buenos Aires. Enfim, a história da maior parte dos imigrantes pouco ou nada tem de verdadeiramente edificante e grandioso, mas o tempo e a distância ajudaram a transformar bandidos em heróis, tragédias e desgraças pessoais em sagas épicas, vergonha em orgulho.

O tango talvez seja a mais perfeita e acabada transmutação do fracasso pessoal e coletivo do migrante em tragédia heroica; da dura realidade da vida em espetáculo de música, canto e dança, que causou escândalo e provocou o repúdio da elite argentina até que virasse moda na Europa, no início do século xx. O tango sintetiza a saga de tantos emigrantes europeus que deixaram seus países de origem em busca de um futuro melhor em um país que, depois dos Estados Unidos, era o mais promissor das Américas: a Argentina. O topônimo "Argentina" deriva do latim *argentum*, que em francês se transformou em *argent*, que significa, ao mesmo tempo, "prata" e "dinheiro". Foi precisamente em busca do dinheiro que tantos emigrantes europeus foram para a Argentina. Ocorre que, ao invés de ocupar as férteis terras da fronteira agrícola do país – onde poderiam transformar o trigo que conseguissem produzir e o gado que pudessem criar em *plata*, ou seja, em dinheiro –, ficaram todos barrados no porto de Buenos Aires. Daí o gentílico "portenho". Próximo ao porto, no *Caminito*, estabeleceram-se aquelas hordas de imigrantes infelizes que transformaram a sua frustração de terra em tango. Não que não houvesse terras a serem ocupadas e cultivadas pelos imigrantes, mas as tradicionais elites argentinas, que já haviam reservado para si a ocupação de toda a fronteira agrícola, decidiram não correr o risco de misturar os europeus, potencialmente rebeldes e anarquistas que não paravam de chegar ao porto de Buenos Aires, com seus dóceis camponeses mestiços nascidos na terra. Assim nasceu o tango: jovens homens, imigrantes e desocupados, desenvolveram um novo ritmo ao som do bandoneon e dançavam uns com os outros (a figura da dançarina de tango só apareceria mais tarde), narrando o fracasso da sua migração como feito heroico. Esse orgulho de imigrante é que faz com que muitos portenhos, ainda hoje, menosprezem olimpicamente as populações mestiças do interior, chamando-as pejorativamente de *cabezitas negras*, e se identifiquem com um pé na Europa e outro na Argentina, autodenominando-se como *ítalo-argentino*, *espano-argentino* ou *anglo-argentino*, mas raramente como, simplesmente, *argentino*. Enfim, ser imigrante na Argentina e no Novo Mundo é uma razão de orgulho. Na França e na Europa, em geral, é o oposto disso.

Se o Novo Mundo entra na história do Ocidente como terra de imigração, o Velho ocupa o papel simétrico e complementar de terra de emigração. Os europeus, com seus muitos séculos de história, percebiam suas culturas e sociedades como matrizes prontas e acabadas a serem reproduzidas nas novas terras. Seu papel no mundo que se inaugurava com as grandes navegações e com o descobrimento da América seria o de levar a civilização aos selvagens por meio da colonização e da evangelização dos pagãos. Até o século XIX, suas terras, na Europa, não conheciam imigrantes propriamente ditos apenas viajantes estrangeiros que eram, inclusive, pouco numerosos. Seria apenas a partir do impulso que a industrialização teve na França, sob o Segundo Império (1852-1870) e a sua intensificação já na Terceira República (1871-1940), que os franceses começariam a receber em seu território ondas de imigrantes vindos de diversos países europeus, sobretudo dos vizinhos, pois a população nacional não era mais suficiente para suprir as necessidades de mão de obra da indústria. Contrariamente ao que ocorria nos demais países da Europa, a taxa de natalidade na França caía de maneira sensível, o que certamente iria comprometer, a médio prazo, o seu pujante desenvolvimento industrial, justamente em um momento em que a indústria estava ávida por mão de obra barata e desqualificada. Essa conjunção entre forte crescimento econômico e baixas taxas de natalidade fez com que a França se transformasse no primeiro país europeu a se tornar destino de imigração.

O crescimento da população estrangeira na França foi rápido e contínuo. Se em 1851 havia 380 mil estrangeiros residindo na França, representando 1% da população total, quarenta anos mais tarde essa proporção passaria a cerca de 3%. De aproximadamente 1,1 milhão de imigrantes recenseados em 1891, 40% eram belgas. A proporção de estrangeiros na população total continuaria a se elevar século XX adentro. Em 1931, dos 42 milhões de habitantes da França recenseados, 2,7 milhões eram estrangeiros, ou seja, 6,4% da população. Nesse mesmo ano, o número de italianos residentes no país chegava a 808 mil, e o de poloneses representava a metade dos trabalhadores estrangeiros na indústria mineradora. A França possuía o maior contingente de estrangeiros entre todos os países da Europa e, relativamente à sua população, os estrangeiros eram lá ainda mais numerosos do que nos Estados Unidos, que fora o principal destino dos emigrantes europeus desde o século XIX. O pico dessa onda migratória foi alcançado nos anos 1930, aos quais se seguiu a grande depressão econômica, com a consequente redução dos fluxos migratórios, que durou até meados dos anos 1950.

Entre os primeiros a migrarem em grande número para a França, encontram-se os belgas. A maioria deles trabalhava nas minas de carvão ou nas indústrias têxteis e metalúrgicas do norte da França, próximas à fronteira da Bélgica. Mas apesar da proximidade física e cultural entre os dois povos, que compartilhavam, inclusive, a mesma língua, e apesar de a Bélgica ter sido tradicionalmente vista pelos franceses como uma província amiga até se tornar um país independente, em 1830, a forte presença belga em território francês provocou algumas vivas manifestações de xenofobia. Em 1892, na cidade fronteiriça de Drocourt, localizada no departamento de Pas-de-Calais,

A hoje pacífica cidade de Aigues-Mortes, na Camargue, onde, em 1893, foi registrado um violento confronto entre trabalhadores franceses e italianos.

houve uma ruidosa manifestação dos mineiros franceses pela expulsão dos seus colegas belgas, que representavam três quartos da mão de obra empregada nas minas. Há registros de que a pressão foi tal que muitos belgas se viram obrigados a cruzar a fronteira às pressas, deixando para trás os seus poucos pertences.

Um ano antes, em 1891, foi a vez de os italianos serem objeto da xenofobia dos trabalhadores franceses, em Marselha, o que também se repetiu nos anos seguintes em Aigues-Mortes e Lyon. No sul do país, o que atraía os trabalhadores espanhóis e italianos não era a mineração nem a indústria, mas os empregos que para eles se abriam na agricultura em decorrência da migração rural-urbana da população local, provocada pela aceleração do desenvolvimento industrial. Além da agricultura, havia também trabalho sazonal nas salinas de Peccais, à beira do Mediterrâneo. Apesar de duro e, literalmente, corrosivo, o trabalho de coleta do sal atraía trabalhadores temporários de toda a França e da Itália, o que fazia a população de Aigues-Mortes aumentar substantivamente no mês de agosto. Foi nessa cidade que, em 1893, foi registrado o célebre e violento confronto entre trabalhadores franceses e italianos, que resultou no assassinato de oito italianos e em dezenas de outros feridos.[2] Um ano depois, em 1894, por ocasião do assassinato do presidente francês Carnot por um anarquista italiano, novas manifestações anti-italianas tiveram lugar em Lyon. Alguns italianos tiveram de voltar ao seu país, apesar de as condições de vida na Itália serem bem menos favoráveis do que na França àquela época; outros decidiram afrancesar os seus nomes com receio de serem objeto de represálias e com a intenção de se integrarem definitivamente à sociedade francesa.

Além de tidos como rudes e briguentos, sempre prontos a resolver suas desavenças pessoais com uma faca na mão, os italianos também eram vistos como excessivamente religiosos, precisamente em um momento em que a França e os franceses tratavam de estabelecer uma clara separação entre o Estado e a religião. O forte catolicismo dos italianos levou os franceses a chamá-los, pejorativamente, de *Christos*, tamanha sua carolice aos olhos franceses. Além dos italianos, os imigrantes poloneses também tinham um apego ao catolicismo que incomodava os franceses, para quem o laicismo do Estado sob a Terceira República acabou se tornando a solução dos seus conflitos religiosos, que vinham dividindo os franceses desde os tempos da Reforma protestante. Inclusive, para os franceses católicos e praticantes, a diferente forma de os imigrantes se relacionarem com a religião lhes causava certo estranhamento e desconforto. Os poloneses, por exemplo, levaram do seu país natal o hábito de assistir a missa em pé, pois na Polônia os bancos das igrejas eram reservados às pessoas idosas e doentes. Na França, ao invés de se sentarem, como faziam os franceses, os poloneses ficavam todos em pé, aglomerados junto à porta da igreja, obstruindo a entrada e atrapalhando o acesso dos fiéis franceses. Além disso, a forma de se vestirem e de se ajoelharem tornava-os motivo de chacota nas igrejas da França. Foi provavelmente isso que levou os poloneses a celebrarem os seus cultos separadamente, com padres poloneses e com homilias faladas em polonês. Portanto, o fato de a primeira leva de imigrantes professar a mesma religião que a maioria dos franceses, o que atualmente é apresentado por muitos como explicação para a sua plena integração na sociedade francesa, foi, no início, mais razão de estranhamento do que de identificação.

Além das causas econômicas que levaram muitos europeus a migrar para a França, causas políticas levaram muitos outros a trocar os seus países de origem pela França, no início do século XX. Muitos armênios foram para lá, fugindo tanto da perseguição e do massacre perpetrado pelos turcos, em 1915 e 1916, quanto dos russos após a Revolução Bolchevique, de 1917. Depois da ascensão de Mussolini ao poder na Itália, em 1922, muitos italianos também tomaram o rumo da França, fugindo do fascismo. O mesmo ocorreu com diversos espanhóis durante a Guerra Civil Espanhola (1936-

1939) e após a ascensão de Franco ao poder. Essa abertura da França aos perseguidos políticos no início do século xx fez com que os estrangeiros e franceses vissem a França como um país generoso e hospitaleiro, fazendo com que caíssem no esquecimento as várias manifestações de xenofobia dos franceses em relação aos trabalhadores imigrantes europeus de diversas nacionalidades no fim do século xix. Assim, surge a imagem de *France, terre d'accueil*, isto é, da França como terra que acolhe os perseguidos de todo o mundo. Essa imagem autoindulgente não foi, entretanto, falsa. Apesar de uma xenofobia recorrentemente manifesta e de um chauvismo sempre latente, os franceses encontram-se, entre todos os povos do mundo e sobretudo da Europa, como os que melhor souberam integrar os estrangeiros à sua sociedade. Isso é verdadeiro e incontestável ao menos até meados do século xx.

Todos aqueles imigrantes europeus que se dirigiram à França entre a segunda metade do século xix e a primeira do século xx ao cabo de apenas uma geração acabaram sendo plenamente integrados e assimilados pela sociedade francesa. Filhos de belgas, italianos, poloneses, armênios, espanhóis e portugueses acabaram tornando-se franceses quase que naturalmente e sendo vistos pelos demais franceses como tais. Muitos desses novos franceses oriundos da imigração acabaram até se tornando símbolos da França, tanto em casa como mundo afora.

Chahnour Vaghinag Aznavourian nasceu em Paris, em 1924. De origem armênia e filho de pai nascido na Geórgia e de mãe nascida na Turquia, tornou-se Charles Aznavour, um dos mais famosos cantores franceses e considerado o embaixador da música francesa no mundo. Ivo Livi (1921-1991), outra celebridade francesa desconhecida pelo seu nome de nascimento, nasceu na Toscana, na Itália, e iria se tornar Yves Montand, ator e cantor francês que teve marcante atividade política na França durante toda sua vida. Tanto o filho de imigrantes armênios como o menino italiano que chegou à França ainda criança trataram de afrancesar devidamente os seus nomes, sem o que dificilmente teriam conseguido se tornar símbolos do país para os franceses e para o mundo. O primeiro nome, Chahnour, tornou-se Charles, e o sobrenome, Aznavourian, virou Aznavour com a simples retirada do sufixo *ian*, que denota a sua origem armênia. Assim surgiu o nome de Charles Aznavour. No caso de Yves Montand, a transformação do nome original em nome artístico foi um pouco mais tortuosa, mas também mais divertida. A tradução do nome "Ivo" em "Yves" foi bastante simples e não exigiu qualquer imaginação. Mas a do sobrenome "Livi" em "Montand" não é lá muito compreensível. De fato, "Livi" e "Montand" não têm nada a ver. A origem do seu sobrenome artístico é, portanto, bem outra. Ele, como todas as crianças normais daquela época, costumava brincar na rua, e a sua mãe, como toda boa e típica mãe italiana, quando queria chamá-lo de volta à casa, ia à janela do apartamento onde moravam e gritava em francês, em altos brados: *Yves, monte!*, o que quer dizer "Ivo, sobe!". Assim surgiu o nome Yves Montand, como ele ficou conhecido entre os meninos da sua rua, o que, literalmente, quer dizer "Ivo subindo".

Jacques Brel (1929-1978), por sua vez, nasceu na Bélgica, em Schaerbeek. Perfeitamente bilíngue, ele cantava tanto em flamengo como em francês e acabou se tornando tão representativo da música francesa quanto Charles Aznavour e Yves Montand.

Mais recentemente – e não mais no plano musical, mas político –, pode-se citar o presidente da República, Nicolas Sarkozy, filho de mãe judia nascida na Grécia e de pai húngaro, e que hoje é tido por muitos – ainda que um tanto apressadamente – como representante da nova direita xenófoba da França contemporânea. Logo ele: um judeu – ainda que não se reconheça e apresente-se publicamente como tal – e filho de imigrantes. Mas talvez seja precisamente por suas origens que Sarkozy tenha ousado tocar em um tema que sempre foi tabu tanto para a direita quanto para a esquerda democráticas da França e que, até então, vinha sendo monopolizado nas campanhas eleitorais pela extrema-direita, representada pelo FN (Frente Nacional), de Jean-Marie Le Pen: o controle da imigração no país.

Apesar de todos os percalços e problemas de integração que os imigrantes europeus tiveram ao chegar à França, eles acabaram sendo adequadamente integrados, e seus filhos, totalmente assimilados na sociedade francesa. Sendo todos brancos e originários de países de cultura dominante cristã, não sobrou na pele nem nos hábitos dos seus filhos nada que pudesse identificá-los socialmente como estrangeiros e estranhos à cultura francesa. Na França atual, ser branco, ser nascido no país, ter a cidadania francesa e falar a língua nacional sem qualquer sotaque, como qualquer outro francês de origem, são habilitações suficientes para ser visto e tido como um francês qualquer entre outros. Ostentar um sobrenome de origem estrangeira não representa qualquer problema. Isso, aliás, reforça a imagem de *France, terre d'accueil*, da qual os franceses, em geral, muito se orgulham. Mas para aqueles que não são brancos, as coisas não foram e não são tão fáceis assim, ainda que muitos deles tenham nascido na França e já sejam, inclusive, filhos de cidadãos franceses. Estes não se veem nem são vistos como verdadeiramente franceses, o que resulta no enorme problema de sua integração na sociedade.

SEGUNDA LEVA DE IMIGRANTES: UM CASO MALSUCEDIDO DE INTEGRAÇÃO

O problema da integração dos estrangeiros na França iniciaria mesmo após a Segunda Guerra Mundial, quando começaram a chegar ao país imigrantes não europeus e vindos de regiões culturalmente não cristãs do mundo, que têm estampada na pele, nos traços do rosto e nos hábitos a diferença existente entre eles e a sociedade que os acolheu. O governo francês estava bastante consciente de que necessitaria de estrangeiros para reconstruir o país após a guerra e para suprir a sua crônica *dénatalité française*, isto é, suas velhas e conhecidas baixas taxas de natalidade, fantasma que sempre assombrou a economia francesa. Por isso, já em 1946, foi criado o Office National d'Immigration, órgão do Estado que seria responsável pelo estímulo e controle da imigração no país. A ideia era recrutar, preferencialmente, outros europeus para migrarem para a França, como havia ocorrido até os anos 1930, em detrimento de africanos e asiáticos. Ocorre que, com a exceção dos espanhóis e portugueses, nenhum europeu estava disposto a migrar, pois seus países também estavam se beneficiando do crescimento econômico do pós-guerra, chamado na França de *les trente glorieuses*, ou seja, os trinta anos gloriosos que vão do imediato pós-guerra à primeira crise do petróleo, no início dos anos 1970. Após a criação da Comunidade Econômica Europeia, em 1957, as disparidades nos níveis de renda e de bem-estar diminuíram ainda mais entre os países europeus, reduzindo o já fraco estímulo à migração intraeuropeia. Assim, para fazer face à sua proverbial falta de mão de obra, a França não teve outro remédio senão aceitar imigrantes vindos do Terceiro Mundo.

O mais curioso nessa segunda onda de imigração na França é que ela é concomitante com o processo de descolonização. À medida que os franceses vão deixando suas antigas colônias na África e na Ásia, mais africanos e asiáticos deixam os seus países, migrando para a França. Assim, colonizadores e colonizados acabam tomando o mesmo rumo: o da metrópole. Paradoxalmente, foi o colonialismo que criou o mais efetivo canal de migração para a França.[3] Das suas ex-colônias da África do Norte, da região chamada Magreb (Marrocos, Argélia e Tunísia) viria a maior parte dos imigrantes da França. Das ex-colônias da África ao sul do Saara (Senegal, Costa do Marfim, Níger etc.) viriam outros tantos, assim como das ex-colônias da Indochina (Camboja, Laos e Vietnã) e das ex-colônias transformadas em departamentos ou territórios ultramarinos da França, como Martinica, Guadalupe e Guiana Francesa, no Caribe, e Ilha da Reunião, no oceano Índico. Assim, a França, que até então era um país de população quase que exclusivamente europeia e branca, começou rapidamente a incorporar contingentes populacionais para quem os hábitos ocidentais eram estranhos. Surge então a clivagem fundamental que marcará a França contemporânea e que não para de se agravar: entre ocidentais e não ocidentais, o que nada tem a ver com uma referência geográfica entre leste e oeste, mas com um conceito tão arraigado quanto impreciso de cultura ocidental e culturas não ocidentais. Essa clivagem, que chegará, inclusive, a produzir um sentimento de rejeição dos autodenominados franceses e ocidentais em relação ao não Ocidente, em geral, e ao Oriente, em particular, é, no entanto, bastante recente.

Banho turco (1862), representação idílica do mundo oriental de Dominique Ingres.

Do final do século XVIII até a Primeira Guerra Mundial, o Oriente foi para os franceses, assim como para a maior parte dos europeus, um território cultural atraente, mágico e misterioso, além de fonte generosa de inspiração artística. A fascinação que o Oriente exercia sobre os europeus pouco ou nada tinha a ver com as sociedades realmente existentes ao leste e ao sul do Mediterrâneo. O que excitava a imaginação dos ocidentais não eram as populações árabes e muçulmanas ali localizadas, na sua maioria constituída de camponeses pobres e de simples comerciantes, mas o fausto dos príncipes e sultões em seus palácios fabulosos; seus haréns repletos de mulheres envoltas em véus e em roupas diáfanas; os banhos turcos, como o retratado por Ingres, com suas banhistas voluptuosas, roliças e lascivas, completamente entregues ao torpor causado pelo vapor perfumado; as aventuras de Sinbad, o marujo, do príncipe Kalendar e de tantos outros personagens das *Mil e uma noites*, que inspiraram as obras musicais homônimas do francês Maurice Ravel e do russo Rimski-Korsakov:

Sherezade. Ou então interessavam aos europeus, que naquele momento se lançavam nas conquistas coloniais, os vestígios deixados naquela região por antigas civilizações, como a dos faraós, no Egito, dos sumérios, no Iraque, e dos fenícios, na Síria, que juntas compõem a longínqua matriz da civilização ocidental. Esse Oriente idealizado, que fez o Ocidente sonhar durante mais de um século, iria desaparecer do imaginário francês e europeu após a Primeira Guerra Mundial e o fim do Império Otomano. Em seu lugar iria emergir uma concepção nada poética ou fantasiosa de Oriente, que os europeus passariam a designar como *Oriente Próximo, Oriente Médio* e *Extremo Oriente*, designações essas decorrentes de uma perspectiva estritamente geoestratégica e eurocêntrica. Será a partir desse momento que aquilo que foi fonte importante de inspiração para os artistas franceses passará a ser fonte de preconceito, racismo e xenofobia para o homem comum.

A primeira onda de imigração em massa de populações árabes para a França ocorreu ainda durante a Primeira Guerra Mundial. Antes disso, a presença árabe era excepcional e a sua imagem era a do vendedor ambulante, carregado de tapetes de todos os tamanhos e cores – um indivíduo exótico, que despertava curiosidade e simpatia nos franceses. Durante a guerra, o Marrocos, a Argélia e a Tunísia, países de origem desses imigrantes, encontravam-se vinculados à França na condição de protetorados. Tratava-se, portanto, de um deslocamento de populações no interior do Império Colonial Francês, só que, pela primeira vez, no sentido colônia-metrópole, e não no sentido inverso, como havia sido até então a regra. As razões de guerra encontram-se na origem dessa migração estimulada pelo governo da metrópole. Normalmente, os imigrantes árabes chegavam à França em duas condições: na de soldados, a serem posteriormente encaminhados às frentes de batalha para combater o inimigo ou na de trabalhadores que iriam suprir a deficiência de mão de obra nas indústrias, sobretudo aquelas necessárias à guerra, uma vez que boa parte dos operários franceses já se encontrava nas trincheiras. Promovida e controlada pelo Estado, essa migração foi muito bem-vinda enquanto a guerra durou. Afinal, aqueles homens exóticos estavam ali para trabalhar e defender a integridade da França.

Os problemas de rejeição ao imigrante árabe começariam logo depois, ainda nos anos 1920, quando aqueles mesmos jovens do sexo masculino, que cruzaram o Mediterrâneo para, em nome da França, trabalhar e combater o inimigo alemão, deixaram de ser soldados ou trabalhadores temporários para se transformar em residentes permanentes. O que os franceses deles esperavam era que, passada a razão que os trouxe temporariamente para a metrópole, eles voltassem aos seus lugares de origem. Mas a história mostra que a imigração é um movimento sem retorno para a maior parte dos migrantes em qualquer tempo e em qualquer parte do mundo, e, nesse caso, não iria ser diferente.

Os "trabalhadores norte-africanos" (*ouvriers nord-africains*), como passaram, então, a ser identificados os imigrantes magrebinos, foram pouco a pouco tornando-se uma presença incômoda, que os franceses não queriam ver nem admitir. Viviam amontoados em quartos de hotéis baratos ou mesmo moravam nos canteiros de obras onde trabalhavam. A vida desses imigrantes causava estranhamento ao francês comum e era objeto de toda sorte de especulação. Como seria o comportamento sexual desses homens jovens, que só se relacionavam entre si e que, fora do trabalho, não tinham qualquer contato com a sociedade francesa? A imprensa popular e sensacionalista da época também alimentava a criação de uma imagem negativa do imigrante. Era comum descreverem-se os autores não identificados de delitos praticados pelo seu tipo físico, isto é, "indivíduo de estatura mediana, pele morena, cabelos crespos", ou seja, um imigrante árabe da África do Norte. Mas o mais difícil ainda estava por vir no fim do século xx.

Os problemas do governo da Frente Popular, primeiro governo de esquerda que assumiu o poder na França em 1936, ao qual se seguiu à ocupação do país pela Alemanha, em 1940, e à Segunda Guerra Mundial, monopolizaram completamente a atenção dos franceses, ficando a questão dos imigrantes mal-integrados na sociedade francesa num segundíssimo plano. E, após o fim da guerra e durante os trinta anos que se seguiram de acelerado e constante crescimento econômico por que passou toda a Europa, os trabalhadores estrangeiros voltaram a ser mais uma solução do que um problema, pois faltavam trabalhadores franceses dispostos a assumir os postos de trabalho menos qualificados e remunerados do mercado. Durante esse tempo de vacas gordas, os franceses voltaram a querer crer que aqueles trabalhadores estrangeiros que para lá se dirigiam para prestar os pequenos serviços iriam voltar para os seus países tão logo tivessem acumulado dinheiro suficiente e desejado. Portanto, não havia razão para pensar em integrá-los à sua sociedade já que a sua estada na França seria passageira. O que realmente lhes parecia importante resolver era como alojar aquele crescente contingente de trabalhadores estrangeiros que não paravam de chegar à França. Por isso, em 1956, foi criada a Sonacotra, Société Nationale de Construction pour le Logement des Travailleurs, voltada para a construção de moradias para os trabalhadores imigrantes. O objetivo da empresa era construir habitações pequenas para homens solteiros, e não para famílias, pois o último desejo do governo seria encorajá-las a migrar para a França. Não seria na França que as famílias dos trabalhadores imigrantes deveriam se reencontrar, mas nos seus países de origem. Mas as necessidades do mercado de trabalho e a lógica econômica prevaleceram sobre as estratégias políticas do governo para a imigração. Nos anos finais da década de 1950 e durante todos os anos 1960, muitos imigrantes entraram na França ilegalmente, sendo posteriormente legalizada a sua situação por um governo aliviado em ver a demanda por mão de obra suprida em postos de trabalho relativamente mal remunerados os quais os cidadãos franceses não se dispunham a ocupar.

Mas, com o fim dos "trinta anos gloriosos", precipitados com o primeiro choque do petróleo em 1973, a imigração deixou de ser percebida pelos franceses como uma solução temporária para os problemas econômicos do país e passou a ser vista como causa principal e permanente de seus problemas sociais.[4] Por isso, em 1974, o governo francês suspendeu oficialmente sua política de imigração e tentou, inclusive, acabar com o Instituto Legal da Reunificação Familiar, que permitia que as famílias dos trabalhadores imigrantes também migrassem para a França. No entanto, a suspensão desse direito acabou sendo derrubada pelo Conselho de Estado, em 1978. Paralelamente a isso, o governo criou, em 1977, um incentivo financeiro (*aide au retour*) para que os trabalhadores imigrantes retornassem aos seus países. Esse tiro, entretanto, acabou saindo pela culatra. Ao invés de os imigrantes "indesejados" utilizarem-se do incentivo – leia-se, os imigrantes magrebinos e muçulmanos –, foram os trabalhadores espanhóis e portugueses – europeus e católicos – que dele se aproveitaram. Para os ibéricos, aquela era uma oportunidade de ouro de retornar aos seus países, sobretudo após a queda do regime salazarista em Portugal, em 1974, e a morte de Franco na Espanha, no ano seguinte.

A partir de então, a presença dos imigrantes indesejados e mal integrados começou a ficar cada vez mais visível. Embora essa seja uma questão sujeita a grandes controvérsias, tudo indica que o preconceito dos franceses em relação a esses imigrantes deriva mais de seu comportamento social do que da sua etnia e cor. Por exemplo, os libaneses, embora árabes, não suscitam qualquer rejeição específica por parte do francês médio, que, como boa parte dos indivíduos médios em qualquer lugar do mundo, tem introjetado os preconceitos mais comuns na sociedade. É verdade que os libaneses residentes na França são, majoritariamente, brancos e católicos, o que não permite a sua fácil identificação pela cor da pele ou pelo comportamento. Mas não se trata apenas disso. Os imigrantes asiáticos do Camboja, Laos e Vietnã têm estampada na pele e nos traços do rosto a sua diferente etnia, mas não suscitam a mesma rejeição que os africanos oriundos do norte e do sul do Saara. Aqueles orientais vestem-se como qualquer ocidental, têm comportamento discreto e são, sobretudo, empreendedores, o que faz com que o francês típico, como todo homem médio que paga seus impostos e ganha relativamente pouco, não se sinta financeiramente lesado por eles. Já com os africanos a relação é completamente diferente. Além de uma clara diferença fenotípica existente entre os africanos do norte e do sul do Saara – os primeiros têm olhos amendoados, nariz fino, lábios carnudos, pele morena, mas não negra, e cabelos crespos; os segundos são negros retintos –, é o seu comportamento social, em grande parte derivado da cultura muçulmana dominante naquela região, que os distingue, provocando a rejeição dos franceses. A partir de agora, para não causar confusão na cabeça do leitor, chamarei os dois grupos de "muçulmanos", reservando os termos "magrebino" para os árabes originários do norte do Saara e "africanos" para os negros oriundos da África subsaariana, muçulmanos ou não.

Os muçulmanos da França, sejam eles mesmos imigrantes, filhos ou até mesmo netos de imigrantes, têm, em geral, um comportamento que para os franceses e ocidentais poderia ser classificado como extremamente machista, machismo esse incutido tanto nos homens quanto nas mulheres. Entre os sexos, há uma clara assimetria, com mais direitos para os homens e mais obrigações para as mulheres. Por exemplo, os meninos muçulmanos não devem obediência nem mesmo às mulheres mais velhas. Esse costume bastante arraigado está na raiz de muitos dos problemas de disciplina e de aprendizado que esses jovens têm na escola francesa, especialmente a resistência em se submeter à autoridade das suas professoras. Os casamentos arranjados entre os pais à revelia do desejo das moças são também bastante comuns. Embora na França ninguém possa se casar a não ser que seja por livre e espontânea vontade, são comuns os casos de pais que levam suas filhas para a Argélia ou para outros países do Magreb para lá se casarem conforme as regras da sua tradição, isto é, obrigadas.

Entre os africanos muçulmanos, a assimetria é ainda maior. A poligamia é comumente admitida entre muitos deles, que chegam a ter até quatro mulheres. Nos tempos das vacas gordas dos *trente glorieuses*, o governo francês acabou descuidando desse detalhe e permitindo, com base no direito à reunificação familiar, que primeiro viesse uma esposa de imigrante com os seus filhos; depois a outra com seus rebentos; em seguida, a terceira e toda a sua prole; e finalmente a quarta, com quantos filhos tivesse. Essa situação assumiu contornos de escândalo quando, mais tarde, muitos deles passaram a reivindicar do poder público condições de residência que garantisse a unidade da família, isto é, o marido, as quatro mulheres e as suas dezenas de filhos. Para o francês médio, que tem uma única mulher, no máximo dois filhos e que normalmente vive em apartamentos minúsculos que lhe custam os olhos da cara, sobretudo se ele morar em Paris ou em outra cidade grande, essa reivindicação soou não apenas como um absurdo, mas como um ultraje a toda sociedade e aos cidadãos que pagam os impostos com que são construídas as habitações sociais para a população de baixa renda.

O distanciamento social e cultural entre esses imigrantes e a maioria dos franceses, que já tinha todos os ingredientes para formar uma combinação explosiva, foi agravado pelo surgimento do fenômeno do desemprego, decorrente da estagnação econômica que castigou a Europa após a primeira crise do petróleo. Os primeiros a sofrerem os efeitos da crise econômica e dos processos de reestruturação das empresas, que a partir de então começaram a ser colocados em prática como resposta à crise, foram, naturalmente, os trabalhadores não qualificados e menos remunerados. Se as suas condições de vida já não eram lá das melhores quando tinham emprego –

pois viviam em cidades-dormitório que foram construídas às pressas, a partir dos anos 1960, expressamente para receber os trabalhadores imigrantes, onde não havia comércio, serviços públicos essenciais e oportunidades de lazer –, com o desemprego tudo se agravou, rápida e dramaticamente. Sem trabalho, os adultos perderam seu *status* social de trabalhadores, e seus filhos, seus pontos de referência. Afinal, o que eles estavam mesmo fazendo naquele país estranho? Não havia sido precisamente em busca de trabalho e de condições melhores de vida que eles haviam enfrentado todos os desconfortos que envolvem a migração para um país estrangeiro, com cultura e hábitos inteiramente diferentes dos seus?

Como a crise econômica foi longa e o desemprego havia chegado para ficar – o que, naquele momento, ninguém podia saber nem imaginar –, a situação daqueles imigrantes acabou se degradando ainda mais. As cidades-dormitório onde viviam acabaram se tornando verdadeiros guetos de estrangeiros desempregados e segregados. Atualmente, o desemprego nessas regiões chega a cerca de 20% ou 30%, atingindo principalmente os mais jovens. Nesse caldo de cultura adverso e hostil, cresceram os filhos de muitos imigrantes e nasceram tantos outros que se tornaram as principais vítimas do fracasso escolar na França, o que acabou reforçando e perpetuando a sua condição de marginalizados na sociedade. A delinquência, na qual acabaram caindo alguns desses jovens parcamente escolarizados, desempregados, sem perspectiva de futuro e sem nenhuma autoestima, completou o quadro sombrio que envolve a vida desses excluídos da sociedade francesa contemporânea, reforçando os preconceitos e criando um fosso quase que instransponível entre aqueles que, se nunca foram próximos, encontram-se cada vez mais distantes.

Atualmente, fala-se muito da existência de um sentimento islamofóbico na socieda-de francesa, que precisaria ser combatido para que se pudessem criar as condições de aproximação entre a cultura da maioria dos franceses e a minoria numerosa de islâmicos.

Seria uma grande ilusão imaginar que, com a expulsão dos imigrantes, ainda que isso fosse possível, a França e os franceses iriam reencontrar a unidade social e cultural perdidas. Não resta qualquer dúvida a quem tenha um pouco de sensibilidade histórica e sociológica: a França contemporânea deixou, para sempre, de ser uma sociedade culturalmente homogênea, composta por uma população branca e essencialmente cristã, para se tornar uma sociedade multiétnica e multicultural. A tolerância em relação às diferenças é que deveria ser, então, cultivada e trabalhada entre os franceses para se cobrir o fosso da incompreensão.

Essa islamofobia denunciada por alguns – se é que essa expressão quer dizer, realmente, alguma coisa de real e preciso, e não apenas mais um jargão utilizado na luta ideológica e política – é relativamente recente e foi sendo construída aos poucos,

50 | Os franceses

como, aliás, todos os preconceitos são socialmente construídos ao longo do tempo, misturando fatos reais e inegáveis com interpretações fantasiosas e relações causais falsas. Até o fim dos anos 1970, "islamismo" era uma palavra pouco utilizada na França e no mundo e não tinha a carga política que começou a ganhar nos anos 1980. A palavra "islamismo" denotava e conotava, simplesmente, uma orientação religiosa, tal como as palavras "judaísmo" e "cristianismo". Foi apenas após a Revolução Islâmica no Irã, iniciada em 1979 sob a liderança do aiatolá Komeini, que ao islamismo começam a ser associadas outras ideias com conotação política negativa, como "fundamentalismo" e "integrismo". O surgimento de Komeini, que até então vivia exilado na França, no cenário político internacional e a instituição da sua "República Islâmica" no Irã foram, inicialmente, saudados por parte da esquerda e da intelectualidade francesas. O então presidente do Partido Comunista Francês, Georges Marchais, manifestou publicamente o apoio de seu partido à Revolução Islâmica, que havia libertado o povo do Irã do regime opressivo e violento do xá Reza Pahlevi. Além dele, o filósofo Michel Foucault também declarou entrever naquela revolução a emergência do novo em contraposição ao velho, representado pelo xá deposto. Como ninguém à época sabia exatamente o que o adjetivo *islâmico* iria acrescentar ou subtrair à nascente República no Irã, e como, no imaginário político francês, a forma republicana de Estado tem um valor altamente positivo, o surgimento de uma república, qualquer que fosse, em substituição à monarquia do xá da Pérsia era, logicamente e em princípio, bem-vinda. Não demorou muito para que se começasse a perceber que aquela revolução islâmica, saudada como libertária, iria não apenas castigar os colaboradores do regime opressivo e sanguinário do xá, mas reprimir, punir e cercear a liberdade das mulheres, democratas, comunistas, enfim, de todos aqueles que não seguiam os princípios do Islã.

Cerca de dez anos depois de instalada a crise econômica, que tornou a situação dos imigrantes e seus descendentes ainda mais delicada na França, e durante o primeiro governo socialista de François Mitterrand, foi criada uma associação da sociedade civil, muito próxima ao Partido Socialista, chamada "SOS Racismo". A xenofobia, sempre latente na França e que cresce quando alguma crise maior atinge o país, passava a ser claramente dirigida aos árabes do Magreb e seus descendentes, ganhando contornos claros de racismo, resultando no surgimento daquela organização. O SOS Racismo teve um grande impacto na França do início dos anos 1980, quando ainda havia muita esperança de que o primeiro governo socialista desde o FP (Frente Popular) em 1936 pudesse trazer aos franceses mais igualdade e fraternidade. Assim, em 1984, o SOS Racismo lançou a campanha *touche pas à mon pote*, que quer dizer, "não mexa com o meu amigo". O objetivo da campanha era sensibilizar a juventude francesa e repolitizála em torno da luta contra o racismo. Àquela época – diferentemente da situação de 1968, quando a distância entre as classes sociais na França era ainda enorme –, todo jovem secundarista ou universitário convivia com colegas de origem magrebina. E, imaginando que da relação entre eles nasceria a camaradagem e a amizade, fez-se o apelo sintetizado no lema *touche pas à mon pote*. O apelo, de fato, sensibilizou a juventude. No verão do ano seguinte, o SOS Racismo promoveu na Place de la Concorde, em Paris, um concerto que reuniu centenas de milhares de pessoas. A miscigenação e a integração dos diversos grupos que compunham a sociedade francesa eram a utopia e a mensagem do SOS Racismo a todos os franceses. Para esse movimento, seria a partir de uma reorientação da política urbana – acabando com os guetos que involuntária e descuidadamente foram criados, ensejando a segregação – e de uma renovada atenção para a escola pública que se conseguiriam integrar efetivamente à sociedade francesa os filhos da imigração. Uma série de organizações sociais e culturais formam-se na França, nesse período, com o mesmo objetivo.

No início de 1984, formou-se a companhia de dança Black Blanc Beur, que significa "preto, branco e árabe", que foi o primeiro grupo do movimento hip-hop na França a reunir jovens de diferentes origens e etnias para, através da expressão artística, criar novas formas de coesão social. Black Blanc Beur existe até hoje e faz turnês por diversas partes do mundo, levando sempre a mesma mensagem de integração.

Alguns anos antes, formou-se em Lyon o primeiro grupo francês de rock árabe, Carte de Séjour, que misturava sons e ritmos do rock inglês, da música árabe e de outras melodias de diversas origens. Carte de Séjour, que quer dizer, "visto de permanência", em referência à questão da imigração que estava então em discussão na França, representou mais uma tentativa dos "filhos da imigração" de se integrar e encontrar seu espaço na sociedade francesa, sem que, para isso, tivessem que renunciar às suas origens e à sua identidade, como faziam alguns jovens *beurs* naquela época, que descoloriam os cabelos e frequentavam as boates em que se dançava e se ouvia *disc music*. As letras e as melodias de Carte de Séjour eram provocadoras, denunciando a intolerância e o conformismo na sociedade francesa. Em 1986, o grupo regravou *Douce France*, uma canção que foi celebrizada na voz de Charles Trenet e gravada, pela primeira vez, em 1941. Só que a versão de *Douce France* de Carte de Séjour, que fez, na ocasião, um enorme sucesso, era cantada em ritmo árabe e de uma forma, a meu ver, um tanto escrachada. Mas ironias à parte, aquela *Douce France* era inegavelmente um clamor pela integração daqueles que haviam se criado ou mesmo nascido na França e que queriam se sentir e ser tratados como franceses iguais a qualquer outro, nem mais, nem menos.

Mas essas saudáveis tentativas de integração daqueles jovens e novos franceses filhos da imigração acabaram dando em nada. A intolerância seguiu firme e forte, os apelos nacionalistas e xenófobos de Jean-Marie Le Pen continuaram a ter cada vez mais eco, e no lugar da invocação da miscigenação e da integração começaram a ganhar espaço na sociedade francesa os movimentos que ao invés de reivindicarem a igualdade passaram a valorizar a diferença. Assim, em lugar da integração social baseada em direitos universais e oportunidades iguais, passaram a reivindicar direitos comunitários, isto é, de uma comunidade que não pretende se fundir com a sociedade na qual se encontra inserida, mas que deseja, acima de tudo, afirmar a sua diferença e ter direitos próprios. Assim, a tradicional e nobre utopia universalista da Revolução Francesa, segundo a qual todo homem deve ser considerado igual independentemente da sua cor, classe social, religião ou ideologia, começa a ceder lugar a uma concepção de sociedade formada por diversas tribos, com valores e códigos diferentes e separados, todos igualmente válidos, sem que qualquer hierarquia valorativa possa ser estabelecida entre elas. Do universalismo que animou os franceses desde os pensadores iluministas do século XVIII, a França do final do século XX e início do século XXI passa a flertar com o relativismo moral e político.

Em lugar da promoção da igualdade entre os franceses de todas as origens, começa-se, então, a reivindicar a *reparação* pelo Estado das iniquidades e injustiças infringidas a determinados grupos. É nesse contexto e nesse espírito que, em 21 de maio de 2001, é promulgada a Lei Taubira, que leva o nome da deputada Christiane Taubira, eleita pelo Partido Radical de Esquerda no departamento ultramarino da Guiana Francesa, e que versa sobre o tratamento que o Estado deverá dar à escravidão, que foi abolida na França em 1848. Segundo o Artigo 1º da Lei Taubira:

> A República Francesa reconhece que o tráfico negreiro transatlântico, assim como o tráfico no oceano Índico e a escravidão perpetrada a partir do século XV aos americanos, caribenhos, no oceano Índico e na Europa contra as populações africanas, ameríndias, malgaxes e indianas, constitui um crime contra a humanidade.

Conforme essa lei, não é a escravidão em si que constitui crime contra a humanidade, mas tão somente a escravidão e o tráfico negreiro localizados no tempo e no espaço e promovidos por determinados povos contra outros povos também específicos. Pelo texto da lei, a escravidão e o tráfico de escravos no interior da África não devem ser reconhecidos como crimes pelo Estado francês, nem a escravidão e tráfico controlados pelos árabes no Mediterrâneo e no mar Vermelho e pelos asiáticos no mar da China. Apenas o tráfico controlado pelos europeus, no Atlântico e no Índico, tem de ser considerado crime contra a humanidade pela França. Nessa lei, portanto, o bom e elementar princípio de Direito, segundo o qual uma lei deve tratar de casos gerais e abstratos, e não incidir sobre casos específicos e particulares, cai inteiramente por terra. Uma série de questões bizantinas como essa segue sendo discutida na imprensa e no parlamento francês e não contribuem em nada para combater o racismo e promover a igualdade entre os franceses de todas as origens. O que acaba entrando em questão e polarizando as opiniões são questões retóricas e simbólicas de valorização ou de condenação de ações que, hoje, pertencem à história. Pior ainda: algumas dessas iniciativas pretendem, inclusive, influir no ensino escolar e orientar a pesquisa histórica, como o Artigo 2º da Lei Taubira:

> Os programas escolares e os programas de pesquisa em História e em Ciências Humanas acordarão ao tráfico negreiro e à escravidão o lugar merecido. A cooperação que permitirá pôr em articulação os arquivos escritos disponíveis na Europa com as fontes orais e os conhecimentos arqueológicos acumulados na África, nas Américas e no Caribe e em todos os outros territórios que conheceram a escravidão será encorajada e favorecida.

Se a situação de confronto no parlamento e na imprensa da França é assim aguda e se a disposição à cooperação se mostra tão fraca naquelas que são, por definição, as instâncias de debate e de entendimento, o que se passa, então, na sociedade, na qual a intolerância cresceu a ponto do então primeiro-ministro socialista e candidato do partido à Presidência da República, em 2002, Lionel Jospin, não ter conseguido sequer chegar ao segundo turno das eleições presidenciais, recebendo ainda menos votos que o candidato da extrema-direita xenófoba e racista, Jean-Marie Le Pen? Passam-se coisas que até pouco tempo seriam inimagináveis para os franceses e para os demais povos, para quem a França era vista como um país de acolhida, aberto e fraterno, capaz de assimilar os seus imigrantes, não sem alguns problemas iniciais, como havia sido o caso até a metade do século passado.

Uma dessas manifestações mais eloquentes e chocantes de intolerância e de completo estranhamento entre os novos franceses, filhos ou mesmo netos de imigrantes e a França encontra-se na letra de uma música de um jovem *rapper* francês, lançada em 2005, que se chama Fransse, gravada no álbum intitulado *Politikment Incorrekt* (a cacografia é, obviamente, proposital). Nessa canção, que valeu ao seu autor um processo movido pelo ministro da justiça por incitação ao ódio e ao sentimento antifrancês, há o seguinte verso que o mais raivoso e indignado *rapper* americano ou brasileiro jamais ousaria escrever e cantar:

<table>
<tr><td>

A França é uma vagabunda,
que a gente tem que foder e depois
deixar largada como uma vadia.
É assim que ela tem que ser tratada, mano!
Eu cago na cabeça do Napoleão
e do general De Gaulle.[5]

</td><td>

La France est une garce,
n'oublie pas de la baiser jusqu'à
l'épuiser comme une salope,
il faut la traiter, mec!
Moi, je pisse sur Napoléon
et le général De Gaulle.

</td></tr>
</table>

54 | Os franceses

O jovem *rapper*, autor dessas "poéticas" e "gentis" palavras, tem lá os seus defensores na França, que consideram uma perseguição "racista" e contra a liberdade de expressão o processo movido pelo ministro da justiça contra ele. Chama-se Richard Makela, mais conhecido pelo nome artístico de "Monsieur R.", que nasceu em meados dos anos 1970 na Bélgica, é filho de pais congoleses (antigo Zaire, que nos tempos coloniais chamava-se Congo Belga) e que, ainda criança, foi morar na França. Ele representa bem aqueles meninos negros da periferia que abandonaram a escola aos 12 anos, que não têm qualquer identificação com o país onde vivem e do qual são cidadãos e que nutrem, ainda, um profundo ódio pelo "seu" país e seus símbolos. Trata-se de uma situação de estranhamento e de rejeição violenta da sua identidade nacional raramente vista em outras partes do mundo. Esses jovens representados por Monsieur R. vivem e veem-se como se fossem párias com passaporte: seu país não é seu nem sua nacionalidade é verdadeiramente sua, não se veem como franceses e não são vistos pelos seus conterrâneos como tais. Tampouco têm eles um país para voltar e uma cultura nacional onde possam se sentir integrados. Seu lugar de origem é precisamente aquele não lugar social em que nasceram, criaram-se e que detestam profundamente, no qual não têm futuro nem passado que valha a pena ser lembrado.

A situação desses franceses é vexatória para todos, sobretudo para aqueles que sempre acreditaram que a França, mais que um belíssimo e diversificado país localizado na Europa e delimitado por montanhas e mares, era, sobretudo, um sonho de liberdade, igualdade e fraternidade que teimou em não se tornar realidade.

Notas

[1] Léon Faucher, Statistique morale: la colonie des savoyards à Paris, Revue des deux mondes, 1834.

[2] Pierre Milza, Le racisme anti-italien en France: la "tuerie d'Aigues-Mortes" (1893), em L'Histoire, n. 10, março 1979.

[3] Tony McNeill, Immigration in Postwar France (Lecture 2), Sunderland (GB), The University of Sunderland, 1998. Disponível em: <http://www.sunderland.ac.uk/~os0tmc/contemp1/immig2.htm>.

[4] Idem.

[5] Esta tradução é livre, e não literal, e procurou exprimir o tom e o sentido geral do texto mais do que o significado de cada palavra particular. Ao lado, encontra-se o original para que o leitor interessado possa ler e comparar.

O ESPAÇO FRANCÊS

Assim como o grande escritor e poeta português Fernando Pessoa um dia escreveu "a minha pátria é a língua portuguesa" para manifestar todo o seu amor e apego à sua língua materna – que o seu colega brasileiro e parnasiano Olavo Bilac iria descrever como "a última flor do Lácio: inculta e bela" –, também os franceses, do século XVIII em diante, poderiam dizer que a sua pátria não é o território onde se situa a França, mas os ideais iluministas que a Revolução Francesa se encarregou de espalhar pela Europa e depois pelo mundo. Como deve ter ficado claro no capítulo anterior, não é uma etnia precisa que faz com que os franceses se sintam e reconheçam-se como tais tampouco o território atualmente ocupado por eles. "Estritamente falando, a França significava apenas a região de Paris, a Île-de-France. Foram necessários vários séculos para derrotar a independência local além desse limite e para estabelecer um despotismo centralizado".[1] Tampouco foi a formação de um Estado centralizado e forte, que começou a ser estruturado sob o reinado de Luís XIII e que atingiu seu apogeu sob Luís XIV, perdurando até a queda do Antigo Regime em 1789, que deu aos franceses o sentido da sua identidade. Embora no período imediatamente anterior à Revolução Francesa a França fosse o maior país, mais populoso e rico da Europa Ocidental, essa pujança dizia mais respeito ao Reino de França do que ao povo francês, que não era mais do que simples súdito do monarca absoluto. Seria apenas com a Revolução, com a queda da monarquia e com a proclamação da República, que os franceses passariam da condição de súditos à de cidadãos, cidadania forjada sobre os princípios universais dos direitos do homem. De acordo com o historiador britânico Theodore Zeldin, que há mais de vinte anos escreveu um livro homônimo a este,

> À época da Revolução e sob Napoleão, ser francês significava algo muito mais profundo do que o simples fato de ter nascido em uma parte específica do mundo, e um patriota francês não era apenas alguém apegado a sua terra natal. O patriotismo significava mais precisamente a devoção ao ideal de felicidade humana, aos direitos humanos. Um patriota não era, portanto, um chauvinista nem um seguidor cego de um governo qualquer, mas sim um cidadão da Utopia, um homem universal. A atração francesa, na Europa, resultou em parte de sua missão: ela representava a liberação da humanidade e desejava criar um novo tipo de comunidade, na qual as pessoas seriam governadas pela razão, pelos princípios e pelo altruísmo.[2]

Portanto, o francês que surge com a Revolução ocuparia um espaço imaginário no mundo que é, na verdade, desterritorializado, já que o que o definiria seriam os seus princípios universais, que não reconhecem fronteiras, costumes ou quaisquer outros limites que pudessem impedir que a humanidade se submetesse apenas à razão, rompendo com um passado de tirania e opressão e anunciando um futuro de liberdade, igualdade e fraternidade.

Seria com essa convicção e determinação que os franceses dariam sustentação a Napoleão nas guerras que foram travadas em toda Europa, de Portugal à Rússia. Diferentemente de todas as guerras anteriores, em que os reis e príncipes se lançavam em busca da ocupação de novos territórios com o intuito de dominá-los e saquear suas riquezas, as guerras napoleônicas seriam libertárias, pois não pretendiam ocupar territórios nem subjugar e explorar os seus povos, mas libertá-los da opressão dos tiranos, concedendo cidadania a todos os seus habitantes, dotando seus países de constituições e levando-lhes as luzes com as quais eles poderiam finalmente viver como homens livres, iguais e fraternos. Mas a realidade iria se impor a essa nobre utopia. Napoleão foi derrotado, a realeza foi restituída, ainda que limitada por uma constituição, e os ideais da Revolução, que já estavam fortemente arraigados nos corações e nas mentes dos franceses, tiveram de hibernar até que nova possibilidade de reanimá-los surgisse. A França e os franceses voltariam, então, para o seu espaço territorial na Europa. Mas por pouco tempo, pois logo a França e outras potências europeias iriam se lançar na conquista de novos territórios mundo afora. E cada uma, à sua maneira, iria justificar a sua expansão com base nos valores da sua civilização. Com os franceses não iria ser diferente.

DA MONARQUIA AO IMPÉRIO REPUBLICANO

Durante o século XIX até o fim da Segunda Guerra Mundial, os franceses ergueriam pelos quatro cantos da terra um imenso império colonial, que só seria ultrapassado em extensão pelo império britânico. As maiores e mais antigas colônias francesas estabelecidas no século XVII não iriam fazer parte desse império colonial, pois seriam negociadas com outras potências mundiais antes que a corrida colonial começasse. Assim, o Canadá, onde os franceses haviam estabelecido a sua capital colonial na cidade de Québec, no ano de 1706, foi entregue aos ingleses por força do Tratado de Paris, de 1763, da mesma forma que os seus territórios na Índia. A Luisiânia, colônia que ocupava as duas margens do rio Mississipi desde 1682, foi vendida por Napoleão aos Estados Unidos em 1803. Apenas os pequenos territórios e entrepostos comerciais estabelecidos naquela época foram mantidos, como a Martinica e Guadalupe, nas Antilhas, o Senegal, na costa atlântica da África, e as Ilhas Maurício e a Ilha da Reunião, no oceano Índico. No seu apogeu, durante a primeira metade do século xx, o império colonial francês ocupava mais de 12 milhões de km^2, o que equivalia a mais de vinte vezes o seu território na Europa. Mas, após a descolonização do pós-guerra, os domínios franceses pelo mundo equivaleriam a apenas 20% da extensão territorial da França metropolitana, sofrendo uma redução de cerca de cem vezes de seu tamanho máximo.

No entanto, não é a extensão e retração dos domínios das antigas metrópoles coloniais pelo mundo o que mais chama a atenção. No caso específico da França, o fato mais curioso e notório foi o de que a sua mais preciosa colônia, a Argélia, foi incorporada aos domínios franceses precisamente no período de interregno colonial, ou seja, entre a perda da maior parte das suas primeiras grandes colônias do século xvii e a expansão colonial do último quartel do século xix.

Da mesma forma que a Índia era considerada pelos ingleses como "a maior joia da Coroa Britânica" dos tempos coloniais, a Argélia era para os franceses a sua mais valiosa possessão fora da Europa. Para a Argélia, mais do que para qualquer outra colônia francesa, foram encaminhadas as populações originárias do território metropolitano, na condição de colonos. Os *pieds noirs* (literalmente, pés pretos), como são até hoje chamados os franceses nascidos na Argélia, eram, em geral, pessoas pobres que deixaram a França rumo à Argélia em diferentes momentos da segunda metade do século xix e por diferentes razões: desde filhos e netos dos revolucionários de 1848, que foram levados a deixar o país após o fracasso da revolução, passando por camponeses da Alsácia-Lorena, após a expulsão de suas terras em consequência da anexação da região pela Alemanha, em 1870; até trabalhadores e artesãos de Paris que resolveram trocar a vida na periferia da capital por uma nova vida sob o sol e o céu luminoso do outro lado do Mediterrâneo.

A ocupação da Argélia ocorreu em 1830 e durou 130 anos, sendo a mais longa ocupação francesa em território africano. A razão oficial da tomada de Argel foi das mais banais, por trás da qual havia interesses dos mais escusos. Segundo os livros de História utilizados nas escolas francesas, o regente turco de Argel teria insultado o cônsul francês com um golpe de leque de plumas de pavão e, como resposta a essa ação injuriosa e afronta diplomática, Carlos x, Rei de França, teria determinado a tomada de Argel. Os manuais escolares omitem, no entanto, a razão que teria levado o governante turco a se exasperar com o representante da coroa francesa: o não pagamento de uma velha dívida contraída pela França com a Regência de Argel na época das campanhas da Itália e do Egito, por volta de 1800, durante as guerras napoleônicas.

Ataque a Argel pela armada francesa em 13 de junho de 1830.

A Argélia havia fornecido trigo para os exércitos franceses e, apesar de dois sucessivos acordos celebrados entre os dois governos para pagamento da dívida – em um deles a Regência de Argel chegou, inclusive, a aceitar a redução da dívida como forma de facilitar o seu pagamento –, a coroa francesa teimou em não os cumprir. Portanto, por trás da ação intempestiva e nada diplomática do governante turco, que regularmente vinha cobrando a dívida do governo francês, havia o persistente calote da França. Trata-se assim de uma história nada edificante para os franceses, turcos e argelinos, composta de capítulos cheios de detalhes sórdidos e aviltantes, recentemente revelados pelos historiadores.

Por trás do pretexto de vingar a ofensa contra o diplomata francês e da nobre intenção de libertar os árabes da Argélia do domínio turco, havia o interesse de Carlos x em se apropriar do fabuloso tesouro que detinha o governo de Argel. O tesouro, que acabou sendo pilhado, era composto por 62 toneladas de ouro, 241 toneladas de prata, além de joias, diamantes e outras pedras preciosas.[3] Naquele momento, Carlos x enfrentava grandes dificuldades políticas, com uma câmara de deputados dominada por uma oposição liberal. Havia eleições marcadas para aquele ano e a intenção do rei francês era conseguir uma maioria parlamentar que lhe desse poderes de monarca absoluto, tal como tinham os reis da França antes da Revolução de 1789. Para conseguir essa façanha, Carlos x aproveitou o pretexto do incidente diplomático para tomar Argel, apropriar-se de seu tesouro e utilizá-lo para subornar os eleitores.

O tesouro de Argel era bastante conhecido e cobiçado e havia sido, em grande parte, obtido por meio de ações de pirataria no Mediterrâneo. A Regência turca, estabelecida na Argélia desde o século XVI, gozava de grande autonomia em relação às autoridades centrais do Império Otomano, o que lhes permitiu acumular o tesouro em Argel, e não em Constantinopla. Durante séculos, corsários muçulmanos lançaram-se sistematicamente aos mares numa *jihad*, isto é, numa guerra santa islâmica contra os infiéis, atacando e pilhando as embarcações de bandeira de países cristãos. Foi só após 1820 que as exportações de trigo da Argélia começaram também a ganhar importância como fonte de renda da Regência, daí a insistência do regente turco em cobrar a dívida da França. Segundo estimativas recentes dos historiadores, o valor atualizado do tesouro acumulado em Argel chegaria a quatro bilhões de euros, o que representa uma soma astronômica em qualquer época.[4]

A tomada de Argel foi um sucesso. Uma grande empresa privada francesa, pertencente ao então barão Selière, assegurou toda a operação logística da empreitada, lançando ao mar 357 barcos e navios para transportar os 37 mil homens que formavam a força de ocupação, cerca de 4,5 mil cavalos, os alimentos, as bebidas, a forragem para as montarias, mais as armas, as tendas e os equipamentos para os hospitais de campanha etc. No entanto, Carlos x não teve tanto sucesso quanto a expedição, pois não chegou sequer a tocar naquela enorme soma que ele tanto cobiçava, sendo deposto e substituído por Luís Felipe no trono da França antes que o tesouro chegasse a Paris. Na verdade, os franceses mal tomaram conhecimento do que se passava em Argel. Encontravam-se muito ocupados e envolvidos com as questões políticas internas que agitavam a metrópole para prestarem atenção a uma aventura militar da coroa francesa no outro lado do Mediterrâneo. Foi certamente pelo desvio de atenção provocado pela Revolução de 1830 que, durante o transporte dos valores de Argel para Paris, iria desaparecer a maior parte do tesouro, chegando apenas um quinto do total ao seu destino: o erário francês. Os demais quatro quintos daquela imensa fortuna iriam simplesmente parar nos bolsos de particulares. Entre os beneficiários desse dinheiro desviado encontravam-se alguns dos militares superiores responsáveis pela tomada de Argel, que antes da expedição eram apenas remediados, quando não endividados, e,

60 | Os franceses

depois dela, passaram a ter um nível de vida altíssimo. O rei Luís Filipe foi entre todos o que provavelmente mais se beneficiou do butim, desviando uma boa parte do que ainda não havia desaparecido pelo caminho para aumentar o seu patrimônio pessoal. Muitas outras fortunas pessoais, familiares e empresariais da França do século XIX também tiveram origem nesse dinheiro. A começar pela empresa do barão Selière, que deu suporte a toda a operação e que também assegurou o transporte dos valores ilegais rumo à França, recebendo, para tanto, polpudas comissões para fazer entrar os bens no país. Como a empresa do barão também tinha atividades bancárias, ela ajudou muitos particulares que pilharam o tesouro de Argel, trocando o seu ouro por letras de câmbio, facilitando assim a entrada do dinheiro de terceiros no país. Enfim, essas e outras formas de lavagem de dinheiro, então já bem conhecidas, foram todas utilizadas, beneficiando muitos particulares que, direta ou indiretamente, se envolveram na operação militar. Todos esses fatos, hoje comprovados e revelados por pesquisas históricas recentes, foram durante longo tempo mantidos em sigilo. Afinal, essa é uma história que macula todos os envolvidos: o exército francês, a Coroa francesa, grandes empresas e reputadas famílias abastadas do país. Portanto, era melhor acreditar e fazer todos crerem que a real motivação da tomada de Argel tivesse sido a agressão sofrida pelo cônsul francês com um leque de plumas de pavão. Como se poderia explicar às crianças e adolescentes na escola que justamente a Argélia francesa, a mais valiosa pérola do seu império colonial, teria tido uma origem tão vergonhosa? Simplesmente impossível!

Entre a ocupação da Argélia e o advento da Terceira República, em 1870, poucas foram as aquisições coloniais da França. Ainda sob o reinado de Luís Filipe, houve um discreto alargamento do território do Senegal e iniciou-se a ocupação da Costa do Marfim, da Guiné Francesa e de Daomé (hoje Benin), na África Ocidental subsaariana, e de Djibuti, então Somália Francesa, à beira do mar Vermelho. Sob o Segundo Império, apenas a ocupação da Indochina figuraria como conquista relevante, incidindo todas as demais novas posses do período sobre ilhas no oceano Pacífico, como a Nova Caledônia e uma série de pequenas ilhas na Polinésia. A expansão colonial ganharia impulso com a Terceira República, o que daria origem a uma forma *sui generis* de Estado: um Império colonial republicano, ou uma República imperial e colonial.

Na África do norte, a França ocuparia, ao leste da Argélia, a Tunísia, em 1881, e ao oeste, o Marrocos, em 1912, transformando os dois territórios em protetorados. Ao sul do Saara, ocuparia o Gabão, o Congo, o Chad e o território da atual República Centro-Africana, em 1884, reunindo-os em uma entidade administrativa chamada África Equatorial Francesa, em 1910. Madagascar, na costa meridional da África no oceano Índico, seria colonizada a partir de 1885. A Mauritânia e o Sudão Francês,

O espaço francês | 61

hoje Mali, seriam ocupados em 1893, e o Alto Volta, atualmente Burquina Fasso, em 1896. Esses territórios, acrescidos do Senegal, da Costa do Marfim, da Guiné Francesa e de Daomé, seriam agrupados sob o governo colonial da África Ocidental Francesa, criado em 1895, ao qual iriam ser agregados outros territórios conquistados posteriormente na região.

A história da expansão colonial francesa na África é indissociável da história política da Terceira República. Algumas eminentes personalidades da nascente República, como Jules Ferry e Leon Gambetta, chegaram mesmo a defender com fervor a política colonial como uma missão civilizadora da República. Por meio da expansão colonial, os franceses levariam a educação aos povos bárbaros, retirando-os do estado primitivo em que se encontravam e abrindo-lhes os horizontes para uma vida mais digna em um mundo civilizado, ordenado conforme a lei e a razão. A colonização se inscreveria, assim, na mesma perspectiva iluminista que desde a Revolução justificava para os franceses a ação da França no mundo. Se a glória e o legado de Napoleão foram o de ter levado a toda Europa os valores de igualdade, liberdade e fraternidade da Revolução Francesa, deixando constituições liberais pelas nações por onde passaram seus exércitos, o destino de grandeza da Terceira República passaria pela empresa colonial, que levaria os valores universais da civilização francesa aos povos ainda selvagens (ou quase) dos quatro cantos da terra. Através da expansão colonial, a França iria recuperar o lugar de destaque que a história lhe teria reservado no mundo, além – é claro – de ajudar a curar as feridas deixadas pela então recente derrota na Guerra Franco-Prussiana, em 1870, que resultou na perda da Alsácia-Lorena para os alemães.

A questão colonial passaria a ser tão central na vida política da Terceira República que um partido colonial chegou a ser criado, em 1892, recebendo inicialmente a adesão de 42 deputados da Assembleia Nacional. No ano seguinte, o Partido Colonial mais do que dobraria a sua bancada, tornando-se a segunda maior força política no parlamento francês dez anos depois. Um dos objetivos do partido era o de popularizar a ideia da colonização, legitimando a política expansionista do Estado junto à população. É claro que essa política não contava com o apoio unânime nem das elites, nem das massas. Socialistas, radicais e outros grupos opunham-se à política de expansão colonial, por vezes qualificando-a mesmo como antirrepublicana. Mas estes eram minoritários. A participação da França na corrida colonial era uma política de Estado, e não de governo, e, como tal, contaria com a colaboração da escola pública republicana para a sua legitimação. Os livros escolares da época enalteciam a aventura colonial com referências ufanistas como o "nosso magnífico império colonial".

Na corrida colonial em que as nações europeias se jogaram durante as últimas décadas do século XIX, havia apenas duas grandes potências rivais: Grã-Bretanha e França. As

62 | Os franceses

demais nações – Holanda, Bélgica, Espanha, Portugal e também, em menor medida, Alemanha e Itália –, embora tivessem colônias pelo mundo, não chegavam a possuir um império colonial propriamente dito, como o francês e o britânico. No último continente da Terra que ainda não havia sido totalmente ocupado pelas nações coloniais europeias – a África –, franceses e ingleses entraram numa disputa feroz, almejando consolidar um imenso território colonial de terras contíguas. O objetivo dos ingleses era unir as suas colônias cortando a África de norte a sul pelo leste do continente, indo do delta do Nilo, no Mediterrâneo, ao Cabo da Boa Esperança, na África do Sul. O plano dos franceses era cortar a África de leste a oeste, ao norte do continente e ao sul do Saara, formando um imenso domínio que iria do Senegal, na costa atlântica, ao Djibuti, à beira do mar Vermelho. Os objetivos de ingleses e franceses eram, portanto, incom-patíveis, pois ambos marchavam em cruz e o sucesso de um cortaria necessariamente o caminho do outro, daí a razão pela disputa da ocupação da África Central, região ainda muito pouco conhecida e parcamente cartografada. Foi no coração da África e no afã de ganhar a corrida colonial que os franceses acabaram escrevendo uma das mais sinistras e sangrentas páginas da sua história colonial. A Missão África Central, criada em 1898, iria se tornar tragicamente conhecida por Missão Voulet-Chanoine, referência aos nomes dos dois principais comandantes responsáveis pelo saque das aldeias por onde passaram e pelo massacre das suas populações.[5]

A importância da conquista do coração da África para o governo francês era tal que o seu ministro do recentemente criado Ministério das Colônias, André Lebon, enviou três missões militares de diferentes partes da África que deveriam se encontrar à beira do lago Chad. Uma partiu da Argélia, ao norte; outra, do sul; e a terceira, do Senegal, a oeste, sob o comando do capitão Paul Voulet e do tenente-coronel Julien Chanoine. Com pouquíssimos recursos e dispondo de apenas cinco outros oficiais, franceses e brancos, os comandantes da malfadada missão passaram a recrutar a população local para se integrar à coluna, que acabou sendo composta, majorita-riamente, por mulheres. E, sem as condições que dispuseram os oficiais responsáveis pela tomada de Argel, em 1830, que antes de partir para as batalhas tomavam os melhores vinhos e, ao retornar, bebiam champanhe, Voulet e Chanoine adotaram a prática – nada ética, mas bastante comum nas guerras – de saquear os povoados por onde passavam, deixando para trás aldeias incendiadas e montanhas de cadáveres de homens, mulheres e crianças.

A brutalidade das guerras chega a ser proverbial e os capitães da coluna não fizeram mais do que aquilo que é até hoje corriqueiro nas guerras da África: massacres de populações inteiras. O filme do diretor brasileiro Fernando Meirelles, *O jardineiro fiel* (EUA, 2005), baseado em um romance do escritor britânico John le Carré, mostra de uma forma muito contundente a violência que campeia nas guerras travadas entre diferentes bandos e tribos na África contemporânea. O problema é que os massacres comandados por Voulet e Chanoine e executados por africanos foram feitos em nome da França, país que tem e tinha a liberdade, igualdade e fraternidade por lema, e que justificava a sua expansão colonial em nome da civilização, e não da barbárie. No entanto, não se pode esquecer que, para o europeu do século XIX, um negro africano era considerado bárbaro e selvagem, e sua vida não tinha o mesmo valor que a vida de um europeu, branco e civilizado. Matar um selvagem negro não constituía, rigorosamente, um crime. Além disso, naquela época, as teorias racistas andavam em moda na Europa, e afirmar que uma raça era superior a outra não causava constrangimento a ninguém. O republicano e ferrenho defensor do colonialismo francês, Jules Ferry, não hesitou em afirmar, em discurso proferido na Câmara dos Deputados, em 29 de julho de 1885, que "existe para as 'raças superiores' [*sic*] um direito, porque elas também têm um dever. Elas têm o direito de civilizar as 'raças inferiores'".

Apesar dessa tolerância coletiva em relação à morte de negros africanos, o morticínio provocado pelo caminho por onde passava a coluna comandada pelos capitães Voulet e Chanoine foi tão grande que denúncias chegaram a Paris e à Câmara dos Deputados. O governo francês, então, resolveu intervir, enviando um coronel do exército incumbido de interromper o massacre e destituir os comandantes de missão. Depois de perseguir a coluna durante cerca de dois mil quilômetros África adentro, em algum lugar do território que hoje é o Níger, o coronel Klobb acabou encontrando Voulet e Chanoine. Mas os dois capitães não se consideravam mais obrigados a obedecer às ordens de um superior do exército francês. Em meio ao seu trajeto ensandecido no coração da África, Voulet e Chanoine foram informados de que o governo de Paris havia enviado ordem para suspenderem a missão, e, a partir daquele momento, eles deixaram de se considerar franceses, seguindo o seu caminho com um novo objetivo: estabelecer um império branco no centro da África – e pasmem: com apenas sete homens brancos integrando a coluna. Quando o coronel francês tentou destituí-los do comando da missão, os capitães responderam a tiros, matando-o e declarando-se não mais franceses, e sim guerreiros africanos. Dias depois, os comandantes rebeldes acabariam sendo capturados e mortos.

Essa história foi muito mal recebida em Paris, pois denegria a imagem do exército, já conspurcada pelo recente escândalo do caso do capitão Dreyfus, que, anos antes, havia sido injustamente acusado e condenado por alta traição, por puro antissemitismo disseminado no exército e na sociedade. A imprensa local tratou, então, de minimizar os fatos. Afinal, o que eram as vidas de alguns negros – ainda que milhares deles tenham sido mortos – comparadas à reputação do exército francês? O esquecimento a que os franceses condenaram essa trágica história foi, entretanto, compensado com o seu registro sob a forma de ficção pelo escritor Joseph Conrad no romance intitulado *Coração das trevas*, de 1902, uma história que se passa às margens do rio Congo, provavelmente no Congo Belga, envolvendo uma série de atrocidades e um misterioso comerciante de marfim chamado Kurtz. Em 1979, com base nesse romance, Francis Ford Copolla iria lançar, nos Estados Unidos, o filme *Apocalypse now*, com Marlon Brando no papel do coronel Kurtz, um combatente do Vietnã, perseguido pelo exército americano, que havia desertado e se evadido para as florestas do Camboja, transformando-se em imperador de um grupo de nativos – história essa que *mutatis mutandis* corresponde, perfeitamente, à história do capitão Voulet.

O enorme esforço dos franceses em conquistar o coração da África acabou lhes rendendo a ocupação do Níger, em 1899, cenário da tragédia, mas não lhes garantiu a pretendida ligação entre o Atlântico e o mar Vermelho. Os rivais britânicos conseguiram chegar ao Sudão um ano antes, barrando o caminho e frustrando as pretensões dos franceses. Mas, tampouco os britânicos tiveram sucesso em estabelecer um território único do Cairo à Cidade do Cabo. Um pouco mais ao sul, belgas e alemães, os primeiros avançando da costa do Atlântico para o leste, e os segundos, da costa do Índico para o oeste, acabaram chegando às margens do lago Tanganica, bloqueando o caminho dos ingleses e impedindo que as colônias britânicas do norte se unissem com as do sul. Hoje, às margens ocidentais desse lago encontra-se a República Democrática do Congo (ex-Zaire), e às margens orientais, a Tanzânia.

DA REPÚBLICA IMPERIAL AO HEXÁGONO

Depois da Segunda Guerra Mundial, o império colonial francês, assim como todos os demais impérios coloniais da época, entrou em decomposição. O resultado da Primeira Grande Guerra foi o fim dos impérios na Europa, com o desaparecimento do Império Austro-Húngaro, do Império Otomano e do Império Russo, que não se dividiu em diferentes países como os outros dois, mas que perdeu a denominação de império para se transformar na União das Repúblicas Socialistas Soviéticas, após a Revolução Bolchevique, de 1917. O fim da Segunda Grande Guerra iria encerrar a era colonial com a transformação de quase todas as colônias europeias até então em países independentes e com o consequente fim dos grandes impérios coloniais britânico e francês. Enquanto os europeus das metrópoles respiravam aliviados com o fim da guerra, que envolveu praticamente todos os países europeus, com exceção da Suíça, Suécia, Irlanda, Portugal e Espanha, os europeus que viviam nas colônias mundo afora começavam a ter de enfrentar o retorno à metrópole, que, depois de tantas décadas fora dela, não lhes parecia uma alternativa tentadora.

Durante todo o período de descolonização, que começou no imediato pós-guerra e estendeu-se até o início dos anos 1960, os franceses iriam se ver constantemente envolvidos em guerras: primeiro na Indochina, que começaria em 1946 e só terminaria em 1954, com a capitulação do exército francês na Batalha de Dien Bien Fu. Nem bem terminada a guerra da Indochina para os franceses, eles se veriam envolvidos em um novo conflito: a Guerra da Argélia, que só iria terminar com a completa independência do país, em 1962. Se para os franceses a perda da Indochina foi uma derrota puramente militar, a perda da Argélia foi um trauma nacional. A Indochina ficava do outro lado do mundo, sempre teve *status* de colônia e durante a Segunda Guerra acabou sendo ocupada pelos japoneses, o que fez com que os franceses perdessem o controle efetivo sobre o seu território. Seria na tentativa de recuperar o controle sobre as antigas colônias do sudoeste da Ásia, que já haviam declarado a sua independência após a saída dos japoneses, que a guerra iria começar. A situação da Argélia era completamente diversa da Indochina. A Argélia ficava bem próxima, bastando cruzar o Mediterrâneo para chegar lá, não tinha *status* de colônia – embora de fato fosse – e era considerada parte do território nacional. Além disso, na Argélia viviam mais de um milhão de franceses *pieds noirs*, que lá haviam nascido e que se sentiam profundamente ligados àquela terra.

A fragilidade do domínio francês na Indochina ficou clara para os seus habitantes nativos com a invasão japonesa durante a Segunda Guerra Mundial. Embora os franceses tenham mantido a administração das colônias, eram as tropas japonesas que, de fato, controlavam o seu território. Na Indochina, ocorreu algo semelhante ao que se passou no sul da França durante a guerra. Assim como o governo de Vichy colaborava com o invasor alemão, que ocupava o norte do país, a administração colonial francesa na Indochina colaborava com o invasor japonês. Portanto, a soberania francesa na Indochina era tão falsa quanto à do regime instalado pelo marechal Pétain, em Vichy. Com a liberação da França pelas tropas aliadas no fim de 1944, com a França e o governo provisório francês passando para o lado dos inimigos do eixo Tóquio-Berlin, os japoneses tratariam de expulsar as tropas francesas da Indochina e, em seguida à retirada das tropas japonesas da região, o Camboja, o Laos e o Vietnã iriam declarar suas independências. Mas não era esse o desejo nem os planos do governo provisório da França para a região. A ideia de De Gaulle era criar na Indochina uma federação ligada à França. Do desacordo entre as partes e da resistência francesa em admitir a independência das suas ex-colônias teria início a guerra, com a tentativa das tropas francesas de retomar o controle da região. No entanto, a guerra que começou como uma disputa localizada entre as ex-colônias e a antiga metrópole iria ganhar amplitude de um conflito internacional. Com o apoio da China comunista de Mao Tsé-tung ao Viet-Min, grupo igualmente comunista que lutava contra os franceses, a guerra da Indochina entraria na lógica do conflito da Guerra Fria e não terminaria com a derrota dos franceses em 1954, pois no seu lugar passariam a intervir as tropas dos Estados Unidos no Vietnã do Sul.

Ao contrário do completo abandono a que a metrópole, sob o regime de Vichy, relegaria a Indochina durante a Segunda Guerra Mundial, a Argélia se manteria sempre sob o controle bem próximo do governo francês. Além disso, o Marrocos e a Argélia foram os primeiros territórios a serem liberados pelas forças aliadas, em novembro de 1942, sendo justamente em Argel que o general De Gaulle iria instalar o governo provisório da França antes que as tropas alemãs fossem expulsas de Paris. Aliás, dezenas de milhares de argelinos participariam como combatentes na liberação da França. No entanto, se é correto afirmar que a Argélia não era uma colônia como qualquer outra, seria também um engano acreditar que ela fosse parte integrante da França como uma de suas regiões. O governo francês e os *pieds noirs* queriam crer e fazer todos crerem que a Argélia era o contrário da definição de Voltaire sobre a Alsácia. Se para Voltaire a Alsácia era uma terra que estava na França, mas que não era a França, para os *pieds noirs* a Argélia seria uma terra que não estava na França, mas que era a França. Na verdade, o grande problema da Argélia que o governo francês jamais quis enfrentar era a condição dos argelinos, árabes e muçulmanos, que nunca foram considerados cidadãos franceses iguais aos demais. Corsos, bascos, alsacianos, bretões, normandos, aquitanos, todos os demais nascidos na França metropolitana e os *pieds noirs* eram cidadãos franceses *à part entière*, isto é, sem quaisquer reservas, enquanto os argelinos eram cidadãos de segunda classe, tanto na metrópole quanto em sua própria terra. A situação civil e política dos argelinos era igual a dos nativos de qualquer outra colônia francesa que, entre outras coisas, não tinham direito de votar nas eleições. Portanto, quando os franceses afirmavam que "a Argélia é a França", referiam-se tão somente ao seu território, e não ao seu povo originário. Assim, depois de mais de 120 anos de dominação francesa na Argélia e da exclusão dos argelinos da cidadania plena, forma-se a Frente de Libertação Nacional (FLN), que, a partir de 1954, iria começar sua luta pela independência do país.

As táticas de guerrilha e terroristas seriam largamente empregadas pela FLN, que atacaria tanto unidades do exército francês e prédios públicos quanto a população civil de *pieds noirs* ou de muçulmanos considerados traidores da causa da independência. O exército e os serviços de informação da França também não hesitariam em lançar mão da tortura e de outras práticas arbitrárias e violentas para combater o inimigo,

Barricadas nas ruas de Argel, em 1960, durante o auge da Guerra da Argélia. Tal como Gillo Pontecorvo definiu no início do filme *A batalha de Argel*, a capital argelina era, então, *una città europea*.

agravando ainda mais o antagonismo entre as partes. O filme de Gillo Pontecorvo, *A Batalha de Argel* (Argélia/Itália, 1966), apresenta, sem retoques nem concessões para qualquer dos lados, a crueza e violência da guerra (em especial, durante a Batalha de Argel, de 1957) que deixou profundas marcas em ambos os lados.

Os eventos da Guerra da Argélia serviram, inclusive, de estopim para a derrubada da Quarta República – regime instaurado na França após o fim da Segunda Guerra e caracterizado pela instabilidade dos governos, que não duravam, em média, mais que seis meses – abrindo o caminho para a volta do general De Gaulle ao poder. No dia 13 de maio de 1958, milhares de *pieds noirs* foram às ruas de Argel para protestar contra a morte de três soldados franceses capturados e executados pela FLN e reivindicar a implantação de um "governo de salvação pública" que – à imagem do Comitê de Salvação Pública, criado durante a Revolução Francesa, cuja atribuição era zelar pela manutenção da nova ordem republicana, havia posto fim à Monarquia e ao Antigo Regime – pusesse fim à guerra, que já durava quatro anos, assegurando a permanência da Argélia como território francês e eliminando qualquer risco de independência. Quando De Gaulle chegou a Argel, em 4 de junho, já na condição de último primeiro-ministro da Quarta República, o general fez um pronunciamento em praça pública que começou com quatro palavras que entrariam para a história da França e levariam a massa de *pieds noirs* ao delírio: *Je vous ai compris* ("Eu os comprendi"), assegurando ainda que, a partir daquele momento, para o governo francês só haveria na Argélia *des Français à part entière*, isto é, todos seriam igualmente cidadãos plenos da República. Mas já era demasiado tarde e ninguém mais queria ou acreditava nessa possibilidade. A radicalização, tanto da FLN quanto do exército francês, havia chegado a um ponto de onde não haveria mais retorno. Além disso, o Marrocos e a Tunísia, vizinhos da Argélia, já haviam conquistado a sua completa independência em relação à França, dois anos antes, e aquele pareceria também ser o caminho natural para resolver a questão argelina. Dois anos depois, em 1960, seria a vez de quase todas as colônias da África Equatorial Francesa e da África Ocidental Francesa adquirirem as suas respectivas independências. Portanto, faltava apenas a Argélia tornar-se independente, o que acabaria, de fato, ocorrendo em 1962.

No momento da independência da Argélia, os *pieds noirs* representavam cerca de 10% dos cerca de dez milhões de habitantes e, entre esses, 15% aproximadamente eram judeus. Além dos *pieds noirs*, havia entre duzentos e quatrocentos mil *harkis*, isto é, nativos árabes e muçulmanos que eram ligados ao exército francês ou à administração civil francesa. Nos meses que se seguiram à independência da Argélia e à tomada do poder pela FLN, novecentos mil *pieds noirs* deixariam o país rumo à França, sendo acompanhados por outros cerca de noventa mil *harkis*, ou seja, cerca de 10% da população total da Argélia, convencidos que estavam de que as suas alternativas eram apenas as do *slogan* então em voga: *valise ou cercueil*, ou seja, a mala ou o caixão. Essa foi, provavelmente, a maior, mais intensa e mais concentrada movimentação populacional que a Europa conheceu depois do término da Segunda Grande Guerra. Nas duas décadas seguintes, outros cem mil *pieds noirs* iriam também deixar a Argélia, ficando o país com uma população quase que exclusivamente árabe e muçulmana. A tolerância e a democracia definitivamente não seriam a marca do novo regime de governo argelino.

Com a independência da Argélia, e depois de quase vinte anos consecutivos de guerras na Indochina e na Argélia, o processo de descolonização praticamente se completa. Excetuando algumas poucas e pequenas colônias francesas que se tornariam independentes posteriormente, e a transformação de outras possessões coloniais em territórios e departamentos ultramarinos, o espaço dos franceses passa a ser fundamentalmente europeu e compreendido naquilo que os franceses passariam então a chamar de "hexágono", alusão ao formato hexagonal do atual território da França na Europa. Mas como lembrança do seu "magnífico império colonial" ficaram aqui e acolá alguns territórios com uma superfície total de cerca de 120 mil km² onde vivem cerca de 2,2 milhões de habitantes. Se em área os territórios ultramarinos equivalem a pouco mais de 20% do território da França na Europa, essas posses – por se localizarem, a maioria delas, em ilhas – garantem aos franceses a jurisdição sobre um domínio marítimo de cerca de 10,2 milhões de km², que é o terceiro maior do mundo em extensão.

OS RESQUÍCIOS DO GRANDE IMPÉRIO COLONIAL: OS DEPARTAMENTOS E TERRITÓRIOS ULTRAMARINOS

A denominação territorial "colônia" foi definitivamente erradicada do vocabulário oficial e cotidiano dos franceses. Depois de uma expansão colonial com passagens nada edificantes, como a tomada de Argel e a conquista da África Central, e uma retração dolorosa com as guerras da Indochina e da Argélia, a mudança de nomenclatura viria com a intenção explícita de virar a página do passado colonial. O que a França possui, atualmente, mundo afora são Departamentos e Territórios Ultramarinos (*Départements d'Outre-Mer* – DOM – e *Territoires d'Outre-Mer* – TOM – agrupados na sigla DOM-TOM). Existem quatro departamentos ultramarinos: Martinica, Guadalupe e Guiana Francesa, que juntos compõem os Departamentos Franceses da América, além da Ilha da Reunião, no oceano Índico. Os departamentos ultramarinos possuem o mesmo *status* que os demais departamentos que compõem a França metropolitana. Já os territórios ultramarinos têm um *status* diferente dos departamentos e são bastante diferenciados entre si, como a Polinésia Francesa, a Nova Caledônia, na Melanésia, e outras pequenas ilhas nos oceanos Atlântico, Pacífico e Índico, como Saint-Pierre-et-Miquelon, Wallis-et-Futuna e Mayotte, respectivamente.

Entre as possessões ultramarinas da França, as mais povoadas e importantes são aquelas cujas populações tiveram sua história mais diretamente ligada à metrópole e que hoje são departamentos (DOM), e não territórios (TOM). Em comum, os quatro departamentos ultramarinos têm, no passado, a condição de colônias para onde foram levados muitos escravos africanos que iriam servir de mão de obra nas lavouras de cana-de-açúcar, o que faz com que suas populações sejam, majoritariamente, negras e mestiças. Já nos territórios da Polinésia e da Melanésia, que, como todos os

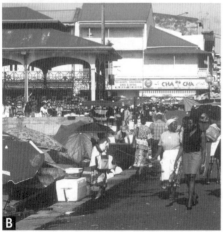

Algumas imagens dos territórios ultramarinos: plantação de cana-de-açúcar na Ilha da Reunião (A); mercado de Pointe-à-Pitre, em Guadalupe (B); e rua de Caiena, na Guiana (C).

demais, também receberam imigrantes franceses (sobretudo da Alsácia-Lorena, após 1870) e conheceram alguma forma de miscigenação, suas populações permaneceram, fundamentalmente, autóctones e sem a marca da escravidão. Provavelmente, seja esse passado menos doloroso e mais leve para a consciência dos franceses que os faça sonhar mais frequentemente com Papetee, no Taiti, ou com Nouméa, na Nova Caledônia – situadas no Pacífico Sul, a cerca de 16 mil quilômetros de distância de Paris – do que com Fort-de-France, na Martinica, Pointe-à-Pitre, em Guadalupe, ou Caiena, na Guiana Francesa –, localizadas apenas do outro lado do Atlântico, entre seis e sete mil quilômetros de distância da metrópole.

A Ilha da Reunião é o mais populoso dos territórios fora da França metropolitana, com mais de setecentos mil habitantes e com alta densidade populacional (309 hab/km²). Entre todas as regiões da França, é a que de longe vem apresentando o melhor desempenho econômico na última década, mais de 4% ao ano, o que, no entanto, não tem bastado para diminuir as suas altas taxas de desemprego, bem superiores à média nacional. Em 2004, quatrocentas mil pessoas visitaram a ilha, o que faz do turismo a sua principal fonte de renda, superando a agricultura. A Martinica e Guadalupe têm população superior a quatrocentos mil habitantes cada uma e também alta densidade populacional (338 hab/km² e 258 hab/km², respectivamente), pois são ilhas relativa-mente pequenas. Já nos demais territórios de além-mar, a densidade demográfica cai substancialmente. Na Polinésia Francesa, onde moram cerca de 260 mil pessoas desigualmente espalhadas pelas diversas ilhas que compõem o arquipélago, há 65 hab/km²; na Nova Caledônia, com cerca de 200 mil habitantes, essa proporção baixa para 12,5 hab/km², chegando a 2 hab/km² na Guiana Francesa, onde 200 mil pessoas vivem em um território uma vez e meia maior que o da Bélgica e da Holanda juntos, dispersão demográfica que é, aliás, comum na região amazônica.

Diferenças à parte, o que todos os departamentos e territórios ultramarinos da França têm em comum é um nível de renda e de bem-estar social bem superior ao dos países independentes das regiões onde se encontram. Se na época colonial era a metrópole que sugava os recursos das suas colônias, estando estas entre suas principais fontes de riqueza e pujança, hoje ocorre justamente o contrário com as ex-colônias que não se tornaram nações independentes. É da França metropolitana que parte a maioria dos recursos que garante a qualidade das escolas públicas, dos serviços de saúde e de proteção social que usufruem os habitantes dos DOM-TOM, além de salários e renda bem mais elevados do que na maioria dos países vizinhos. Na Polinésia Francesa, a renda *per capita* ultrapassa os US$ 17 mil e na Nova Caledônia, na Ilha da Reunião e na Martinica situa-se acima de US$ 14 mil, o que faz da última a segunda mais rica ilha do Caribe, apenas atrás de Barbados. Na Guiana e em Guadalupe, a renda média anual cai sensivelmente, mas segue ainda bem acima da média regional, variando entre US$ 7 e US$ 9 mil. As economias desses departamentos e territórios são, entretanto, muito frágeis e dependentes da metrópole. Fora o turismo, que é a principal atividade econômica da Polinésia Francesa e da Ilha da Reunião e que tem participação importante no Produto Interno Bruto da Martinica, é a agricultura baseada no cultivo da cana-de-açúcar, banana e outros produtos tropicais, além da cultura de camarão e de algumas outras atividades extrativistas, que traz renda aos seus habitantes.

Os departamentos ultramarinos da França apresentam indicadores sociais bastante díspares, alguns semelhantes aos dos países mais ricos e desenvolvidos, outros próximos dos países mais pobres do mundo. A Guiana Francesa, por exemplo, ostenta altas taxas de escolarização, equivalentes às das demais regiões da França metropolitana e dos países do primeiro mundo, mas apresenta também uma taxa de natalidade bastante elevada, 3,1%, semelhante à dos países mais pobres da África, o que fará a sua população duplicar nos próximos vinte anos, uma vez que suas taxas de mortalidade infantil são tão baixas quanto as dos países ricos. Também é fora da França metropolitana que se encontram as mais altas taxas de desemprego, que são equivalentes às existentes entre os jovens dos bairros mais pobres da periferia das grandes cidades na metrópole, o que nivela os habitantes dos departamentos e territórios ultramarinos aos mais desfavorecidos e excluídos de toda a sociedade francesa. Enquanto a taxa média de desemprego no país situa-se em torno de 10%, na Guiana Francesa ela beira os 20% da população economicamente ativa, chegando perto dos 30% na Martinica e em Guadalupe, e ultrapassando esse patamar na Ilha da Reunião, onde 20% da população é beneficiária do RMI (*Revenu Minimum d'Insertion*), que é uma renda mínima bem inferior ao salário mínimo, oferecida pelo governo àqueles que, por razões diversas, não estão cobertos pelo seguro-desemprego e outras formas de proteção social.

Excetuando a Nova Caledônia, onde existe um movimento independentista forte e cujo estatuto de "coletividade específica" é provisório, devendo ser definido em referendo a ser realizado em 2014, quando os seus habitantes decidirão se tomarão o caminho da independência ou se permanecerão membros integrantes da República Francesa, os demais territórios e departamentos encontram-se muito confortáveis como partes distintas, mas integrantes, da França. Apesar do bem-estar que a cidadania francesa lhes proporciona, a metrópole segue sendo incontornavelmente longínqua, o que torna a influência cultural da França menos presente que a dos vizinhos mais próximos. O caso da Guiana Francesa é emblemático.

A Guiana Francesa fica a mais de sete mil quilômetros de distância da França metropolitana, tendo o oceano Atlântico a lhes separar, enquanto com o Brasil ela tem nada menos que 673 quilômetros de fronteira, e 510 quilômetros com o Suriname. A

O espaço francês | 73

influência desses vizinhos na sociedade local, sobretudo do Brasil, é enorme.[6] A Amazônia é uma região muito pobre e pouco desenvolvida economicamente, e o enclave europeu da Guiana Francesa representa, para as populações vizinhas, um grande atrativo em termos de renda e de serviços sociais. Na Guiana Francesa, assim como na França, o salário mínimo vigente, em 2006, era de 1.254,28 euros por mês para uma jornada semanal de 35 horas, o que representava dez vezes mais que o salário mínimo mensal no Brasil e onde a semana de trabalho é de 44 horas. Essa diferença de remuneração é razão suficiente para que muitos brasileiros cruzem a fronteira entre o estado do Amapá e a Guiana Francesa, ainda que para trabalhar ilegalmente e ganhar menos que o salário mínimo. Na França amazônica, os trabalhadores brasileiros, ainda que clandestinos, podem ganhar muito mais do que no seu próprio país, além de usufruir das escolas públicas e dos serviços de saúde, que têm qualidade muito superiores aos do Brasil, em geral, e da Amazônia brasileira, em particular. Isso fez com que os brasileiros tenham se tornado uma presença marcante na Guiana Francesa e, como todo grupo de imigrantes numericamente expressivo, objeto de xenofobia e preconceito. Na Guiana, atribuem-se aos brasileiros os atos de delinquência, alcoolismo, prostituição e da propagação da aids, além de outros problemas que afetam negativamente a sociedade. Mas, apesar disso, os brasileiros têm se integrado relativamente bem na sociedade guianense, como comprovam a frequência de casamentos mistos, o número crescente de imigrantes legalizados, além de casos exemplares de progresso econômico e reconhecimento social, sobretudo no meio das telecomunicações.[7] Os brasileiros da Guiana Francesa tampouco formaram uma colônia homogênea no país, como acontece com muitas minorias em países estrangeiros, o que favoreceria a formação de guetos e alimentaria a xenofobia. Entre os brasileiros que vivem lá, observa-se uma enorme diferença entre os oriundos do norte e os do sul do Brasil. Os do norte, mais pobres e menos qualificados, acabam ocupando os postos de trabalho menos remunerados que os guianeses não têm interesse em ocupar, tal como ocorre na França metropolitana com imigrantes do Terceiro Mundo. Já os brasileiros vindos do sul, que acabaram se instalando em Caiena na condição de pequenos comerciantes e sendo bem-sucedidos, chegam a ter uma postura até arrogante em relação à Guiana Francesa e aos guianeses, deplorando a falta de urbanização, o subdesenvolvimento da região, a sujeira e a pobreza generalizada da capital. Esses brasileiros, de um modo geral, acabam voltando para o Brasil após alguns anos.[8]

Na Guiana Francesa, brasileiros e haitianos ocupam dois lugares sociais e simbólicos opostos. Os haitianos são aqueles imigrantes que vão para a Guiana trabalhar na terra, enquanto os brasileiros vão ocupar os postos de trabalhao urbanos e de artesãos. Os haitianos representam os homens selvagens e estreitamente ligados à natureza, enquanto os brasileiros são civilizados, organizados, ciosos de seus direitos e orgulhosos e

74 | Os franceses

conscientes de sua dignidade. Mas, além das relações de trabalho, a influência brasileira se faz também cada vez mais presente no plano cultural. O carnaval tradicional da Guiana Francesa está sendo influenciado pelo carnaval brasileiro, embora, na origem, o seu carnaval fosse bem diferente. Nos últimos anos, são os passistas brasileiros e o padrão carnavalesco vigente no Brasil que se têm imposto na Guiana Francesa, a ponto de a imprensa local fazer a seguinte observação a propósito do carnaval de Caiena, em 1998: "Os grupos brasileiros se destacaram pela qualidade dos seus carros alegóricos, maiores e mais belos do que nunca. Uma vez mais, parecia que se estava no sambódromo do Rio de Janeiro ou no do estado do Amapá".[9]

Apesar de todas as facilidades e conveniências econômicas para as populações dos departamentos e territórios ultramarinos de serem partes integrantes da França, o distanciamento cultural em relação à metrópole se faz sentir de uma forma muito clara. Aqueles que migram para a metrópole, ainda que na condição de cidadãos plenos, acabam sendo recebidos com reservas e ocupando postos de baixo prestígio social no mercado de trabalho. A condição dos antilhanos em Paris assemelha-se muito mais à dos trabalhadores estrangeiros do que a dos seus concidadãos. Por isso, a Guiana Francesa, a Martinica, Guadalupe, a Ilha da Reunião, a Nova Caledônia e a Polinésia Francesa mantêm uma relação de identidade e de alteridade com a metrópole. Por mais paradoxal que possa parecer, é precisamente a distância geográfica que os ajuda a manterem-se unidos, além, é claro, dos milhões de euros que a França regularmente remete aos seus departamentos e territórios de além-mar para que esses continuem sendo cabeça de ponte do país pelos mares do mundo.

No interior da França metropolitana, a situação é completamente outra. Lá convivem, lado a lado, populações com trajetórias e histórias regionais bastante diversas. No entanto, essas diferenças são dificilmente admitidas, com a notável exceção de alguns grupos regionalistas, pouco visíveis aos olhos dos estrangeiros, para quem a França se destaca em toda Europa pelo seu elevado grau de homogeneidade cultural, apesar do seu território ser bastante grande e também muito diversificado para os padrões europeus. Na raiz dessa notável unidade da França metropolitana, encontra-se certamente a estrutura político-administrativa criada por Napoleão, que segue até hoje firme e forte.

O ESPAÇO HEXAGONAL

A diversidade territorial da França não decorre apenas da natureza e da topografia, que em si mesma é bastante variada, mas também das culturas regionais que se formaram e foram se sedimentando ao longo do tempo, o que acabou por imprimir

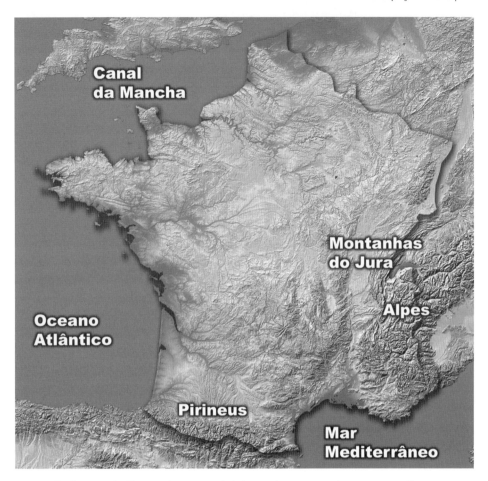

Os limites da França hexagonal delimitados por acidentes geográficos.

a sua marca na paisagem. Se no Novo Mundo é necessário percorrer algumas centenas de quilômetros para se começar a perceber alguma mudança no cenário cultural e humano, na França basta percorrer algumas dezenas deles para se sentir em um outro ambiente. Junto com os elementos naturais disponíveis em cada região, muda, consequentemente, a cor dos tijolos e pedras utilizados nas construções, assim como a arquitetura, a forma de ocupação e a utilização do território, as culturas agrícolas e – é claro – também o queijo e o vinho que se come e bebe no dia a dia.

Os franceses chamam orgulhosamente seu país de "cruzamento da Europa", o que é absolutamente justo, pois o seu território vai do Mediterrâneo à Europa do Norte e do Atlântico à Europa Central. Dessa situação geográfica peculiar resultaria uma série

76 | Os franceses

de migrações vindas de diversas partes da Europa, conformando um povo étnica e historicamente bastante heterogêneo, como foi mostrado no capítulo anterior, mas com uma unidade soldada politicamente pelo Absolutismo, pela Revolução e pela República. Mas além desse forte cimento simbólico que une os franceses de todas as regiões do hexágono, há ainda a contribuição trazida pela topografia. Se o hexágono francês fosse uma figura geométrica perfeitamente simétrica, a França teria 5/6 do seu território delimitada geográfica e naturalmente e apenas 1/6 pelo artifício da política. Metade do território da França metropolitana é delimitada por mares: o oceano Atlântico, ao oeste, e o Mediterrâneo, no sudeste. Outros 2/6 são delimitados por montanhas: os Pirineus, no sudoeste, a separam da Espanha; os Alpes e as montanhas do Jura, ao leste, separam a França da Itália e da Suíça; e logo mais ao norte encontra-se o rio Reno, que desde a Antiguidade foi fronteira entre a Gália Romana e os domínios dos bárbaros germânicos. Apenas 1/6 das divisas políticas do hexágono não tem limitações topográficas claramente definidas, que é a fronteira norte que separa a França da Bélgica, de Luxemburgo e de parte da Alemanha.

O Norte

Percorrendo a fronteira norte de leste a oeste, uma sequência de planaltos baixos limitados ao sul pela serra dos Vosges, que separa a Alsácia da Lorena, e atravessando uma outra região serrana mais baixa que se estende pelo norte da França, Luxemburgo e sul da Bélgica, as Ardenas, chega-se às planícies que se estendem até o canal da Mancha. Essa região, que foi palco de muitas guerras exatamente em função da ausência de barreiras naturais, abriga algumas das mais belas obras arquitetônicas do estilo gótico na França, como as catedrais de Reims, na Champanhe, de Amiens e de Beauvais, na Picardia. Nas planícies que vão das encostas das Ardenas até o mar, a arquitetura das casas e prédios em geral é indistinta nos dois lados da fronteira. Devido à escassez de pedras na região, tanto os belgas quanto os franceses passaram a construir suas casas com tijolos, deixando-os aparentes, tal como na Holanda e na Inglaterra. Isso dá às cidades e aos vilarejos da região uma aparência bastante homogênea, tendo todas as casas a mesma coloração da terra com que são feitos os tijolos: mais escuras e avermelhadas na Holanda e na Inglaterra, mais claras e tendendo ao laranja e ao ocre na França e na Bélgica.

Ao sul e ao oeste da Picardia começa a Normandia, que se estende a oeste até o Mont-Saint-Michel, um istmo que se eleva sobre o mar entre a Normandia e a Bretanha, onde, a partir do século X, começou a ser construída uma abadia monumental que se tornou local de peregrinação durante a Idade Média. Em razão

O espaço francês | 77

Falésias de Etretat, na costa da Normandia
e fazenda normanda típica do interior da região.

de a costa normanda ser a região marítima mais próxima de Paris, os parisienses do século XIX a escolheram para construir os seus balneários, como Dieppe, Fécamp, Etretat, Deauville e Trouville. Ao norte do porto de Havre, a costa da Normandia é recortada por altas falésias, compostas por uma mistura de giz e pedras de sílex, que se projetam mar adentro. Em Etretat, encontra-se um famoso arco sobre o mar, muito retratado pelos pintores impressionistas que costumavam frequentar a região e descrito por Guy de Maupassant como um elefante que mergulha sua tromba no mar. Do alto dessas falésias, abrem-se campos muito verdes para o interior do continente, onde se cria gado leiteiro, produzem-se queijos e manteiga e cultivam-se maçãs, que são a base da produção de geleias e da fabricação de sidra e de uma aguardente típica da região.

A leste, a Normandia chega próxima a Île-de-France, onde se situa a capital do país. Nessa parte oriental da Normandia, localiza-se a cidade de Giverny, à margem esquerda do Sena, onde o pintor Claude Monet (1840-1926) passou o fim dos seus dias pintando e repintando o seu exuberante jardim. A casa e o jardim de Monet são abertos à visitação pública, mas para que o visitante possa ir da casa à parte maior e mais exuberante do jardim – com seu lago ladeado de salgueiros-chorões, repleto de água-pés que florescem no verão e com sua ponte japonesa construída sobre a sua parte mais estreita – ele é obrigado a utilizar uma passagem subterrânea, pois existe um alto muro que separa um lado do jardim do outro. É que, algumas décadas atrás, foi aberta uma estrada departamental que cortou o jardim, separando-o da casa. Ignoro se, naquela estreita faixa de terra entre o rio Sena e os contrafortes escarpados do pequeno planalto que se abre ao sul, haveria outra alternativa senão cortar e sacrificar parte do jardim privado, talvez o mais pintado e conhecido pelo mundo. De qualquer forma, com ou sem alternativa viária, o traçado daquela estrada que cinde em dois o jardim de Monet é um insulto à memória do grande pintor impressionista.

A oeste do Mont-Saint-Michel começa a Bretanha, uma península que se projeta mar adentro como a proa de um navio, tendo o canal da Mancha ao norte e o oceano Atlântico ao sul. A costa da Bretanha é bastante rochosa, cercada de uma série de ilhas e caprichosamente recortada pela natureza. Seu clima é fortemente marcado por sua situação peninsular. Ventos e chuva são uma constante, as temperaturas não se elevam muito nem mesmo no verão e a água do mar é sempre gelada. Apesar do clima pouco convidativo, a Bretanha é muito procurada pelos franceses de todas as regiões durante a estação estival, pois suas praias e paisagens do interior são de uma beleza raramente vista. Na costa norte da Bretanha, encontra-se Dinard, uma cidade balneária onde no verão tendas listradas em branco e outras cores são montadas na praia para abrigar os banhistas não tanto do sol quanto do vento. Ao lado de Dinard, encontra-se Saint-Malo, uma magnífica cidade fortificada à beira-mar que, desde o século XVI, foi residência de corsários, a quem se deve muito da sua fama e riqueza. Foi de Saint-Malo que partiram os navegadores que, em 1534, chegaram ao Canadá, tomando aquelas terras em nome do rei de França. Foi também de lá que, em 1698, corsários partiram rumo à Antártica e acabaram ocupando um arquipélago encontrado pelo caminho, dando-lhe o nome de ilhas Malvinas – derivado do próprio gentílico dos habitantes de Saint-Malo, *malouins*. Essas ilhas passariam posteriormente ao domínio inglês (assim como o Canadá), sendo rebatizadas pelos britânicos como Falklands e tornando-se o pivô da eterna disputa diplomática (que em 1982 chegou até a guerra) dos argentinos com os ingleses. Foram também os corsários de Saint-Malo que, em 1711, chegaram à costa do Brasil e tomaram o Rio de Janeiro dos portugueses para o rei de França.

No extremo-oeste da Bretanha encontra-se a Pointe du Raz, que nada mais é que um estreito prolongamento rochoso do continente que se projeta no oceano a oitenta metros acima do nível do mar. No topo desses rochedos castigados pelas ondas do mar, além dos quais se encontra um farol, havia, até o início dos anos 1990, alguns pequenos hotéis confortáveis e charmosos que foram condenados à destruição para restituir toda aquela região à área de preservação ambiental. Eu tive a chance de ficar hospedado em um desses pequenos hotéis familiares durante o verão de 1993, no ponto mais ocidental da França metropolitana, um lugar completamente agreste em meio ao Atlântico que hoje só deve ser frequentado pelos pássaros marinhos que lá vão fazer os seus ninhos.

A sudoeste da Bretanha tem início a região do vale do Loire, onde os reis da Renascença foram se instalar à procura de novos locais de caça, próximos a florestas nas quais houvesse animais selvagens em grande quantidade. Ao longo do vale do rio Loire, foram sendo construídos dezenas de palácios e residências reais, como o imponente castelo de Saumur, que domina a cidade de mesmo nome e o rio Loire; o magnífico castelo de Chenonceau, "construído no ar e sobre a água", conforme a descrição de Flaubert, que foi residência de muitas rainhas ilustres, entre as quais Catarina de Médicis; e o Castelo de Chambord, que é o maior e mais extravagante castelo da região, construído por Francisco I conforme o projeto de Leonardo da Vinci e que é completamente assimétrico, composto de dezenas de torres e mansardas, nenhuma igual à outra, mas compondo um todo surpreendentemente equilibrado e harmônico. Contudo, além de castelos magníficos, a região é coberta por muitos vinhedos e produz alguns dos excelentes vinhos da França, embora estes não sejam os mais conhecidos e reputados mundo afora, como o *Bourgueil, Saumur* e *Chinon*. Já próximo a Paris situa-se Chartres, com sua magnífica catedral gótica que sobressai majestosa em meio à pequena cidade e que tem os mais belos vitrais de toda a França, instalados entre 1212 e 1240.

Castelo de Chambord. Obra de Leonardo da Vinci, com seu telhado repleto de dezenas de torres dispostas assimetricamente, mas em completa harmonia.

O Sudoeste

Ao sul da região do Loire, a costa atlântica da França conhece os seus últimos recortes, com ilhas e penínsulas marítimas em torno de La Rochelle. Ao sul do estuário da Gironda começa uma praia praticamente reta e sem recortes perceptíveis, ladeada por uma série de lagos que acompanham o litoral de norte a sul. Abaixo de Arcachon, que fica à beira de uma baía marítima que é considerada um dos melhores viveiros de ostras, abre-se uma região plana (*les Landes*) e cheia de dunas que se estende até quase o país basco, na fronteira com a Espanha, onde existe uma grande floresta artificial, composta de pinhos marítimos, carvalhos e algumas outras espécies que foram ali plantadas, durante o século XIX, a fim de drenar o terreno pantanoso e estabilizar o movimento das dunas. Foi numa dessas imensas praias da região que foram rodadas as primeiras cenas do filme *Betty Blue*, de 1986, do cineasta francês Jean-Jacques Beineix.

Ponte sobre o rio Dordonha, cortando a cidade de Bergerac.

Na Aquitânia, em torno do estuário da Gironda e ao longo do rios Garrone e Dordonha, abre-se a região vinícola de Bordeaux. Os vinhos de toda a região recebem a denominação geral da sua cidade principal e porto exportador, Bordeaux, ganhando outras denominações específicas conforme a sub-região, como Médoc, em torno do estuário da Gironda; de acordo com as cidades, como Saint-Emilion e Sauternes; ou com as propriedades e castelos onde são produzidos, como Château Latour, Château Margaux, Château de Laurée e tantos outros. O interior da região bordelesa é densamente povoado. Em meio aos vinhedos e em tornos das suas inúmeras estradas vicinais, encontram-se centenas de castelos e milhares de casas espalhadas pelos campos, quase todos construídos com uma mesma pedra calcária amarelada, típica da região.

Avançando a leste, subindo o vale do Dordonha, abre-se a região do Périgord, onde se criam gansos e patos para a fabricação do famoso *foie gras*, e onde se encontram também a maior parte dos sítios arqueológicos pré-históricos, como o de Lascaux. Há muitas cidades charmosas, como Périgeux e Bergerac, onde existem, em mais de uma praça, estátuas de Cyrano de Bergerac, o personagem principal da peça homônima de Edmond Rostand, escrita em 1897, que foi vagamente inspirada na vida de Savinnien de Cyrano de Bergerac, escritor e poeta nascido e morto em Paris, e não natural de Bergerac. Mas o personagem da ficção acabou tornando-se mais famoso do que o personagem real, notabilizado tanto pela feiura do seu rosto, com seu nariz descomunal, quanto por seu incomparável e sedutor domínio das palavras. No cinema, em filme de Jean-Paul Rappeneau, de 1990, o personagem de Cyrano de Bergerac foi interpretado por Gérard Depardieu, que apesar de já ter naturalmente um nariz avantajado, ganhou ainda uma prótese para interpretar o papel.

Mais ao sul, ao longo do rio Garrone e de seus afluentes, como o Lot e o Tarn, abrem-se outras regiões do sudoeste da França, com paisagens dominadas por campos de girassol e com cidades charmosas como Cahors, às margens do rio Lot, fundada na época Galo-Romana e conhecida por seus vinhos e suas trufas; Montauban, uma bela cidade construída com tijolos rosados à beira do rio Tarn e que é a terra natal do ilustre pintor oitocentista Ingres, onde existe um museu com uma rica coleção de suas obras; e Toulouse, às margens do rio Garrone, quarta maior cidade da França e centro cultural, universitário e industrial do sudoeste do país.

Bem ao sul, separando a França da Espanha, encontram-se os Pirineus, que se elevam cada vez mais altos e escarpados à medida que se deixam as extensas planícies da Aquitânia rumo à Espanha. A cadeia dos Pirineus estende-se por cerca de 450 quilômetros entre o oceano Atlântico e o mar Mediterrâneo. Do lado francês, os Pirineus são bastante verdes, com suas colinas cobertas de pastos e repletas de rebanhos de ovelhas, que produzem o leite para a fabricação do famoso queijo da região, *brebis des Pirinées*. Já do lado espanhol, os Pirineus são bastante áridos. Na costa atlântica, encontra-se Biarritz, antigo vilarejo de pescadores que se tornou balneário da moda durante o Segundo Império; perto dali fica a cidade de Bayonne, capital do país basco. Ao longo dos Pirineus existe um grande número de pequenos povoados e de estações de esqui.

O Mediterrâneo

A costa mediterrânea, que os franceses chamam de *Midi* (meio-dia), em referência ao seu clima ameno e ensolarado, é um dos lugares mais aprazíveis de todo o país. Diferentemente das demais regiões da França, onde os invernos são rigorosos – mais longos e cinzentos no norte e no leste, mais curtos e ensolarados no sudoeste, mas sempre bastante frios, onde todas as árvores perdem suas folhas, com exceção, é claro, das coníferas e de algumas folhagens e arbustos –, no *Midi* existe uma vegetação de folhas perenes durante todo o inverno, além de árvores que produzem frutas cítricas durante a estação invernal, como laranjas, tangerinas, limas e pamplemussas (mais conhecidas no Brasil pelos seus nomes em inglês ou em espanhol: *grapefruit* e *pomelo*). É nessa região que se encontram árvores como oliveiras e palmeiras, além de uma vegetação rasteira muito utilizada como tempero na culinária local, como tomilho e alecrim. Através dos sentidos consegue-se captar muito da essência do *Midi*. Diferentemente do Atlântico, que se conhece pelo odor trazido pela maresia que genericamente chamamos de "cheiro de mar", o Mediterrâneo é absolutamente inodoro, tão inodoro quanto são transparentes as suas águas. Do *Midi*, o que entra pelas narinas são os odores dos campos de lavanda, de alecrim e de cipreste. Pela retina captam-se as cores que a luminosidade particular da região dá ao céu, ao mar, aos campos, montanhas e cidades. Foi precisamente essa luminosidade mágica do *Midi* que atraiu os pintores impressionistas para a região, ávidos que estavam por experimentar os novos pigmentos que a indústria do final do século XIX colocava à sua disposição no mercado, a fim de registrar em suas telas toda aquela profusão de cores. Pelo paladar conhecem-se os sabores da rica culinária mediterrânea.

O *Midi* é composto por três sub-regiões: Languedoc-Roussillon, que é uma região baixa limitada pelos Pirineus no sudoeste, pelo Maciço Central no noroeste, e pelo rio Ródano ao leste; a Provence-Côte d'Azur, que fica ao leste do Ródano, entre os Alpes e a Itália; e a Córsega. Por todas elas abundam registros da presença romana na região.

Na parte sul e oriental do Languedoc-Roussillon, a influência espanhola é marcante. Perpignan é uma cidade catalã, que nos séculos XIII e XIV viveu seu apogeu sob os reinos dos reis de Majorca e de Aragão, que então dominavam parte da Espanha e do sul da França. Na cidade, encontra-se preservado o palácio dos reis de Majorca, uma enorme construção com evidente influência arquitetônica moura. Na sexta-feira da Semana Santa, suas ruas são ocupadas pela Procissão do Santo Sangue, uma impressionante manifestação típica do catolicismo espanhol em que homens vestidos de túnicas e capuzes em formato de cone, nas cores negra ou escarlate, marcham solenemente carregando relíquias da cruz. Carcassonne é uma cidade medieval perfeitamente restaurada, protegida por duplas muralhas fortificadas no alto de uma colina que domina um magnífico vale. Montpellier é a maior cidade da região, com uma universidade importante que atrai muitos estudantes para a cidade, dando-lhe um clima alegre e jovial. Corbières e Minerve produzem um vinho tinto bem honesto e nada caro, que por essas características se encontram no mercado de toda a França.

No delta do Ródano, no Mediterrâneo, começa a Provence-Côte d'Azur numa microrregião chamada Camargue, que por suas condições geográficas e topográficas – uma planície pantanosa rica em água doce – concentra as plantações de arroz da França.

Peillon, na região montanhosa, perto de Nice, que separa o mar Mediterrâneo dos Alpes.

Diferentemente do Languedoc-Roussillon, cuja maior parte do território se situa em uma planície levemente ondulada, a Provence-Côte d'Azur divide-se em uma pequena faixa de terra na planície, entre o Ródano e o Mediterrâneo, e uma área montanhosa, que vai se elevando até os Alpes e que ocupa a maior parte da região. Mas é na área plana que se localizam as maiores e mais importantes cidades da região. Avignon é a cidade onde se encontra o magnífico palácio papal, que acolheu sete papas entre 1309 e 1377 e na qual se realiza anualmente o mais importante festival de teatro da França. Arles, onde morou Van Gogh, é bastião da cultura e das tradições provençais, com suas ruínas romanas, prédios cor ocre e telhados de telha de barro. Marselha é segunda maior cidade e maior porto da França, onde a influência árabe, da África do norte e do Oriente Médio está presente há muito mais tempo do que no restante da França. Cannes é sede do mais importante festival de cinema da França. Saint-Tropez foi um vilarejo de pescadores que entrou na moda a partir de 1956, com o filme *E Deus criou a mulher*, com Brigitte Bardot. Antibes foi fundada pelos gregos e disputada pela França e pelo Ducado da Savoia por longo tempo; lá Pablo Picasso teve seu ateliê, que, atualmente, abriga o Museu Picasso. E Nice, quinta cidade mais populosa da França e segundo aeroporto mais movimentado do país, guarda forte influência italiana e abriga diversos museus, que reúnem coleções importantes, como o Museu Matisse e o Museu Chagall. Atrás dessa estreita faixa de terra espremida entre o mar e as montanhas, eleva-se o *arrière pays*, literalmente, "interior", onde se encontram centenas de vilarejos encravados nas rochas em meio às oliveiras, alguns bem próximos a Nice, como Peille e Peillon.

A Córsega é um pequeno território insular, a 83 quilômetros da costa da Itália e a 170 da França, que tem comprimento máximo de 200 quilômetros, de norte a sul, e largura máxima de 80 quilômetros. Contrariamente à sua vizinha Sardenha, que é bastante plana, a Córsega é – como muitos a descrevem – uma montanha que se eleva de dentro do mar. Uma cadeia de altas montanhas corta a Córsega de norte a sul, separando a costa oriental, com suas extensas praias, da costa ocidental, que foi tão generosamente recortada pela natureza que, em alguns pontos, formaram-se pequenos "fiordes" mediterrâneos, chamados *calanches*. O ponto culminante da Córsega é o Monte Cinto, que se eleva a 2.710 metros acima do nível do mar, cujo pico eternamente nevado é visível da cidade de Calvi, à beira-mar. Foi lá, na cidadela de Calvi, próximo às ruínas da presumida casa onde Cristóvão Colombo teria nascido, que vi o mais belo pôr do sol de minha vida; a grande bola de fogo "apagando-se" no mar e iluminando com seus últimos raios o Monte Cinto, dando uma coloração rosada às suas neves eternas. Nas montanhas da Córsega, há varas de porcos selvagens alimentando-se das ervas nativas que são muito utilizadas na culinária local, *les herbes du Maquis*, e que dão aos salames e outros embutidos de carne suína produzidos na ilha um sabor todo especial. Contrariamente à Normandia, onde o que mais se vê pelos campos são vacas pastando, na Córsega não se encontra uma única vaca; somente cabras e ovelhas. Quem lá quiser tomar leite de vaca terá de se contentar com as caixas de leite esterilizado para longa duração vindos do continente. Por isso, os queijos da região são ou de cabra ou de ovelha. Os queijos de ovelha são bem mais suaves. Há o *brocciu*, muito utilizado na culinária, tal como o *feta* é usado na Grécia; há também outros deliciosos queijos de leite de ovelha, encontráveis em qualquer supermercado da França e que levam o nome da ilha, *Corsica*; e há, sobretudo, os fortíssimos queijos de cabra que, na história em quadrinhos de *Asterix na Córsega*, eram como bombas explosivas de tão forte o seu cheiro; imaginem o seu gosto! Há que prová-los para entender a ironia de Asterix. Os vinhos da Córsega, que não têm qualquer reputação no continente, são deliciosos e se harmonizam perfeitamente com a sua culinária local.

O Centro

Da foz do Ródano, no Mediterrâneo, sobe, ao norte, um vale limitado a oeste pelo Maciço Central, e a leste pelos Alpes. Em Lyon, onde o Ródano e rio Saône se encontram, o mesmo vale passa a acompanhar o leito desse segundo rio, separando o planalto da Borgonha a oeste, da Franche-Comté e do Jura a leste.

O Maciço Central é uma região montanhosa de formação geológica bem anterior à dos Alpes, o que suavizou e arredondou os seus cumes, dando lugar a vastos planaltos cortados por vales profundos. Foi nas cavernas dessa região que o queijo roquefort foi criado por obra do acaso. Conta a lenda que um pastor de ovelhas daquelas montanhas, que vivia mais ocupado correndo atrás das mulheres do que cuidando de seu rebanho, teria esquecido dentro de uma gruta o seu lanche feito de pão e queijo de ovelha. Meses mais tarde, o descuidado pastor teria reencontrado na gruta o seu sanduíche e percebido que no queijo havia se desenvolvido um fungo esverdeado, o *Penicillium roqueforti*. Assim teria surgido o tão famoso e apreciado roquefort. Também teria sido numa dessas grutas que o personagem central do romance de Patrick Süskind, *O perfume*, Monsieur Grenouille, teria passado alguns anos hibernando antes de se tornar um grande perfumista e assassino.

A região do Maciço Central ocupa cerca de 20% do território francês e nela se encontra a nascente de muitos dos seus rios, como o Loire, o Dordonha, o Lot e o Tarn. A diversidade geológica da região se revela na arquitetura dos prédios e casas das suas cidades e fazendas. No centro da região, blocos de basalto, que é uma pedra vulcânica, são muito utilizados nas construções, como na pequena cidade de Salers. O granito, bastante abundante em toda a região e que no vale do Tarn adquire uma coloração rosada, também é largamente empregado e está presente nas construções românicas e góticas, como a catedral de Limoges. Junto a essa cidade do noroeste do Maciço Central, foram descobertos depósitos de caulim, durante século XVIII, transformando Limoges em importante centro de produção de porcelana. O calcário, que é uma rocha sedimentária e fácil de ser cortada, é utilizado nas construções dos vales do Dordonha e do Lot, e o xisto, que é uma rocha argilosa de textura folheada, é empregado na fabricação de telhas que cobrem as casas de algumas regiões.

A Borgonha é outra extensa região da França, cujo duque, durante muito tempo, rivalizou em poder com o rei de França. Enquanto os reis franceses se desgastavam na Guerra dos Cem Anos contra a Inglaterra – que, na verdade, não foi uma guerra, mas duas, que se estenderam por um período de trezentos anos e que só encontraram o seu fim na Batalha de Castillon, em 1453, pondo fim ao longo domínio dos reis ingleses sobre a região bordelesa –, os duques de Borgonha ampliavam os seus domínios pelo norte da Europa. Durante um longo tempo, o poder do duque de Borgonha

Pequena estrada vicinal, cortando as extensas culturas agrícolas que cobrem a Borgonha.

se estendeu a Franche-Comté, nome que significa "condado livre", situação que essa região gozou entre o desmantelamento dos domínios do ducado e a sua anexação ao reino da França em 1678. Atualmente a Borgonha é mais conhecida pelos seus famosos e reputados vinhos, mas nela também se cultivam muitos grãos, como trigo e colza, além de se criar gado da raça charolesa e aves. Contrariamente à região bordelesa, onde se encontram muitas casas espalhadas pelos campos, na Borgonha não se veem habitações isoladas na área rural. Os borguinhões sempre tiveram por hábito morar em vilarejos, deixando os campos exclusivamente para a agricultura e pecuária. Hoje, encontram-se por toda Borgonha centenas de vilarejos, alguns quase que completamente desabitados, como resultado da evasão da sua população para os centros urbanos. Na Borgonha, existe uma sub-região, o Morvan, que em celta significa "montanha negra", um vasto planalto de granito cheio de florestas, cursos d'água e lagos. Por essas suas características, o Morvan é muito procurado pelos franceses para o lazer e prática de esportes, como pesca, canoagem, ciclismo e equitação.

Dijon situa-se no leste da Borgonha e foi a capital do ducado. No tempo em que os domínios ducais estendiam-se à Franche-Comté, a capital encontrava-se, então, no centro do território. Por ter sido a sede de um poderoso estado medieval, Dijon herdou um notável patrimônio arquitetônico, como o palácio dos duques, transformado em museu de belas-artes, a igreja de São Miguel, que mistura o estilo gótico com o renascentista, e seus prédios cobertos com telhas coloridas e envernizadas, formando desenhos geométricos nos telhados. Ao sul de Dijon, situa-se Beaune, cujo prédio da Santa Casa, construído no século xv por artesãos flamengos, guarda relíquias da arte religiosa do fim da Idade Média também sob um magnífico telhado de telhas coloridas e envernizadas. No oeste da região situa-se a minúscula Vézelay, cidade medieval que foi ponto de partida de algumas cruzadas e onde se encontra a basílica de santa Maria Madalena, uma construção românica que se ergue monumental sobre uma colina que domina os campos cultivados da Borgonha.

O Leste

Encerrando o circuito hexagonal pela França, chega-se a Lorena, que ao norte faz divisa com a Alemanha, Luxemburgo e Bélgica, e que a leste tem a Alsácia. Embora o duque da Lorena não tenha nunca tido tanto poder quanto o duque da Borgonha, sua capital, Nancy, guarda ares de sede de um poderoso Estado. No século xviii, o duque de Lorena, Stanislau Leszczysnki, sogro de Luís xv, decidiu reformular sua capital. No centro de Nancy, na praça que leva o seu nome e que tem a sua estátua no centro, há cinco majestosos pavilhões de três andares que delimitam três dos seus quatro lados. No quarto, o duque mandou erguer um arco do triunfo em homenagem a Luís xv, tal como os arcos da Roma imperial, separando essa praça de uma outra que a sucede. Unindo os cinco prédios e fechando completamente a Place Stanislas, foram colocados suntuosos portões e gradis de ferro fundido ornados em ouro. Mas bem antes de Stanislau dar à sua capital uma arquitetura à altura da sua nobreza, os duques da Lorena já se destacavam na Europa pelas cerimônias mais solenes e grandiosas em sua própria homenagem, cerimônias consideradas por muitos como a oitava maravilha do mundo, mas que nenhum deles pôde assistir: as suas pompas fúnebres. Assim como os faraós do Egito mandavam construir pirâmides ou tumbas magníficas no vale dos Reis, que eles iriam ocupar apenas depois de mortos, os duques de Lorena organizavam as mais pomposas cerimônias, que mobilizavam a nobreza de toda Europa e milhares de participantes, para os seus funerais. O pai do grande gravurista loreno, Jacques Callot, também gravurista, participou da elaboração da matriz em metal que retrata o cortejo organizado para o funeral do duque da

Pompas fúnebres de Carlos III, duque de Lorena, Água-forte, 1608.
Museu Histórico Loreno.

Lorena, Carlos III, em 1610. Essa fabulosa gravura, com milhares de personagens detalhadamente retratados, encontra-se exposta no Museu Histórico Loreno, que ocupa atualmente o prédio do palácio ducal.

A UNIDADE NA DIVERSIDADE

Dificilmente deve existir um outro país no planeta que seja tão paradoxalmente marcado pela unidade político-administrativa e pela diversidade do seu território metropolitano. Essa situação paradoxal é, entretanto, bastante explicável e resulta das peculiaridades da longa história francesa. Em nenhum país da Europa o feudalismo foi tão exacerbado quanto na França, com o poder político-territorial dividido entre diversos duques, condes e viscondes numa complexa rede de suserania e vassalagem dificilmente compreensível para o homem contemporâneo. Durante a Idade Média, a fragmentação do poder político na França era bem maior do que na Itália ou na Alemanha, países que vieram a se unificar muito tarde, em 1870 e 1871, respectivamente. Como resultado direto do apogeu e consequente decadência do feudalismo, a França também iria produzir o sistema oposto num grau que tampouco seria conhecido por outro país da Europa: o Absolutismo. Nenhuma monarquia europeia chegou a concentrar tantos poderes no rei, nem a desenvolver uma burocracia estatal tão poderosa quanto a francesa. A herança desses dois pontos extremos da história da França ainda se faz presente e está na origem do paradoxo – centralização política *versus* diversidade territorial.

No entanto, a estrutura político-administrativa que assegura a centralização do poder na França não foi herdada do Antigo Regime, mas inventada durante a Revolução Francesa. Os 96 departamentos em que o território metropolitano da França encontra-se atualmente dividido foram criados imediatamente após a Revolução e não guardam nenhum parentesco com as 34 províncias em que a França se subdividia durante o Antigo Regime. Contrariamente aos departamentos, que foram criados de forma artificial pelo governo revolucionário, as antigas províncias não resultaram da ação do Estado monárquico, mas surgiram e se consolidaram durante a Idade Média, tendo sua existência reconhecida pelo Estado absolutista. Era intenção dos revolucionários de 1789 romper, definitivamente, com essa tradição e memória, considerada incompatível com uma nação composta por cidadãos iguais. Foi exatamente por isso que eles redesenharam o mapa político da França, dando nomes aos recém-criados departamentos que nada tinham a ver com os nomes das antigas províncias. Se os nomes das antigas províncias faziam referência aos títulos nobiliárquicos dos seus governantes, como Ducado da Bretanha ou Condado de Nice, os nomes dos departamentos seriam atribuídos a partir de referências puramente geográficas, como rios, montanhas e mares, tais como: Alto e Baixo Reno, na Alsácia; Pirineus Atlânticos, na Aquitânia; e Alpes Marítimos e Embocadura do Ródano (Bouches-du-Rhône), na Provence-Côte d'Azur.

Além desse significado simbólico da nova divisão e denominação administrativas da França revolucionária, havia considerações geoestratégicas a orientar a delimitação dos departamentos recém-criados. O tamanho dos departamentos foi sendo definido, considerando-se a possibilidade de qualquer pessoa, vinda de qualquer parte do seu território, poder chegar a cavalo em menos de um dia na capital departamental (*chef-lieu*). Assim, pretendia-se que nada de relevante na França pudesse ocorrer sem que uma autoridade diretamente ligada ao governo francês tivesse condições de imediatamente

Divisão administrativa da França Metropolitana, com seus departamentos.

tomar conhecimento e as providências cabíveis. Cada departamento é gerido por um Conselho Geral, composto por representantes eleitos por sufrágio universal para um mandato de seis anos. Além do Conselho Geral, cada departamento possui ainda um *préfet* – que é um falso cognato da palavra "prefeito", empregada no Brasil para designar a mais alta autoridade municipal, e que deriva do latim *præfectus*, que significa "aquele que se encontra no comando", a mais alta autoridade no departamento. A figura do *préfet* foi criada por Napoleão Bonaparte quando este era primeiro Cônsul da França, em 1800, com o objetivo de controlar os departamentos e mantê-los estreitamente ligados ao governo de Paris. Os *préfets* têm a sua autoridade delegada pelo governo central, e não pelos eleitores locais, sendo atualmente designados pelo presidente da República, conforme indicação do ministro do Interior e do primeiro-ministro. Por meio dessa estrutura administrativa, a República Francesa promoveu, a um só tempo, a *desconcentração* espacial do poder exercido sobre o território e a *centralização* da autoridade política.

A figura do *préfet* é mais a de um representante do Estado, encarregado de executar a política do governo no departamento, do que a de um agente politicamente engajado. Por isso, os *préfets* não podem ser membros de sindicatos, tampouco exercer qualquer mandato eletivo, o que é permitido aos prefeitos (*maires*) das cidades e vilarejos que frequentemente acumulam a função de deputados na Assembleia Nacional, em Paris. Aos *préfets* cabe zelar pela segurança e ordem públicas nos seus departamentos, garantir os direitos e as liberdades civis, cuidar da proteção do meio ambiente, aprovar permissões de construção e instalação de indústrias, proteger o patrimônio cultural e os monumentos históricos, controlar a legalidade dos atos das autoridades locais e coordenar e executar nos seus departamentos as políticas do governo voltadas para a geração de empregos, desenvolvimento econômico, assistência social, gestão do território etc. O poder concentrado nos departamentos é, portanto, imenso, apesar da reforma e descentralização administrativas promovidas pelo primeiro governo Mitterrand, em 1982, que criou 22 regiões acima dos departamentos, que passaram a dividir com estes algumas atribuições. Além disso, nessa mesma reforma, o poder antes concentrado no *préfet* passou a ser dividido com os Conselhos Gerais de cada departamento.

Abaixo e independente dos departamentos, encontram-se as municipalidades (*communes*), que podem ser tanto grandes cidades, como Paris, quanto minúsculos vilarejos, administrados por um prefeito (*maire*) escolhido pelo Conselho Municipal, cujos representantes são eleitos por sufrágio universal para um mandato de seis anos. Na França metropolitana há, atualmente, 36.571 municipalidades cujas atribuições são bastante reduzidas e limitadas à esfera "urbana" dos municípios. Toda a área rural que circunda as cidades e os vilarejos é de responsabilidade administrativa dos departamentos e, mais recentemente, também das regiões. Quando se viaja pelo interior da França, o espaço territorial administrado pelos prefeitos encontra-se claramente delimitado por uma placa branca retangular, com as bordas vermelhas, no centro da qual aparece escrito em letras pretas o nome da municipalidade que a partir daquele ponto se inicia. Da mesma forma, logo após o cruzamento do espaço "urbano" surge a mesma placa, acrescida de uma tarja preta em diagonal, indicando o fim da jurisdição municipal. Essa formidável estrutura administrativa garantiu uma unidade e homogeneidade política sem precedentes na França. No entanto, como efeito colateral e não desejado dessa enorme centralização, produziu-se um enorme desequilíbrio entre a capital, Paris, e o interior (*la province*).

A preponderância de Paris sobre o resto da França é antiga. Em 1947, o geógrafo francês Jean-François Gravier publicou um livro que se tornaria célebre, intitulado *Paris e o deserto francês*, em que mostrava o efeito asfixiante que a capital exercia sobre o interior, retirando toda a sua vitalidade econômica ao concentrar todos os recursos do país – econômicos, políticos, administrativos e, inclusive, demográficos – em Paris. A capital seria como uma grande árvore cujas raízes potentes sugam todos os nutrientes

Lescheraines, pequena comuna localizada no maciço dos Bauges, na Savoia, com 554 habitantes, em 1999, e área de 8,17 km².

da terra, não permitindo que nada importante cresça ao seu redor. Até hoje, num raio de trezentos quilômetros em torno da região parisiense, não se encontra nenhuma cidade de porte, ou que seja econômica ou culturalmente relevante. Mesmo as grandes cidades da França, como Lyon ou Marselha – aliás, bem distantes de Paris –, não chegam a reunir sequer um décimo da população da grande Paris.

Após o impacto causado pelo livro de Gravier nos meios intelectuais franceses e o período de descolonização entre os anos 1950 e 1960, os franceses começam a questionar a necessidade de redefinir a sua relação do Estado com o território. Esse questionamento não se limitava à nova relação que o Estado francês deveria estabelecer com as suas possessões ultramarinas que não foram perdidas durante o processo de descolonização, mas se estendia, inclusive, às relações de poder dentro do Hexágono. É nesse contexto que foi publicado o relatório elaborado em 1967 por Michel Rocard, que posteriormente viria a ser primeiro-ministro de Mitterrand, intitulado "Descolonizar o interior" (*Décoloniser la province*). Imaginava-se, então, que a estrutura de organização do poder

94 | Os franceses

territorial, legada por Napoleão e que passara a ser a marca da França republicana a um só tempo unitária e jacobina, deveria ceder espaço a outra forma de organização menos centralizada. Pensava-se que novas estruturas de poder territorial regional surgiriam, tais como os *Länder* da Alemanha Federal, permitindo uma maior participação dos cidadãos nos assuntos coletivos. O desafio era articular um Estado modernizador que fosse, ao mesmo tempo, mais intervencionista do que o existente sob a Terceira República e mais aberto e permeável à participação popular. Nessa perspectiva, pensava-se que os departamentos, verdadeiros tentáculos do poder central espalhados por todo o território, estivessem fadados a desaparecer com o surgimento das regiões e com o fortalecimento do seu poder. No entanto, o que iria se produzir a partir do fim dos anos 1960 e início dos 1970 seria justamente o inverso disso. O poder dos departamentos não apenas não desapareceria como ainda iria recuperar um pouco da sua força e, no nível regional, iria emergir um regionalismo de cunho tradicionalista e mesmo fundamentalista, o que representaria uma regressão ao invés da esperada radicalização do jacobinismo francês.

No primeiro governo de François Mitterrand, com Pierre Mauroy como primeiro-ministro, Michel Rocard seria escolhido como ministro encarregado de elaborar o plano de reforma da administração territorial da França. Em maio de 1982 foi promulgada a lei que iria promover a maior reforma descentralizadora conhecida pela França, transferindo às 22 regiões algumas atribuições que eram dos departamentos. A partir de 1986, os Conselhos Regionais passariam a ser eleitos por sufrágio universal, sendo o presidente de cada região eleito pelos membros do conselho. Criava-se, assim, uma esfera de poder intermediária entre o governo nacional e os governos locais. Mas essa descentralização à francesa incidiu apenas sobre atribuições do poder Executivo, pois as atribuições legislativas continuariam centralizadas e de competência exclusiva da Assembleia Nacional. Na descentralização promovida há mais de vinte anos na França, não há nada que lembre de longe a divisão dos poderes em uma Federação. Apesar da descentralização, aliás bastante ousada para os padrões e para a tradição política do país, a França segue sendo um Estado unitário e essa unidade é, para os franceses, indissociável da igualdade republicana. E, a despeito de todas as intenções de promover maior igualdade entre todas as regiões da República, o descomunal desequilíbrio entre Paris e o interior não chegou sequer a ser arranhado. Essa relação tão assimétrica entre capital e interior talvez só encontre correlato na Argentina, onde não existe qualquer cidade que possa rivalizar com Buenos Aires.

PARIS E O INTERIOR

Paris é, sem dúvida, uma metrópole cosmopolita onde convivem pessoas dos quatro cantos do mundo, mas a relação dos parisienses com a sua cidade e com o restante da

França, dos franceses e dos estrangeiros parece mais a de um provinciano, para quem não existe no mundo melhor lugar do que a sua terra natal. Os parisienses, em geral, têm um desprezo olímpico por tudo o que se situa além das portas da capital.

É como se não houvesse civilização e vida inteligente e instigante fora da Cidade Luz. Para muitos, nem mesmo a periferia próxima – algumas até bastante elegantes e chiques –, onde vivem 70 % dos habitantes da região metropolitana, é considerada um lugar passível de ser habitado. Nesse ponto, os parisienses são as antípodas dos habitantes das metrópoles do mundo anglo-saxão, que preferem morar distante do centro urbano, num lugar calmo e bucólico, onde possam cultivar o seu jardim nos fins de semana. O parisense típico prefere mil vezes o desconforto dos seus apartamentos minúsculos, desde que situados no coração da cidade, a ter uma vida mais confortável fora dela. Cosmopolitas que são, os parisienses adoram viajar pelo mundo, assistir a concertos de grupos musicais vindos de todas as partes e exposições sobre os quatro cantos da Terra. Mas viver fora da Paris intramuros, nem pensar!

No livro de Theodore Zeldin encontra-se um relato de um intelectual occitano, nascido em Toulouse e de origem operária, que exemplifica bem todo o estranhamento existente entre os parisienses e os franceses do interior. Como revisor da editora Gallimard, Claude Sicre descobriu, ao revisar a tradução de romances policiais americanos, "que não falava a língua dos seus colegas parisienses; quando se tratava de gíria, o francês de Paris lhe era incompreensível, e havia toda uma mitologia em torno dos jovens pobres parisienses que nada significava para ele". Além disso, como que para marcar esse estranhamento, "as pessoas que percebiam o seu sotaque [meridional] lembravam-lhe constantemente que ele era um estrangeiro e faziam-lhe perguntas fúteis sobre o quão ensolarada era sua região natal e se ele jogava *pétanque*"[10] (isto é, bocha, que é um jogo muito comum no sul da França). "Foi em Paris que descobri a minha diferença" afirmaria ele, que mais tarde acabaria aderindo ao movimento occitano, consciente de que "não podemos ser reconhecidos na França, pois sempre seremos provincianos aqui, mas podemos esperar um reconhecimento internacional".[11] Para o historiador Rémy Pech, também de origem meridional e ligado ao movimento occitano, mas de família camponesa, "a essência do sul é a simpatia, a sociabilidade, o fato de as pessoas se falarem".[12] Essa visão dos meridionais é bastante comum entre os franceses. Mas entre a imagem que passamos e a que fazemos de nós mesmos há uma grande diferença. Segundo o próprio Zeldin argumentou com Rémy Pech, os franceses do sul não seriam tão expansivos e comunicativos quanto eles próprios se imaginam. Afinal, tudo depende de quem vê quem. Para os ingleses, que conseguem ser, ao mesmo tempo, formais e descontraídos, mesmos os franceses meridionais são extremamente fechados e contidos. Já para meridionais, comparando-se com os parisienses, ainda mais contidos que a média dos franceses, os sulistas são pura descontração.

96 | Os franceses

A propósito do estereótipo do parisiense grosseiro e mal-humorado, e do francês meridional caloroso e afável, lembro-me da curiosa versão que um parisiense da gema me deu, certa vez, invertendo completamente a equação do senso comum. Segundo ele, a antipatia e o mau humor proverbiais com que nos defrontamos nas ruas de Paris não viriam da parte dos parisienses, mas do grande número de não parisienses que lá moram a contragosto, por razões puramente econômicas e profissionais. Na verdade, os mal-humorados e grosseiros seriam os franceses do interior, que lá vivem infelizes e inadaptados à vida na metrópole, sempre sonhando em retornar à sua região de origem. O parisiense nato, ao contrário, seria essencialmente gentil porque está satisfeito e bem integrado na cidade em que vive. Uma vez mais, vale aqui o ditado italiano: *se non è vero è bene trovato!*

Se parisienses e interioranos estranham-se entre si, sendo todos, incontestavelmente, franceses da gema, o que pensar da sua relação com os franceses vindos dos departamentos ultramarinos, na sua maioria negros ou mulatos, que só se tornaram franceses após a descolonização? E o que pensar das suas relações com os seus vizinhos europeus, com quem já tiveram tantas guerras e escaramuças? No momento em que a França e a maior parte dos países da Europa tratam de estreitar os seus laços e traçar um futuro comum no seio da União Europeia, a questão das relações e visões que franceses, alemães, ingleses, italianos, espanhóis e belgas têm uns dos outros emerge com toda a força. Afinal, dela depende as chances de sucesso, ou fracasso, do projeto de redenção da Europa, que teria a França e a Alemanha na dianteira, desde que as guerras que arrasaram o continente na primeira metade do século xx fizeram de todos os países envolvidos perdedores e caudatários da grande potência do outro lado do Atlântico, ainda que seus povos tenham se tornado, depois disso, inegavelmente mais ricos e prósperos. São essas visões mútuas dos franceses e seus vizinhos, que misturam admiração, inveja e desprezo, que serão o objeto do próximo capítulo.

Notas

[1] Theodore Zeldin, Os franceses, Rio de Janeiro, Record, 2000, p. 41.

[2] Idem, p. 42.

[3] Pierre Péan, Main basse sur Alger: enquête sur un pillage, Paris, Plon, 2004.

[4] Idem.

[5] Serge Moati e Yves Laurent, Capitaines des ténèbres, Paris, Fayard, 2006.

[6] Marie-Odile Géraud, Destination Amazonie: le modèle brésilien dans la société guyanaise, em Ethnologies comparées, n. 2, printemps 2001. (Miroirs Identitaires).

[7] Idem.

[8] Bernard Cherubini, Cayenne: ville créole et polyethnique, Paris, Karthala/Cenaddom, 1988, apud Marie-Odile Géraud, op. cit.

[9] Touloulou Magazine, n. 4, 1998, p. 32, apud Marie-Odile Géraud, op. cit.

[10] Theodore Zeldin, op. cit., p. 23.

[11] Idem, p. 25.

[12] Idem, p. 27.

# OS VIZINHOS

Estabelecidos na encruzilhada da Europa e tendo recebido fluxos migratórios de todos os lados ao longo do tempo, os franceses iriam firmar a sua identidade de povo livre, igualitário e fraterno com a Revolução Francesa, e com Napoleão iriam levar os valores que consideravam ser não apenas seus, mas de toda humanidade, a toda Europa – na ponta das baionetas. As campanhas militares de Napoleão marcaram profundamente os seus vizinhos, para o bem e para o mal. O bem – como sempre – executou o seu trabalho aos poucos, fazendo penetrar lentamente nos espíritos dos povos por onde as tropas napoleônicas passaram os valores libertários e igualitários da Revolução que acabariam por se estabelecer e se tornar parte constitutiva da cultura política da Europa Ocidental. Mas o mal produziu seus efeitos de imediato, reforçando – quando não criando – um antagonismo forte entre os invasores franceses, que queriam impor pela força os seus valores, e os seus vizinhos, que resistiram à arrogância imperial de quem acreditava possuir o monopólio da razão e da virtude.

Francófilos e francófobos encontram-se por todos os lados e em todos os países, o que torna difícil e delicada a tarefa de abordar as relações dos franceses com os seus vizinhos europeus. Sobretudo porque, para fazê-lo, tem-se de entrar no terreno pantanoso dos estereótipos e preconceitos mútuos, questões que são hoje tabus e politicamente incorretas. Mas não há como evitar o risco caso se queira penetrar um pouco mais na alma francesa e compreender as complexas relações entre os que, até ontem eram inimigos históricos e que hoje são parceiros na União Europeia. Os estereótipos, sejam eles positivos ou negativos, podem nos dar boas pistas para compreender tanto aqueles que são seus autores quanto os que são seu objeto, desde que – é claro – mantenhamos um saudável espírito e distanciamento críticos em relação a eles. Afinal, um estereótipo se constrói selecionando alguns traços e características realmente encontráveis em um determinado grupo, a partir dos quais se faz uma caricatura que se associará a uma série de relações de causa e efeito falsas, mas verossímeis à primeira vista. Quando o estereótipo construído tem conteúdo negativo, nós o chamamos de preconceito. Estereótipos e preconceitos são encontráveis em todas as sociedades e em todos os tempos, pois o outro – isto é, aquele que é diferente de nós – causa-nos frequentemente um misto de estranhamento e curiosidade, que não raras vezes gera apreensão, podendo degenerar em medo e chegar à rejeição. O outro pode ser o nosso vizinho, um grupo social diferente e, com mais frequência ainda, os povos fronteiriços com quem mantemos algum contato, mas que, de fato, conhecemos pouco. Para os franceses, essa relação não iria ser diferente.

Ingleses e alemães são os grandes vizinhos dos franceses, com quem as guerras foram mais frequentes, e as rivalidades, mais aguçadas. Belgas e suíços são povos pouco numerosos que habitam pequenos países, o que não lhes permitiu sequer querer rivalizar com a França em poderio. Mas parte dos belgas e dos suíços fala francês, o que potencializaria os sentimentos opostos de identidade e alteridade entre eles. Italianos e espanhóis eram, até bem pouco tempo, os seus pobres vizinhos do sul, aos quais se associam os portugueses que sequer fronteira com a França têm, mas que mantêm estreito contato com ela em função do seu elevado número de trabalhadores imigrantes que lá vive. Todos esses, com exceção dos suíços convivem hoje no seio da União Europeia, convivência que, se há algumas décadas deixou de ser belicosa, segue sendo um tanto tensa e entremeada de conflitos que frequentemente fazem emergir os velhos estereótipos e preconceitos que durante séculos contaminaram as suas relações.

Há algumas fontes mais recorrentes de formação de estereótipos e preconceitos entre os povos. A principal delas são as guerras que marcam profundamente a memória coletiva. Outra menos evidente e delimitada no tempo, mas não menos decisiva, são os valores culturais, morais, políticos e religiosos que os aproximam e os opõem. Por fim, há uma série de coisas comezinhas, pequenas disputas, clichês e diferenças de hábitos cotidianos que alimentam as escaramuças do dia a dia e nas quais não faltam picardia e humor. São essas três dimensões das relações entre os povos que podem nos tornar um pouco mais compreensíveis as relações dos franceses com os seus vizinhos.

AS GUERRAS

A relação entre os povos é tão dinâmica quanto paradoxal. As alianças diplomático-militares de ingleses e franceses durante a Primeira e Segunda Guerras Mundiais não se mostraram suficientemente sólidas para torná-los mais próximos e receptivos uns em relação aos outros em tempos de paz, assim como a oposição entre alemães e franceses no mesmo período não os impediu de se tornarem os maiores aliados da Europa do pós-guerra. Mas as razões de Estado mudam muito mais rapidamente do que a percepção popular, o que explica a sobrevivência de velhos estereótipos e a criação de novos sobre a base dos antigos.

As guerras são talvez as mais frequentes e duradouras bases dos estereótipos mútuos. Durante muitos séculos, houve muito pouco contato entre as populações dos diferentes países da Europa. As elites sempre mantiveram estreito contato entre si, mas o povo não. A realeza e a nobreza compartilhavam um mesmo mundo e uma mesma língua: primeiro o latim e depois o francês. Casamentos eram arranjados entre jovens nobres de regiões distantes de acordo com as conveniências e interesses políticos de seus pais. Princesas adolescentes deixavam para sempre suas famílias e seus cortesãos para irem se casar com ilustres desconhecidos e passar o resto de suas vidas em terras e em cortes estrangeiras. Com o povo ocorria o oposto disso. Enquanto a nobreza era globalizada, entendendo por globo o espaço europeu que ia de Portugal à Rússia, a massa camponesa não conhecia mais que os reduzidos limites do seu mundo paroquial, além do qual mudava o dialeto e não havia qualquer possibilidade de comunicação e interação. Esse distanciamento entre os povos da Europa estendeu-se até o século xx. Para a maioria dos soldados britânicos que lutaram no continente durante a Primeira Guerra Mundial, ou mesmo para os que desembarcaram na Normandia em junho de 1944, aqueles foram os primeiros contatos que estabeleceram em suas vidas com franceses de carne e osso, embora deles já tivessem uma ideia formada há muito tempo – na base de estereótipos e preconceitos, é claro!

Num contexto assim limitado, seriam as guerras que iriam colocar em contato as populações da Europa. Mas esse seria um contato mais motivado pela oposição do que pela afinidade, em que o outro apareceria na condição de inimigo a ser combatido e exterminado. E, para fazer com que um soldado de origem camponesa combatesse e matasse um outro soldado igualmente camponês e desconhecido, era necessário pintar esse "inimigo" de forma quase diabólica, para que nenhuma compaixão houvesse no momento em que tivesse de desferir os violentos golpes de espada e de baioneta ou as rajadas de metralhadora, as quais fariam jorrar sangue, expor vísceras, decepar membros e arrancar urros de sofrimento e dor das vítimas que, tal como seus algozes, seriam igualmente jovens e estranhas às razões daquelas guerras.

As guerras iriam deixar marcas profundas, que os vencedores se regozijariam em lembrar e os perdedores procurariam esquecer. E foi justamente com o intuito de transformar o horror da guerra em feitos gloriosos, a serem eternizados na memória coletiva, que os governantes batizaram espaços públicos, frequentados por milhares de pessoas todos os dias, com o nome das grandes e decisivas batalhas. Uma das mais importantes e movimentadas praças de Londres é a Trafalgar Square, em meio

Gare d'Austerlitz, em Paris, que recebeu esse nome em memória da vitória das tropas de Napoleão sobre as do czar da Rússia, em 1805.

da qual se encontra erigida uma estátua do almirante Nelson, que comandou a esquadra britânica na batalha do mesmo nome. Foi junto ao cabo de Trafalgar, perto de Cádiz, na Andaluzia, que, em 21 de outubro de 1805, os ingleses venceram os franceses e espanhóis, embora suas embarcações fossem bem menos numerosas que a dos adversários, garantindo, a partir de então, a supremacia da coroa inglesa sobre os mares do mundo durante o século XIX. Em Waterloo, na Bélgica, bem próximo a Bruxelas, os ingleses travaram a batalha que derrotaria definitivamente Napoleão, em 1815, e, para lembrá-la, deram o nome a uma das mais importes estações de trem da capital inglesa de Waterloo Station. De acordo com essa mesma lógica, os franceses iriam dar a uma das grandes estações de trem de Paris o nome de uma das batalhas em que foram vencedores, Gare d'Austerlitz. Foi em Austerlitz, na República Tcheca, que as tropas de Napoleão venceriam, em 1805, as armadas austríacas de Francisco I, e as armadas do czar Alexandre, da Rússia.

As guerras matam muita gente, mas a memória delas não morre nunca. Para ingleses e franceses, a Guerra dos Cem Anos, encerrada há mais de meio milênio, segue ainda viva nas suas memórias. Depois de vários séculos de dominação inglesa da região que vai da Bretanha aos Pirineus, os ingleses foram finalmente expulsos do continente na Batalha de Castillon, em 1453, travada às margens do rio Dordonha, na Aquitânia, que de tão importante que foi para a memória e orgulho nacionais franceses passou a integrar o nome da cidade, que hoje se chama Castillon-la-Bataille. Joana d'Arc foi a heroína dessa guerra e ainda hoje é invocada pelos franceses quando querem provocar os milhares de ingleses que atualmente residem na região bordelesa.

Aliás, os ingleses nunca abandonaram completamente aquela bela região coberta por vinhedos, onde o clima é muito mais ameno que o das ilhas britânicas. Mesmo após a integração da Aquitânia ao reino da França, os ingleses continuariam mantendo uma constante e ininterrupta relação comercial com aquelas terras, pois é de lá que vinha e ainda vem o seu vinho preferido: o Bordeaux. Nos últimos anos, os britânicos começaram a voltar em grande número para aquela região que já havia sido sua, só que agora sem exército e sem bandeira, mas armados exclusivamente com a sua poderosa libra esterlina. Na Bretanha e na Aquitânia, cidadãos britânicos – na maioria ingleses, mas também escoceses, galeses e irlandeses – passaram recentemente a comprar velhas casas em ruínas, restaurando-as e passando a nelas residir após a sua aposentadoria. À invocação de Joana d'Arc pelos franceses, inconformados com a "invasão" inglesa, os ingleses fleumaticamente respondem, como é seu estilo: "Mas essas terras eram nossas! Estamos simplesmente de volta". As espadas e baionetas foram, enfim, trocadas por libras e euros.

Mas as guerras terminadas há mais de quinhentos anos podem ser mais facilmente invocadas entre as partes em tom de provocação e brincadeira do que guerras mais recentes, como a Primeira Guerra Mundial, da qual restam ainda alguns poucos combatentes. A grande carnificina produzida por esse conflito – que inicialmente se imaginava que não duraria mais do que alguns meses, mas que acabou se estendendo penosamente por cinco longos anos – deixou profundas marcas em todos os envolvidos. Entre as diversas batalhas travadas durante essa famigerada guerra, cada beligerante acabou elegendo uma como a batalha-símbolo do seu heroísmo e sacrifício. Consciente ou inconscientemente, as batalhas mais importantes para ingleses, alemães e franceses foram precisamente aquelas em que cada parte contabilizou o maior número de vítimas (o sacrifício), mas de onde, em compensação, acabaram saindo vencedores (o heroísmo), ainda que temporariamente.

102 | Os franceses

Para os alemães, seria difícil identificar com precisão uma batalha da qual eles pudessem se orgulhar; afinal, eles foram os grandes perdedores da Primeira Guerra Mundial. Mas não seria muito arriscado afirmar que a batalha travada às margens do rio Somme, na Picardia, entre 1º de julho e 18 de novembro de 1916, foi o seu mais marcante e honroso feito. A Batalha do Somme foi uma das mais sangrentas da história, produzindo mais de um milhão de baixas e a morte de 300 mil soldados em ambos os lados. Para os ingleses, essa batalha é de triste memória, pois nela as forças do império britânico contabilizaram quase 20 mil mortos apenas no primeiro dia de conflito e mais de 400 mil baixas durante os seus quatro meses e meio de duração. Mas, para os alemães, essa foi uma batalha honrosa na medida do possível, pois às margens do Somme eles conseguiram impedir o avanço das tropas inimigas e defender a integridade do território alemão, ainda que isso lhes tenha custado cerca de meio milhão de mortos e feridos.

Já a Batalha de Passchendaele, travada em Flandres, na Bélgica, entre 31 de julho e 10 de novembro de 1917, foi o calvário e a redenção dos britânicos. Dos mais de 600 mil mortos e feridos resultantes do conflito, quase dois terços foram soldados que lutavam sob a bandeira do império britânico, entre os quais ingleses, irlandeses, canadenses, australianos e neozelandeses. Mas apesar das numerosas baixas o exército de sua majestade conseguiu o seu objetivo, que era ocupar Passendale, como é grafada hoje, mas que à época da Primeira Guerra Mundial escrevia-se Passchendaele, grafia que se manteve para designar exclusivamente a batalha.

Para os franceses, foi a Batalha de Verdun, travada na Lorena, entre 21 de fevereiro e 19 de dezembro de 1916, o seu mais marcante confronto durante a Primeira Guerra Mundial. Tanto que eles logo passaram a chamá-la não mais de "batalha", mas de o "inferno" de Verdun, ainda que lá não se tenha produzido o mesmo número de cadáveres, mutilados e feridos contabilizados às margens do rio Somme naquele mesmo infeliz ano de 1916. A batalha pela tomada da cidade foi bem mais longa, estendendo-se por dez meses envolvendo exclusivamente tropas francesas e alemãs, o que deu ao conflito a configuração de mais uma das secularmente conhecidas guerras franco-alemãs, e não a de um embate entre dois blocos de países aliados e contrapostos. Verdun tinha uma enorme importância simbólica tanto para franceses quanto para alemães, pois foi o palco da batalha em que os alemães derrotaram o exército francês durante a Guerra Franco-Prussiana, que acabou resultando na integração de Alsácia-Lorena à Alemanha e precipitando a queda da Monarquia na França. Além do efeito simbólico da tomada de Verdun, os estrategistas militares alemães tinham a convicção de que o exército francês não suportaria o pesado ataque que lhe estava sendo preparado e logo capitularia. De fato, as forças do império alemão empregaram em Verdun uma parafernália bélica até então jamais vista: cerca de 1,2 mil canhões e 50 milhões de obuses, fazendo daquela a primeira grande batalha da Era Industrial. Mas, contrariamente às expectativas do alto comando militar alemão, a resistência organizada pelo marechal Pétain foi vitoriosa, o que fez dele herói nacional, assim como as centenas de milhares de soldados que chafurdaram na lama daquelas trincheiras fétidas, cheias de cadáveres putrefatos e fezes por todos os lados, heróis anônimos que os franceses passaram carinhosamente a chamar de *poilus*.

Poilus e *boches* foram as denominações utilizadas pela imprensa francesa e pelos franceses em geral durante a guerra para se referirem aos seus soldados e ao inimigo alemão. *Poilu* quer dizer "peludo", alusão às barbas, bigodes e cabelos crescidos com que os soldados franceses retornavam das trincheiras, quando tinham permissão de deixar a frente de batalha para visitar suas famílias. O termo *poilus* era empregado com conotação claramente positiva em relação àquela juventude varonil que se encontrava na frente de batalha, defendendo a pátria com bravura, tenacidade e paciência contra as investidas do inimigo. Já quanto à origem da palavra *boche* não há qualquer consenso, e as interpretações são as mais díspares. *Boche* poderia vir de *caboche*, que significa "cabeça" ou "cachola", ou de *tête de boche*, que é um prego com uma cabeça grande utilizado pelos sapateiros, ou mesmo de *boche*, que é uma bola feita de uma madeira dura e utilizada no jogo de bocha (ou *boccia*), muito comum no sul da França, que os franceses chamam de *pétanque*. Apesar de diferentes, todas essas explicações apontam para a associação do alemão com um indivíduo cabeça dura, turrão, o que vai bem ao encontro da percepção que os franceses tinham dos alemães até a Segunda Guerra Mundial. Para os franceses do final do século XIX e início do século XX, o alemão era certamente um povo muito determinado e disciplinado, mas também um tanto imbecil, meio abobalhado e sem refinamento, que se embebedava facilmente de cerveja e só comia batatas, chucrute e salsichas. Essa visão do alemão transparece no filme de Jean Renoir, *A grande ilusão*, de 1937, ambientado durante a Primeira Guerra Mundial e que tem como protagonistas dois oficiais franceses que conseguem fugir sem grandes dificuldades do campo de prisioneiros de Hallbach, e um deles acaba tendo um caso amoroso com uma jovem e bela camponesa alemã. Durante todo o filme, os soldados alemães aparecem como figuras meio aparvalhadas, fáceis de serem enganadas, imagem essa que desaparecerá completamente após a Segunda Guerra Mundial, quando os oficiais do exército alemão passarão a ser apresentados como indivíduos frios e perversos, quando não facínoras e desequilibrados emocionalmente.

Na memória coletiva dos franceses, a Primeira Guerra deixou marcas bem mais profundas que a Segunda. Apesar de vencedores, foi na Primeira Guerra que centenas de

Duas visões das trincheiras de Verdun. Os soldados franceses numa situação deplorável, e os alemães em um momento mais descontraído, em que um soldado encontra-se, provavelmente, catando piolhos da cabeça do colega.

milhares de *poilus* morreram nos campos de batalha. Já na Segunda, praticamente não houve batalhas e vítimas de combates. A capitulação da França deu-se sem que o seu exército oferecesse grande resistência à invasão alemã, o que fez com que o general De Gaulle partisse furioso para a Inglaterra no intuito de coordenar, do exílio, a resistência dos franceses que, como ele, não aceitavam a rendição. A capitulação precoce da França certamente evitou que se reproduzisse o morticínio dos seus jovens, ocorrido na Primeira Guerra.

A dimensão desse trauma nacional encontra-se materializada sob a forma de monumentos erguidos nas praças centrais de praticamente todas as cidades da França, com os nomes gravados dos soldados ali nascidos e mortos nos campos de batalha daquela Guerra. Na cidade de Vernon, situada à beira do Sena, na margem oposta de Giverny, na Normandia, e que atualmente reúne não mais do que 25 mil almas, o monumento às vítimas da Primeira Guerra tem gravado dezenas e dezenas de nomes dos filhos daquela localidade. Assim como em Vernon, na maioria das pequenas cidades da França a quantidade de nomes de vítimas daquela guerra impressiona, quando se considera o seu tamanho e população. Além desses monumentos, a Primeira Guerra é lembrada anualmente pelo feriado de 11 de novembro, data da assinatura do armistício com a Alemanha. Entre os feriados da França, esse é, sem dúvida, o mais triste. Paris, que é uma metrópole sempre viva e agitada no verão ou no inverno, transforma-se quase que em uma cidade fantasma. Ruas vazias de automóveis e transeuntes, lojas fechadas, normalmente sob um céu cinza de um outono já bastante avançado, com pouca luz e já com bastante frio. As pessoas normalmente ficam em casa, recolhidas, ou se reúnem em almoços familiares, ocasião em que os anciãos invocavam até bem pouco tempo suas lembranças daquela maldita guerra. Afinal, não há nada a celebrar nas ruas. Na Alemanha, o dia 11 de novembro é um dia como outro qualquer. Se nem mesmo os franceses, que saíram vitoriosos da Primeira Guerra, têm o que festejar nessa data, o que então teriam os alemães a lembrar?

Para os espanhóis, depois da Guerra Civil de 1936-1939, que ainda segue muito viva em suas memórias e deixou enormes cicatrizes na sociedade que só começaram a se tornar menos salientes após a morte de Franco e da redemocratização do país, é a invasão de Napoleão, em 1807, e as atrocidades que a acompanharam que vêm mais frequentemente à sua lembrança, sobretudo quando o seu interlocutor é um francês. Esse conflito, que se iniciou em 1808 e estendeu-se até 1814, teve graves desdobramentos para a França e para o império napoleônico, além de deixar entre os espanhóis uma certa francofobia que ainda hoje se faz sentir. Os franceses a ele se referem como a "Campanha da Espanha", os espanhóis o chamam de "Guerra da Independência", e os portugueses, de "Guerra Peninsular". Como não sou francês, nem espanhol e tampouco sou português, chamarei essa aventura militar de Napoleão de "Guerra da Espanha", como ele próprio a ela se referiu na solidão de seu degredo na ilha de Santa Helena: "Essa infeliz guerra da Espanha foi uma verdadeira praga, a causa primeira dos infortúnios da França".

Quando as tropas de Napoleão cruzaram a fronteira espanhola em outubro de 1807, seu objetivo era apenas atravessar o território espanhol rumo a Portugal para punir a rebeldia de Dom João VI, que teimava em desrespeitar o bloqueio imposto pela França a todos os países do continente com o objetivo de isolar a Inglaterra. Mas tudo deu errado. Antes que os seus exércitos napoleônicos alcançassem Lisboa, o príncipe regente português já havia arrumado as malas e partido com sua corte para o outro lado do Atlântico, transferindo a capital do seu reino para o Rio de Janeiro. E, no meio do

106 | Os franceses

caminho, Napoleão começou a se envolver nas disputas internas da família real espanhola, cujo rei vinha lhe sendo fiel a ponto de ter sido seu aliado na batalha de Trafalgar.

Chamado pelo rei espanhol, Carlos IV, para intermediar a disputa com seu filho Ferdinando, que o havia deposto e assumido o trono da Espanha como Ferdinando VII, e vendo a fraqueza e divisão interna da monarquia espanhola, Napoleão caiu na tentação de passar a mão no trono espanhol. Ao invés de pacificar a família real espanhola, Napoleão fustigou a oposição entre pai e filho a ponto de tornar qualquer acordo impossível, o que acabou levando os dois a abdicar do trono, que uma vez vago passou a ser ocupado por seu irmão mais novo, José Bonaparte. Mas na Espanha as coisas não lhe seriam tão fáceis como haviam sido na Itália e na Polônia, onde a ocupação de Napoleão contou com a simpatia dos liberais locais em virtude das inovações políticas por ele trazidas. Embora houvesse, entre os espanhóis, homens de letras influenciados pelas ideias iluministas e simpatizantes das causas da Revolução Francesa, que os conservadores espanhóis chamavam pejorativamente de "afrancesados", estes eram minoritários e não foram capazes de dar a Napoleão o suporte por ele esperado.

A resistência à ocupação francesa logo se fez sentir antes ainda da ascensão de José I ao trono espanhol. Deu-se primeiro em Madri, quando o povo se revoltou contra os exércitos franceses, sendo imediatamente massacrado e fuzilado sem dó nem piedade. O pintor Francisco José de Goya y Lucientes, um espanhol "afrancesado" que terminaria os seus dias em Bordeaux, na França, iria registrar em duas de suas telas mais famosas a revolta dos madrilenhos, no dia 2 de maio de 1808, e o fuzilamento dos rebeldes, no dia seguinte, pelas forças francesas. Mas o levante de Madri foi apenas o começo. Depois da capital, houve rebeliões populares em Cartagena, Sevilha e Saragoza, que acabaram se espalhando por toda Espanha. A novidade trazida por esse conflito foi a guerra de guerrilha, isto é, não uma guerra convencional entre dois exércitos profissionais se enfrentando em um campo de batalha, mas a guerra larvar de uma população sem generais nem uniformes, cheia de sabotagens e emboscadas contra o exército regular do invasor francês. Foi, aliás, nessa "infeliz Guerra da Espanha" que a palavra "guerrilha" surgiu, entrando definitivamente no léxico político-militar do mundo moderno.

Mas a passagem de Napoleão pela Espanha não se resumiu a atrocidades e massacres contra a população civil. Tal como nas suas outras campanhas militares pela Europa, Napoleão deixava por onde passava inovações políticas claramente liberais que, à época, eram sinônimas de inovações revolucionárias. Na Espanha, a ocupação napoleônica foi acompanhada de decretos que suprimiram a Inquisição e os resquícios da ordem feudal que ainda vigiam naquele país atrasado da Europa, além da abolição das fronteiras internas e do fechamento de um grande número de conventos, o que imediatamente colocou a Igreja espanhola contra Napoleão. Em certa medida, a Guerra da Espanha

Duas telas de Goya, retratando dois momentos trágicos da Guerra da Espanha. A revolta dos madrilenhos contra a ocupação do exército no dia 2 de maio de 1808 e a execução dos revoltosos pelas tropas de Napoleão no dia seguinte.

foi o prelúdio da Guerra Civil Espanhola, que confrontaria dolorosamente progressistas e conservadores um século e pouco mais tarde. Para as elites ilustradas da sociedade espanhola, a invasão napoleônica foi bem recebida – ainda que não abertamente, pois em qualquer tempo é difícil saudar o invasor estrangeiro, quem quer que ele seja –, uma vez que lhes trouxe a perspectiva de acabar com a Monarquia absoluta, com a enorme influência da Igreja Católica sobre as suas instituições, e de levar a Espanha para um patamar civilizatório mais condizente com o das nações mais avançadas da Europa do século XIX. Mas a reação foi forte, liderada pela Igreja e seguida pelo povo. Os franceses eram apresentados aos espanhóis quase como uma espécie de anticristo que vinham corromper as bases morais da sociedade espanhola.

Embora a Guerra da Espanha só fosse terminar em 1814, a primeira e mais marcante derrota sofrida pelas tropas de Napoleão ocorreu na Andaluzia, já em 1808. Assim como o rigoroso inverno iria castigar fortemente as tropas francesas na Rússia, o acachapante calor do verão andaluz ajudaria as forças espanholas a derrotar os franceses, acabando com a mística da invencibilidade dos exércitos napoleônicos e encorajando a resistência contra o invasor em toda a Europa. Assim foi balizado e selado o destino das campanhas napoleônicas na Europa: a oeste, sob o escaldante verão de 1808 na Espanha, e a leste, durante o inverno glacial de 1812 na Rússia. De Napoleão os espanhóis guardariam a imagem de um criminoso de guerra, de um ogro que acabou sendo vencido por um povo resistente e corajoso que soube lutar por sua independência contra um invasor o qual, sob o pretexto de lhes levar as luzes e a liberdade, só lhes trouxe pilhagem e submissão. Para trás, as tropas de Napoleão deixaram uma Espanha arrasada pela guerra com uma Igreja Católica retrógrada fortalecida, uma Espanha que não apenas perdera as suas colônias nas Américas, que se aproveitaram da guerra na metrópole para declararem sua independência, mas que também perdera a oportunidade de modernizar-se, industrializando-se e desenvolvendo sua agricultura, como fizeram as demais nações da Europa Ocidental. Ainda hoje é comum ouvirem-se referências injuriosas a Napoleão nas torcidas dos estádios de futebol da Espanha, sobretudo quando o adversário em campo é um time francês, como, por exemplo, *Napoladrón*, fusão de Napoleão com ladrão.

OS VALORES

Além das guerras, os valores morais, políticos e religiosos são importantes fatores de identificação e estranhamento entre os povos. A Igreja Católica espanhola soube explorar bem essas diferenças, associando os *gabachos*, isto é, os franceses, aos inimigos de Deus, o que queria dizer, da religião e dos reis católicos da Espanha, como Ferdinando VII, que retornou ao poder após a deposição de José Bonaparte. Os valores liberais franceses seriam frontalmente contrários à essência católica conservadora e monarquista do povo espanhol. Toda tentativa de liberalização política da Espanha, fosse sob a forma de uma Monarquia constitucional ou de uma República, era vista como um atentado à hispanidade, uma má influência vinda do outro lado dos Pirineus, alimentada pelas divagações humanistas dos enciclopedistas do século XVIII e contrárias aos fundamentos da pátria espanhola, forjada na luta e expulsão dos mouros infiéis e na afirmação da fé católica.

Da mesma forma que os hereges tiveram de arder nas fogueiras da Santa Inquisição, as obras de Rousseau, Diderot e Voltaire, misturadas às de Marx e Bakunin, iriam ser queimadas em praça pública durante a Guerra Civil Espanhola. Sob a longa ditadura franquista, durante a qual muitos espanhóis pobres cruzaram a fronteira para irem trabalhar na França como empregados agrícolas ou como empregadas domésticas nas residências da burguesia parisiense, o governo espanhol e a *Opus Dei* costumavam alertar os seus emigrantes que a França não era uma terra de liberdade e de oportunidades como ela orgulhosamente se mostrava e queria parecer aos olhos do mundo, mas uma terra de libertinagem e devassidão mundana, desconhecida e perigosa para os seus ingênuos e crédulos camponeses espanhóis católicos.

Fosse pela liberdade ou pela libertinagem, certo é que a França nunca deixou de exercer uma grande atração sobre os espanhóis de todas as orientações políticas e ideológicas. Para muitos artistas e intelectuais espanhóis, como Pablo Picasso e Luis Buñuel, o que interessava na França era a liberdade que lá encontraram para criar e expressar-se. Para os carolas e conservadores, visitar a França era uma oportunidade de conhecer o mundo do pecado, para logo em seguida retornar felizes e reconfortados para a segurança e retidão morais da sua Espanha natal. Para outros menos conformados e mais curiosos, a França era o destino das muitas excursões organizadas para as cidades próximas à fronteira da Espanha, como Perpignan e Bayonne, onde o grande atrativo eram as salas de cinema especializadas na projeção de filmes pornográficos, proibidos em seu país. Esse inconformismo iria aflorar depois da morte de Franco, ganhando uma dimensão antes inimaginável e que atualmente é bem expresso pelo cinema irreverente de Pedro Almodóvar.

Embora a população da França seja majoritária e esmagadoramente católica, o catolicismo não é um traço tão marcante nos franceses quanto é na maioria dos seus vizinhos católicos. O fervor religioso é manifesto entre italianos, espanhóis, portugueses e belgas, mas é bastante mitigado entre os franceses. No entanto, a França foi palco de uma das mais renhidas disputas religiosas do século XVI, como o massacre dos protestantes pelos católicos na famosa e trágica noite de São Bartolomeu, em 1572.

Foi precisamente o radicalismo religioso, que opôs os franceses de diferentes confissões cristãs, que os levou a um progressivo compromisso de tolerância religiosa: o primeiro deles foi o Edito de Nantes, assinado por Henrique IV, em 1598, que ao mesmo tempo em que reafirmava o catolicismo como religião oficial do estado francês garantia aos huguenotes a liberdade do culto calvinista.

Já sob Luís XIV houve uma regressão da tolerância, com a revogação do Edito de Nantes, em 1685, e a volta da perseguição aos protestantes. Mas após a Revolução Francesa, em 1801, instituiu-se o regime de concordato entre o Estado e as diferentes confissões religiosas dominantes na França, que seria finalmente substituído pela Lei do Laicismo, em 1905, estabelecendo a completa separação entre Estado e religião, vigente até hoje no país. O laicismo do Estado é um valor central para os franceses, que os diferencia dos seus vizinhos ferrenhamente católicos. Outro valor fundamental é a República, que foi tão difícil de ser conquistada quanto foi o laicismo, mas que, uma vez estabelecida e consolidada, na segunda metade do século XIX, tornou-se também valor supremo e distintivo.

A República está para os franceses, assim como a Monarquia está para os britânicos e a nação para os alemães. Esses valores fundamentais, que opõem os maiores e mais poderosos vizinhos europeus, encontram-se expressos nas suas mais frequentes e reveladoras invocações públicas da identidade nacional. *Deutschland über Alles* (a Alemanha acima de tudo) é a primeira estrofe do hino nacional da Alemanha, que coloca a nação alemã acima de qualquer outro valor. *God save the Queen* (Deus salve a Rainha, ou o Rei, conforme for o sexo do soberano britânico) é invocação primeira dos ingleses nas saudações oficiais, que têm na monarquia o esteio do seu Estado. E *Vive la République! Vive la France!* é a saudação nos pronunciamentos e cerimônias oficiais na França, em que a forma republicana de governo é invocada antes mesmo da nação. Essas diferenças não são casuais e muito menos gratuitas, pois se remetem aos fundamentos da identidade de cada povo.

Os alemães foram os últimos dos poderosos e numerosos povos da Europa a constituir uma nação unificada sob um único Estado. A identidade alemã já estava solidamente estabelecida muito antes que a Alemanha viesse a se unificar em 1871, mas sua população encontrava-se espalhada pelo território da Europa Central e submetida a muitos estados diferentes, alguns dos quais não eram alemães. Essa dispersão territorial de povos, com uma identidade forte como a dos alemães, não era incomum na Europa, mas foram apenas uns poucos, como os alemães e italianos, que acabaram conseguindo se unir sob um único Estado no final do século XIX. Mas, apesar da unificação da Alemanha sob Bismark, muitos alemães continuaram ainda vivendo em regiões controladas por outros estados. Havia enclaves de população majoritariamente alemã, como os Sudetos, na Tchecoslováquia, e a cidade de Dantzig, na Polônia, que serviram de pretexto para as primeiras invasões do exército nazista que antecederam a deflagração da Segunda Guerra Mundial. Depois desta, tanto os alemães dos Sudetos quanto os de Dantzig foram expulsos, migrando para o território da Alemanha. Ainda que as razões da Guerra Fria tenham logo separado os alemães recém-unificados em dois estados diferentes, mesmo assim a nação alemã estava finalmente constituída e seu povo concentrado em um mesmo território. De fato, após a queda do muro de Berlim, em 1989, a reunião das duas Alemanhas sob um único Estado deu-se quase que naturalmente e sem qualquer contestação. Portanto, ao considerar a história política dos alemães, compreende-se por que a Alemanha é colocada acima de tudo. Da mesma forma é possível compreender por que os ingleses são tão apegados à sua Coroa e os franceses à sua República.

Os ingleses tiveram uma única experiência republicana – tendo como *lord protector of England, Scotland and Ireland,* inicialmente, Oliver Cromwell, de 1653 até a sua morte, em 1658, e depois seu filho Richard, que, não tendo a força do pai junto ao Parlamento e ao Exército, teve de renunciar no ano seguinte, abrindo caminho para a restauração da Monarquia em 1660. O período republicano foi tão traumático para os ingleses que acabou tornando-os alérgicos a essa forma de governo, ao contrário dos franceses que, apesar de também terem tido uma primeira experiência republicana bastante violenta e despótica – o terror jacobino, entre 1793 e 1795 –, seguiram insistindo na forma republicana até que ela finalmente acabasse dando certo, ainda que só na terceira tentativa, em 1870.

Mas o período do terror na França, protagonizado por Robespierre e Saint-Just, o jovem radical jacobino que ganhou a alcunha de "arcanjo do terror", foi relativamente curto, o que não chegou a levar os franceses a associar "República" a "terror". Na Inglaterra, ao contrário, o período republicano foi um terror só. O seu "lorde protetor" revelou-se um verdadeiro carrasco, promovendo guerras violentas e sanguinárias na Escócia e na Irlanda. Na França, foi ainda sob a República que os patrocinadores do terror foram julgados e guilhotinados, ao contrário da Inglaterra, onde Cromwell morreu de malária. A vingança dos ingleses contra os abusos que lhes foram perpetrados por Cromwell só se deu após a restauração da Monarquia, quando, por ordem do rei Carlos II, o corpo do tirano, que se encontrava enterrado na abadia de Westminster, foi exumado e submetido à humilhação pública, sendo seu cadáver enforcado em Tyburn, local onde, desde o século XII, ocorriam as execuções públicas (atualmente, nas proximidades do Marble Arch, no centro de Londres), precisamente na mesma data em que, 12 anos antes, o pai do soberano inglês, Carlos I, havia sido decapitado, pena para a qual Cromwell, na condição de parlamentar, havia contribuído ativamente. Após a execução *post-mortem*, o corpo de Cromwell foi jogado em um poço e a sua cabeça exposta sobre um pedestal em frente à abadia de Westminster, vizinha ao Parlamento, durante quase um quarto de século.

Cromwell levou a Inglaterra a uma guerra civil e a um radicalismo político e religioso dificilmente imagináveis para quem conhece os ingleses contemporâneos e sua proverbial moderação em todos os planos da vida pública. Sob Cromwell, a Igreja Anglicana deixou de ser a religião oficial do Estado, pois na condição de puritano não seria possível que ele também fosse chefe de uma igreja que não era a sua. Mas a separação entre Estado e Igreja, promovida por Cromwell, não levou ao laicismo, como na França, mas ao seu oposto: o radicalismo religioso. É verdade que sob o seu protetorado os diversos cultos evangélicos foram admitidos, havendo, inclusive, tolerância em relação aos cultos dos judeus. Mas em relação aos católicos, Cromwell era absolutamente avesso, considerando-os como não verdadeiramente cristãos, razão pela qual promoveu sem piedade o seu massacre durante a Guerra da Irlanda. Com essa infeliz experiência republicana, torna-se compreensível por que os ingleses até hoje, roguem a Deus a proteção para o seu monarca, já que foi sob a Monarquia que eles conheceram a ordem social, a tolerância política e religiosa, o Estado de Direito e, finalmente, a democracia.

Para os belgas, a Monarquia tem também uma importância central na constituição e manutenção do seu Estado, mas uma história e um significado muito particulares, que não guardam nenhuma semelhança com o papel da Monarquia na Inglaterra. Contrariamente aos seus grandes vizinhos franceses, ingleses e alemães, que têm uma identidade nacional muito forte e bastante enraizada, os belgas, que se organizaram há mais de 170 anos sob um Estado independente, jamais conseguiram fundar verdadeiramente uma nação. E, na falta de uma identidade nacional, mas com a determinação de se tornarem independentes da dominação estrangeira, os habitantes do território denominado Bélgica pelos romanos cimentaram a sua união em torno da figura de um rei. Essa situação peculiar foi definida com precisão por um senador socialista belga, Jules Destrée, em carta endereçada ao Rei Alberto I em 1912, poucos anos antes de eclodir a Primeira Guerra Mundial: "Sire, Vós reinais sobre dois povos. Na Bélgica, existem valões e flamengos, mas não há belgas". Essa divisão tão marcada entre duas populações de um dos menores países da Europa é dificilmente compreensível para os franceses, que vivem em um território muitas vezes maior que a Bélgica e que, apesar das suas diferenças regionais, não deixam de se reconhecer como tais.

Durante muito tempo, a Bélgica fora percebida pelos franceses como uma província amiga, e seus habitantes vistos com certa complacência e referidos como "os belguinhas" (*les petits belges*). A influência francesa sobre os belgas fora sempre muito grande, e as condições peculiares da sua independência nacional a exemplificam com eloquência. Foi em Bruxelas, durante a apresentação da ópera *La muette de Portici*, do compositor francês Daniel-François-Esprit Auber, que começou o levante popular que levaria à independência do país. A ópera trata da revolta do povo napolitano contra a dominação espanhola, durante o século XVII, e foi encenada no Théâtre de la Monnaie em homenagem ao 59º aniversário do rei holandês Guilherme de Orange, comemorado, coincidentemente, apenas alguns dias após a eclosão da Revolução de 1830 na França. Quando o tenor terminou de cantar as estrofes seguintes, a plateia animada pela revolução na França se levantou e começou a cantar *A Marselhesa*:

Amor sagrado da pátria,	*Amour sacré de la patrie,*
Devolva-nos a audácia e o orgulho,	*Rends-nous l'audace et la fierté,*
A meu país eu devo a vida,	*A mon pays je dois la vie,*
Ele me deverá sua liberdade.	*Il me devra sa liberté.*

Do Théâtre de la Monnaie, a revolta contra a dominação holandesa se espalharia pelas ruas de Bruxelas e, na falta de uma bandeira própria a ser hasteada em substituição à bandeira da Holanda, os belgas colocariam a bandeira tricolor francesa no mastro do prédio da prefeitura. A independência da Bélgica seria, a partir de então, irreversível, e caberia aos vizinhos ingleses e franceses tratar de assegurar a formação do novo Estado. A República, que seria a forma de Estado mais a gosto dos revoltosos belgas, não era, entretanto, admitida nem pela Inglaterra nem pela França, ambas então Monarquias. Portanto, para se tornarem independentes da Holanda, os belgas deveriam também ter um rei. Mas que rei poderia ter um país onde não havia dinastias que pudessem se candidatar a ocupar o trono real recém-criado? A solução então foi buscar um rei estrangeiro que não tivesse trono em seu país e essa escolha acabou recaindo sobre um nobre alemão, que se tornaria Leopoldo I, primeiro rei dos belgas. Nem flamengo nem valão, o rei seria a figura que iria garantir ao longo das décadas seguintes a unidade do país, e é precisamente por isso que, no hino nacional da Bélgica, *La Brabançonne*, a estrofe mais repetida é "*Le Roi, la Loi, la Liberté!*", ou seja, "o rei, a lei, a liberdade", uma evocação equidistante entre o bordão inglês "*God save the King*" e "*Liberté, Égalité et Fraternité*", lembrando que no Reino Unido o monarca não é rei dos ingleses, galeses, escoceses e irlandeses, mas rei da Inglaterra, Gales, Escócia e Irlanda, e que na França a liberdade, a igualdade e a fraternidade são valores tipicamente republicanos e completamente estranhos à Monarquia. Mas, se a estrofe principal da *Brabançonne*

114 | Os franceses

é híbrida, o próprio nome do hino é, uma vez mais, revelador da marcante influência francesa sobre os belgas. "Brabançonne" é o gentílico de Brabant, região de Flandres onde se encontra Bruxelas – que, aliás, não só é a maior e mais importante cidade da Bélgica, como também é um enclave francófono em meio ao país flamengo – de onde eclodiu o movimento pela independência do país. Portanto, *La Brabançonne* (cuja tradução seria "A Brabante") significa para os belgas o mesmo que *A Marselhesa* significa para os franceses. Da mesma forma que foram os soldados marselheses que, em 1792, entraram em Paris entoando a canção que acabaria se tornando o hino nacional da França, também foram os brabantes de Bruxelas que detonaram o movimento pela independência cantando *A Marselhesa*.

A influência que os franceses exercem sobre os seus vizinhos francófonos das planícies do norte também se faz sentir sobre os seus vizinhos francófonos das montanhas do leste, os suíços, mas de uma forma inteiramente diversa. Embora tanto a Bélgica quanto a Suíça sejam países pequenos, multiétnicos e multilíngues, eles são muito diferentes entre si, o que faz com que a influência francesa seja recebida de maneira distinta em cada país. Os belgas não se entendem entre si e já se teriam separado em países diferentes não fossem o seu rei e, mais recentemente, a adoção de uma forma de governo federativa, em que a Valônia, Flandres e Bruxelas têm grande autonomia política e administrativa em relação ao governo nacional, além do surgimento e fortalecimento da União Europeia, que faz com os belgas de Flandres e os da "Comunidade Francesa" (como se autodenominam os habitantes da Valônia e de Bruxelas) sintam-se cada vez mais membros de uma comunidade europeia multicultural e multilíngue, e menos belgas, o que os ajuda a diluir os seus antagonismos internos.

Já os suíços entendem-se muito bem no interior da sua Confederação Helvética, subdividida em diversos cantões com elevado grau de autonomia política e administrativa. Entre os suíços, cerca de 70% da população fala alemão, 19% fala francês, 10% italiano e 1% exprime-se em romanche, que é a quarta língua oficial do país. Não bastassem as diferenças linguísticas, os suíços dividem-se ainda entre protestantes e católicos, sendo os primeiros ligeiramente majoritários na população, contrariamente aos belgas, que são todos ferrenhamente católicos. Mas nem a língua nem a religião separam os suíços, que se sentem muito confortáveis, compartilhando uma mesma identidade nacional. No entanto, apesar do seu orgulho nacional, os suíços nutrem uma discreta e secreta inveja em relação ao cosmopolitismo dos franceses, cujo comportamento é percebido pelos suíços ora como arrogante, ora como condescendente.

O espaço que a França e os franceses ocuparam no mundo durante séculos é um fato inegável. Durante o século XIX, o Iluminismo francês animou as elites intelectuais de toda Europa e a expansão colonial da França pelo mundo estendeu a sua influência por outros continentes. Paris era então o grande centro de irradiação intelectual e artística da Europa, em torno do qual gravitavam não só as demais cidades francesas, como também importantes cidades francófonas europeias, como Bruxelas e Genebra. Não havia, portanto, como rivalizar, ou mesmo resistir, à influência avassaladora dos franceses e sua cultura, não restando outro remédio senão a ela aderir. Dessa idade do ouro da França no mundo resta ainda uma memória muito viva nos franceses. Paris é, sem dúvida, uma das cidades mais cosmopolitas da Europa, só comparável a Londres. Na capital francesa, a presença africana e árabe é uma constante. Esse cosmopolitismo não encontra equivalente na Suíça, que não participou da aventura colonial e cuja população se manteve bastante preservada da influência estrangeira. Ainda que Genebra seja sede de uma série de órgãos das Nações Unidas, a presença estrangeira encontra-se circunscrita à diplomacia e à alta burocracia das organizações internacionais, não disseminada no conjunto da sociedade como nas grandes cidades da França.

A arrogância francesa em relação aos seus vizinhos suíços viria não só do seu passado glorioso e de sua inegável contribuição à humanidade nos planos político e cultural, como também de sua capacidade de se modernizar e adaptar-se aos novos tempos. Os suíços, contrariamente, não teriam nenhuma grande contribuição civilizatória a ostentar: desenvolveram uma indústria relojoeira notável quando a tecnologia era baseada em engrenagens mecânicas, mas que perdeu espaço para os japoneses com o emprego do quartzo, e só recentemente começou a se recuperar; estruturaram um sistema bancário pujante por onde circula atualmente cerca da metade dos capitais internacionais de todo o mundo; fabricam o melhor e mais reputado chocolate ao leite do mundo, embora haja aqueles que, como eu, prefiram as pralinas recheadas dos chocolateiros belgas.

Mas, apesar dessas demonstrações de inquestionáveis engenhosidade e organização, os suíços não conseguiram criar uma cultura autenticamente urbana, condizente com o grau de desenvolvimento das cidades do país. Ainda que na Suíça encontrem-se cidades importantes como Genebra, Zurique, Berna e Lausanne, o caráter suíço parece ainda ser essencialmente vinculado e orientado pelo mundo rural e montanhês, o que, aos olhos dos franceses, tornaria os seus habitantes incapazes de acompanhar a modernização dos costumes característica das sociedades ocidentais contemporâneas. O conservadorismo suíço revelar-se-ia, entre outras coisas, pela data espantosamente tardia em que as mulheres adquiriram direito de voto naquele país – apenas em 1971 –,

116 | Os franceses

enquanto na França elas adquiriram plenos direitos políticos logo após a Segunda Guerra, participando bem mais ativamente que as suíças da vida política e econômica do seu país. Para os franceses, que têm uma autoimagem de povo dinâmico e aberto a mudanças não só nos planos político e social, mas também no tecnológico e estético, a imagem do suíço corresponderia a uma espécie de negativo seu: muito próximos, mas também opostos no temperamento e no comportamento.

ESTEREÓTIPOS, CONCEITOS E PRECONCEITOS

Além das guerras e dos valores que estão na base da aproximação e oposição entre os povos, há uma série de pequenas coisas, tolas e em si mesmas sem importância, que têm um efeito devastador sobre o seu convívio, acirrando os seus antagonismos e alimentando os preconceitos mútuos, dividindo-os sempre e jamais os unindo. De tão comezinhas e mesquinhas, essas diferenças acabam se tornando tabus para as pessoas esclarecidas e que se pretendem corretas e racionais, apesar de estarem sempre presentes e manifestas no cotidiano da maior parte delas. Por essa razão, quando se abordam clichês, estereótipos e preconceitos, é necessário fazê-lo *cum grano salis* (literalmente, "com um grão de sal", que quer dizer, "com ironia") e, sempre que possível, com uma boa pitada de humor.

Belgas e suíços

Para os franceses, os belgas são o objeto predileto das suas piadas, assim como são os portugueses para os brasileiros e os poloneses para os americanos. Em 99,9% dos casos, os belgas aparecem como seres completamente estúpidos e destituídos de inteligência. Entre as inúmeras piadas que circulam na internet, pincei uma para exemplificar esse desprezo dos franceses pela capacidade intelectual dos seus vizinhos do norte. "Pergunta: Quantos belgas são necessários para trocar uma lâmpada? Resposta: Três. Um para segurá-la e dois para girar a escada." É claro que não existem povos burros e povos inteligentes, mas por trás do estereótipo da burrice de uns e da inteligência de outros encontram-se dois comportamentos sociais conflitantes. Considera-se burro aquele que age de forma aparentemente ingênua e em desacordo com os padrões comportamentais dos que se consideram "normais" e têm uma autoimagem de povo esperto e inteligente. Assim é a visão dos franceses em relação aos belgas e dos brasileiros em relação aos portugueses, embora os belgas e portugueses desfrutem, em geral, tanto na França quanto no Brasil, de uma posição social e financeira que os parvos e tolos não teriam condições de alcançar em uma sociedade de pessoas espertas e inteligentes.

Considerando a renda *per capita*, a produtividade econômica e o nível de bem-estar social, entre belgas e franceses não há tantas diferenças que explicassem o fato de uns se sentirem superiores aos outros. Há, entretanto, um modo de agir na vida cotidiana que faz toda a diferença. Na Bélgica, não se vive o estresse em que se encontram mergulhados até o pescoço os franceses. Os belgas têm um ritmo de trabalho que deixa os franceses irritadíssimos. No comércio de Bruxelas, por exemplo, os lojistas, em geral, atendem com toda calma um cliente de cada vez, como se ele fosse o único, ainda que haja outros tantos na loja, aguardando para serem atendidos. Esse comportamento tipicamente belga incomoda profundamente os franceses, que se irritam por qualquer coisa e que por muito pouco começam a bufar e a reclamar. Os franceses são, de fato, bastante dinâmicos, o que faz com que, aos seus olhos, os belgas pareçam demasiadamente lentos, embora não sejam, por isso, menos produtivos. Atitude semelhante de menosprezo em relação aos belgas têm os holandeses, que, se não são tão estressados quanto os franceses, têm também um orgulho e uma arrogância nacionais, no mínimo, equivalentes. Mas os belgas encontram-se tão envolvidos em suas disputas internas entre flamengos e valões que pouca atenção dão ao desprezo vindo dos seus vizinhos do norte e do sul. Além disso, a escolha de Bruxelas como capital administrativa, primeiro da Comunidade Econômica Europeia e depois da União Europeia, proporciona-lhes o devido conforto de quem não é o apêndice rejeitado pelos vizinhos, mas o centro e o cérebro de uma entidade econômica, que lenta, mas progressivamente, adquire musculatura política e é bem mais abrangente e muito maior que a Holanda, a França ou qualquer país europeu tomado isoladamente.

Espanhóis e portugueses

Se os estereótipos de belgas e suíços são atualizados frequentemente devido à sua proximidade cultural e linguística com os franceses, o estereótipo do espanhol, que é um vizinho culturalmente mais distante, permanece em boa medida balizado pelo passado. A entrada da Espanha no grupo de países europeus ricos e desenvolvidos é bastante recente. Foi apenas após a morte de Franco, em 1975, e o ingresso do país na Comunidade Econômica Europeia, em 1986, que a Espanha entrou em rápido processo de desenvolvimento econômico, político e social, e retirou o país do seu secular atraso, equiparando-o às demais nações da Europa Ocidental. Até o século XIX, a Espanha e os espanhóis eram vistos pelos franceses a partir da ótica orientalista, que então mobilizava a imaginação dos artistas e escritores franceses como François-René de Chateaubriand, Prosper Mérimée e Théophile Gautier. No imaginário dos franceses, os espanhóis assumiam a figura de heróis românticos, bandidos, poetas, toureiros e ciganos. Todos esses personagens encontram-se, aliás, muito bem representados na mais popular e conhecida ópera francesa, *Carmen*, de Georges Bizet. Para os franceses, seria então a influência moura que definiria a cultura espanhola, tornando-a atraente e cheia de exotismo. Essa percepção de que os espanhóis não seriam verdadeiramente europeus entraria século XX adentro e encontra-se claramente manifesta no romance *A jangada de pedra*, do escritor português radicado na Espanha, José Saramago, uma bela obra de ficção em que a Península Ibérica separa-se da Europa e, tal como uma jangada de pedra, começa a navegar rumo ao continente que lhe seria mais próximo culturalmente: a América Latina. Essa percepção dos franceses mexe com os brios dos espanhóis, que têm um orgulho nacional muito forte e consideram-se incontestavelmente europeus, ao contrário dos seus vizinhos portugueses, que não são nada chauvinistas e que, antes de se unirem à Comunidade Europeia, consideravam que a Europa começava depois dos Pirineus.

Para os espanhóis, em contrapartida, o estereótipo do francês é o de um homem arrogante, afetado e até meio efeminado, o que contrastaria com a sua autoimagem de homens simples e viris. Mas os franceses não se sentem lá muito incomodados com essa rejeição dos espanhóis e têm até uma certa admiração por alguns de seus hábitos, como a famosa sesta. Para os franceses, o hábito de interromper a jornada de trabalho no meio do dia e tirar uma soneca depois do almoço seria um bom indicador do ritmo mais calmo e mais saudável com que os espanhóis levam a vida, contrariamente a sua vida sempre agitada e altamente estressante. Mas o hábito de dormir após uma bela e copiosa refeição regada a vinho, que os franceses tanto admiram, está ficando cada vez mais raro na Espanha e restrito, fundamentalmente, aos trabalhadores do comércio, uma vez que muitas empresas no país passaram a reduzir cada vez mais o período de pausa para o almoço dos seus empregados. Contudo, essa mudança de hábitos não altera em nada a visão que os franceses têm dos espanhóis, pois nas relações entre os povos, mais que os fatos, valem os símbolos.

Se os franceses admiram os espanhóis pela sua forma de viver expansiva e tranquila, os portugueses são admirados por sua circunspecção e laboriosidade. Embora a população de Portugal seja bem menos numerosa que a da Espanha, a presença portuguesa na França é incomparavelmente maior que a espanhola. A França segue sendo o destino preferencial dos portugueses que migram para a "Europa" em busca de trabalho e renda. Na região bordelesa, há muitos portugueses empregados como trabalhadores agrícolas nos vinhedos. A cultura vinícola é tão familiar para os portugueses quanto para os franceses, e o empenho dos camponeses lusitanos no seu cultivo faz deles uma mão de obra muito apreciada pelos produtores de vinho da França. É certo que os portugueses, sua música, suas danças e sua culinária não fazem os franceses sonhar, mas tampouco provocam qualquer sentimento de rejeição e xenofobia. Ao contrário, os portugueses são para os franceses os imigrantes ideais: trabalhadores dedicados, indivíduos discretos e socialmente bem integrados, além de europeus, cristãos e brancos.

Em geral, os portugueses pobres vão para a França com o objetivo de trabalhar duro e ganhar dinheiro suficiente para comprar uma "casita", ou uma quinta, na sua terra natal, onde pretendem viver depois da aposentadoria, bem juntinho aos seus. Por isso, não é raro encontrar em Paris anúncios publicitários redigidos em português de empresas dos ramos imobiliário e de capitalização que têm como foco os portugueses que para a "terrinha" pretendem voltar. E eles lá estão por todo lado. Boa parte dos operários da construção civil são portugueses (a outra parte é composta, fundamentalmente, por árabes), assim como a imensa maioria dos zeladores de edifícios em Paris também são lusitanos. Em geral, os portugueses falam muito bem francês e praticamente não se distinguem do conjunto da população francesa, a não ser por um ou outro detalhe que pode facilmente passar despercebido pela maioria dos observadores: durante o inverno, as portuguesas costumam usar casacos de couro de três quartos de comprimento, diferentemente das francesas, que geralmente usam longos mantôs de lã.

Mas essas diferenças de indumentária não são nada se comparadas às enormes diferenças, perceptíveis à longa distância, entre a maioria dos franceses e os seus vizinhos do outro lado do Mediterrâneo, ou mesmo compatriotas islâmicos, muitos dos quais, no caso dos homens, portam longas túnicas e barbas ou, no caso das mulheres, usam véus cobrindo os cabelos. Aliás, o uso do véu islâmico é uma questão recorrente na França, que sempre provoca os mais acalorados debates e, cada vez que vem à tona, aprofunda a cisão entre as partes ao invés de aproximá-las. Na França contemporânea, as disputas históricas entre os franceses e seus vizinhos europeus ficaram completamente ofuscadas e num diminuto segundo plano quando contrastadas com oposição crescente entre a maioria e a minoria islâmica, que hoje representa cerca de 20% da população francesa. Esse contraste talvez hoje não fosse tão grande se franceses e alemães não tivessem conseguido resolver com tanto sucesso as suas diferenças após a Segunda Guerra Mundial.

Alemães

De arqui-inimigos, franceses e alemães tornaram-se os maiores e melhores parceiros no seio da União Europeia, a ponto de a imprensa francesa referir-se amistosamente à associação e identidade de propósitos entre os dois países pelo termo "a dupla franco-alemã" (*le couple franco-alleman*, tendo a palavra *couple* tanto o sentido de *dupla* como o de *casal*). Não é fácil identificar o que fez mudar tão rápida e radicalmente a percepção dos alemães para com os franceses. Há alguns indícios, poucas hipóteses e nenhuma conclusão a respeito. Antes do início da Segunda Guerra Mundial, a visão que os franceses tinham dos alemães era extremamente negativa, alimentada por histórias e fantasmas da Primeira Guerra Mundial, como a prática de estupros pelos soldados alemães e o massacre da população civil nas regiões ocupadas. Mas durante a Segunda Guerra, após a capitulação do exército francês, em 1940, as relações entre a população civil francesa e as tropas de ocupação alemãs foram surpreendentemente cordiais.

Durante os quatro anos de ocupação, os cinemas, teatros e bibliotecas da França foram frequentados como nunca haviam sido anteriormente. Esse convívio "amistoso" – se é que se possa verdadeiramente falar de relação amistosa em tempos de guerra – durou até o fim da ocupação, ainda que durante o seu decorrer as ações das forças de resistência tenham progressivamente aumentado de intensidade. A *pax germanica* na França permitiu que, há apenas alguns dias do desembarque das forças aliadas na Normandia, fosse encenada sem qualquer impedimento da censura para uma plateia em que se encontravam também soldados alemães a peça de Sartre chamada *A sete chaves*. Foi provavelmente por isso que, um belo dia, para espanto de muitos, Sartre chegou a afirmar que eles – os franceses – "jamais haviam sido tão livres como durante a ocupação" (*j'amais nous n'avons été plus libres que sous l'occupation*). Foi também durante a ocupação que foi filmada uma das obras-primas de Marcel Carné, *O bulevar do crime*, lançada nos cinemas da França em 1945. Mas essa vitalidade cultural de Paris não deve levar ninguém a pensar que a Segunda Guerra na França tenha transcorrido leve e agradável, como um passeio no campo. Houve censura, delações, perseguições, prisões e deportações de judeus e de resistentes à ocupação alemã.

Além disso, a penúria e escassez eram generalizadas, não só de alimentos nas mesas, como também de carvão para as caldeiras e de papel nas editoras, o que explica, em parte, a alta frequência de teatros e cinemas, onde havia o aquecimento que faltava nas residências durante aqueles invernos excepcionalmente rigorosos, e também das bibliotecas, onde além de calefação havia os livros que faltavam nas livrarias. Havia ainda toques de recolher na Paris ocupada, anunciados por sirenes ao cair da noite, o que ainda hoje faz com que o crepúsculo traga uma amarga lembrança e uma desagradável sensação para algumas pessoas que lá viveram naquele período. Portanto, nem todos foram tão livres naqueles tempos, ainda que a vida em Paris e em Berlim fosse bem melhor do que em Londres, que foi severamente castigada por bombardeios noturnos, para não falar da vida em Leningrado e Stalingrado, cuja população padeceu longos e dolorosos cercos.

Mas, apesar da capitulação precoce do exército francês, da inesperada cordialidade com que os franceses conviveram com as tropas alemãs na região ocupada e da formação de um governo colaboracionista em Vichy, seria um equívoco afirmar que os franceses tenham, majoritariamente, aceitado o nazismo. Sob a ocupação, uma pequena parte deles aderiu, de fato, à ideologia nazista (o que, aliás, ocorreu em toda Europa), e outra pequena parte foi para a resistência – no exílio ou na clandestinidade –, mas para a grande maioria dos franceses a obsessão era uma só: encontrar comida para sobreviver. É ainda uma estratégia muito comum de autodefesa em momentos adversos de as pessoas concentrarem sua atenção na própria sobrevivência e deixarem de enxergar os horrores que acontecem com os seus próximos.

Ainda hoje, os que viveram aqueles tempos difíceis têm um cuidado extremo em evitar o desperdício, hábito pouco comum nas Américas, onde as populações não viveram períodos de privação tão agudos quanto os europeus. Ignoro se em outros continentes exista outro povo que desperdice água com tanta desfaçatez quanto o brasileiro, ou que consuma tanta energia quanto o americano. O cuidado dos alemães em evitar o desperdício é equivalente ao dos franceses, já que as condições de escassez durante a guerra foram generalizadas em toda Europa. Talvez seja precisamente esse sofrimento comum vivido pela população civil, qualquer que fosse o lado do campo de batalha em que se encontravam os seus exércitos, que tenha aproximado os diferentes povos – franceses e alemães, em particular –, levando-os a cooperar mais do que a competir. Afinal, apenas anos separam o fim da Primeira e o início da Segunda Guerra Mundial, o que fez com que uma mesma geração se visse envolvida em dois grandes conflitos extremamente traumáticos em um relativamente curto espaço de tempo. Esse trauma pode ter influenciado decisivamente ambos os lados a evitar novas guerras a qualquer custo.

Aliás, a fácil capitulação francesa, em 1940, frente ao invasor alemão pode ser interpretada como o germe do princípio "guerra, nunca mais", lema que ganharia força depois de 1945 nas duas margens do Reno. É claro que, logo após o fim da ocupação alemã, houve uma espécie de caça às bruxas e de perseguição aos suspeitos de terem colaborado com o invasor. O termo "colaboracionista" era, e ainda é, um dos maiores insultos na França. As crianças, filhas de francesas com soldados alemães, foram fortemente discriminadas nas escolas pelos seus colegas, sendo chamadas pejorativamente de "filho de boche" (*enfant de boche*). Enfim, foram tempos duríssimos,

Estrasburgo, na Alsácia, a mais alemã das cidades francesas. O território que ontem foi objeto de guerras entre alemães e franceses é hoje sede do Parlamento Europeu, símbolo da união e da paz entre os povos da Europa.

tanto durante quanto no imediato pós-guerra. Mas com o início dos "trinta gloriosos", período durante o qual a Europa entrou em acelerado processo de desenvolvimento econômico e crescimento da renda, as diferenças foram sendo postas de lado ao mesmo tempo em que foi ganhando força a percepção que o futuro de franceses e alemães, com paz e bem-estar, dependia cada vez mais da união dos diferentes países e da formação e fortalecimento de uma identidade europeia. *Nie wieder Krieg* ou *plus jamais la guerre* (Guerra, nunca mais) foram os motes que ecoaram em uníssono das duas margens do Reno a partir de então.

Ingleses

Paradoxalmente, foi o mesmo fortalecimento da questão europeia que aproximou franceses e alemães e aprofundou as diferenças entre franceses e ingleses. Parece que toda a rivalidade que até a Segunda Guerra opunha os franceses aos habitantes da outra margem do Reno deslocou-se subitamente do leste para o oeste, projetando-se com força para o outro lado do canal da Mancha. Mas nada comparável ao ódio que antes opunha franceses a alemães. Entre franceses e ingleses, não há ódio propriamente dito, mas há muita, muita rivalidade em todos os planos. E em nenhum deles há algo que oponha, clara e frontalmente, os interesses de uns e de outros. Nesta disputa, uma vez mais, os símbolos contam mais que os fatos.

Para os franceses, os britânicos são muito ambíguos e pouco comprometidos com o fortalecimento da União Europeia. Apesar de histórica e geograficamente muito mais ligados ao continente europeu do que ao resto do mundo, os ingleses têm afinidades políticas e culturais muito maiores com a Austrália, Nova Zelândia, Canadá e Estados Unidos – suas ex-colônias – do que com seus vizinhos da Europa Continental. Nas questões de política internacional, os ingleses alinham-se quase que automaticamente aos Estados Unidos, e, quando europeus e americanos contrapõem-se nos planos militar, comercial etc., a posição dos ingleses costuma ser, na melhor das hipóteses, ambígua, quando não claramente favorável aos americanos. Para os franceses, os ingleses não são um parceiro confiável como são os demais europeus e, sobretudo, os alemães. No entanto – suprema ironia da história –, depois das guerras napoleônicas e da corrida colonial que contrapuseram franceses e ingleses de forma aguda, os ingleses foram, indiscutivelmente, os mais fiéis aliados dos franceses em todos os planos e nos momentos mais delicados pelos quais a Europa passou na primeira metade do século xx. Durante a Primeira Guerra Mundial, o sangue de cidadãos britânicos correu abundantemente em solo francês, defendendo o território da França

124 | Os franceses

do então inimigo alemão. Na Segunda, a Inglaterra não só acolheu o general De Gaulle e seu "governo no exílio" – com suas emissões radiofônicas diárias de Londres para o continente, encorajando os franceses a resistir –, como também enviou soldados seus para, ao lado de soldados americanos, canadenses e franceses, uma vez mais arriscar sua vida para libertar a França da ocupação alemã. Mas, na história da humanidade e na vida das pessoas, as coisas se passam assim mesmo: é mais fácil fazer as pazes com o grande inimigo do que aparar as arestas com aquele que é mais próximo, com quem as diferenças são menores, mas a rivalidade, mais aguda.

A disputa entre franceses e ingleses girou, durante todo o século XIX, em torno da supremacia política, militar e econômica sobre o mundo. Mas, com a emergência dos Estados Unidos como potência hegemônica incontestável após a Segunda Guerra, essa disputa acabou perdendo o sentido, passando, então, a ser em torno da influência cultural que as matrizes anglo-saxônica e francesa exerceriam sobre o mundo.

Um dos campos em que a disputa dos franceses com os ingleses é mais renhida é no plano linguístico. Durante longo tempo, o francês foi a língua das cortes e da diplomacia, e a irreversível perda de espaço para o inglês nas relações internacionais deixa os franceses furiosos. Nessa disputa, os belgas aparecem como traidores, pois não defenderam com o devido vigor a adoção do francês como principal língua de comunicação e negociação no seio da União Europeia, que acabou adotando o inglês. Para os franceses, a adoção da sua língua na União Europeia seria um contraponto mais do que justo ao domínio do inglês no mundo, uma vez que os seus órgãos executivo e legislativo têm sede em cidades francófonas: a Comissão Europeia, em Bruxelas, e o Parlamento Europeu, em Estrasburgo.

Mas o mais curioso é que a revolta dos franceses contra o avanço avassalador da língua inglesa no mundo é dirigida, sobretudo, contra os ingleses, e não contra os americanos, que são, na verdade, os grandes propagadores do idioma no mundo pós-guerra, haja vista o seu indiscutível peso e predomínio nos organismos multilaterais, nas relações econômicas internacionais e na indústria cultural. Esse deslocamento de foco do protagonista para o coadjuvante só pode encontrar explicação na discreta, porém manifesta, admiração que os franceses têm pelos americanos. Parece-me que não seria demasiado arriscado afirmar que os franceses têm seus corações paradoxalmente divididos entre uma discreta americanofilia e uma franca anglofobia.

A atração que os Estados Unidos exercem sobre os franceses vem, entre outras coisas, do apego de franceses e americanos ao valor da igualdade republicana. Os Estados Unidos foram o primeiro grande país a adotar a forma republicana de Estado, sendo a França o segundo. Antes deles, a República era uma forma de organização política exclusiva de pequenos Estados, como Roma e Atenas, na Antiguidade, e Gênova, Genebra e Pisa, no século XVIII. Os Estados Unidos mostraram a todos que a República não só era possível como desejável no mundo moderno. Quando o governo francês presenteou os Estados Unidos com a Estátua da Liberdade em comemoração aos cem anos de independência do país, o fez em reconhecimento ao grande feito americano. Em 1876, a França finalmente se encontrava organizada como República, depois de quase um século de instabilidade política, em que repúblicas, monarquias e impérios se alternaram. Os americanos, em compensação, gozavam há cem anos de um regime republicano estável, que permaneceu inabalável mesmo durante a Guerra da Secessão. A magistral obra de Alexis de Tocqueville, *A democracia na América*, ilustra bem o fascínio que os Estados Unidos exerciam sobre os franceses desde o século XIX.

Mas a recíproca não é verdadeira. Conforme o historiador inglês Theodore Zeldin observou no início dos anos 1980,

> Os americanos, que não têm a desvantagem inglesa de terem sido inimigos tradicionais da França durante séculos, geralmente sentem que têm pouco em comum com o país que um dia os ajudou em sua Guerra de Independência. Raramente são capazes de falar francês. Enquanto os alemães e italianos, por exemplo, demonstram grande interesse, e até mesmo entusiasmo, pelo novo socialismo francês, a maioria dos americanos e ingleses não parecia ter ouvido falar no presidente Mitterrand muitos meses depois de sua eleição e não conseguia pensar em nada a dizer a respeito.[1]

O desinteresse dos americanos pelos franceses se transformaria em rejeição no caso dos ingleses. Ainda segundo Zeldin,

> Os estrangeiros, sem dúvida, amam a França como um lugar, como um belo país, mas, em geral, não gostam dos franceses como um povo. Isso é particularmente verdadeiro para os anglo-saxões. Os ingleses visitam a França mais do que qualquer outro país estrangeiro; mais de um terço deles já foi à França; mas apenas 2% dizem admirar os franceses e pouquíssimos gostariam de viver entre eles. As pesquisas de opinião regularmente provam que os ingleses desconfiam dos franceses quase tanto quanto desconfiam dos russos, e essa desconfiança não está diminuindo. Não que os ingleses não gostem de estrangeiros; pelo contrário, existem outros países que admiramos, e isso apesar de havermos travado guerras contra eles.[2]

O antagonismo entre ingleses e franceses não para por aí e assume múltiplas formas em diferentes contextos. Aos olhos da esquerda francesa, os trabalhistas britânicos seriam demasiadamente liberais e cederiam muito facilmente à lógica do mercado em detrimento da lógica social. Após a resistência inicial às reformas neoliberais promovidas pela ex-primeira ministra, Margaret Thatcher, os trabalhistas ingleses teriam acabado aderindo integralmente aos princípios do ideário neoliberal e pró-globalização da "Dama de Ferro", sob o argumento de estarem criando uma "terceira via" para a esquerda na Europa, alternativa ao comunismo, sepultado em 1990 na Europa Oriental, e ao velho trabalhismo, vigente no país até 1979, quando os conservadores voltaram ao poder. Para manter baixas as taxas de desemprego na Grã-Bretanha, que um dia já foram tão elevadas quanto são na França, os trabalhistas ingleses admitiram sem grande constrangimento a vigência de "relações de trabalho mais flexíveis", que lhes foram legadas pelo governo Thatcher.

Se por um lado parece inegável que a flexibilização da legislação trabalhista na Grã-Bretanha tenha sido exitosa ao reduzir o desemprego no país, por outro parece também inquestionável que ela tenha sido acompanhada da redução da renda e do empobrecimento dos seus trabalhadores. Uma tal concessão "à inglesa" é impensável para a esquerda francesa, não representando, em hipótese alguma, progresso ou modernização. Aquilo que os ingleses chamam de "flexibilização" não passaria de "precarização" do trabalho e renúncia aos direitos sociais adquiridos ao longo do tempo. Por isso, a tentativa do governo francês de instituir, em 2006, o Contrato Primeiro Emprego (CPE) – que seria uma nova modalidade de contrato de trabalho dirigida aos jovens de até 26 anos, que são os mais atingidos pelo desemprego no país, com redução de encargos sociais para os empregadores – foi imediatamente frustrada.

Os estudantes entraram em greve e fizeram enormes mobilizações de rua contra o CPE – como só mesmo os franceses são capazes de fazer –, que, segundo eles, tornaria o trabalho dos jovens precário e criaria diferentes tipos de trabalhadores no interior da França, rompendo com o princípio da isonomia republicana. Diante de tão viva resistência, não houve, então, outro remédio para o governo francês senão retirar o projeto de lei do parlamento, repetindo o mesmo movimento que, 11 anos antes, o então primeiro ministro, Alain Jupé, fora obrigado a fazer. Após uma longa paralisação nos serviços de transportes públicos parisienses – que durou todo o mês de dezembro de 1995, provocando um verdadeiro caos urbano –, seguida de uma monstruosa manifestação de rua, o governo se viu obrigado a retroceder na sua proposta de modificação das regras da previdência social, que previa a redução de alguns benefícios e o aumento do tempo de contribuição para os novos ingressantes no mercado de trabalho.

Nesse mesmo ponto – legislação e proteção sociais –, a visão dos ingleses sobre os franceses é simetricamente oposta. Vistos do outro lado do canal da Mancha, os franceses seriam demasiadamente apegados ao seu sistema de proteção social e resistentes às reformas que se fazem necessárias aos novos tempos. A conceituada revista britânica, *The Economist*, em uma edição do ano de 2006 contendo uma reportagem especial sobre a França, resumiu o desafio frente ao qual os franceses estariam confrontados nas eleições presidenciais do ano seguinte nestes termos: "A questão real não é se a França é reformável, pois a resposta tem de ser sim. É se existe uma madame Thatcher que tenha a coragem de enfrentar interesses poderosos".[3] Para a revista inglesa, os franceses teriam uma única alternativa para sair do marasmo e decadência em que se encontram imersos: seguir o caminho inglês. Essa segurança dos ingleses quanto à superioridade do seu modelo de desenvolvimento econômico e de inserção do país no mundo deixa os franceses furiosos. Para os franceses, o vigor e a exemplaridade da sua cultura e de seu modo de ser estão precisamente no seu inconformismo, na sua capacidade de se indignar e resistir, no confronto acalorado de posições e de ideias de onde surgiria a luz da razão, e não na aceitação e acomodação a fatos consumados. O modelo inglês seria, portanto, quase que incompatível com a própria natureza francesa.

Essa incompatibilidade essencial – e, até certo ponto, oposição de humor e de espírito – é que faz dos ingleses os melhores inimigos dos franceses. Foi precisamente com essa expressão provocativa "Nossos melhores inimigos: os ingleses" que teve início um programa de rádio da France Inter chamado *Café Bazar*, que foi ao ar em abril de 2006. Durante o programa, os convidados no estúdio e os ouvintes em suas residências, tanto franceses quanto ingleses radicados na França, foram instados a debater as relações e visões entre ambos. Os estereótipos e preconceitos mútuos – os mais comezinhos – emergiriam, então, com uma espontaneidade surpreendente. A comunicação e o uso da linguagem, como não poderia deixar de ser, apareceram em primeiríssimo lugar.

A incapacidade demonstrada por muitos ingleses residentes na França de articular uma única frase na língua vernácula é algo inadmissível para os franceses. Esse comportamento revelaria um completo desinteresse dos ingleses pela cultura francesa e seria a demonstração cabal da sua ausência de desejo de se integrar e de interagir com a população local. É verdade que os ingleses, assim como os franceses, têm em geral uma certa dificuldade em falar com desenvoltura uma língua estrangeira, além de prezarem muito sua língua materna e de considerá-la idioma de comunicação internacional.

Nesse ponto, ambos os povos são os opostos de holandeses e escandinavos, que não apenas falam muitíssimo bem outras línguas, como inglês, francês e alemão, como tampouco esperam que um estrangeiro possa falar a sua língua materna. Para os povos do norte da Europa, o recurso a uma língua estrangeira é a forma natural de se comunicar com os estrangeiros. Nenhuma pessoa será hostilizada nas ruas de Amsterdã, Copenhague, Oslo ou Estocolmo se abordar um transeunte em inglês ou francês. Já se um estrangeiro desavisado interpelar um parisiense em inglês, será, na maioria das vezes, solenemente ignorado. Os franceses não admitem que a sua língua possa ser ignorada em sua própria terra nem se sentem minimamente obrigados a falar uma língua estrangeira. Mas se forem abordados com um simples *Pardon, monsieur, je ne parle pas français. Do you speak english?* ("Desculpe senhor, eu não falo francês. O senhor fala inglês?") recorrerão aos seus poucos – ou muitos – conhecimentos de inglês para se comunicar e ajudar o turista estrangeiro.

Na Inglaterra, ocorre o oposto disso. Se um estrangeiro encontrar-se visivelmente perdido e desorientado em uma esquina qualquer, o mais provável é que um transeunte britânico pare e o interpele com um gentil *May I help you?* (Posso ajudá-lo?). Se o auxílio for aceito, o prestativo cidadão britânico fará todo o esforço para esclarecer as suas dúvidas, sempre em inglês, é claro! Mas se, por um acaso, o forasteiro tiver a pretensão de se comunicar com ele em uma língua que não seja a sua, não será ignorado como o seria na França, mas ouvirá como resposta apenas um simpático, mas comunicativamente inútil, *I beg your pardon!* (Como?). Essa fleuma britânica, os franceses definitivamente não têm, e só não saltam no pescoço daqueles ingleses que, vivendo na França, ignoram olimpicamente a língua de Baudelaire e que ainda por cima não estão preocupados com a hostilidade dos franceses, porque o seu grau de civilidade não lhes permite.

Os ingleses, por sua vez, estão tão seguros de que o seu idioma é incontestavelmente a língua internacional dos tempos atuais que não manifestam qualquer reação se um estrangeiro falar bem ou mal inglês. Já os franceses não escondem a sua surpresa quando encontram um estrangeiro que fala bem francês. Embora ainda queiram defender com unhas e dentes o uso da sua língua no plano internacional contra o avassalador avanço do inglês, eles bem sabem que o páreo está inapelavelmente perdido. Por isso, maravilham-se quando se deparam com um estrangeiro que não é falante nativo de francês, mas que se expressa com desenvoltura em sua língua, perguntando, invariavelmente, "Como é que você fala tão bem francês?" (*Comment ça se fait que vous parliez si bien français?*), ou então "Você tem um pouco de sotaque; de onde você vem?" (*Vous avez un petit accent, monsieur/madame, vous êtes de quelle origine?*).

Essa curiosidade, os ingleses não têm. Não lhes ocorre perguntar a nacionalidade do interlocutor estrangeiro com quem têm contatos cotidianos e fortuitos, e se este por acaso falar bem inglês, melhor para ele. Essa diferente relação com a comunicação e com a língua tem muito a ver com a cultura política de cada povo, sobretudo com a noção de espaço público de uns e de outros. Para os franceses, com o seu incomparável apego à igualdade republicana, o espaço público é aquele onde todos se identificam independentemente das diferenças existentes no espaço privado, e essa identificação passa pelo compartilhamento da língua francesa e dos valores da sua República. Já para os ingleses o espaço público é aquele em que os diferentes grupos que compõem a sua sociedade relacionam-se em pé de igualdade sem se sentirem, por isso, iguais. A segmentação social é um fato reconhecido e aceito que se expressa, inclusive, pela maneira de falar. Os ingleses identificam facilmente a origem social dos seus interlocutores pela fala. Até um estrangeiro, pouco familiarizado com a língua inglesa, é capaz de perceber a diferença entre o inglês falado pelas classes populares londrinas (o *cockney*) e o inglês das classes superiores e mais educadas. Os ingleses, então, percebem inclusive as filigranas nos sotaques dos diversos grupos sociais que compõem a sua sociedade. A igualdade entre os cidadãos britânicos é eminentemente abstrata e, diferentemente da igualdade para os franceses, não requer um substrato material e o compartilhamento de uma cultura comum. Os franceses sentem-se verdadeiramente iguais uns aos outros na rua. Já os ingleses se identificam uns com os outros nos clubes.

Assim como nos tempos coloniais, quando os ingleses espalhados mundo afora reuniam-se em seus clubes completamente apartados das populações locais, muitos britânicos que atualmente residem na França ainda fazem o mesmo, o que realimenta nos franceses o estereótipo de que, para formar um clube, basta haver dois ingleses. No Périgord, por exemplo, há até clubes de *cricket*, esporte do qual só mesmo os ingleses e seus descendentes são adeptos. A maioria que lá vive é composta por pessoas aposentadas, que não foram para a França à procura de integração cultural, mas da paisagem, do clima mais ameno, do espaço mais amplo e dos preços mais baixos dos imóveis, comparativamente à Grã-Bretanha. Nos seus clubes e na companhia dos seus conterrâneos, eles se sentem à vontade, falando a sua própria língua e compartilhando os mesmos costumes.

A questão da língua é importante para os ingleses, não só porque a maioria deles é idosa e não se encontra aberta à aquisição de um novo idioma, como também porque a forma de os franceses se utilizarem da língua parece-lhes estranha. Aos olhos dos ingleses, os franceses usam a linguagem não apenas como um meio de comunicação, expressão e troca de ideias, mas como instrumento de sedução do interlocutor. Essa percepção pode ser falsa, mas não deixa de ser reveladora das diferenças no uso da linguagem por um povo e outro. Falar bem inglês significa ser claro, objetivo e, sobretudo, direto ao se utilizar as palavras e exprimir as ideias. Falar bem francês, por outro lado, implica o recurso a digressões e ponderações diversas, que compõem um discurso certamente coerente, racional e cartesiano, mas que não é direto. A elegância do discurso em inglês encontra-se na formulação de uma tese facilmente compreensível em poucas palavras; a elegância do discurso em francês, em compensação, reside na discussão das diferentes teses sobre um mesmo tema. Essa diferença fundamental na forma de se comunicar talvez esteja na origem de tanta dificuldade de entendimento entre uns e outros.

130 | Os franceses

A essas diferenças de fundo agregam-se outras mais à superfície que, embora menos importantes, fazem tanto ou mais espuma. Para os ingleses, os franceses são péssimos motoristas, o que seguramente é uma percepção um tanto deformada da realidade. É provavelmente a comparação do calmo e ordenado trânsito de Londres com a caótica circulação de veículos nas ruas de Paris – só superada, na Europa, pela completa desorganização do trânsito de Roma – que leva os ingleses à conclusão de que os franceses dirigem mal. De fato, os franceses correm muito, raramente respeitam o limite de 130 km/h nas autoestradas e não costumam manter a distância recomendável entre um carro e outro quando se anda em alta velocidade. Contrariamente aos ingleses, que não bebem uma gota de álcool se tiverem de dirigir, os franceses não hesitam em pegar o volante depois de uma refeição regada a vinho, que lhes é tão presente e necessário à mesa quanto a água. Franceses andam em zigue-zague, trocando de pista para avançar mais rápido, e facilmente se irritam com outro motorista menos destro ou menos apressado. Enfim, a latinidade dos franceses revela-se com toda a força no trânsito, o que leva os anglo-saxões a confundir irreverência às regras de trânsito com imperícia dos condutores, que são coisas bem distintas.

Na infinita competição entre franceses e ingleses, a egiptologia emerge como um campo de batalha mais elevado, onde a disputa ganha densidade intelectual só apreensível pelos mais cultos e informados sem, no entanto, perder a intensidade característica do confronto popular. Ingleses e franceses disputam ferrenhamente o troféu pela decifração dos hieróglifos egípcios, que durante séculos ocupou estudiosos e arqueólogos de todo o mundo. Para os ingleses, foi o seu conterrâneo Thomas Young que deu a contribuição decisiva ao traduzir do demótico, em 1814, o texto inscrito na pedra da Roseta, abrindo, assim, o caminho para que o francês Jean-François Champollion completasse o seu trabalho, em 1822. Para os franceses, a contribuição do cientista inglês não teve essa importância toda. Algumas das traduções de Young se revelaram posteriormente equivocadas, razão pela qual os louros pela decifração definitiva dos hieróglifos caberiam, exclusivamente, a Champollion, que nada teria a compartilhar com Young. A julgar pela reação das autoridades egípcias, os franceses estão com a razão.

Em reconhecimento à contribuição de Champollion, o vice-rei do Egito ofereceu a Luiz Felipe, rei dos franceses, em 1831, um dos dois obeliscos erigidos na entrada do templo de Luxor. O obelisco doado encontra-se hoje devidamente restaurado, com suas inscrições destacadas em ouro, no centro da Place de la Concorde, em Paris. Já o governo britânico nada recebeu dos egípcios pela contribuição de Young. No entanto, os guias turísticos sobre o Egito editados na Inglaterra dão mais destaque à contribuição de Young do que a de Champollion, assim como a enciclopédia eletrônica *Wikipedia*

Base do obelisco que se encontra no centro da Place de la Concorde, em Paris, doada à França como gratidão do rei do Egito a Champollion, que decifrou os hieróglifos, e retirada da frente do templo de Luxor, onde hoje se encontra apenas um obelisco ao invés de dois.

pőe em relevo a contribuição de Young na sua versão em inglês, enquanto na versão em francês só se encontram referências a Champollion. Como cada um puxa a brasa para a sua sardinha, a verdade acaba sendo a primeira vítima como em toda guerra; seja ela de bombas e obuses ou de palavras e ideias.

Deixando a rivalidade erudita para os egiptólogos ingleses e franceses e retornando ao plano rasteiro das pequenas disputas cotidianas, o asseio e as boas maneiras de uns e outros vêm à tona. Os ingleses julgam os vizinhos franceses meio sujos, opinião que também é compartilhada pelos suíços, campeões de assepsia de toda Europa. A noção de higiene e sujeira é bastante elástica e sempre relativa. Para os ingleses, por exemplo, os processos de fabricação de queijo na França não são lá muito higiênicos, dada a utilização de leite cru e de certos fungos em alguns casos. Para os franceses, limitar a fabricação de queijos ao uso de leite pasteurizado, como certa vez propuseram os britânicos na Comissão Europeia, equivaleria a acabar com a própria cultura tradicional de fabricação do produto no país, além de implicar a eliminação do mercado de muitos dos seus mais reputados queijos, como o *roquefort* e o *camembert*. Para os ingleses, o cheiro forte de alguns ingredientes muito utilizados na culinária francesa, como o alho, causa-lhes certa repulsa, o que torna os franceses, aos seus olhos, motivo de chacota. Apesar de o alho ter uma série de propriedades benéficas à saúde e ser comumente utilizado por todos os povos da bacia do Mediterrâneo, certo é que o seu cheiro não é lá dos mais agradáveis, sobretudo quando exalado pelo hálito e pela transpiração. Esse odor desagradável é diretamente associado pelos ingleses aos franceses.

Durante a construção do túnel sob o canal da Mancha, no início dos anos 1990, quando ingleses e franceses iniciaram as obras ao mesmo tempo, cada qual do seu lado em direção ao país vizinho e, como não poderia deixar de ser, engajados na competição de quem terminaria a perfuração do seu túnel em primeiro lugar, a associação dos franceses ao cheiro de alho teve a oportunidade de ser atualizada pelos ingleses. À manifestação orgulhosa dos franceses de terem vencido a disputa os ingleses respondiam com desdém: "Nós sabemos que vocês já terminaram de cavar o seu túnel; o cheiro de alho já está chegando à Inglaterra...".

Por ocasião da Copa do Mundo de 2006, na Alemanha, a rivalidade anglo-francesa voltou à tona, realimentando os mesmos preconceitos em torno dos velhos temas. Em uma edição do mês de maio, o tabloide britânico *Daily Telegraph*, ao comentar a iniciativa da municipalidade alemã de Holzminden de representar os países competidores na Copa pelos seus cheiros característicos, não perdeu a oportunidade de atacar os seus velhos desafetos franceses. Considerando "natural" que o cheiro associado aos poloneses fosse o da vodca, e aos argentinos, o da carne bovina, e estranhando a escolha do chocolate mentolado *After Eight* como cheiro característico dos ingleses, o jornal investiu pesado e maldosamente contra os seus melhores inimigos: "Os franceses gostariam de crer que o seu cheiro é o do perfume Chanel nº 5, mas todos nós sabemos que o cheiro de alho e de gitanes velhos (cigarro de fumo negro, odor forte e muito popular na França) é muito mais representativo deles".[4]

Apesar dessas picuinhas, existem alguns pontos em torno dos quais não há qualquer rivalidade entre franceses e ingleses, mas convergência de percepções, para o bem e para o mal. Por exemplo, os ingleses, de um modo geral, apreciam a culinária francesa, rica nos ingredientes utilizados e refinada na sua combinação, na mesma medida em que os franceses deploram a culinária inglesa, demasiadamente pobre e pouco inventiva, com seus legumes cozidos sem sal e suas carnes exageradamente assadas ou – pior ainda – preparadas em forno de micro-ondas. Alguns ingleses, sobretudo os mais cosmopolitas e viajados, estão de acordo com a opinião dos franceses e fazem troça dos seus parcos dotes culinários, dizendo jocosamente: "Hoje comemos à inglesa, isto é, mal". Embora os ingleses achem os franceses em geral grosseiros no trato – opinião, aliás, compartilhada por muitos outros povos –, eles os consideram, apesar disso, elegantes e chiques. Esse é, sem dúvida, um estereótipo positivo que também é compartilhado por muitos outros povos em virtude da posição de destaque que ocupam a França e os franceses no mundo da moda e na fabricação de perfumes.

Mas os franceses e francesas, em geral, não são tão ligados na moda como se imagina nem usam perfume com tanta frequência assim. No entanto, ao se comparar as inglesas às francesas em especial, não resta dúvida de que estas têm um cuidado maior com a sua aparência do que as britânicas. As francesas são, em geral, mais magras, vestem-se com maior cuidado e esmero e, sobretudo, não pintam os cabelos de cinza ao surgimento dos primeiros fios brancos – como costumam fazer as inglesas, o que lhes dá um ar precoce de senhoras, ainda que recentemente adentradas nos seus 30 anos. Esses cuidados tornam, sem dúvida, as francesas mais sensuais e atraentes que as britânicas, e os ingleses, racionais e objetivos que são, não deixam de admitir e admirar essa diferença. Mas a mesma objetividade e discernimento em relação aos seus vizinhos os franceses não têm.

A proverbial polidez britânica é raramente reconhecida e valorizada de maneira positiva pelos franceses, que geralmente a interpretam como sinal de esnobismo. Quem já conviveu um pouco com os ingleses dificilmente diria que eles, de maneira geral, são esnobes e muito menos arrogantes. Todos os códigos de civilidade comuns às sociedades ocidentais são rigorosamente observados pelos ingleses nos seus contatos públicos e cotidianos: raramente elevam o tom da voz – a não ser quando o seu interlocutor, normalmente um estrangeiro, não entende o que eles dizem, quando então falam mais alto na expectativa de que o outro não o tivesse compreendido por deficiência auditiva – não costumam ter discussões em público; fazem pouquíssimo uso da buzina dos carros; não costumam se xingar mutuamente; normalmente ouvem qualquer pergunta com atenção – por mais descabida que seja – e a respondem com um discreto e simpático sorriso nos lábios. Esse comportamento é antinômico ao dos franceses, que são briguentos, coléricos, irritadiços e mal-humorados, e o autocontrole dos ingleses é por eles visto como manifestação de sua soberba e sentimento de superioridade. Até pode ser que os franceses tenham um pouco de razão, embora nada seja mais questionável que essa opinião. Ou quem sabe esteja certo mesmo um amigo meu, que morou em Londres em meados dos anos 1990, para quem os ingleses sentem-se tão seguros da sua superioridade cultural em relação aos demais povos que sequer têm a tentação de deixar transparecer esse sentimento como fazem, por exemplo, os franceses, alemães, italianos, espanhóis, portugueses, argentinos e brasileiros, além de tantos outros povos mundo afora em todos os continentes.

As rivalidades entre franceses e ingleses são um prato cheio e tema inesgotável para quem quer se debruçar sobre as relações interculturais entre os povos. A não ser que franceses e ingleses consigam resolver as suas seculares diferenças nos próximos anos – como os franceses e alemães surpreendentemente conseguiram, o que parece pouco provável –, eles ainda continuarão sendo, por longo tempo, os melhores inimigos uns dos outros. Mas isso não é grave, pois nada de realmente sério os opõe. Além disso, as relações intergrupais, tanto no plano internacional como internamente a cada nação, são extremamente dinâmicas no mundo contemporâneo, a ponto de os piores inimigos de ontem – os alemães – terem se tornado os seus melhores parceiros de hoje. Nessa dinâmica, velhas rivalidades desaparecem, algumas se transmutam, ganhando diferentes conteúdos, e novas oposições surgem. Certo é que, em qualquer tempo, o outro é sempre um problema a ser enfrentado, digerido, resolvido ou combatido, ainda que o outro não seja sempre o mesmo. Como escreveu Sartre: "o inferno são os outros" (*L'enfer, c'est les autres*).

O OUTRO ONTEM E HOJE

O outro que incomoda pode ser o vizinho do país do lado ou aquele que vive em uma terra distante. Pode também ser aquele que se encontra no andar de cima ou o no andar de baixo da escala social. Pode ainda ser uma minoria regional, étnica ou religiosa dentro da sociedade. O outro, às vezes, é aquele que é muito diferente; outras vezes, é aquele que é mais parecido. As origens dos estereótipos e preconceitos são também as mais diversas. Podem ser a inveja, o desprezo, o medo e tantos outros sentimentos vis e inconfessáveis. Não há, portanto, uma regra clara que conduza e torne facilmente compreensível o jogo de atração e oposição entre os indivíduos e grupos ao longo do tempo, na França ou em qualquer lugar do mundo.

Nos anos 1920 e 1930, o outro era o judeu, "rico e avarento", que estaria pilhando a riqueza dos franceses, tal como na Alemanha, Polônia e Rússia. Apesar de a Revolução de 1789 ter reconhecido plena cidadania aos judeus franceses e estendido esse reconhecimento a todos os judeus dos países por onde passaram as tropas de Napoleão – o que logo fez da França destino de migração de muitos judeus oriundos da Europa Oriental durante todo o século –, o antissemitismo criou raízes na sociedade francesa. No final do século XIX e início do XX, o caso Dreyfus mostrou o quanto o sentimento antissemita estava disseminado entre os franceses de todos os estratos sociais (explico detalhadamente o caso no capítulo "A política"). O antissemitismo larvar dos franceses foi um dos ingredientes que sustentou, silenciosa e vergonhosamente, o regime colaboracionista do marechal Pétain com a Alemanha nazista durante a Segunda Guerra, contribuindo ativamente para a deportação de muitos judeus franceses para os campos de concentração do leste da Europa. Terminada a guerra, produziu-se uma sensível mudança no perfil da população judaica da França. Se antes a maioria deles era *asquenazita*, oriunda de países europeus de maioria cristã, atualmente a grande parte é *sefardita*, vinda, sobretudo, das ex-colônias francesas da África do Norte, onde a população é majoritariamente muçulmana. No Marais, tradicional bairro judeu de Paris, encontram-se hoje muito mais restaurantes judaicos onde a comida servida lembra mais a culinária árabe do que a ídiche. A primeira é típica dos judeus europeus e que segue sendo mais facilmente encontrada nas cidades do Novo Mundo, como Nova York, Buenos Aires e São Paulo. Mas, apesar de todas as mudanças, o antissemitismo segue vivo na França e as suas manifestações são recorrentes desde a profanação do cemitério judaico em Carpentras, no sul do país, em 1990, até o recente sequestro, em janeiro de 2006, de um jovem judeu que trabalhava em uma loja de telefonia em Paris, que acabou morrendo em decorrência das brutais torturas de que foi vítima durante o cativeiro. O grupo de sequestradores, autodenominado "gangue dos bárbaros", comandado por um rapaz natural da Costa do Marfim, tinha certeza de que receberia o regaste demandado, pois, mesmo sendo o rapaz sequestrado oriundo de uma família sem posses, ele era judeu, e, segundo eles, "uma comunidade solidária, como a judaica, pagaria".

Menos antigo que o preconceito em relação aos judeus, mas atualmente bem mais forte e fator de divisão entre opiniões na sociedade francesa, figura a questão dos árabes e muçulmanos. Nos anos dourados de contínua expansão econômica do pós-guerra, entre 1950 e 1980, o preconceito em relação aos árabes foi bastante mitigado, mais alimentado pelo desprezo do que pelo medo. Naquela época, falava-se do "trabalhador árabe", ou magrebino, que tanto podia ser um "operário argelino" quanto um "mineiro marroquino". Ambos iam para a França comer o pão dos franceses. Hoje a situação em relação a eles é bem mais grave, e ao desprezo se associou o medo e a rejeição aberta. *Sale arabe* (árabe sujo) ocupou o lugar do antigo xingamento *sale juif* (judeu sujo).

Mais recentemente, com a entrada da Espanha e de Portugal na Comunidade Econômica Europeia durante a segunda metade dos anos 1980, emergiu então no imaginário francês as figuras do "pedreiro português" e da "enfermeira espanhola" que iriam tomar o mercado de trabalho do país, deixando sem empregos os franceses que trabalhavam nesses setores da economia. O fantasma do desemprego já rondava a França e a perspectiva da entrada de novos trabalhadores no então bastante restrito mercado de trabalho do país assustava os franceses. O desemprego que, a partir de então, se estabilizou em torno de 10% da população economicamente ativa, associado à estagnação econômica do país, deu força para o surgimento e fortalecimento do discurso xenófobo de extrema-direita de Jean-Marie Le Pen, líder e candidato da Frente Nacional.

A bandeira empunhada da "preferência nacional", que significa a reserva dos postos de trabalho, preferencialmente, para os franceses, vem ganhando crescente número de adeptos no eleitorado do país desde então. No entanto, a entrada de portugueses, espanhóis e gregos na Comunidade Econômica Europeia (CEE) – que elevou o número de países integrantes do acordo de nove para doze – acabou sendo bem digerida pelos franceses ao longo dos anos, pois os três novos membros da CEE acabaram recebendo o devido auxílio técnico e financeiro que os ajudou a se equipararem aos demais países do bloco, diminuindo, assim, o risco de os países mais ricos verem o seu mercado de trabalho invadido pelos trabalhadores dos países mais pobres. Mas o mesmo não pode ser dito em relação aos novos países membros da União Europeia, a maior parte deles países ex-comunistas da Europa Central e Oriental, que fizeram o número total de membros do bloco passar a 25.

A transformação da Comunidade Econômica Europeia em União Europeia viabilizada pelo Acordo de Maastricht assinado em 1992, que entre outras coisas facilitou a entrada de novos países no bloco, deu novo combustível à xenofobia dos franceses. A ratificação desse acordo por referendo na França naquele mesmo ano foi bastante difícil. Apenas 51% dos eleitores franceses que foram às urnas aprovaram-no, após uma campanha eleitoral em que a extrema-direita e a esquerda comunista fizeram

Cartazes favoráveis e contrários afixados nas ruas da França durante a campanha para o referendo sobre a Constituição europeia, em 2005.

138 | Os franceses

forte oposição. Para a direita, a possibilidade de cidadãos de outros países membros da União Europeia poderem votar nas eleições municipais em quaisquer das cidades do bloco em que estivessem morando há mais de dez anos representava um risco de desnacionalização inadmissível da política do país. Para os comunistas, a União Europeia traria risco e insegurança para os trabalhadores do país, com a decorrente redução dos seus direitos sociais. Mas a elevação do tom xenófobo e antieuropeu ainda estava por vir. Em 2005, quando da campanha para referendar a Constituição europeia na França, a questão reapareceu com toda a força, seduzindo a maior parte do eleitorado, que acabou rejeitando-a seja por achá-la excessivamente liberal e pró-mercado, como sustentavam os comunistas, ou por considerá-la um atentado contra a independência nacional, como afirmava a extrema-direita.

Na campanha para o referendo da Constituição europeia, emergiu uma nova figura mítica, que acabou polarizando o debate e ensejando acusações mútuas de manipulação entre os partidários do "Sim" e do "Não". Depois do "judeu rico e avarento", do "operário argelino", do "mineiro marroquino", do "pedreiro português" e da "enfermeira espanhola", chegou a vez do "encanador polonês." Essa criatura imaginária, que tanto estimulou a imaginação dos franceses durante a campanha eleitoral, surgiu da seguinte forma no discurso de um dos opositores de direita, Philippe de Villiers, à aprovação da Constituição-objeto do referendo:

<table>
<tr>
<td>

Essa questão é muito grave, pois a diretiva Bolkestein [nome dado à cláusula que previa a modificação na legislação que regula o mercado de serviços nos países da União Europeia] permite a um encanador polonês, ou a um arquiteto estoniano, propor os seus serviços na França com o salário e segundo as normas de proteção social de seu país de origem. No total de onze milhões de pessoas no mercado de serviços [na França], um milhão de empregos encontram-se ameaçados por essa diretiva. Trata-se do desmantelamento do nosso modelo econômico e social.

</td>
<td>

Cette affaire est très grave, car la directive Bolkestein permet à un plombier polonais ou à un architecte estonien de proposer ses services en France, au salaire et avec les règles de protection sociale de leur pays d'origine. Sur les 11 millions de personnes actives dans les services, un million d'emplois sont menacés par cette directive. Il s'agit d'un démantèlement de notre modèle économique et social.

</td>
</tr>
</table>

A diferença entre o mito do encanador polonês e os demais que o antecederam é que um é inteiramente hipotético e os outros têm alguma base na realidade. Operários argelinos, mineiros marroquinos, pedreiros portugueses e enfermeiras espanholas, os franceses conheceram muitos, de carne e osso, mas encanadores poloneses não. O escritor francês Nan Aurousseau, em entrevista à radio France Inter durante o primeiro semestre de 2006, declarou não lembrar ter conhecido qualquer encanador polonês durante os anos em que trabalhou como operário da construção civil e encanador na França. Portanto, tudo indica que o encanador polonês nada mais era que fruto da fértil imaginação de Philippe de Villiers, que acabou encontrando grande acolhida no imaginário, não menos fértil, dos franceses, tanto da esquerda quanto da direita. Mas, dada a artificialidade da figura do encanador polonês, o próprio governo da Polônia, que, inicialmente, se mostrou ofendido pela declaração de Villiers, acabou adotando o personagem como símbolo da publicidade da empresa nacional de turismo da Polônia dirigida à França. Um cartaz com uma foto de um belo e sedutor jovem modelo polonês, vestido e caracterizado como encanador, trazia escrito: "Eu fico na Polônia. Venham em grande número". E, como tudo não passava de pura histeria eleitoral, os franceses – e francesas, sobretudo – aceitaram o convite e visitaram a Polônia como nunca antes. Às vezes, mas não sempre, os preconceitos conseguem se transformar em estereótipos positivos. Sem encanadores poloneses na França, a Polônia recebeu muitos euros graças aos franceses e francesas que lá foram à sua procura.

A formação de uma identidade europeia é ainda mais um desejo nutrido pelos eurocratas e funcionários das instituições europeias do que um sentimento reconhecido e compartilhado pelos povos dos diferentes países. No entanto, também é verdade que, após a Segunda Guerra Mundial, os povos da Europa Ocidental aproximaram-se de uma forma jamais vista na história, e, após a queda do muro de Berlim e o fim do Pacto de Varsóvia, os países da Europa Central e Oriental – até então isolados do bloco ocidental – passaram também a se aproximar dos demais europeus, a integrar à Organização do Tratado do Atlântico Norte (Otan) e a se candidatar a novos integrantes da União Europeia. Mas as identidades nacionais são ainda muito fortes e arraigadas e certamente sobreviverão, mesmo que nas próximas décadas as relações de interdependência entre os países do bloco estreitem-se e que o projeto de unificação europeia, nos planos econômico, político e militar, venha a ser um sucesso absoluto. Não seria a pluralidade de línguas no seio da Europa que representaria um empecilho ao desenvolvimento de uma identidade europeia, pois os suíços falam quatro línguas diferentes e, mesmo assim, possuem uma identidade bastante forte.

O mais fundamental na formação e manutenção de uma identidade coletiva é a existência de uma forma comum de viver a vida. Vistos pelos povos do outro lado do oceano Atlântico, ou pelos do outro lado do mar Mediterrâneo, os europeus têm,

140 | Os franceses

sim, uma série de hábitos comuns na sua forma de viver a vida. Mas, vistos por eles mesmos, as diferenças entre ingleses, alemães, franceses e poloneses são mais marcantes que as semelhanças. Se não se pode falar de uma forma europeia de viver, pode-se, entretanto, muito bem falar de uma forma francesa de viver, que faz com que eles se pareçam entre si e diferenciem-se dos demais europeus. É precisamente essa forma de viver à francesa que será o objeto dos capítulos da segunda parte deste livro.

Notas

[1] Theodore Zeldin, Os francese, Rio de Janeiro, Record, 2000, p. 13.

[2] Idem.

[3] "The real issue is not weather France is reformable – for the answer must be yes. It is weather there is a Madame Thatcher who has the courage to take on vested interests." (*The Economist*, 28.10.2006, p. 16).

[4] "The German town of Holzminden has created 'smelling posts' to represent every nation competing in the World Cup. It is reasonable that Poland should smell of vodka and Argentina of steak, but the selection of After Eight mints as the representative pong of England is eccentric. The French may like to think Chanel n. 5 is their scent, but we all know that garlic and stale Gitanes are much more representative." (*Daily Telegraph, 20.05.2006*).

VIVER À FRANCESA

COTIDIANO E COMPORTAMENTO SOCIAL

O que mais caracteriza um povo, distinguindo-o dos demais, é o seu modo de vida cotidiana. Os grandes feitos individuais e coletivos, os seus heróis e mártires, suas guerras e as revoluções de toda a espécie ocupam o importante papel de marcos simbólicos a partir dos quais os indivíduos se identificam com a sua coletividade. Os feitos e fatos do passado comum ajudam cada um a explicar a sua situação presente e a projetar-se para o futuro, individual ou coletivamente, além de criar e consolidar uma imagem coletiva para consumo externo. Mas ajudam pouco a compreender a dinâmica de uma sociedade. Foi precisamente em função dessa limitação que um grupo de historiadores franceses lançou-se na investigação da história da vida privada, tendo como foco o dia a dia das pessoas comuns.[1] Afinal, a herança cultural de cada povo não lhe foi legada apenas por reis e generais, santos e profetas, libertadores e tiranos, filósofos e poetas, mas também por centenas de milhares de pessoas que, ao longo do tempo, compartilharam certos hábitos, costumes, crenças e valores, que foram muito lentamente se modificando sem marcos temporais precisos.

A vida cotidiana dos franceses contemporâneos resulta dessa complexa matriz multivariada, que se modifica também no espaço. O dia a dia dos parisienses não é exatamente o mesmo dos marselheses, assim como não é o dos romanos e milaneses, e o de paulistanos e cariocas. Cada cidade tem seus hábitos e costumes próprios e, ao se tentar extrair um denominador comum de várias delas para representar a vida cotidiana em um país, corre-se o risco de acabar construindo uma figura tão simplificada e esquemática que, no fim das contas, não serve para representar ninguém. Afinal, o cotidiano não é feito e compreensível a partir de linhas gerais, mas de detalhes e de particularidades. Em virtude dessas limitações insuperáveis, a descrição etnográfica das próximas páginas se limitará à vida do parisiense, não permitindo qualquer generalização para o conjunto dos franceses sem a devida explicitação. No entanto, isso não é grave, pois, se não se pode resumir a vida dos franceses à vivida pelos parisienses, pode-se, entretanto, dizer que a vida em Paris, capital e cidade mais

146 | Os franceses

populosa da França onde vivem franceses oriundos de todas as regiões do país, além de milhares de estrangeiros e seus descendentes, sintetiza mais do que em qualquer outra cidade do hexágono a vida urbana e cosmopolita dos franceses.

DIA A DIA EM PARIS

Na glamourosa Paris do final do século XIX, para onde afluíam os artistas de toda Europa, *Cidade Luz* da *belle époque* feericamente iluminada pelos lampiões a gás ou pelas primeiras lâmpadas elétricas utilizadas na iluminação pública, com suas ruas cheias de transeuntes, por onde também começavam a circular bondes movidos a motor, e não mais por tração animal, a vida doméstica cotidiana carecia ainda de muitos dos confortos hoje considerados essenciais. Os progressos tecnológicos da sociedade industrial, da qual a França e os franceses indubitavelmente faziam parte, não haviam ainda se disseminado no cotidiano das pessoas, nem das mais ricas, muito menos das mais pobres. Segundo nos relata o historiador americano, Eugen Weber, no seu célebre e polêmico livro *França fin-de-siècle*, no fim do século XIX, "a maioria das habitações [na França] era malconstruída, e o vento passava por tudo, sob portas e janelas mal-ajustadas. Nem todas possuíam sequer velas, quanto mais lâmpadas. Para os pobres, a lareira era frequentemente a única fonte de calor e luz. Até os ricos tinham pouco aquecimento".[2]

Em Paris, a situação já era bem melhor em função das grandes reformas urbanas realizadas pelo barão Haussmann, que foi nomeado por Napoleão III como prefeito do departamento do Sena – responsável pela região administrativa que englobava, então, a cidade de Paris, ocupando o cargo de 1853 a 1870. Mas, mesmo assim, as condições gerais de vida ainda eram muito precárias. Até a metade do século XIX, Paris manteve o aspecto e a estrutura de uma cidade medieval, com ruas estreitas de traçado irregular e sem sistema de saneamento. Ao indicar Haussmann como prefeito de Paris, o imperador Napoleão III queria transformá-la em uma capital grandiosa, à altura do seu poder e condizente com uma França que prosperava e industrializava-se rapidamente após ter passado décadas sendo sacudida por revoluções. A reforma da cidade tinha por objetivo criar um novo espaço urbano, onde as condições de vida da população fossem mais salutares, com ruas mais largas, o que permitiria uma maior distância entre os prédios e melhor aeração das residências, com áreas verdes para uso coletivo e acesso à água e coleta de esgoto. Isso tudo ajudaria a evitar a ocorrência de uma nova epidemia de cólera, como a de 1832.

Além disso, em uma cidade onde houvesse grandes vias de circulação com um traçado mais racional, rebeliões como as de 1830 e 1848 poderiam ser mais

Cotidiano e comportamento social | 147

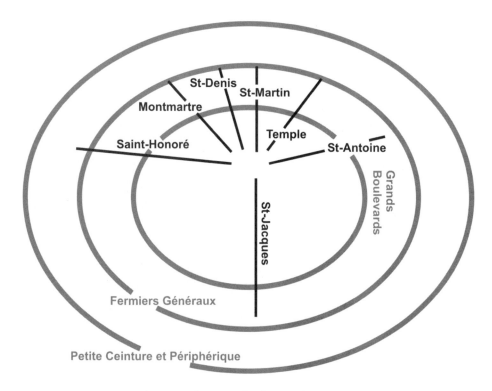

A rede viária de Paris obedece a dois princípios:
os grandes bulevares radiais e os eixos concêntricos.

facilmente reprimidas e controladas, uma vez que os revoltosos não poderiam mais ficar entrincheirados em becos como antes, pois as forças da ordem poderiam mais facilmente deslocar-se e ter rápido acesso a qualquer parte da cidade.

Durante os quase vinte anos de administração de Haussmann em Paris, a cidade foi rasgada por grandes e largas avenidas e bulevares, traçados em linhas retas e concêntricas. Diferentemente de Madri, Buenos Aires e Nova York, onde as vias se cruzam em um ângulo de noventa graus, fazendo com que essas cidades, vistas do alto, pareçam com um tabuleiro de xadrez, a Paris redesenhada por Haussmann não tem sequer uma única rua perfeitamente paralela ou perpendicular a outra. É que o traçado urbano de Paris não foi inspirado pela matemática, com vias dispostas em abscissas e coordenadas, como em um gráfico, mas pela física. Os grandes eixos de circulação da cidade obedecem à lógica da propagação da luz, que tendo origem em uma estrela lança os seus raios em linhas retas e centrífugas ao infinito, os quais

O novo traçado da cidade, projetado sob a administração de Haussmann, aparece claramente nesse quadro de Gustave Caillebotte, de 1877, representando a Place de l'Europe em um dia de chuva.

acabarão por se cruzar com os raios de outras estrelas em ângulos sempre variáveis. Vista do alto, a cidade lembra uma carta celeste em que se encontram desenhados os raios intercruzados de uma miríade de estrelas. Precisamente por isso é que o mais famoso dos cruzamentos de avenidas de Paris, no centro do qual se encontra o Arco do Triunfo, chama-se "praça da estrela" (*Place de l'Étoile*).

Haussmann inseriu na cidade diversos parques e jardins para que a população pudesse neles passear e melhor respirar. No sul da capital, em frente ao enorme terreno que atualmente abriga a cidade universitária internacional onde se encontram as casas de estudantes dos diversos países, foi criado o Parc Montsouris. Na região central da cidade, bem próximo ao prédio da Sorbonne, Haussmann mandou construir o Jardim de Luxemburgo, e, mais ao norte, sobre uma elevação natural, foi criado o Parc des Buttes Chaumont. A oeste, já fora da Paris *intramuros* e sempre sob as ordens de Napoleão III, foram destruídas as muralhas que então cercavam o mal-afamado Bois de Boulogne, e o bosque foi então integrado à região urbana e adaptado para o uso público. A leste, como contraponto ao Bois de Boulogne, o que outrora fora um terreno de caça exclusivo dos reis de França foi transformado no Bois de Vincennes, também entregue ao público.

No entanto, a intervenção de Haussmann no espaço urbano de Paris não se limitou à abertura de avenidas e bulevares e à criação de parques e jardins. Além das obras públicas, uma legislação regulando as construções privadas, com normas bastante restritas, determinando não só a altura dos prédios, mas também o seu estilo arquitetônico, foi imposta e devidamente observada ao longo dos anos. As notáveis harmonia e homogeneidade urbanísticas e arquitetônicas da Paris contemporânea, reconhecidas e admiradas até pelos mais empedernidos francófobos, devem-se à determinação e tenacidade com que Napoleão III sustentou os projetos do barão Haussmann que, sendo de acordo com o racionalismo tão ao gosto dos franceses, sobreviveu ao fim do Segundo Império e manteve-se durante a Terceira República.

A maior parte da Paris *intramuros* contemporânea foi construída estritamente de acordo com o plano do barão Haussmann durante as últimas décadas do século XIX e primeiras do século XX, e os seus habitantes são tributários dessa herança. Aquilo que há um século foi construído segundo os padrões mais modernos e avançados da época, hoje apresenta uma série de limites para a sua adaptação às tecnologias disponíveis e às necessidades contemporâneas. Por exemplo, no tempo de Haussmann não havia elevadores, o que impunha um limite à altura dos edifícios, uma vez que as pessoas seriam obrigadas a acessar os andares superiores por escada. O acesso à água encanada também era limitado, pois, não havendo motores para o seu bombeamento, era o princípio dos canais comunicantes e a lei da gravidade que garantiam a sua distribuição.

A maioria dos prédios de Paris tem entre seis e sete andares e segue um mesmo padrão. No andar térreo ficam os apartamentos de menor valor nos edifícios estritamente residenciais, ou lojas e pequenos estabelecimentos comerciais em ruas e avenidas de maior circulação, além do apartamento do zelador, normalmente voltado para o pátio interno, no fundo do imóvel. No primeiro andar situam-se apartamentos mais modestos, com pé direito relativamente baixo, sem balcões ou sacadas e espremidos entre o térreo e o segundo andar. Embora a apenas um lance de escadas do nível da rua, os apartamentos do primeiro andar não eram muito valorizados no final do século XIX por receberem pouca luz e estarem demasiadamente próximos da rua por onde circulavam carros de tração animal, que deixavam pelo caminho seus excrementos e odores. Já o segundo andar abrigava os apartamentos mais nobres dos edifícios parisienses, com um pé direito bem mais alto que os demais andares, ornados

150 | Os franceses

com balcões, portas e janelas mais cuidadosamente trabalhados. A vantagem de morar no segundo andar era que, a apenas dois lances de escadas do nível da rua, vivia-se em um espaço mais arejado e iluminado, onde o acesso à água encanada era garantido. A partir do terceiro andar, as condições de vida já não eram mais tão confortáveis. O quinto andar, por uma razão puramente estética, é normalmente ornado por pequenas sacadas de ferro fundido. Os apartamentos do sexto andar já têm o seu espaço interno sensivelmente reduzido pela inclinação do telhado, coberto por folhas de zinco ou por telhas de ardósia, de onde avançam mansardas que lhes dão ar e luz. Já no sétimo andar situam-se os minúsculos quartos de empregada, iluminados e arejados apenas por uma claraboia, onde dormiam as serviçais que trabalhavam como empregadas domésticas das famílias residentes nos andares mais nobres. Essa distribuição das classes sociais pelos diferentes andares dos prédios parisienses manteve-se até a Segunda Guerra Mundial, sendo depois subvertida. Atualmente, os andares mais altos, inclusive os quartos de empregada, não abrigam mais os mais pobres, mas os mais jovens, que têm condições de vencer diariamente os vários lances de escada. Já nos andares mais baixos não vivem atualmente os mais ricos, mas os mais velhos, que não têm condições físicas de subir mais do que um ou dois lances de escada. A estratificação social e econômica nos edifícios parisienses acabou sendo substituída, um século mais tarde, por uma estratificação eminentemente etária.

No tempo de Haussmann, a água era um bem bastante escasso. Nem todos os andares dos prédios eram servidos por água encanada, que normalmente só chegava ao segundo pavimento, onde viviam os mais ricos. E, quando era possível levar a água até o último andar, os construtores punham uma pequena placa de metal na fachada dos imóveis, que ainda hoje se vê em muitos deles, anunciando o conforto daquelas moradias: "água e gás em todos os andares" (*eau et gaz à tous les étages*). Mas esse conforto orgulhosamente anunciado não queria dizer que a água fosse abundante e disponível em vários cômodos da residência. O anúncio descrevia rigorosamente o acesso dos moradores à água no seu andar, em geral uma única torneira por pavimento, o que já representava um conforto bárbaro se comparado à maior parte das residências, cujos moradores tinham de descer à rua para buscar água nas fontes públicas ou recorrer aos serviços dos entregadores do precioso líquido a domicílio. Nesse quadro de escassez, banheiros nas residências eram então um luxo inimaginável e descabido, até porque o banho não fazia parte dos hábitos dos franceses. Pouquíssimas residências tinham sequer banheiras, muito menos banheiros. No final do século XIX, quando o banho começou a entrar nos hábitos bissextos das classes mais abastadas, o mais comum era a contratação dos serviços de banhistas ambulantes, "em geral homens fortes que carregavam banheira e água quente até um apartamento e depois desciam com tudo de novo".[3] Hoje o acesso à água em Paris não

Cotidiano e comportamento social | 151

Imóvel típico parisiense conforme os padrões arquitetônicos estabelecidos por Haussmann: estabelecimentos comerciais no térreo, mansardas no sexto e claraboias no sétimo para iluminar os quartos de empregada.

152 | Os franceses

é mais um problema, mas a ausência de espaço nos apartamentos continua sendo um fator limitador para o seu uso mais abundante.

Atualmente, são poucas as moradias que têm mais de um vaso sanitário e de um banheiro, que por atenderem a funções fisiológicas diferentes raramente se encontram juntos em uma mesma peça. Normalmente, o vaso sanitário fica isolado em um cubículo, por onde passa o encanamento de esgoto do prédio. Em outra peça, não necessariamente perto e muito menos contígua à do vaso sanitário, fica o banheiro propriamente dito, onde se encontram uma pia e uma banheira. As residências que têm um vaso sanitário e um banheiro dentro são consideradas moradias com instalações sanitárias completas, mas ainda há, em Paris, muitas onde faltam vaso sanitário ou banheiro. Ainda são bastante comuns os prédios em que um único vaso sanitário é compartilhado por mais de um apartamento, normalmente localizado estrategicamente junto à escada entre dois pavimentos, servindo tanto aos habitantes do andar de cima quanto aos do de baixo.

Há, ainda, muitos outros apartamentos onde, havendo ou não vaso sanitário privativo, inexiste banheiro. Nesses casos, o mais comum é encontrar um chuveiro instalado na cozinha, mas também pode acontecer de vê-lo instalado em outra peça, como, por exemplo, dentro de um quarto. De qualquer forma, a existência de um chuveiro na residência não qualifica a moradia como dotada de banheiro. Para os franceses, só se toma banho em banheira; chuveiro é uma invenção americana que não substitui o banho, e não há banheiro sem banheira. Por isso, na falta de um banheiro, pode-se colocar um chuveiro em qualquer lugar da casa para se tomar uma ducha, mas jamais um banho. Essa distinção é tão essencial para os franceses que o Instituto Nacional de Estatísticas e Estudos Econômicos (INSEE) da França, ao coletar dados sobre conforto doméstico, separa em categorias distintas as residências que têm uma ducha ou uma pequena banheira das que têm uma grande banheira, esta, sim, símbolo de conforto doméstico.

Como o banho é para os franceses um coisa muito especial, ele não pode ser diário. Afinal, encher uma banheira e mergulhar o corpo nela demanda tempo e dedicação, o que não pode ser feito todos os dias. O que os franceses fazem diariamente é a sua "toilette", aquilo que os brasileiros chamariam de "banho de gato". Alguns tomam uma ducha, mas essa não é a regra. Todos os dias, religiosamente, o francês típico faz a sua toilette matinal. Enche a pia de água quente e, com uma luva atoalhada, umedecida e ensaboada, higieniza o seu corpo de cima abaixo. Essas luvas, que em francês se chamam *gants de toilette*, são tão comuns e necessárias à higiene pessoal dos franceses quanto o sabonete e o papel higiênico. Por isso, quando se é hospedado na casa de um francês, recebe-se sempre junto com a toalha um *gant de toilette*. Oferecer a um hóspede uma toalha sem um *gant de toilette* seria uma descortesia e desatenção tão grandes quanto lhe dar um par de lençóis sem fronha.

A água é hoje um bem acessível a todos os franceses, das classes A a Z, mas nem por isso ela deixou de ser um recurso raro e, sempre que possível, poupado. Em um lar francês onde não exista uma máquina de lavar louças, os copos, pratos e panelas são lavados conforme o velho e tradicional sistema de bacias, mas jamais em água corrente, o que seria um desperdício inadmissível. Nas residências francesas, as pias das cozinhas têm sempre duas cubas, que são utilizadas como as bacias eram nos antanhos. Em uma mergulha-se a louça suja numa mistura de água com detergente; na outra, enxágua-se a louça em água pura até que essa água do enxágue comece a ficar suja, momento em que se acrescenta detergente a essa água, onde se passará a mergulhar a louça suja, esvaziando-se a outra cuba e enchendo-a de água limpa, a qual a partir de então fará as vezes da bacia de enxágue. Essa operação repete-se até que toda a louça tenha sido lavada.

Como a água é um bem escasso, ela é utilizada sempre com parcimônia. Um pano úmido com desinfetante é o que normalmente é usado para limpar banheiros e cozinhas, onde não existem ralos no chão, pois não se utiliza água corrente para lavá-los. A rigor, não se lavam cozinhas e banheiros nem quartos e salas com escovão, água, sabão e rodo; usa-se simplesmente vassoura ou aspirador e completa-se a higienização doméstica com produtos de limpeza específicos para madeiras, cerâmicas, ladrilhos, pedras etc.

Um cômodo tão essencial às residências brasileiras como a área de serviço simplesmente inexiste nas moradias francesas, seja ela grande ou pequena, de rico ou de pobre. Como esse espaço é desconhecido dos franceses, tampouco existe palavra ou expressão para designá-lo na sua língua. Onde então se lava e seca a roupa? – perguntará, curioso, o leitor. Normalmente, costuma-se instalar no único banheiro da casa a máquina de lavar roupa, onde é lavada toda a roupa utilizada pela família, de cama, mesa, banho, íntima e demais vestimentas, sejam elas de algodão, lã ou seda. Aquela etiqueta costurada às roupas classificadas como "delicadas" no Brasil e que indicam "lavar a mão e secar à sombra" inexiste na França e na Europa em geral. Roupa – toda ela – lava-se sempre à máquina, até porque uma outra peça necessária para tanto e essencial às residências brasileiras, o tanque de lavar roupas, inexiste nas moradias francesas e europeias. Uma vez lavada, seca-se a roupa onde der. Algumas máquinas de lavar são também de secar, e, nesse caso, o problema está resolvido; senão, recorre-se à imaginação. Se o banheiro for suficientemente espaçoso – o que é raro – arma-se ali mesmo, no chão, um pequeno varal desmontável. Ou então se distribuem as roupas úmidas sobre os radiadores de calefação existentes na casa, o que ajudará a secá-las mais rapidamente. Mas nem sempre há espaço para isso. Aliás, há residências que sequer têm banheiro. Nesses casos, recorre-se às lavanderias de autoatendimento, muito comuns em todos os bairros e que

154 | Os franceses

estão sempre abertas a qualquer hora do dia e da noite e em qualquer dia da semana, que possuem máquinas de lavar e de secar acionáveis com a inserção de uma moeda. Muitos parisienses lavam e secam suas roupas nesses estabelecimentos, e, enquanto as máquinas trabalham, aproveitam para ir às compras e fazer outras coisas pelo bairro ou simplesmente aguardam pacientemente sentados e lendo.

Para o parisiense, um bem ainda mais escasso que a água é o espaço, e, proporcionalmente à sua escassez, é bastante caro. Em 2005, o preço médio do metro quadro de área construída na região parisiense variava entre seis e sete mil euros – uma verdadeira fortuna! Mas existem alguns atenuantes. A aquisição de imóveis é normalmente financiada a perder de vista e a juros bastante módicos. A grande parte dos parisienses proprietários de seus imóveis encontra-se endividado para o resto de sua vida, mas se trata de uma dívida perfeitamente administrável em vista dos juros praticados.

Há ainda em Paris e por toda a França imóveis residenciais públicos construídos para serem alugados para a população de mais baixa renda, que os franceses chamam pela sigla HLM (*Habitation à Loyer Moderé*), ou seja, residência de aluguel reduzido. Mas há também outra alternativa para se viver em Paris e ser proprietário de um imóvel residencial. São contratos firmados entre particulares, devidamente respaldados pela lei, segundo os quais uma pessoa mais jovem se compromete a assegurar uma determinada renda mensal a uma pessoa idosa, proprietária de um imóvel e sem descendentes, até o fim de sua vida, recebendo como contrapartida ao benefício contratual vitalício oferecido o imóvel como herança. Esses contratos são cada vez mais comuns e trazem claros benefícios para ambas as partes. O idoso, normalmente uma senhora, passa a gozar de uma situação financeira mais confortável até o fim dos seus dias e, após a sua morte, o seu imóvel residencial, que seria integrado ao patrimônio do Estado devido à ausência de herdeiro natural, torna-se herança daquele que a beneficiou financeiramente em vida.

Essas soluções inventivas facilitam o acesso das pessoas à moradia em Paris, mas não resolvem o problema do espaço. A limitação está dada e consolidada, a não ser que um novo Haussmann surja e resolva reconstruir Paris de acordo com os parâmetros de conforto do século XXI, o que definitivamente está fora de cogitação. Em função disso, os parisienses têm de adaptar as suas vidas às condições possíveis permitidas em uma cidade que foi planejada e construída conforme os parâmetros do século XIX. Vivendo em espaços domésticos reduzidos, acessíveis normalmente apenas por escadas, os parisienses não costumam fazer grandes aprovisionamentos domésticos. Primeiro, porque não teriam onde estocá-los; segundo, porque, mesmo que tivessem espaço, teriam de subir com suas compras na mão até o andar onde vivem.

Por isso, os lares de Paris são normalmente abastecidos apenas com aquilo que é necessário para um único dia. É o pequeno comércio do bairro que supre

Cotidiano e comportamento social | 155

Os lugares mais frequentados pelos parisienses: o café (A);
o metrô (B); a padaria (C); a loja de carnes (D); e o armazém da esquina (E).

156 | Os franceses

as necessidades diárias dos parisienses, já que dentro da cidade não há espaço para grandes estabelecimentos comerciais. Até as grandes redes de supermercados de Paris são obrigadas a se estabelecer em pequenas lojas pela cidade. Nas cidades do interior da França, onde as residências são muito mais espaçosas que em Paris e onde existem grandes estabelecimentos comerciais, como os supermercados Carrefour, as pessoas fazem grandes compras mensais e economizam com isso. Mas em Paris não há essa possibilidade e os hábitos são outros. Vai-se à padaria e compra-se a baguete de cada dia; na loja de queijos, compram-se os pedaços de queijos a serem consumidos após a refeição; na loja de vinhos, compram-se os vinhos certos para acompanhar cada prato a ser servido. No armazém, frutaria, açougue ou peixaria compra-se estritamente o necessário para preparar as refeições do dia, como dois tomates, um alho-poró, uma fatia de presunto, dois bifes ou 100 g de camarão. E nenhum comerciante achará estranho um pedido desses, pois nada é mais normal que isso.

Visto que o espaço doméstico é limitado e restrito, os parisienses utilizam-se dos espaços públicos como extensão das suas residências. Os cafés são certamente os lugares mais frequentados e utilizados com esse fim. Em quase todas as esquinas de Paris, encontram-se cafés, onde se pode comer, beber ou simplesmente tomar um café. Esses estabelecimentos são frequentados a qualquer hora do dia e por todo tipo de pessoa: jovens e velhos; homens e mulheres; sozinhos ou acompanhados. Um hábito tipicamente parisiense é, ao sair de casa pela manhã, passar primeiro em uma banca de revista para comprar o jornal do dia; em seguida, ir à tabacaria comprar o seu cigarro; e, por fim, entrar em um café, pedir um expresso e ficar tranquilamente instalado em uma mesa, lendo e fumando o tempo que bem entender, como se estivesse em sua própria casa. Nenhum comerciante ou garçom ficará incomodado com isso, nem irá perguntar ao cliente se ele está servido ou se quer consumir alguma outra coisa. Normalmente os franceses, ao entrarem em um café, consomem uma única coisa: água mineral, chá, café ou cerveja. E ficam à mesa o tempo que quiserem. Os cafés são também lugares de encontro. Não apenas de amigos que se reúnem em torno daquelas minúsculas mesas para conversar, mas também de estudantes e seus orientadores de tese que, não raras vezes, marcam seus encontros acadêmicos em cafés próximos às universidades. Na maior parte do ano, frequenta-se a parte interna dos cafés devido ao frio, mas basta que a temperatura se eleve um pouco e que não esteja chovendo para os parisienses se instalarem às mesas dos cafés dispostas nas calçadas.

Os parques são também intensamente frequentados quando o clima permite. Durante a primavera, após longos meses sombrios com frio e chuva, os bancos dos jardins e parques de Paris enchem-se de pessoas ávidas por ficar ao ar livre lendo e tomando um pouco de sol. É nas praças e parques que os pais levam os filhos para brincar, já que os edifícios parisienses do tempo do barão Haussmann não contam com áreas de lazer. É também nos parques da cidade que os nubentes vão tirar fotos no dia do seu casamento. Uma cena bastante comum é a de noivos paramentados e noivas de véu e grinalda sendo fotografados nos parques de Paris.

As ruas e parques da cidade são também os locais onde os donos levam os seus cães para passear e também dar vazão às suas necessidades fisiológicas. Até o início dos anos 1990, não havia qualquer lei regulando a escatologia animal. As ruas e calçadas de Paris eram, então, imundas, com fezes de cães por todos os lados. Durante o inverno, com o frio e a chuva, a situação era menos dramática, mas no verão, com o calor e o tempo seco, o cheiro de urina e de excrementos tomava conta das ruas da cidade. Como Paris tem uma população canina elevadíssima em relação à sua população humana, a situação estava se tornando cada vez mais crítica, apesar dos esforços e investimentos crescentes da prefeitura na sua limpeza. Poucas cidades no mundo eram, e ainda são, tão frequentemente lavadas e varridas quanto Paris. Ruas, sarjetas e calçadas são sistematicamente lavadas com o auxílio de máquinas especialmente projetadas para vencer os obstáculos urbanos, como os milhares de carros estacionados nas ruas. Para recolher as fezes dos cães das calçadas, a prefeitura utilizava curiosas motocicletas que, dotadas de um potente aspirador, sugavam os excrementos, deixando em seu lugar um líquido desinfetante. Entretanto, nem toda essa inventividade francesa foi capaz de resolver o problema, não restando ao poder público outra solução senão instituir locais apropriados para a defecação canina – as sarjetas – e multas para os donos de animais que não recolhessem as fezes deixadas em locais proibidos. A adoção da lei foi precedida de uma longa campanha pública, estimulando os donos de cachorros a condicioná-los a só dar vazão aos seus instintos fisiológicos nas sarjetas (*apprenez lui le caniveau*, dizia um dos cartazes da campanha publicitária). Hoje as calçadas de Paris são bem mais limpas do que eram há vinte anos graças a esse grande e bem-sucedido esforço coletivo.

CAPITAL E PERIFERIA

Se a vida em Paris não é propriamente confortável segundo os padrões de conforto do século XXI, ela tampouco pode ser qualificada como difícil e muito menos destituída de charme. Apesar da exiguidade de espaço nas moradias, da falta de elevadores e da ausência de garagens na maioria dos edifícios, os parisienses têm a seu dispor muitas facilidades que tornam o seu dia a dia bastante agradável. Apesar de Paris ser uma das maiores metrópoles da Europa e do mundo, existe uma vida de bairro bastante intensa, o que contrabalança a massificação e impessoalidade vigentes nas grandes cidades. O hábito parisiense de prover as necessidades domésticas nas feiras, mercados públicos e no pequeno comércio local facilita o relacionamento entre os comerciantes e seus clientes. Os habitantes de um determinado bairro acabam forçosamente conhecendo e sendo conhecidos por seus diversos fornecedores: o dono da padaria, da loja de queijos, do açougue, da peixaria, da frutaria, do armazém da esquina, da loja de vinhos, da banca de revistas etc. Uma relação gentil e amistosa acaba, assim, se estabelecendo entre as pessoas, sem intimidades, mas dentro dos estritos parâmetros da civilidade e cordialidade profissionais.

Os animais domésticos, sobretudo os cachorros, têm um papel bastante importante na sociabilidade entre vizinhos do mesmo bairro. Uma vez que a fisiologia animal tem de se adaptar às limitações e disponibilidade de horário dos seus donos, as mesmas pessoas acabam se cruzando na rua, praticamente todos os dias e nos mesmos horários, com os seus animaizinhos de estimação, e como estes têm menos cerimônias que os humanos acabam invariavelmente cheirando-se mutuamente e ensejando uma troca de amenidades entre os seus donos. Nessas rápidas conversas, normalmente o tema são os protagonistas do encontro. Por mais superficiais que sejam esses contatos, eles são gentis e, sobretudo, acontecem. O mesmo ocorre em outras circunstâncias cotidianas, como um breve troca de palavras com outras pessoas na banca de jornais, na fila do caixa do armazém ou dos pequenos supermercados.

Nos bairros de Paris, além dos cafés de esquina, há ainda outros lugares públicos bastante frequentados pelos seus moradores. Há as bibliotecas municipais, onde se pode não apenas ler livros, jornais e revistas confortavelmente sentado e em condições adequadas de iluminação e temperatura, como também tomar emprestado livros, CDs e DVDs. Há, ainda, as piscinas públicas municipais, que, excetuando alguns horários reservados às aulas de natação para os alunos das escolas públicas durante o período escolar, se encontram abertas ao público em geral, tanto no verão quanto no inverno. Além do acesso à piscina, propriamente dita, podem-se utilizar os seus vestiários, banheiros e sanitários. Não são raras as pessoas em Paris que se utilizam das bibliotecas e piscinas públicas como extensões das suas residências, seja para compensar as eventuais carências dos seus lares, como espaço reduzido, iluminação deficiente ou ausência de banheiro e vaso sanitário, seja para aproveitar a calefação existente nos espaços públicos fechados, economizando assim a energia que teria de ser gasta com o aquecimento de suas casas.

Os gastos com o aquecimento doméstico são um item importante na composição dos custos com moradia na França. A calefação representa cerca de 70% do consumo de energia de uma residência, e qualquer que seja a matriz energética utilizada – óleo, gás ou eletricidade – ela é sempre cara, escassa e poluente. A energia elétrica é a mais cara de todas, e cerca de 80% da eletricidade consumida na França é gerada por usinas nucleares. Já o gás e o petróleo são importados, o que coloca os franceses na dependência dos preços praticados no mercado internacional. Até o início dos anos 1970, os franceses não se preocupavam com o preço da energia, que era bastante barata, não poupando no aquecimento de suas casas. Mas depois do primeiro e segundo choques do petróleo, em 1973 e 1979, o preço da energia subiu astronomicamente, obrigando os franceses a fazer de tudo para poupá-la. Se antes o hábito era aquecer as casas a ponto de se poder ficar de mangas curtas durante o inverno, hoje se recomenda que se mantenha uma temperatura ambiente entre 19ºC e 16ºC, o que é uma temperatura bastante confortável, desde que se esteja vestindo um suéter de lã. Calcula-se que, a cada grau a mais de temperatura, o gasto com energia aumenta em 7%.

Por isso, passou-se a investir cada vez mais no isolamento térmico das residências e a desenvolver produtos de revestimento mais eficazes. Estima-se que, em uma casa com um bom sistema de isolamento, o gasto com aquecimento pode reduzir-se a um terço. É por essa razão que, nas lojas de ferragens e materiais de construção se encontra atualmente uma variada gama de produtos para isolar tetos, paredes, janelas etc. Contrariamente às residências de um século atrás, descritas por Eugen Weber, os prédios na França contemporânea são muito bem calafetados, sem quaisquer frestas nas janelas ou sob as portas, impedindo a entrada de correntes de ar e a perda de calor.

Para reduzir o impacto do custo do aquecimento no bolso dos consumidores, os condomínios dos edifícios costumam dividir o seu custo anual em prestações iguais ao longo de todo o ano, embora a calefação seja utilizada apenas a metade desse tempo, de outubro a março. E, para reduzir o consumo de energia nos prédios residenciais, o sistema de aquecimento é ligado normalmente apenas duas vezes por dia: de manhã cedo, para que as pessoas possam sair de suas camas e fazer sua higiene matinal em um ambiente devidamente aquecido, e no fim da tarde, para que na volta do trabalho ou da escola reencontre o seu lar em uma temperatura aconchegante e confortável. Esse sistema de poupança de energia e de otimização do aquecimento doméstico é adequado às necessidades da maior parte das pessoas que passam os dias nos seus locais de trabalho ou nas creches, escolas ou universidade, onde a calefação funciona durante toda a manhã e tarde. Mas é insuficiente para quem não trabalha ou estuda fora diariamente, razão pela qual as bibliotecas, cinemas, cafés, museus e centros culturais são tão frequentados por tantas pessoas durante os meses de frio.

Todas essas alternativas e possibilidades que os parisienses têm à sua disposição nos bairros da cidade são praticamente inexistentes em muitas periferias da capital e de outras grandes cidades do país, o que faz com que muitos dos jovens dessas regiões desfavorecidas sintam-se segregados e cidadãos de segunda categoria, criando uma

Turistas na avenida Champs-Elysées, em Paris: um sopro de juventude numa população que envelhece. Casal com filhos, arranjo familiar em declínio que, atualmente, representa menos de um terço dos lares franceses.

oposição entre excluídos e incluídos. Contrariamente aos HLM, que são conjuntos habitacionais construídos em áreas já urbanizadas e dotadas de todos os serviços públicos, as *cités* foram criadas em áreas completamente desabitadas para acolher o crescente número de imigrantes atraídos pelo pujante crescimento econômico do país e pelos muitos milhares de *pieds noirs* repatriados da Argélia.

Entre 1960 e 1973, foram construídas, em média, seiscentas mil moradias por ano em regiões criadas e denominadas pelo Estado pela sigla ZUP (Zonas de Urbanização Prioritárias). Com esse enorme investimento público, conseguiu-se efetivamente, resolver o problema da moradia na França, oferecendo habitações dignas tanto para os que viviam em favelas, como as que existiam em Nanterre e Villeurbaine, na região parisiense, quanto para os imigrantes e repatriados. No entanto, não se resolveu a questão da integração dessas pessoas à sociedade francesa; ao contrário, um enorme problema social e urbano foi involuntariamente criado ao assentá-las em lugares apartados do conjunto da sociedade, onde as formas de sociabilidade urbana características de Paris e das grandes cidades francesas não eram possíveis de serem reproduzidas devido à ausência de espaços, equipamentos e serviços públicos. Por mais paradoxal que possa parecer, a política habitacional do governo francês daqueles anos deu aos mais pobres e aos recém-chegados aquilo que muitos parisienses não tinham – apartamentos relativamente espaçosos, com todos os cômodos e peças requeridos pelo estilo de vida moderno –, mas não lhes proporcionou aquilo que os parisienses habitualmente sempre tiveram – um espaço urbano de integração social com acesso a cultura e lazer, charmoso e aconchegante, apesar dos eventuais desconfortos domésticos herdados da era Haussmann.

As *cités* são, em diversos sentidos, o oposto das cidades tipicamente francesas. Ao invés de prédios pequenos, baixos, geminados e com poucos apartamentos, dispostos harmonicamente em ruas, avenidas e bulevares, são compostas de imensos e altos blocos, com várias dezenas de apartamentos, dispostos no meio de grandes áreas. Nas cidades francesas, o comércio, os escritórios, cafés, bares, restaurantes, teatros, cinemas e outras alternativas de lazer encontram-se mescladas às áreas residenciais, diferentemente das *cités*, onde praticamente só existem prédios residenciais, o que desde o início fez delas cidades-dormitório. Nas *cités*, a racionalidade do espaço doméstico interno predomina sobre a do espaço urbano – se é que houve qualquer preocupação urbanística ao construí-las, contrariamente à cidade de Paris, onde a lógica urbana impera soberana sobre a doméstica.

Aliás, Paris é fundamentalmente *urbs* – e o seu charme vem justamente disso –, enquanto as *cités* são quase que exclusivamente *domus*, daí suas limitações. Os espaços doméstico e urbano disponíveis têm, portanto, uma enorme influência sobre o estilo de vida, o bem-estar e a autoestima das pessoas, além, é claro, do inegável peso da sua situação ocupacional, seu nível de renda e seu *status* social. A percepção dos indivíduos

Enorme edifício com cerca de três mil apartamentos construído numa Zona de Urbanização Prioritária (ZUP) em Nancy, na Lorena.

sobre a sua condição de vida e suas perspectivas de futuro são alimentadas tanto por fatores objetivos quanto subjetivos, não tendo, em princípio, nenhum deles um peso mais decisivo do que o outro na produção do contentamento, ou descontentamento de cada um com sua vida. Mas, no agregado, condições objetivas, como espaço e renda, e subjetivas, como o significado da vida em comum e do casamento, aqui entendidos não como uma percepção individual, mas compartilhada pelos membros de uma sociedade, ajudam a explicar e a entender os perfis familiares existentes na sociedade francesa contemporânea.

FAMÍLIAS FRANCESAS

Na França, existe um variado número de composições familiares, o que torna difícil falar em um tipo predominante, como seria a família nuclear, composta por pais e filhos. No entanto, ao se examinar o comportamento e o modo de vida dos franceses nos últimos trinta anos, podem-se identificar algumas tendências: a do aumento do número de pessoas vivendo sozinhas, das famílias monoparentais e dos casais sem filhos, assim como a diminuição da proporção de casais com filhos e de arranjos familiares mais complexos, isto é, aqueles em que vivem sob o mesmo teto outras pessoas além de pais e filhos, independentemente de suas relações cossanguíneas. De 1968 a 1999, data do último censo demográfico realizado na França, a proporção de homens vivendo sós dobrou e a de mulheres aumentou em um terço, fazendo com que o percentual de residências com uma só pessoa passasse de 20% a 30%. A quantidade de famílias monoparentais mais que dobrou, passando de 3% a mais de 7%. Já os casais sem filhos, que em 1968 representavam pouco mais de 1/5 dos lares, ocupam atualmente 1/4 das residências francesas, enquanto os casais com filhos diminuíram de 36% para 31,5%. Mas a grande redução foi registrada nos arranjos familiares complexos, que caíram de 20% para 5% dos lares, provavelmente devido ao crescente número de idosos que deixaram de morar com seus parentes e passaram a viver sós. Ao se examinarem os dados estatísticos sobre o modo de vida das pessoas, conforme a sua idade e sexo, é possível compreender um pouco melhor a dinâmica familiar dos franceses nos dias de hoje.

A esmagadora maioria dos jovens com menos de 25 anos, cerca de 90%, vive com seus pais. Durante os "trinta gloriosos", quando sobravam empregos e faltava mão de obra no país, os jovens costumavam sair bem mais cedo de casa. Mesmo os estudantes recém-ingressos na faculdade deixavam com frequência a casa paterna, pois encontrar um trabalho em tempo parcial e compatível com os seus estudos era, então, muito fácil. A remuneração conseguida no mercado por um jovem estudante, sem qualquer qualificação profissional específica, proporcionava-lhe os recursos para viver uma vida sem qualquer luxo, mas suficiente para pagar as suas contas fixas, alimentar-se, divertir-se e viajar durante as férias. Hoje tudo mudou. O desemprego tornou-se uma maldição e um fantasma permanente sobre toda a sociedade, mas castiga mais severamente os mais jovens, o que tem prolongado a sua permanência na casa dos pais. Esse fenômeno, aliás, é observável não só na França, mas também na maior parte do mundo ocidental.

Na faixa etária imediatamente seguinte, de 25 a 29 anos, 1/4 dos jovens de ambos os sexos já vive em casal e sem filhos, mas 1/3 das moças já é mãe e vive com o seu companheiro, enquanto 30% dos rapazes ainda seguem vivendo na casa paterna. Além dos fatores econômicos mencionados que retardam a saída dos jovens de casa, associa-se um outro fenômeno, que é a elevação da idade média com que moças e rapazes se casam pela primeira vez. Se, em 1975, esta era de 22 anos para as mulheres, e 24 para os homens, em 1994 passou a ser de 26 e 28, respectivamente. Essa mudança de comportamento, comum a ambos os sexos, acaba tendo um impacto mais direto sobre a nupcialidade dos homens nessa faixa de idade, o que explica a alta proporção deles vivendo ainda com os pais. Mas, para muitos jovens franceses, entre a saída da casa dos seus progenitores e o primeiro casamento há ainda uma etapa intermediária, que é a coabitação com o companheiro ou companheira. Essa fase que, em princípio, seria transitória e de experimentação, às vezes acaba se prolongando, quando não se perenizando, indo além, inclusive, do nascimento dos filhos. Nesse ponto, o comportamento dos franceses tampouco difere dos demais ocidentais, mas existe uma grande diferença no peso simbólico que o casamento tem para eles, sobretudo quando comparados com os brasileiros.

No Brasil, a diferença entre viver junto e ser casado "de papel passado" só aparece nos atos formais – bancários e cartoriais –, pois nem mais o Direito trata de forma diferente pessoas casadas e pessoas que vivem em união estável, e muito menos a sociedade atenta para essa distinção meramente burocrática. Na França, bem ao contrário, ser casado ou não faz toda a diferença. A começar pelo tratamento verbal. Alguém que não seja oficialmente casado jamais se referiria ao seu consorte como "marido" ou "mulher", mas como "companheiro" ou "companheira", revelando assim a relação de concubinato. Para os franceses, companheiros e companheiras não têm as mesmas obrigações que maridos e mulheres. As famílias dispensam um tratamento aos casados e outro aos que vivem juntos. Não que haja preconceito em relação aos não casados, simplesmente, de acordo com a sua forma de conceber o casamento, quem não se casa não tem o mesmo compromisso dos casados. Por isso há tantos franceses que morrem de medo de se casar e há tantos outros que, apesar de viverem juntos há muitos anos e terem filhos e propriedades em comum, declaram-se não casados.

Dos 30 aos 44 anos, mais de 60% das francesas e franceses têm filhos e vivem com os seus respectivos companheiros e companheiras, casados ou não, embora cerca de 10% das mulheres, entre 30 e 59 anos, sejam chefes de famílias monoparentais, isto é, vivem apenas com seus filhos e sem companheiro. Na França, como no resto do Ocidente, os divórcios e separações são cada vez mais comuns, assim como também são mais frequentes os casos de mulheres que engravidam e têm filhos sem terem antes se casado ou vivido com um parceiro. Entre os 45 e 59 anos, a maior parte dos homens (59%) e grande parte das mulheres (42%) ainda vivem juntos com seus filhos em casa, mas 1/3 delas e mais de 1/4 deles já se encontra vivendo apenas um com o outro, seja porque se uniram tardiamente e não tiveram filhos, seja porque os filhos comuns, já crescidos, saíram de casa para levar as suas vidas independentes. Ao chegar à terceira idade, entre os 60 e os 74 anos, a maioria dos homens e mulheres encontram-se vivendo juntos sem qualquer outra pessoa em casa, embora mais de 1/4 das senhoras já viva sozinha. Depois dos 75 anos, quando a população feminina já supera em muito a masculina, quase metade das mulheres se encontra morando só, enquanto apenas 1/5 dos homens vive nessa condição; a maior parte deles (62%) segue ainda vivendo com sua companheira graças à maior longevidade feminina. Por essa mesma razão é que a proporção de homens idosos vivendo em habitações coletivas, como asilos e casas de repouso, é a metade da de mulheres (21,6%).

Paris, provavelmente mais do que qualquer outra cidade da França, é uma cidade de pessoas velhas, sobretudo de senhoras idosas. Nas regiões mais centrais e turísticas da capital, encontram-se mais jovens, devido, sobremaneira, à grande população estudantil, além de muitos turistas franceses e estrangeiros, o que faz a idade média da população parisiense baixar estatisticamente. Mas, nos bairros mais residenciais de Paris, a quantidade de velhinhos e, especialmente, de velhinhas, é enorme. Poucas imagens são mais tipicamente parisienses do que a de uma velha senhora, baixinha e miúda, com seus gorros e mantôs de lã ou de pele, andando pela rua carregando seus pequenos pacotes de compras ou subindo e descendo dos ônibus da cidade.

Em Paris e na França, em geral, os idosos têm presença marcante e são respeitados. Nenhum motorista de ônibus ousaria dar arrancadas ou freadas bruscas, o que certamente provocaria quedas e acidentes graves entre a numerosa população idosa transportada diariamente e em todos os horários, e incitaria a indignação e vivo protesto dos demais passageiros. Por isso os idosos não têm medo de sair à rua, tomar ônibus, metrô, ir às compras e frequentar museus e teatros. Os velhos, além de serem louvavelmente respeitados pelo conjunto da população, desempenham uma função essencial ao equilíbrio e manutenção da sanidade mental dos franceses e, em especial, dos parisienses. Com suas limitações físicas e lentidão de movimentos decorrentes, eles representam um contraponto salutar à ansiedade em que vive a maior parte dos franceses, que estão sempre apressados, reclamando e bufando por tudo e por nada, mas que diante de um lento e atrapalhado, mas simpático e risonho ancião ou anciã, sentem-se constrangidos a retomar o seu controle e a manter a civilidade da qual tanto se orgulham e que os fazem ser respeitados pelo resto do mundo.

A França e os franceses envelhecem a olhos vistos. E, nesse processo de envelhecimento, amadurecem. O fervor revolucionário de 1789, 1830, 1848 e 1870 não mais os anima nem toca os seus corações. Os franceses de hoje são cada vez mais conservadores, mas não reacionários. Seguem tendo uma perspectiva que se pretende aberta e fraterna sobre o mundo; querem levar os seus valores até onde for possível e forem bem acolhidos, mas sem a pretensão de querer vê-los hegemônicos. A hegemonia cultural deixou de ser perseguida por eles, que hoje se contentam em verem-se como uma alternativa cultural e civilizatória no mundo globalizado e crescentemente americanizado. E, nesse ponto, não lhes falta o que mostrar e oferecer ao mundo. Os franceses têm um sentido estético muito aguçado, que se revela nos cuidados que têm com os detalhes e pequenas coisas que os cercam e povoam o seu cotidiano. E nisso eles são, incontestavelmente, imbatíveis.

BELEZA E HARMONIA

A França e os franceses são mundialmente conhecidos pelo seu bom gosto e refinamento, que têm sua expressão maior na moda, nos perfumes e na culinária. Mundo afora, no Ocidente ou no Oriente, não há quem não admire as criações dos seus estilistas, não goste dos seus perfumes e essências e não reconheça a delicadeza e refinamento dos seus pratos, mesmo que, no fundo, não aprecie a sua culinária. Não há quem possa sinceramente dizer que Paris não seja uma cidade escandalosamente bela, que os seus palácios e castelos reais sejam banais, quando não de tirar o fôlego que os seus jardins e florestas artificiais não reúnam, em uma equação surpreendentemente bem-sucedida, a beleza e exuberância da natureza com a genialidade e perfectibilidade humanas. Esse gosto e inclinação dos franceses pelo belo levou alguns estudiosos do século xix, como bem lembrou Zeldin, a definir a essência dos franceses como:

> a capacidade de se divertir de maneira particularmente completa, intelectual e sensualmente, de brincar com as ideias, de conversar de forma brilhante, gentil e espirituosa, de dissipar a tristeza por meio da arte, de aplicar a arte a todos os aspectos da vida, do sexo aos jardins, pois ser francês era ser, sobretudo, artificial.[4]

Ser artificial não significa em absoluto ser falso, mas exatamente aquilo que o adjetivo latino *artificialis* designa: feito pela arte ou indústria, isto é, não natural. Os jardins franceses são o melhor exemplo da artificialidade que norteia o seu sentido estético. Contrariamente aos jardins e parques ingleses, que são cuidadosamente concebidos para imitar a natureza, procurando disfarçar a intervenção humana, os jardins franceses pretendem dominá-la, enquadrando-a dentro de estritos parâmetros racionais, como a geometria. Os jardins de Versalhes, assim com a maioria dos parques e jardins da França, com algumas poucas exceções (como o Parc des Buttes Chaumont, em Paris, de inspiração inglesa), são o exemplo pronto e acabado desse artificialismo que pretende moldar a natureza conforme um plano racional.

Tanto o palácio quanto os jardins, e mesmo a cidade de Versalhes, foram construídos, por determinação de Luís xiv sobre um terreno absolutamente inóspito, plano e pantanoso. A natureza não concorreu em nada para o esplendor e beleza que iriam ter; apenas a inventividade e o gênio humanos, e era precisamente esse desafio que animava o "Rei Sol": mostrar a toda a Terra e, sobretudo, aos demais monarcas da Europa a sua grandiosidade e poder, além de reunir toda a nobreza da França na sua corte, solapando as bases do seu poder territorial, tornando-a simples coadjuvante e cliente dos favores e das benesses reais. Além disso, transferir a sede do governo a um outro local, a uma distância razoável de Paris, deixaria o rei menos exposto à pressão popular.

Para construir o palácio e os jardins, foram chamados os mais conhecidos e reputados arquitetos da Europa, sobretudo da Itália. O terreno pantanoso teve de ser drenado em

Cotidiano e comportamento social | 167

Jardins do palácio de Versalhes, com seus arbustos, árvores, gramados, chafarizes e lagos distribuídos conforme um plano racional, representando o triunfo da razão humana sobre a natureza.

canais, que foram harmônica e geometricamente traçados, alimentando fontes e piscinas e desaguando em lagos artificiais, junto ao quais foram plantados bosques e florestas, tudo meticulosamente concebido e executado. Os jardins de Versalhes, assim como os jardins dos demais castelos e palácios da França, distribuem-se em alamedas, que partem em perspectiva centrífuga do palácio. As alamedas são delimitadas por arbustos dispostos a uma distância precisa um dos outros, que são cuidadosamente podados, formando cones, esferas e outras formas geométricas. Entre as alamedas, encontram-se jardins com flores ou simplesmente gramados e devidamente delimitados e recortados conformes formas geométricas variadas e inventivas, mas sempre precisamente identificáveis. Nos sucessivos cruzamentos de alamedas, situam-se fontes, chafarizes e estátuas, onde se abrem espaços mais amplos em que se pode sentar e de onde se pode melhor apreciar a natureza tão caprichosamente controlada pela mão do homem. Esses jardins, assim

168 | Os franceses

dispostos e concebidos, terminarão em bosques e florestas não menos meticulosamente pensados e dispostos que os primeiros.

A atenção estética dos franceses, e o seu cuidado em aprimorá-la sempre, não se limita aos palácios, jardins e espaços públicos, mas está manifesta em tudo aquilo que, embora privado, se encontra exibido ao público. As vitrines de todo o tipo de comércio na França são a prova e exibição cabais desse cuidado do grande ao pequeno comerciante de bairro. As grandes lojas de departamentos de Paris esmeram-se na sua decoração. Na época de Natal, esse cuidado chega ao seu ponto máximo. As vitrines das Galeries Lafayettes, na margem direita do Sena, e do Bon Marché, na margem esquerda, são cuidadosamente decoradas para as festas natalinas, atraindo milhares de famílias com crianças, que fazem longas e demoradas filas para vê-las com seus bonecos animados em cenários cheios de graça e imaginação. Os pais não se maravilham e divertem-se menos que os seus filhos, que lhes servem de pretexto para enfrentar aquelas disputadas filas.

As festas de fim de ano são, provavelmente, o momento culminante do cuidado dos comerciantes franceses com as suas vitrines, mas não o único. Durante todo o ano, e em qualquer lugar da França, desde as ruas onde se encontram as lojas mais caras e chiques de Paris, próximas aos Champs-Elysées, até os mais modestos comércios de bairro e de vilarejos do interior, a preocupação estética é manifesta. Esse cuidado é mais evidente nas vitrines das ruas, avenidas e bulevares famosos, como a Rue Montaigne, no oitavo distrito de Paris (8º *arrondissement*), no Boulevard Saint-Germain, na margem esquerda do Sena, ou no Marais (4º *arrondissement*). Mas, em qualquer canto, e até nos mais simples e despretenciosos estabelecimentos comerciais, o cuidado estético está sempre presente. Nas padarias, lojas de queijo, mercados, quitandas, frutarias e açougues, tudo se encontra disposto e apresentado com muito cuidado e esmero, seja nas vitrines externas, seja nos balcões, estantes e prateleiras internos. Nada se encontra disposto e apresentado ao acaso.

A racionalidade e o sentido estético dos franceses encontram-se por todo o lado; para onde se olhe se percebe a sua presença. Mas o seu apreço pela estética, que é sempre e necessariamente sensorial, vai bem além da visão e manifesta-se, talvez na sua forma mais forte e contundente, no uso que eles fazem da linguagem.

Notas

[1] Philippe Ariès e Georges Duby (org.), Histoire de la vie privée, 5 vols., Paris, Seuil, 1985.

[2] Eugen Weber, França fin-de-siècle, São Paulo, Companhia das Letras, 1989, p. 73.

[3] Idem, p. 78.

[4] Idem, p. 41.

A COMUNICAÇÃO

A linguagem é a forma mais tipicamente humana de comunicação. Ainda que a maior parte das sociedades humanas não tenha chegado a desenvolver uma expressão escrita, nenhuma delas deixou de ter uma língua falada. A fala é indissociável da humanidade e nada tem a ver com os sons com que as baleias e golfinhos se comunicam. Por meio da linguagem – que é uma construção cultural e que, portanto, nada tem de natural – os seres humanos se reconhecem e diferenciam-se, entendem-se e estranham-se, declaram a guerra e celebram a paz. A linguagem não é apenas o instrumento fundamental de comunicação de um homem com outro, mas sobretudo da construção e desenvolvimento da sua própria humanidade, isto é, de racionalização. É através da fala que as ideias se formam, como bem mostrou Vigotski, o grande linguista russo do século xx. A linguagem não se limita a uma forma de tradução e expressão das ideias, como se essas fossem anteriores àquela. Na verdade, não há ideia sem expressão verbal, pois é a fala que dá ordem, sentido e entendimento a todas as coisas. Exatamente por isso é que o Evangelho de São João começa pela frase: "No princípio era o verbo", a origem de todas as coisas sobre as quais se tem alguma consciência.

A forma pela qual um povo fala revela a forma como ele raciocina, vê o mundo e comunica-se com os demais. É por essa razão que traduções literais de uma língua para outra são geralmente inúteis, pois uma sequência de palavras traduzidas isoladamente raramente compõe uma sentença no outro idioma, não exprimindo uma ideia clara e carecendo de significado. A boa tradução, aquela que permite a exata compreensão em língua materna do que foi expresso em uma outra língua estrangeira, precisa levar em conta não apenas as regras morfológicas e sintáticas de cada idioma, mas também atentar para o significado comunicativo de uma determinada expressão, isto é, aquilo que se quer expressar independentemente das palavras empregadas. Por exemplo, a expressão francesa *en passant du coq à l'âne*, se fosse traduzida literalmente para o português ficaria "passando do galo ao asno", o que em português não quer dizer absolutamente nada; mas se traduzida levando em conta o seu sentido original ficaria "mudando de um assunto para outro", que é uma expressão corriqueira e perfeitamente compreensível para os falantes da língua portuguesa.

Além das necessárias adequações linguísticas não só para uma boa tradução como ainda para uma comunicação eficiente, há sempre subjacente à língua falada por um povo uma forma de raciocinar que lhe é peculiar e que transparece mesmo após a mais competente das traduções. Nesse ponto, começa-se a entrar nas complexas inter-relações entre os terrenos linguístico e cognitivo. Não há dúvida de que portugueses e brasileiros falam o mesmo idioma, mas uns e outros se expressam através dele de forma muito distinta porque suas formas de raciocinar são diferentes. Isso não chega a criar grandes problemas de comunicação entre ambos, mas plasma na linguagem as peculiaridades culturais de cada povo, fazendo com que a forma de uns falarem pareça exótica, ou até mesmo engraçada, aos olhos dos outros. Entre franceses e canadenses, assim como entre franceses e belgas, *mutatis mutandis* não é muito diferente.

Ainda no plano da comunicação verbal, emergindo do fundo da alma popular para a superfície dos contatos cotidianos, encontram-se todos aqueles códigos de civilidade empregados obrigatória e diariamente, cuja presença e uso, de tão arraigados nos costumes, acabam passando despercebidos, mas cuja ausência constitui enorme gafe. Entre os franceses, por exemplo, as saudações como bom-dia, boa-tarde e boa-noite são absolutamente imperativas. Mas a comunicação não se limita à linguagem, que é o seu esteio principal, mas não exclusivo. Há uma série de códigos não verbais que, de tão eficientes que são, dispensam as palavras, como gestos, tiques e muxoxos. Além desses, há ainda as zonas cinzentas e buracos negros na comunicação, isto é, aquelas questões e assuntos considerados tabus para um povo. Ao se adentrar nesse terreno movediço, o silêncio dos falantes revela-se, às vezes, mais eloquente do que mil palavras. Quando se chega a esse ponto, começa-se a deixar a superfície das relações comunicativas para voltar a mergulhar nas profundezas da alma coletiva, região em que nada é claro e nenhuma certeza existe, apenas suposições e vagas percepções.

Certo é que tanto as formas verbais quanto as não verbais são partes integrantes do repertório comunicativo de cada povo que o caracterizam e o distinguem dos demais. Mas, para os franceses, a sua língua tem ainda um significado especial. Embora o francês tenha surgido e se desenvolvido como todas as demais línguas, isto é, como uma criação coletiva em constante mutação e restrita inicialmente a um pequeno número de falantes, muito cedo ele foi deliberadamente erigido como língua oficial da França e, em seguida, adotado como língua internacional. Essa condição de língua universal que o francês gozou durante séculos marcou profundamente os franceses, e, embora a situação tenha mudado radicalmente ao longo do século xx, quando o inglês o substituiu como língua universal, a memória do seu apogeu e predominância segue ainda bastante viva.

A LÍNGUA FRANCESA: *URBIS ET ORBI*

Entre todos os países da Europa Ocidental, a França é o de maior extensão territorial e onde todos os seus habitantes falam uma única e mesma língua. Essa homogeneidade linguística – rara e surpreendente no Velho Mundo – vai, inclusive, além das próprias fronteiras da França, adentrando em território belga e suíço. O alemão, que é outra língua também muito falada não só na Alemanha como também na Áustria, Luxemburgo e parte da Suíça, não exibe a mesma homogeneidade do francês. A língua alemã sofre importantes variações dialetais mesmo no interior da própria Alemanha.

Mas a uniformidade do francês e as variantes do alemão não derivam da estrutura de cada língua, que tiveram, no passado, uma origem comum, mas da história política dos seus falantes. Os alemães só iriam se unificar em um único Estado muito tardiamente, em 1871, quando então um de seus dialetos seria erigido em língua oficial. Já os franceses tiveram um Estado unificado bem antes, ainda que os seus limites territoriais fossem diferentes dos atuais, e, na primeira metade do século XVI, um dos seus dialetos foi adotado como língua oficial de toda a França. Por meio da *ordonnance de Villers-Cotterêts*, de 1539, o rei Francisco I impôs o francês como idioma em que obrigatoriamente deveriam ser redigidos todos os atos jurídicos e administrativos do Estado, das certidões de batismo aos contratos, inquéritos, testamentos e sentenças judiciais.

Até então na França, assim como em toda Europa, o latim era a única língua culta em que eram escritos todos os atos oficiais, assim como os tratados científicos e filosóficos. E, embora o latim já fosse uma língua morta há vários séculos, o seu persistente uso nas comunicações oficiais testemunhava a força e o predomínio de um poder bastante forte e vivo na Europa: o da Igreja Católica. O latim era a língua do clero, o poderoso estamento medieval que se encontrava presente por todo o continente, desde os países bálticos, na fronteira com a Rússia, até Portugal, além de ser o idioma de uma grande potência que disputava com os demais reinos o seu poder temporal: os estados papais. Naquelas circunstâncias, a imposição do francês como idioma oficial do reino teve o claro significado de afirmar a soberania da França em relação a Roma.

No entanto, o francês não seria tão cedo adotado como língua no meio universitário. Na Sorbonne, o latim seguiria sendo utilizado ainda por várias décadas. A razão para essa resistência – além do proverbial conservadorismo da universidade – é que a forma e estrutura do latim encontravam-se bem definidas já há muitos séculos. Assim, para que o francês pudesse com ele rivalizar como língua do poder secular seria necessário que o seu uso fosse controlado e disciplinado por um órgão regulador da mesma forma que o latim oficial fora protegido e regulado pela Igreja Católica da inevitável mutação que o latim vulgar sofreu ao longo do tempo até desaparecer completamente e dar origem às línguas neolatinas, como o italiano, o francês, o português, o romeno e o espanhol, além das diversas línguas regionais, como o catalão e o galego na Espanha. Foi precisamente por isso que, cerca de um século após a edição da *Ordonnance de Villers-Cotterêts*, já sob o reinado de Luís XIII, o cardeal Richelieu iria fundar a Academia Francesa no ano de 1635, cuja primeira missão seria a de fixar e zelar pela língua francesa como patrimônio comum a todos os franceses. Desde então, a língua francesa iria variar pouco, ocupando progressivamente o espaço até então reservado ao latim. Em meio a esse processo de afirmação do francês como língua erudita, iria ser publicado o primeiro texto filosófico escrito originalmente em francês, *O discurso do método* (1637), de René Descartes. Mas, como o latim seguia resistindo como língua acadêmica, esse texto, marco do racionalismo francês do século XVII, foi logo traduzido para o latim. Por isso, a tese central da obra, "Penso, logo existo", iria ser internacionalmente conhecida na tradução latina *cogito ergo sum*, e não no original francês *puisque je doute, je pense; puisque je pense, j'existe.*

Antes mesmo que o rei Francisco I impusesse a língua francesa como idioma oficial da França, o francês já era falado em outras cortes europeias, inclusive na britânica. Como testemunho do seu predomínio entre a realeza, o brasão com as armas da coroa britânica ostenta, ainda hoje, duas frases escritas em francês: *Honni soit qui mal y pense* (vergonha àquele que vê algum mal nisso) e *Dieu et mon Droit* (Deus e meu Direito). A primeira teria sido pronunciada pelo rei da Inglaterra, Eduardo III, em um baile de sua corte durante o qual a sua amante, a condessa de Salisbury, teria perdido, durante a dança em meio ao salão, uma das ligas que segurava alguma parte das suas roupas (não se sabe bem qual). O rei teria se apressado em recolher do chão a peça perdida por sua amada e, diante dos cochichos, risos e troças dos seus cortesãos, teria declarado em alto e bom som: "Senhores: vergonha àquele que vê algum mal nisso, pois os que hoje riem um dia se orgulharão de ostentar uma tal peça, já que esse laço será revestido de tanta honra que aqueles mesmos que o ridicularizam, amanhã se apressarão em tê-lo".[1] No dia seguinte, o rei teria, então, instituído o que, ainda hoje é uma das mais prestigiosas ordens de cavalaria do mundo: a nobilíssima Ordem da Jarreteira (galicismo pedante empregado para evitar a utilização da palavra prosaica e vernácula que é "liga", e do original em inglês *the most noble Order of the Garter* foi traduzido em francês como *le nobilissime Ordre de la Jarretière*).

Entretanto, após a Guerra dos Cem Anos, quando se produziu uma clara separação dos povos franceses e anglo-saxões, os primeiros ficando no continente e os últimos nas ilhas britânicas, a língua francesa começou a ser abandonada pela corte britânica. No entanto, foi só com Shakespeare, no século XVI, que o inglês deixaria de ser apenas a língua falada pelo povo para alcançar o *status* de língua literária.

Brasão real da Coroa britânica com inscrições em francês, testemunhando o uso corrente da língua pela corte inglesa e aristocracias de toda Europa.

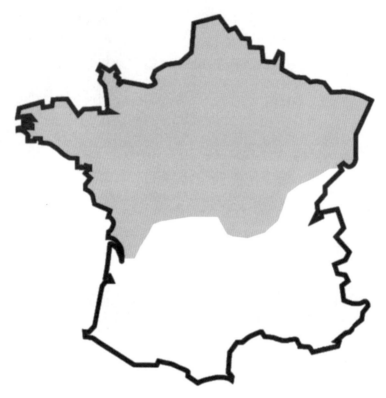

As diferentes línguas regionais da França encontram-se indicadas no mapa. Ao norte, na área cinza, localizavam-se as línguas do oïl, e no sul, na área branca, as línguas do oc.

Enquanto nas cortes de ambos os lados do canal da Mancha falava-se francês, nos campos e aldeias de toda a França a população em geral comunicava-se utilizando uma variedade de línguas e dialetos diferentes. No século XIII, Dante Alighieri classificou as línguas de origem românica então faladas em três grandes grupos a partir da palavra empregada nelas correspondente ao "sim". As línguas do *sí*, faladas nas penínsulas Itálica e Ibérica; as línguas do *oc*, na França meridional; e as línguas do *oïl*, faladas na metade norte do país. O francês propriamente dito é da família das línguas do *oïl* e antes de se tornar língua nacional era falado apenas na Île-de-France, onde se situa Paris. A palavra "sim", em francês moderno – *oui* –, é claramente uma transformação da antiga palavra *oïl*, da mesma forma que o "sim" em português resulta de uma modificação do original *sí*. As línguas meridionais da França são atualmente designadas pela denominação linguística e cientificamente mais precisa de "franco-provençal", embora sejam mais frequentemente referidas como "occitano", em clara referência às línguas do *oc* e, às vezes, um tanto imprecisamente como "provençal", que na verdade era a língua falada especificamente na região da Provença.

Durante vários séculos, a língua francesa manteve-se restrita às elites antes de se tornar a língua corrente dos franceses de todas as classes sociais. Nos séculos XVIII e XIX, o francês já era fluentemente falado pelas classes ilustradas de toda Europa, da Rússia a Portugal. Mas a propagação do francês pela Europa não foi um processo que se deu naturalmente, como fora a propagação do latim na Antiguidade, que acompanhou a expansão imperial de Roma, e a do inglês no século XX, que se deu paralelamente à afirmação da hegemonia econômica, militar e cultural dos Estados Unidos no mundo. A adoção do francês foi uma decisão política, primeiro do rei da França e, em seguida, das demais elites europeias, que o acabaram assimilando com gosto e sem grandes resistências por verem nele uma bela alternativa à língua usada pela Igreja. Para os poderosos sem batina de toda Europa, fossem eles reis, nobres, aristocratas ou burgueses, o francês acabou se tornando uma espécie de latim secular, tal como o latim fora utilizado em Roma antes da conversão do imperador Constantino ao cristianismo e da queda do Império Romano do Ocidente, em 476, quando a língua falada pelos patriarcas e imperadores deixou de ser a língua do poder temporal para se tornar o idioma dos papas e dos bispos.

Antes de se espalhar pela Europa, e muito antes ainda de passar a ser utilizado pelo povo, o francês teve de ser aprendido pela nobreza da França que, assim como os franceses das demais classes, falava apenas as suas línguas regionais. Foi nas escolas que os filhos dos nobres aprenderam a língua nacional, que lhes era ensinada não para torná-los bilíngues. O objetivo declarado da instrução escolar era substituir todos os dialetos e línguas regionais unicamente pelo francês, fazendo com que normandos, bretões, aquitanos, occitanos, provençais, lioneses e borguinhões deixassem de lado os seus particularismos culturais e linguísticos regionais para se tornarem exclusivamente franceses. Não seria um exagero afirmar que foi, em grande parte, pela imposição do francês como língua única de todos os franceses que o Estado absolutista criou a nação francesa. E é exatamente por isso que a frase de Fernand Braudel, "a língua é a minha pátria", conscientemente ou não tomada de empréstimo de Fernando Pessoa, não constitui, propriamente um plágio, parecendo tão ou mais apropriada na boca do historiador francês do que na pena do poeta lusitano.

Paralelamente à instrução, em francês, dos filhos e filhas da nobreza nas escolas e do disciplinamento do uso da língua nacional pela Academia Francesa, o Estado absolutista estimulava a transformação do francês em língua literária, e a forma de fazê-lo foi trazendo para a corte os escritores mais talentosos. Corneille foi o escritor de teatro protegido de Richelieu, da mesma forma que Molière e Racine viveram, escreveram e apresentaram suas peças na corte de Luís xiv. As obras desses três autores, às quais devem ser acrescidas as fábulas de La Fontaine, compõem a base da literatura clássica francesa escritas sempre em verso, conforme as rigorosas normas estéticas do classicismo e no mais puro francês.

A *artificialidade* do francês contraposta à *naturalidade* do inglês – no sentido de que o primeiro foi propagado, desenvolvido e fixado pelos artifícios do Estado com a colaboração dos artistas e literatos, enquanto o segundo surgiu e evoluiu livre de qualquer controle estatal ou acadêmico – é que dá à língua francesa o charme e os ares de nobreza reconhecidos e admirados por todo o mundo. Por obra da Academia Francesa, a língua de Molière é praticamente a mesma falada atualmente na França, enquanto a língua de Shakespeare pouco tem a ver com a que é hoje falada nas ruas da Inglaterra. O inglês é uma língua muito maleável, que não para de evoluir, a ponto de obras da literatura inglesa, escritas há menos de um século, terem de ser adaptadas para o inglês moderno para serem republicadas. Já as fábulas de La Fontaine podem ser lidas no original pelas crianças das escolas francesas sem grande dificuldade. O inglês é uma língua de origem popular que demorou séculos para chegar à corte britânica e aos círculos literários. O francês, ao contrário, é uma língua aristocrática que foi cuidadosamente lapidada e popularizou-se há muito pouco tempo. Segundo narra a atriz francesa, Hélène Duc, em seu livro de memórias,[2] durante os anos do entreguerras passados na sua cidade natal, Bergerac, a maior parte das empregadas domésticas que trabalhara na casa dos seus pais, geralmente de origem camponesa, falava exclusivamente *patois*, como são vulgarmente chamadas todas as variações dialetais do francês e que hoje recebem dos linguistas a denominação politicamente correta de "línguas regionais". Ainda mais recentemente, já nos anos 1980, Theodore Zeldin registrou que 21% dos franceses se diziam capazes de falar bem uma língua regional ou um dialeto, e outros 14%, razoavelmente bem, o que representava 1/3 da população francesa – o que não é pouco – com conhecimento e prática de uma língua diferente do francês, apesar da forte e constante repressão das línguas regionais pelo Estado, que só arrefeceu nas últimas décadas com a revalorização das identidades regionais.

São precisamente a origem e o sentido aristocráticos do francês que lhe dão o charme e a reputação de que ainda hoje desfruta no mundo, apesar do irresistível avanço do inglês a partir de meados do século xx, não só no mundo dos negócios e das finanças, mas também no das comunicações, da diplomacia e da ciência. Embora em desuso como língua de comunicação internacional, o francês não perdeu a majestade e a aura de língua culta de que desfrutou por vários séculos e, enquanto tal, continua sendo referência universal, inclusive no mundo anglo-saxão. Na Inglaterra e nos Estados Unidos, saber falar francês é indício de cultura e refinamento, e o emprego de palavras francesas como *connaisseur, gourmet, madame* e *chauffeur*, e a inserção de expressões como *au revoir, vis-à-vis, bon vivant* e *noblesse oblige*, aqui e acolá, são demonstrações de erudição e de elegância.

Apesar do inegável prestígio que a língua francesa desfruta no panorama linguístico internacional, o mal-estar nos meios intelectuais e acadêmicos franceses é indisfarçável. Afinal, durante muitos séculos o francês brilhou soberano em todas as instâncias internacionais, e nenhum intelectual francês necessitava mais que a sua língua materna para se fazer ouvir no mundo. Mas nas últimas décadas tudo mudou, e o uso do francês no mundo entrou em inapelável declínio. Suprema ironia do destino: a língua francesa, que há cinco séculos fora *a* alternativa ao latim como língua universal, hoje se esforça por sobreviver como *uma* das alternativas ao avassalador predomínio do inglês no cenário internacional. A antiga universalidade representada pelo francês até a primeira metade do século xx hoje cede lugar à reivindicação da diversidade linguística e cultural no mundo contemporâneo.[3] Mas o declínio do uso do francês no mundo não significa, em absoluto, declínio da língua. O francês exibe ainda um saudável vigor e vitalidade.[4] Se comparada ao português no Brasil – onde a língua vernácula é também extremamente viva e vigorosa, mas com uma dinâmica inteiramente diversa –, a língua francesa ostenta uma invejável capacidade de adaptação e afrancesamento das palavras vindas do inglês. Por exemplo, as novas palavras surgidas com o advento da informática, e cunhadas originalmente em inglês, foram perfeitamente bem transpostas para o francês e – mais ainda – são usualmente empregadas pelos franceses. *Computer* virou *ordinateur*; *mouse* foi traduzido por *souris,* que, literalmente, quer dizer "camundongo"; *software* tornou-se *logiciel*; e, por iniciativa dos canadenses de Québec, *e-mail* – que nada mais é do que a contração das palavras *electronic mail* (correio eletrônico) – virou *courriel*, igualmente contração de *courrier élétronique*. *Walkman* virou *baladeur* e *download* se diz *téléchargement*. No entanto, há outras palavras e expressões cuja tradução seria extremamente simples, mas que são utilizadas em inglês como, por exemplo, *week-end*, e não *fin-de-semaine*, como seria o mais lógico; *chewing gum*, para designar "chiclete"; *parking*, para "estacionamento", ainda que o verbo utilizado para designar a ação seja *se garer*, derivado do substantivo francês *garage*, aliás, também utilizado em inglês. A palavra "orçamento" diz-se em francês *budget*, tal como em inglês, apesar da palavra inglesa derivar de *bougette*, que no francês antigo significava uma pequena bolsa onde se guardava dinheiro. Mas esses empréstimos da língua inglesa não preocupam os linguistas e defensores da língua francesa. Aliás, a lei promovida pelo ministro da Cultura do presidente Chirac, Jacques Toubon, em 1994, obrigando o afrancesamento de todas as palavras e expressões estrangeiras utilizadas diariamente pelos franceses, foi imediatamente ridicularizada – inclusive pelo próprio Chirac – e nunca foi realmente cumprida. A vitalidade do francês independe da adoção ou não de palavras ou expressões estrangeiras e reside, sobretudo, na forma como os franceses raciocinam e se expressam, independentemente do emprego de estrangeirismos. Aliás, o

Institut de France, sede da Academia Francesa, a guardiã da pureza da língua de Molière, criada por Richelieu sob o reinado de Luís XIII.

francês é, atualmente, uma das línguas estrangeiras mais estudadas em todo o mundo, ainda que não esteja entre as cinco mais faladas.

A unidade e homogeneidade da língua francesa, promovidas e mantidas pelos artifícios da Academia Francesa (nunca é demais ressaltar o seu papel nisso), encontram-se de tal forma arraigadas na mentalidade dos franceses que as menores variações sintáticas, ortográficas ou gramaticais – que são normalmente aceitas pelos povos falantes de outras línguas – os faz considerá-las línguas distintas. Não só os linguistas da França, mas os franceses em geral, reservam o termo *anglais* (inglês) para designar a língua falada pelos ingleses, pois consideram que nos Estados Unidos fala-se *américain* (americano), e não inglês. Da mesma forma, para os franceses a língua falada em Portugal é, naturalmente, *portugais*, mas não no Brasil, onde se fala *brésilien*. Embora a língua francesa, como todas as demais línguas neolatinas, exiba uma flexibilidade sintática bem maior que as línguas anglo-germânicas, a rigidez do raciocínio que singulariza os franceses os faz considerar que certas variações constituam corrupções da língua ou, na melhor das hipóteses, transformações tão grandes que não lhes permitem mais reconhecê-las como uma mesma língua.

Essa rigidez de percepção dos franceses não se restringe ao plano da ortografia, da concordância e da regência, mas também se manifesta em outros domínios das suas relações sociais. Os códigos verbais de comunicação utilizados cotidianamente pelos franceses são muito precisos e claros, não deixando margem a dúvidas para quem os conhece bem.

RACIOCINAR E EXPRIMIR-SE À FRANCESA

Qualquer que seja a origem social, racial ou geográfica dos franceses e francófonos espalhados pelo mundo, todos se exprimem de uma maneira tal que revela a mesma forma de raciocinar. Ainda que haja variações linguísticas, de sotaque e de expressões entre franceses, belgas, suíços, canadenses, senegaleses, reunioneses e antilhanos, quando eles começam a falar a língua de Molière, deixando de lado suas eventuais línguas regionais ou crioulas, é o raciocínio cartesiano que emerge e domina a comunicação. Falar francês implica, a um só tempo, ser objetivo no que se quer expressar; abundante no recurso a palavras e reflexões – mas jamais prolixo – de forma que não reste dúvida ao interlocutor sobre o sentido daquilo que se quer transmitir; e elegante na formulação e encadeamento das ideias. Para os franceses, a estética da língua é indissociável do seu alcance, poder e profundidade de estabelecer uma clara comunicação entre os indivíduos.

O francês não comporta meias-palavras ou subentendidos. Tudo deve ser claramente dito e explicitado: o sujeito, os pronomes, o verbo, o objeto direto e o indireto. Nenhum falante de francês pode se dar algumas liberdades rompendo com algumas normas da língua de Molière, como é frequente fazerem os brasileiros com a língua de Camões. Aliás, em português há algumas formas gramaticais da língua culta que se empregadas na língua falada soariam pedantes e até risíveis. Por exemplo, a seguinte pergunta e resposta seria inimaginável entre dois falantes de português: "Tu mo dás?" "Sim, eu to dou". No entanto, na França, na Martinica ou no Senegal, o diálogo *"Tu me le donnes?" "Oui, je te le donne"* não só é absolutamente corriqueiro como é também obrigatório. Para um falante de francês, é inconcebível uma construção verbal em que tanto o sujeito quanto o objeto e os pronomes gramaticalmente requeridos estejam ocultos, tal como na seguinte formulação que é absolutamente aceitável para brasileiros, portugueses ou angolanos: "Você me dá (isso)?" "Dou".

A clareza na comunicação deve também ser acompanhada pela adequada fundamentação daquilo que se quer transmitir. Como um ser racional, não basta ao francês exprimir claramente as suas preferências, mas elas devem também demonstrar que não resultam de uma vontade cega, mas de uma análise ponderada dos prós e dos contras. Essa forma de raciocinar e de se exprimir não incide apenas sobre temas relevantes e convicções profundas acerca da moral, da política ou da religião, mas recobre todo o universo das relações comunicativas, indo até as pequenas coisas do cotidiano. Dois diálogos imaginários, entre dois brasileiros e dois franceses, podem melhor exemplificar essa questão. Um brasileiro, ao perguntar a outro como teriam sido suas férias, receberia a seguinte resposta: "– Foram ótimas! O tempo estava bom e o mar lindo. Deu para descansar bastante e recarregar as energias". Essa resposta, suficiente para os brasileiros, pareceria um tanto lacônica e incompleta para um francês, que responderia da seguinte forma: "– Foram muito boas. Os dias foram magníficos, ensolarados, céu azul e com temperatura, em geral, bastante agradável. O mar estava mais verde e mais calmo do que de costume nesta época do ano, o que não é muito adequado para velejar e fazer esportes náuticos, mas que, no entanto, é melhor para se banhar. Pela manhã, quando o sol estava menos forte, fazíamos longas caminhadas pela praia, e durante as tardes quentes aproveitamos para ler e repousar à sombra. Enfim, é sempre bom mudar de ares e de hábitos, além de aproveitar a brisa marítima de verão". Essas duas diferentes respostas à mesma pergunta revelam duas perspectivas distintas do que seja a comunicação: a do brasileiro, mais econômica em palavras, está toda concentrada na expressão do sentimento, deixando de lado os fatos e eventos que o provocaram; a do francês é mais abundante na descrição das situações e dos fatos que justificariam os sentimentos transmitidos. Para os franceses, a expressão dos sentimentos não é secundária, mas ela só faz sentido se racionalmente justificada. Afinal, todos os seres humanos são igualmente racionais, e não haveria outro meio senão a razão para os indivíduos se entenderem e tornarem compreensíveis e aceitáveis as suas diferenças. É por isso que é tão importante para os franceses a homogeneidade da língua e sua forma de se expressar.

Como a língua é o primeiro e principal plano de igualdade entre os franceses, a assimetria no tratamento interpessoal lhes soaria muito estranha. Para eles, assim como para os demais povos que se expressam cotidianamente em francês, não seria imaginável que a hierarquia social se expressasse também no tratamento verbal que as pessoas dispensam umas às outras no seu cotidiano. Se no Brasil é comumente aceito que pessoas hierarquicamente superiores tratem as que se encontram abaixo delas na escala social por *tu/você* e sejam por elas tratadas por *senhor(a)*, na França, isso seria inadmissível. Um patrão francês dispensa ao seu empregado, quaisquer que sejam as suas origem e *status* sociais, o mesmo tratamento respeitoso que este lhe deve: *vous*, isto é, *o(a) senhor(a)*, e jamais *tu*, isto é, *tu/você*. De forma análoga, as pessoas mais velhas tratam as mais jovens sempre em um mesmo plano de igualdade formal e comunicativa. A diferença é que aqueles que são mais íntimos se chamam mutuamente por *tu*, sejam eles um neto e um avô, e os menos próximos se tratam por *vous*, ainda que sejam dois jovens adultos ou dois anciões.

O pronome *vous* é geralmente empregado pelos franceses para se dirigirem a todas as pessoas do seu convívio social e profissional com quem não têm intimidade, com a notável exceção dos mendigos, que não dão senhorio a ninguém e se dirigem a qualquer pessoa sempre e irreverentemente por *tu*. A passagem do emprego do *vous* para o *tu* não obedece a uma regra precisa e dependerá da relação que irá se estabelecer entre as pessoas. Normalmente, após algum tempo de contato entre pessoas que começam a se tornar próximas, uma delas propõe à outra "*on peut se tutoyer?*" (podemos nos tratar por tu/você?), e se a resposta for afirmativa ambas passarão então a utilizar a segunda pessoa do singular. No entanto, às vezes por excesso de prudência, essa proposta nunca chega a ser feita, o que não impede as pessoas de tornarem-se amigas, e até íntimas. Nesses casos, elas abandonarão o tratamento cerimonioso de *monsieur* (senhor) ou *madame* (senhora), passando a se chamar mutuamente pelo primeiro nome (fulano ou beltrano), mas sem deixar de *se vouvoyer*, isto é, de empregar o pronome *vous* para se dirigir uma à outra.

O uso de *tu* entre adultos é, na verdade, bastante recente. Muitos franceses nascidos no primeiro quartel do século XX têm ainda dificuldade de utilizá-lo, mesmo na intimidade. Durante o *Ancien Régime*, o pronome *vous* era empregado em todos os contatos entre adultos, quaisquer que fossem a classe social dos indivíduos e a intimidade existente entre eles. Depois de 1789, alguns revolucionários mais radicais quiseram forçar a mudança do costume e popularizar o uso do pronome *tu*, que, segundo eles, seria mais adequado ao tratamento entre cidadãos em uma sociedade igualitária, ao contrário do *vous*, que seria característico da sociedade aristocrática a que eles queriam pôr fim, mas a inovação encontrou forte resistência, sobretudo entre os camponeses, tradicionalmente conservadores. Na literatura do século XVIII, observa-se o emprego do pronome *vous* mesmo nas relações mais íntimas, como exemplifica a farta correspondência trocada entre os personagens principais do romance de Choderlos de Laclos, que foi levado ao cinema por Stephen Frears, em 1988, *Ligações Perigosas*: a marquesa de Merteuil (Glenn Close) e o visconde de Valmont (John Malkovich), amigos íntimos e cúmplices nos seus sórdidos jogos de sedução, e entre a madame Tourvel (Michelle Pfeiffer) e o visconde libertino, que acabaria terminando por seduzi-la.

Além dos pronomes de tratamento, há outros códigos de sociabilidade cotidiana que são de regra entre os franceses. Cumprimentar-se e despedir-se, agradecer e responder ao agradecimento são absolutamente obrigatórios em quaisquer circunstâncias. Todo contato inicia-se imperiosamente por *bonjour, monsieur/madame/mademoiselle* (bom-dia, senhor/senhora/senhorita), que deverá ser imediatamente correspondido nos mesmos termos antes de se partir para o objetivo da interlocução, que pode ser simplesmente a compra de um pão, e termina indefectivelmente por *au revoir, monsieur/ madame/mademoiselle*. Pedir licença e agradecer qualquer ato – ainda que este seja obrigatório, como o pagamento por uma mercadoria comprada – são também de praxe: *s'il vous plaît* (por favor) e *merci* (obrigado) nunca podem faltar em qualquer contato. O uso generalizado desses códigos de sociabilidade torna as relações sociais mais fáceis e previsíveis, mas nada revela do humor do interlocutor.

Na França, mesmo a pessoa mais mal-humorada na face da Terra jamais deixará de cumprimentar, despedir-se e agradecer o seu interlocutor, contrariamente aos brasileiros, que confundem mal-humor com falta de polidez. Um francês mal-humorado bufará muito (pois todos bufam um pouco) e reclamará demais (pois todos também sempre reclamam um pouco), mas não deixará de empregar as fórmulas de convivência social obrigatórias. Um francês levantará a voz se estiver irritado, será grosseiro, desagradável até, mas jamais levantará a mão, baterá na mesa ou faltará ao respeito com a pessoa com quem estiver discutindo. Qualquer manifestação física de violência os deixa atônitos, pois não faz parte do seu universo simbólico e comunicativo. Mas em violência verbal eles são imbatíveis: permitem-se serem cáusticos, destrutivos e até mesmo arrasadores, sem jamais abandonar os padrões mínimos de civilidade. É muito comum assistir-se a bate-bocas acalorados nas ruas da França, nos quais as coisas mais cruas são duramente ditas, mas a dureza e a crueza das palavras não degeneram em atos de agressão física. Afinal, os franceses pretendem ser, antes de tudo, racionais, e a razão se expressa por meio do verbo, e não da força física.

No entanto, como a vida resiste a revelar todos os seus mistérios por meio da razão, não sobra aos franceses outro recurso senão o silêncio quando o pensamento começa adentrar naqueles terrenos pantanosos onde as palavras podem exprimir sentimentos, mas não são capazes de os justificar e sustentar racionalmente.

O DITO E O NÃO DITO NA CULTURA FRANCESA

A crença no poder da razão revelado pelas palavras é tão forte entre os franceses que determinados fatos da sua história, familiar ou coletiva, que venham a contradizer a racionalidade e os princípios da igualdade e da fraternidade acabam sendo banidos do universo das palavras. Tudo aquilo que atenta frontalmente contra seus valores coletivos não deve ser verbalizado e precisa ser guardado a sete chaves como em uma caixa de Pandora, que, uma vez aberta, liberaria todos os males do mundo. Entre os franceses, há uma frase que é frequente e conclusivamente repetida quando um assunto incômodo vem à tona: *on n'en parle pas*, que significa "não se fala disso". Essa fórmula, aparentemente muito próxima da utilizada em português – não se fala mais disso –, tem, entretanto, um significado muito distinto. O *mais* faz toda a diferença.

A proposta de não se falar *mais* de alguma coisa significa que já se falou tanto dela que não há mais nada a ser dito, e, como nenhuma das partes irá convencer a outra, ambas entram em acordo e nada mais falam daquilo que durante um certo tempo as opôs.

Mas quando se diz "não se fala disso", trata-se de questões que nunca foram abertamente discutidas, que são do conhecimento de todos, mas que são tabus que não devem ser tocados. Cada família tem sempre lá as suas mazelas – que podem ser casos de suicídio, de infidelidade conjugal ou de colaboração com o invasor estrangeiro, entre tantas outras possibilidades –, que embora de conhecimento de todos não devem nunca ser falados. E, coletivamente, os franceses têm uma série de outras questões mal resolvidas, que são, aliás, de conhecimento público e documentadas historicamente, sobre as quais não se troca nenhuma palavra. O silêncio é a forma de os franceses tratarem dos seus males, ou melhor, de deixar de tratar deles.

Cada povo tem a sua forma de expiar os seus pecados e de ajustar as contas com a sua história. Os americanos costumam fazer a sua catarse coletiva levando os seus atos inglórios para as telas de cinema. O número de filmes que os Estados Unidos produziu sobre a Guerra do Vietnã é um bom exemplo dessa prática de contar e recontar mil vezes a mesma história, ainda que sob ângulos diferentes. Os alemães tratam as suas feridas destruindo e reconstruindo o cenário em que ocorreram os seus delitos. Depois da Segunda Guerra Mundial, aquilo que não havia sido completamente destruído pelos bombardeios das forças antinazistas foi destruído por eles mesmos para, no lugar, construir uma nova Alemanha sem as máculas do passado. Da mesma forma, após a queda do Muro de Berlim e a unificação das duas Alemanhas, a cidade transformou-se em um grande canteiro de obras que iria dar origem a uma nova capital onde não se pudesse mais encontrar as marcas do país dividido. Os franceses se calam e, assim fazendo, recalcam os seus males.

Há dois buracos negros na história recente dos franceses: o seu passado colonial e a colaboração com a Alemanha nazista durante a Segunda Guerra. Sobre essas questões, *on n' en parle pas*. O fabuloso império colonial, que antes fora motivo de orgulho dos franceses e razão de diversas exposições coloniais, organizadas na França e em outros países da Europa durante a segunda metade do século XIX e primeira do XX, hoje é motivo de vergonha. A própria palavra *colônia* foi banida do léxico dos franceses, provavelmente por aludir à desigualdade existente entre os povos das colônias e o da metrópole, situação de fato e de direito que agredia o princípio da igualdade republicana tão caro aos franceses. Da mesma forma, a palavra *colaboração* foi condenada ao esquecimento e ao desuso, pois lhes lembra imediatamente o regime colaboracionista de Vichy com os nazistas, outra vergonha nacional francesa, que representou uma ruptura não só com a República, mas também com os valores fundadores da França contemporânea de liberdade, igualdade e fraternidade. Não deixa de ser curioso que o povo que tanto cultiva e preza as palavras e a

184 | Os franceses

razão se cale diante dos fatos da sua história que venham a contradizer a sua autoimagem positiva de farol da humanidade.

Chega a ser inclusive paradoxal que a cultura que produziu os teóricos que inventaram o estruturalismo, corrente que, entre outras coisas, procura na estrutura das palavras e da linguagem a raiz para a explicação dos mais importantes fenômenos humanos e sociais, recuse-se a colocar em palavras aquilo que a incomoda. O primeiro estruturalista não era propriamente um francês, mas um suíço francófono nascido em Genebra, o linguista Ferdinand de Saussure. Outro grande expoente do estruturalismo é o etnólogo e antropólogo francês nascido em Bruxelas, em 1908, Claude Lévi-Strauss.

No campo da filosofia estruturalista, foi Louis Althusser, nascido na Argélia e morto na França, que a pontificou. E na psicanálise, foi Jacques Lacan que iria reler Freud com a contribuição da teoria estruturalista de Saussure e descobrir que o inconsciente se estrutura como uma linguagem. Na análise psicanalítica proposta por Lacan, o significante – ou seja, a palavra empregada – prepondera sobre o significado que ela possa ter para quem a verbaliza. Na linguagem e pela linguagem é que o inconsciente se comunica com o consciente. Pela verbalização, que antecede a escrita, é que se elaboram os problemas, desnudam-se os traumas, criam-se soluções, assim como novos conceitos e teorias que ajudam a fazer avançar o conhecimento. Pelos atos faz-se a guerra, mas é só por meio das palavras que se celebra a paz. Portanto, é mais que curioso e paradoxal, chega a ser gritante o silêncio do povo de Descartes, que fala a língua de Molière, mas que se nega a deitar no divã de Lacan, onde teria de falar, sob pena do silêncio se tornar ensurdecedor. *On n'en parle pas!*

A COMUNICAÇÃO ESCRITA: DO CORREIO AO MINITEL

Um povo que tanto preza as letras como os franceses não poderia se restringir às palavras faladas, que se vão com o vento. Escrever é um exercício cotidiano e fundamental dos franceses. Na França, há concursos de ditado que são televisionados e que mobilizam as pessoas. A ortografia francesa é complexa e cheia de arcaísmos que demandam muito da memória. Na corte de Napoleão III, o ditado já era passatempo de adultos e, desde então, nunca mais abandonou os franceses, que se regozijam em saber escrever corretamente a sua bela língua. Nos anos 1980, o apresentador de televisão francês, Bernard Pivot, reascendeu o velho gosto dos franceses pela ortografia, criando grandes campeonatos internacionais de ditado entre os francófonos dos quatro cantos da Terra. Mas isso é apenas a ponta do *iceberg* do amor dos franceses pela sua própria língua.

Formais e letrados que são, os franceses têm por costume comunicarem-se por escrito. A correspondência por correio sempre foi muito comum entre eles. Enviar uma pequena carta convidando amigos para jantar ou agradecendo um jantar para o qual se fora convidado era, até bem pouco tempo, um hábito bastante comum. Na universidade, deixar um *petit mot* (bilhete) no escaninho do professor também era prática mais que corrente. Os franceses são um povo de letras e, enquanto tal, escrevem regularmente, e quando não escrevem falam quase como se estivessem escrevendo. Talvez por isso o correio seja uma das mais antigas, eficientes e populares instituições da França. Mais do que em qualquer outro país que eu conheça, há agências de correio por todo o canto, sem falar das caixas de correio espalhadas pelas ruas das cidades. Durante muito tempo, a empresa dos correios reuniu todos os meios de comunicação da época: correios, telégrafos e telefones (*Postes, Télégraphes et Téléphones*), donde a sigla PTT, que foi mantida até o final dos anos 1980, quando os serviços postais e de telefonia foram separados em duas empresas distintas: La Poste e France Télécom. Além dos serviços postais, a empresa e as agências de correios funcionam como um banco em que se pode abrir uma conta corrente ou de poupança, fazer aplicações financeiras, pagar contas e sacar dinheiro, e que fornece aos seus correntistas talões de cheque e cartão de crédito como qualquer outro banco comercial. A vantagem dos correios sobre as demais instituições bancárias da França é a sua enorme rede de atendimento e seu maior período de abertura ao público, que se inicia antes e se encerra após o dos demais bancos comerciais, e que se estende, inclusive, aos sábados.

Apesar de os serviços de telefonia funcionarem muito bem na França e serem acessíveis a todas as residências desde os anos 1970, os franceses não perderam o hábito de trocar missivas pelo correio. Na verdade, o hábito de se comunicar por escrito é tão arraigado entre eles que, já no início dos anos 1980, a France Télécom desenvolveu um sistema de comunicação chamado *minitel*, que no fim da década já se tornara uma espécie de internet restrita à França. Inicialmente concebido para substituir as grossas listas telefônicas impressas em papel, permitindo aos usuários fazer consultas à relação de assinantes através de um pequeno terminal eletrônico composto por uma pequena tela e um teclado ligados à linha telefônica, o minitel logo se transformou em meio de comunicação, informação e comércio eletrônico. Os americanos que visitavam a França nos anos 1980 ficavam boquiabertos com aquela tecnologia avançada e integrada à vida cotidiana dos franceses, pois, naquela época, não havia nada semelhante nos Estados Unidos. Embora a rede mundial de computadores tenha sido desenvolvida pelos americanos por volta do fim dos anos 1960, o seu uso manteve-se restrito à área militar, sendo somente a partir da última década do século XX que ela iria se tornar disponível ao grande público.

O revolucionário minitel, precursor francês da internet dos anos 1980 que ainda sobrevive apenas em lares de pessoas mais idosas que não têm computador e que se servem dos seus numerosos serviços.

Tal como hoje é comum às empresas privadas e aos estabelecimentos públicos terem as suas páginas na internet, na França muitas organizações tinham seus serviços disponíveis pelo minitel. A partir do terminal instalado gratuitamente pela France Télécom em suas residências, os franceses podiam ter acesso a uma série de informações e serviços públicos – algumas delas gratuitas –, como horários de partida e chegada de trens, a situação do tráfego nas estradas do país e a previsão meteorológica. Paralelamente às linhas de serviços públicos, havia as eminentemente comerciais – estas sempre pagas pelo usuário –, por meio das quais se podiam comprar bilhetes para espetáculos e passagens de avião e trem, exatamente como se pode fazer atualmente pela internet, isto é, fornecendo o número do cartão de crédito do comprador. Além das linhas comerciais, havia ainda as linhas de comunicação entre pessoas, à época chamada *ligne rose*. Da mesma forma que atualmente existem pessoas virtualmente viciadas em *chats* na internet, havia muitos franceses e francesas solitários que passavam horas e horas "conversando", ou melhor, trocando mensagens escritas com outras pessoas conectadas na rede do minitel. No fim do mês, quando chegava pelo correio a conta telefônica, tinha-se a dimensão do custo desse divertimento, pois os serviços do minitel eram faturados por tempo de utilização da rede. E, como esses serviços eram pagos, havia animadores na rede pagos pela empresa que não estavam minimamente interessados em conhecer quem quer que seja, mas apenas dedicados a fazer com que os usuários se mantivessem em linha.

O uso do minitel foi tão difundido entre os franceses que retardou a sua adesão à internet. Se, em 1985, havia mais de um milhão de aparelhos de minitel em operação na França, em 2000 esse número iria chegar perto de nove milhões, servindo a cerca de 25 milhões de pessoas, o que correspondia a pouco mais 40% da população do país. Mas o avanço da internet no mundo foi enorme e a França não poderia ficar de fora. Embora o minitel seja incomparavelmente mais barato que um computador – pois não tem processador interno nem memória e disco para armazenar dados –, os seus serviços são tarifados e restritos à França. Por isso, apesar da resistência inicial dos franceses a trocar a sua tecnologia nacional pela americana, o minitel acabou cedendo lugar à internet e só não sucumbiu inteiramente porque os seus serviços passaram também a ser acessados pela rede mundial de computadores, mas sempre cobrados à parte.

O ano de 2004 foi o que marcou a adesão definitiva dos franceses à internet. Metade deles acessava regularmente a rede mundial de computadores, assim como a metade dos lares já se encontrava conectada à rede por banda larga. Atualmente, a proporção de internautas na França é equivalente à dos demais países europeus. Foi um crescimento rápido e vertiginoso, que revela bem uma característica bem peculiar dos franceses. Na mesma medida em que eles são conservadores e apegados aos seus costumes e hábitos, são capazes de assimilar e integrar ao seu cotidiano as novas tecnologias com uma rapidez

188 | Os franceses

surpreendente. A elevada proporção de internautas, em 2004, surpreende quando comparada com o intenso uso do minitel quatro anos antes. Houve, portanto, uma rápida e massiva migração do uso de uma tecnologia para a outra.

Para que o leitor possa fazer uma ideia do grau de conservadorismo dos franceses e da rapidez espantosa com que eles são capazes de assimilar o novo, relatarei um fato – aliás, muito engraçado e que até parece piada – ocorrido no final dos anos 1990. Num jornal diário da TV5 International, foi veiculada uma reportagem acerca de uma nova exposição temporária no Museu d'Orsay, em Paris, composta exclusivamente de obras de artes roubadas pelos nazistas das famílias judias durante a Segunda Guerra. Essa exposição – anunciava a reportagem – também poderia ser virtualmente visitada pelos internautas acessando a página do museu na internet, o que mostrava, claramente, a disposição da direção do museu em se utilizar daquela nova tecnologia para a divulgação dos seus eventos culturais. Interessado em ver as obras, acessei a página do Museu d'Orsay na internet, mas não consegui identificar o *link* para a exposição virtual. Enviei, então, uma mensagem eletrônica perguntando o caminho para acessar a exposição. Cerca de uma semana depois recebo uma reposta do museu, indicando o caminho. O leitor imaginará que a resposta me foi enviada por correio eletrônico, ou seja, pelo mesmo meio utilizado por mim. Mas esse que seria o meio mais lógico não foi, entretanto, o utilizado pelo Museu d'Orsay. A resposta chegou-me, na verdade, por correio convencional, em envelope timbrado e selado, escrita em papel ofício e devidamente assinada pelo funcionário, que assim me instruiu: "Prezado senhor, a exposição que é do seu interesse visitar encontra-se acessível através do segundo *link*, de baixo para cima, localizado na coluna esquerda da página principal do Museu d'Orsay na internet. Atenciosamente, fulano de tal".

Durante muito tempo guardei essa resposta para mostrar, sobretudo aos meus amigos franceses, o quanto aquele povo e aquela sociedade, indubitavelmente muito modernos e avançados, são também altamente conservadores nos seus procedimentos administrativos e na relação com as suas instituições – no caso, os correios. Hoje esse caso jocoso certamente não se reproduziria mais, pois o uso do correio eletrônico também já se disseminou na França. Mas o fato ainda vale como exemplo de quanto conservadorismo e modernidade andam juntos na França.

Notas

[1] "Messieurs, honni soit qui mal y pense! Ceux qui rient en ce moment seront un jour très honorés d'en porter une semblable, car ce ruban sera mis en tel honneur que les railleurs eux-mêmes le rechercheront avec empressement."

[2] Hélène Duc, Entre cour et jardin, Paris, Pascal, 2005.

[3] Claude Hagèges, Combat pour le Français: au nom de la diversité des langues et des cultures, Paris, Odile Jacob, 2006.

[4] Paul-Marie Coûteaux, Etre et parler français, Paris, Perrin, 2006.

O LAZER

A forma como as pessoas se divertem também diz muito sobre a forma como elas vivem. O divertimento não é necessariamente um escape da dura e crua realidade da vida cotidiana – embora, às vezes, possa sê-lo. Na maior parte das vezes, os jogos são um treinamento lúdico que prepara as pessoas a enfrentar os desafios que a vida certamente lhes apresentará. Na Roma Antiga, as lutas entre gladiadores tinham claramente um sentido de formação cívica para o povo que assistia das arquibancadas aos sangrentos duelos. Daquele espetáculo de violência e sangue, os cidadãos romanos provavelmente algum dia iriam participar não na condição de gladiadores, mas como soldados do Império Romano em suas frequentes incursões militares pela Europa, Ásia e África. De forma análoga, mas em sentido oposto ao do circo romano, a capoeira não era apenas um jogo de entretenimento para os negros escravos no Brasil, mas uma forma que os cativos desenvolveram para exercitar suas artes marciais sem que seus senhores e feitores sequer desconfiassem o que eles de fato estavam fazendo.

Mais que o próprio trabalho, o lazer revela a forma como os seres humanos de diferentes culturas relacionam-se com a sua própria vida e uns com os outros. É exatamente por essa razão que aquilo que para alguns povos é excitante, para outros pode parecer tedioso. O entusiasmo que os ingleses têm com um jogo de *cricket* não pode ser compreendido pelos brasileiros, assim como o prazer que estes sentem em ficar horas estatelados como lagartos na areia da praia não faz o menor sentido para os franceses, que acham o *dolce far niente* a coisa mais aborrecida e desinteressante da Terra. Mas cada povo se diverte à sua maneira, e os franceses se divertem à sua. As festas, sejam elas públicas ou privadas; a relação com o esporte, seja ele profissional ou amador; e a forma de se utilizar o tempo livre, no cotidiano ou nas férias, são altamente reveladoras de como um povo vive e vê a sua vida.

O PIQUENIQUE

Os franceses são, em geral, muito ativos e detestam perder tempo e ficar à toa. Mas quando se trata de fazer as refeições eles não têm nenhuma pressa. Nesse ponto, eles são os antípodas dos americanos que inventaram o *fast food* e que não costumam interromper sua jornada de trabalho, contentando-se em comer um sanduíche no escritório. Para os franceses, comer não se limita à satisfação de uma necessidade fisiológica, mas é, sobretudo, um momento de prazer e de confraternização. Os almoços dominicais costumam ser longos, assim como os jantares que são preparados para receber algum convidado. Mas as longas refeições não se limitam ao espaço doméstico e aos restaurantes e são também frequentemente feitas em espaços públicos e ao ar livre. O piquenique é uma das mais antigas e populares formas de os franceses empregarem o seu tempo livre, desde que não faça frio e que haja sol.

Os franceses aproveitam intensamente os curtos verões do seu país, que não raras vezes tardam a começar e que, com muita frequência, terminam antes do início oficial do outono, fazendo, entre outras coisas, muitos piqueniques. Aos domingos, os parques urbanos e as florestas próximas às cidades enchem-se de pessoas que para lá vão passar longas horas, fazendo a sua refeição, geralmente sentadas no chão. Após a Revolução Francesa – que teve início no verão –, quando os parques e florestas que cercavam os castelos reais foram abertos ao público, os piqueniques se tornaram uma atividade de lazer bastante popular. Atualmente, o piquenique é uma instituição nacional e prática comum a todas as camadas sociais, não tendo mais qualquer conotação de classe. De tão comum nos seus hábitos, os franceses não se contentaram mais apenas com o substantivo *pique-nique* e inventaram também o verbo *piqueniquer*. A palavra composta *pique-nique* resulta da junção do verbo *piquer* (pegar) e do substantivo *nique* (coisa sem importância), que descreve com bastante precisão esse tipo de refeição, composta por uma série de pequenas coisas que podem ser comidas com as mãos, sem o auxílio de pratos e talheres. Para um piquenique, leva-se sobretudo alimentos que se consomem frios, mas quando o local permite pode-se também enriquecer a refeição com espetinhos de carne grelhados (*brochettes*). Não há exatamente uma regra para um piquenique, mas há algumas exclusões. Comer um sanduíche e tomar um refrigerante sentado num parque não constitui um piquenique e recebe um outro nome: *casse-croûte*, isto é, um lanche rápido para se matar a fome, e não um prazer a ser apreciado pelos sentidos e compartilhado com os familiares ou amigos. A imagem popularizada de cesta de piquenique com a toalha xadrez tampouco é essencial e corresponde mais a uma representação dos desenhos animados de Walt Disney do que aos hábitos dos franceses. O fundamental é que sobre a tolha sejam colocadas diversas pequenas coisas apetitosas e passíveis de serem combinadas, como pães e queijos, presunto, salames e outros fiambres e carnes embutidas, patês, ovas, frutas, além – é claro – de água e vinho.

O lazer | 191

Duas representações de um piquenique no século XIX. O *Almoço sobre a relva*,
de Manet, que causou escândalo pela nudez em primeiro plano,
e a tela homônima de Monet, que retrata uma cena tipicamente burguesa.

192 | Os franceses

Duas telas homônimas de dois famosos pintores franceses do final do século XIX retratam um piquenique: *Le Déjeuner sur l'herbe* (Almoço sobre a relva) de Édouard Manet e de Claude Monet. A de Manet foi pintada primeiro, entre 1862 e 1863, e escandalizou o público por apresentar, no primeiro plano, uma mulher inteiramente nua, olhando fixamente o espectador, sentada entre dois homens vestidos dos pés à cabeça que conversam com a maior naturalidade. Já a de Monet foi pintada entre 1865 e 1866 e, embora não tenha chocado o público por representar um piquenique mais aos moldes burgueses, com pessoas convencionalmente vestidas, também rompia com os padrões estéticos acadêmicos devido ao seu traço impressionista. Em ambas, sobre a toalha encontram dispostos pães e frutas, de uma forma mais negligente na tela de Manet e mais cuidadosamente arrumados na de Monet, onde se veem também outros alimentos, além de garrafas de água e de vinho, copos, pratos e talheres.

Os franceses não têm qualquer pressa à mesa e nos seus piqueniques, seja porque o ato de comer não combina com movimentos vigorosos do corpo, suprimindo a devida fruição dos sabores e comprometendo a digestão, seja porque a gastronomia tem uma importância capital na cultura francesa (e por isso a gastronomia será o objeto do próximo capítulo). Mas em todas as demais atividades da sua vida cotidiana, eles são muito rápidos e dinâmicos. O dito popular italiano *prima far niente, dopo riposare* (primeiro não fazer nada e depois descansar) é inteiramente descabido para os franceses, para quem nada fazer não é descansar, mas pura perda de tempo. Os franceses só descansam e se divertem quando estão fazendo mil coisas. Não todas de uma vez, o que também lhes pareceria absurdo, mas uma após a outra, com dedicação, atenção e método. É por isso que a prática desportiva é tão disseminada na França.

O ESPORTE

Diferentemente dos americanos, para quem o esporte é uma prática altamente competitiva que se deve fazer com todo o profissionalismo possível com o objetivo de vencer e tornar-se campeão, ou dos brasileiros, que esmagadoramente adoram futebol e raramente praticam mais de um esporte (quando praticam um), os franceses são essencialmente poliesportivos, tanto no seu gosto quanto nas suas práticas. Futebol, tênis, esqui, ciclismo, automobilismo e rali, entre vários outros, são alguns dos esportes altamente apreciados pelos franceses. Os campeonatos de futebol atravessam o ano inteiro, assim como os de automobilismo, mas há outros que ocorrem em certas épocas do ano, como os de esqui e o rali Paris-Dacar durante o inverno, e o torneio de tênis Roland-Garros e a competição de ciclismo Tour de France no verão.

A temporada esportiva inicia-se no mês de janeiro com o Rally Dakar, como é atualmente chamado pelos franceses, e que teve início em 1979 sob a denominação de Rally Paris-Dakar, que eram os pontos de partida e chegada iniciais. Mas, mesmo antes de esse rali se tornar um evento esportivo importante para os franceses, as corridas de carro já mobilizavam há muito tempo as suas energias. O automobilismo não é uma paixão mais forte entre os franceses do que entre outros povos, mas entre eles é quase tão antiga quanto o próprio automóvel, o que é mais uma demonstração da sua atração irresistível pela modernidade.

O Automóvel Clube da França foi fundado já em 1895, e o Grande Prêmio da França, criado em 1906. Além dessas competições promovidas pelos franceses, outras de iniciativa do Principado de Mônaco, também os envolvem completamente, como o Rally de Monte-Carlo, promovido pela primeira vez em 1911 e realizado, desde então, sempre durante o inverno em território francês, e o Grande Prêmio de Mônaco, criado em 1929.

Sobre esse último, o cineasta americano John Frankenheimer levou às telas de todo mundo, em 1966, um filme tendo como protagonistas corredores de Fórmula 1 – *Grand Prix* – interpretado por um elenco internacional composto por americanos, ingleses, japoneses, italianos e vários franceses, entre os quais Yves Montand e Françoise Hardy. No entanto, mais revelador da paixão dos franceses pelo automobilismo é o filme de Claude Lelouch levado às telas de cinema naquele mesmo ano, "Um homem e uma mulher" (*Un homme et une femme*), que tem como protagonistas um corredor de rali, interpretado por Jean-Louis Trintignant, e uma roteirista de cinema, interpretada por Anouk Aimée, que durante um inverno encontram-se em Deauville, balneário da Normandia, e apaixonam-se um pelo outro.

Tanto no filme de Frankenheimer quanto no de Lelouch, as cenas de corridas são abundantes, e em ambos o fio condutor do roteiro são histórias de amor. Mas a semelhança entre ambos termina por aí. O filme americano, como costumam ser muitas produções hollywoodianas, é de muita ação e no qual a competição é central e as histórias de amor secundárias, ao passo que o filme francês é intimista, tem a relação amorosa entre os seus protagonistas no centro e as competições esportivas como pano de fundo, além de ser bastante representativo da *nouvelle vague*. Em 1986, Lelouch iria revisitar a sua história, que tanto sucesso fez na França e no resto do mundo, com "Um homem e uma mulher: vinte anos depois" (*Un homme et une femme: vingt ans déjà*), colocando em cena os mesmos atores nos mesmos papéis – ambos já maduros, ela ainda muito bela e ele já nem tanto. Na tradição do cinema francês, e também conforme a relação dos franceses com o esporte, os protagonistas não são campeões, mas pessoas comuns, ambos seriamente envolvidos com suas atividades – ele com a organização de corridas, ela com a produção de cinema. A vitória, a glória e o heroísmo – centrais para os americanos – entre os franceses cede facilmente lugar à dedicação e ao esforço com que encaram suas atividades profissionais e práticas esportivas. Isso não quer dizer que os campeonatos esportivos não sejam disputados pelos franceses com profissionalismo e espírito competitivo, nem que os seus campeões não sejam erigidos em heróis nacionais. Obviamente que são. No entanto, não é esse o motivo que leva a maioria dos franceses de todas as idades a praticar e dedicar-se com tanta tenacidade aos esportes.

Os demais esportes de inverno, como esqui e patinação no gelo, são também muito praticados pelos franceses. No mês de dezembro, monta-se em frente ao belíssimo e monumental prédio da prefeitura de Paris uma grande quadra de gelo para patinação, que é intensamente frequentada pelos parisienses, da manhã à noite. Durante o mês de fevereiro, que é o momento do ano em que as estações de esqui acumulam a maior quantidade de neve durante o ano, as escolas interrompem suas atividades por um período de duas semanas para que as crianças e adolescentes possam ir para as montanhas esquiar.

E, na França, não faltam espaços para a prática de esqui. Ao norte, encontram-se as Ardenas, separando o país do sul da Bélgica e de Luxemburgo; a leste, acompanhando a fronteira da França de norte a sul encontram-se as cadeias dos Vosges, Jura e Alpes; e ao sul, na fronteira com a Espanha, situam-se os Pireneus. Nas estações de inverno, há esportes de neve para todos os gostos. Os mais ousados preferem o esqui alpino, que consiste em subir por teleférico até o topo das montanhas para de lá descer, esquiando em velocidade crescente devido à atração da gravidade. Já os menos corajosos preferem o esqui nórdico (*ski de fond*), que se pratica no fundo dos vales, onde há pequenas elevações do terreno e ganha-se velocidade moderada com o impulso dos bastões. E, para quem não sabe, tem medo ou não quer mesmo esquiar – e sobretudo para as crianças pequenas – há sempre o divertimento garantido de descer pequenas inclinações em trenós individuais (*luge*), que nada têm a ver com os trenós utilizados no Ártico e puxados por renas (como o do Papai Noel), mas que são apenas pequenas placas de fundo plano que deslizam na neve.

Mas é o verão a estação que mais oferece oportunidades de práticas e atrações desportivas aos franceses. Antes mesmo que comece a temporada de férias, nos meses de julho e agosto, a França promove um dos mais importantes torneios de tênis do mundo, o Roland-Garros, realizado no estádio de mesmo nome na região parisiense durante o mês de junho. O tênis, que no mundo todo é um esporte praticado fundamentalmente pelas elites, é bastante apreciado na França, onde surgiu antes de ser adotado na Inglaterra e em outros países.

Partida de *jeu de paume*, o jogo precursor do tênis que foi muito popular em todas as regiões e classes sociais da França durante o século XVII.

196 | Os franceses

Na origem do tênis, encontra-se um esporte que foi bastante popular na França desde o fim da Idade Média, sendo muito praticado do século XIII ao século XVIII, o *jeu de paume*. Quando esse esporte surgiu, ele era praticado com a palma da mão, primeiro nua, depois protegida por uma luva de couro, de onde a origem do seu nome (*jeu* = jogo; *paume* = palma). A raquete iria ser adotada apenas no século XVI, tornando o jogo mais próximo do atual tênis. Havia quadras de *jeu de paume* por toda a França, algumas ao ar livre, outras cobertas, e o esporte era praticado por todas as classes sociais, inclusive pela realeza. Durante quatro séculos, o *jeu de paume* foi uma verdadeira coqueluche nacional.

No final do século XIV, a prática do jogo estava tão disseminada na população que o preposto do rei de França, encarregado da administração de Paris, resolveu proibi-la durante a semana para não atrapalhar as outras atividades cotidianas, admitindo-a apenas aos domingos. A proibição foi inócua e os franceses continuaram jogando todos os dias e por todo lado. Um pouco mais de um século depois, sob o reinado de Francisco I, na primeira metade do século XVI, o governo iria reconhecer oficialmente a profissionalização do esporte, que então já era meio de vida de muitas pessoas. A paixão dos franceses era tanta que chamava a atenção dos viajantes estrangeiros. Um deles, o inglês sir Robert Dallington, observou então que "os franceses nasciam com uma raquete na mão" e que "por todo o país havia mais quadras do esporte que igrejas, e mais jogadores que bebedores de cerveja na Inglaterra".[1] Mas, a partir do final do século XVIII, o esporte entrou em declínio e hoje dele restam alguns imponentes pavilhões pela França, como o localizado à esquerda do jardim das Tulherias, em Paris, que atualmente abriga apenas exposições temporárias, mas que durante muito tempo serviu de museu que reunia o mais importante acervo de obras dos pintores impressionistas, antes de este ser transferido para o Museu d'Orsay, inaugurado em 1986 na outra margem do Sena, em um prédio que antes servira de estação de trem.

O apogeu do *jeu de paume* coincide com a Renascença na França e com o desenvolvimento do pensamento humanista que a acompanha. Após séculos de desvalorização e negação do corpo, que de acordo com o pensamento medieval nada mais era do que a prisão temporal e temporária do espírito, o físico humano volta gradativamente a ganhar parte da importância que desfrutava na Antiguidade. No pensamento e nos escritos de Rabelais, assim como nos de outros humanistas franceses, a educação física passaria a ser tão valorizada na formação do indivíduo quanto a educação intelectual, ajudando a legitimar a prática desportiva. Mas o Iluminismo iria representar um refluxo na valorização social do esporte na França. A valorização da razão, que é puramente intelectual, iria colocar num longínquo segundo plano o cultivo do corpo, que passaria mesmo a ter uma conotação negativa para as elites intelectuais francesas. A valorização do vigor e da força física seria vista como algo vulgar se comparada com a sutileza e refinamento da filosofia, das ciências e das artes. Esse preconceito em relação ao esporte ainda subsiste entre algumas camadas intelectuais e é bem demonstrado no filme de Claude Miller, *La meilleure façon de marcher*, de 1976, que tem como protagonistas dois monitores de colônia de férias que representam papéis bastante estereotipados. Um deles, interpretado por Patrick Dewaere, só promove atividades físicas para as crianças como longas e cansativas caminhadas, é forte e viril, mas um tanto abrutalhado e intelectualmente limitado. O outro, interpretado por Patrick Bouchitey, só se ocupa da montagem de uma peça de teatro, é magro, franzino e tímido, mas inteligente e sensível. No fim da história, numa clara valorização do intelecto em detrimento do físico, será o segundo que acabará se dando melhor na vida, ficando o primeiro condenado a uma vida medíocre.

Mas, apesar desse ranço intelectual contra o esporte socialmente circunscrito à algumas minorias, a sociedade francesa, de um modo geral, passou a dar grande valor à prática desportiva desde o final do século XIX, a ponto de a educação física e esportiva tornar-se obrigatória nas escolas da França a partir de 1880. No século XX, a prática do esporte, em suas diferentes modalidades, iria se generalizar entre a juventude francesa. O estímulo que o Estado, a imprensa e os educadores passariam a dar à prática esportiva traria, de início, uma marca fortemente moralizadora. Para além de uma simples forma de lazer, a atividade esportiva passaria a ser encarada como uma forma de melhorar a formação e a educação da juventude, tal como na visão dos humanistas do século XVI. Além desse benefício social, o esporte também passaria a ser largamente utilizado como espetáculo de massas – função essa que não era nova, pois já existia na Antiguidade – e de propaganda – essa, sim, nova –, transformando os atletas em heróis nacionais e referências de vigor físico e moral e promovendo a venda de produtos. O ciclismo e o Tour de France são um bom exemplo dessa nova função do esporte.

Já no fim do século XIX, o ciclismo havia se tornado o esporte mais popular da França. Diferentemente do automobilismo, que sempre foi um esporte caro e de prática restrita aos ricos, o ciclismo já surgiu como um esporte barato graças à produção industrial de bicicletas iniciada na virada do século, tornando esse bem acessível inclusive aos operários. O Tour de France, que teve início em 1903 e só foi suspenso durante a Segunda Guerra Mundial, é até hoje a competição esportiva mais popular da França. Surgiu por iniciativa de Henri Desgrange, que antes de se tornar jornalista fora corredor de bicicleta. Como diretor e redator-chefe do jornal esportivo *L'Auto*, Henri Desgrange resolveu criar um competição de ciclismo que percorresse todo o país, levando às pequenas cidades e vilarejos da França profunda os valores da energia, esforço, determinação e modernidade. O seu jornal estaria encarregado de cobrir todas as etapas da competição numa clara estratégia de aumentar a venda nas bancas. A iniciativa de Desgrange foi um grande sucesso desde a primeira promoção.

Estima-se que cerca de 100 mil pessoas tenham assistido à passagem do Tour de France à beira das estradas em 1903, número esse que atualmente chega a 15 milhões, isto é, um quarto da população do país. A partir de 1930, dado o sucesso do evento e a crescente necessidade de financiamento, foi criada uma caravana publicitária composta por uma série de automóveis com decorações extravagantes que, horas antes da passagem dos corredores, passa pelas ruas e estradas distribuindo brindes de todo gênero à população que se aglomera para saudar os competidores portadores da alegria.

Foi a partir desse mesmo ano que o jornal *L'Auto* deixou de ser o principal veículo de cobertura da competição, tendo início as transmissões radiofônicas ao vivo das suas diferentes etapas, compostas por disputas em planícies, montanhas e de velocidade. Ao todo, o percurso do Tour de France é de cerca de três mil quilômetros, passando por praticamente todas as regiões, inclusive as mais montanhosas e de mais difícil acesso, como os Alpes, Pirineus, Vosges, Jura e Maciço Central. Há até poucas décadas, quando o Tour de France passava em uma localidade, tudo parava; as pessoas deixavam os escritórios e fábricas para saudá-lo. Talvez o segredo do seu sucesso residisse no fato de a competição mobilizar as pessoas como participantes de um grande evento nacional, e não como meras espectadoras.

Ser partícipe, e não meramente espectador, é fundamental na cultura francesa, da política às artes e ao esporte. Por isso, os franceses não se satisfazem em acompanhar os campeonatos esportivos disputados por profissionais comendo pipoca e tomando coca-cola na frente da televisão, como fazem os americanos e outros povos que neles se espelham. Para os franceses, o melhor de tudo é experimentar a sensação que têm os atletas profissionais, praticando o maior número possível de esportes como amadores, sempre com muita dedicação, mas sem a pretensão de se tornarem campeões.

Um cartão postal enviado por uma amiga francesa contando suas férias de verão, passadas com a família no sul da França em 2005, exemplifica bem a concepção dos franceses do que seja o bom emprego do tempo livre e da importância do esporte. Assim escreveu ela: "Nós aproveitamos bem as atividades daqui: caminhadas, banho nos lagos, *mountain bike*, kart, passeios a cavalo, *acrobranche* (percurso acrobático de 10 a 15 metros do chão nos galhos das árvores), piqueniques e churrascos". Todas essas atividades, que para um brasileiro típico pareceriam um tanto exageradas, nada têm de extravagantes para os franceses, para quem a forma ideal de se aproveitar o tempo é realizando uma série de atividades físicas que não fazem parte da sua vida cotidiana, mesmo que essas impliquem desgaste de energia e cansaço físico. Como bem diz o dito popular: "quem corre por gosto não cansa". E os franceses não se cansam de correr, nadar, velejar e fazer tantas outras atividades externas quanto o tempo que seu curto verão lhes permita.

> Salut Riccardo, le 14/08/05
> Désdée, je salue ta femme également
> mais je ne suis pas sûre de son prénom
> (Adriana?).
> J'ai savouré cette année, ou plutôt cet été,
> 5 semaines 1/2 de vacances! 2 semaines
> seule à Nice avec les filles, 1 semaine
> à Briançon dans les Alpes du Sud, 1
> semaine vers Barcelonette dans les Alpes
> de Haute Provence, puis encore 1
> semaine qui nous reste pour la passer
> à Nice car Pierre n'a pas encore
> goûté aux joies de la mer. Mais
> nous avons bien profité des activités d'ici:
> marches à pied, baignades dans les lacs,
> VTT, karting, ballade à cheval, acrobranche
> (parcours acrobatique à 10/15 mètres dans
> les arbres), pique-niques et barbecues.
> Et vous, il fait froid? On a du
> mal à imaginer que c'est l'hiver!
> On vous embrasse fort,
> à bientôt sur mail et
> skype! Anne-Claire, Pierre,
> Pauline et Juliette.

CARRÉ NATURE
CANA 06
© Photo Pierre Putelat
Editions du Queyras
05350 Saint Véran

Postal narrando férias de verão familiares, em que as atividades desportivas ocupam lugar de destaque.

AS FESTAS PÚBLICAS

Outra atividade de lazer muito apreciada pelos franceses são as festas públicas, também realizadas durante o verão. A mais tradicional delas são as festividades comemorativas da Queda da Bastilha. Nas noites dos dias 13 e 14 de julho, as casernas do corpo de bombeiros em todos os bairros de Paris, assim com nas demais cidades e nos vilarejos do país, abrem-se para a população, promovendo bailes (*bal musette*) para todos dançarem desde o pôr do sol até o amanhecer. Os anfitriões desses bailes são os próprios bombeiros, e os mais jovens deles trabalham como *barmen*, servindo a população em tendas montadas no pátio interno das casernas. Nessas duas noites, aqueles espaços que devem estar sempre vazios e desobstruídos para que os caminhões de combate ao fogo possam facilmente manobrar e sair o mais rápido possível para atender aos chamados ficam abarrotados de gente. Os soldados do fogo, como

Fachada do Moulin de la Galette, em Montmartre, pintada por Van Gogh, e seu interior num momento de baile, retratado por Toulouse-Lautrec.

também os bombeiros são chamados pelos franceses, tornam-se os reis da noite. E são permissivos com relação àquilo que, no seu dia a dia, têm de prestar atenção e que pode estar na origem de sinistros ocasionados por rojões e fogos de artifício. Nesses dias, rojões estouram por toda a parte e o próprio poder público organiza grandes espetáculos de fogos de artifício, como o da Torre Eiffel.

Os bailes dos bombeiros são, em geral, gratuitos. Embora algumas casernas cobrem uma pequena soma de entrada, na maioria delas a contribuição é livre e os recursos arrecadados na cidade de Paris são destinados à Associação para o Desenvolvimento das Obras Sociais dos Bombeiros de Paris. Os bailes são bastante familiares e frequentados por pessoas de todas as idades. Cada caserna organiza seu baile ao seu modo. Algumas contratam DJs e animam suas festas com os mais variados tipos de música, de *techno*, passando pelo rock (que os franceses adoram dançar) até a música popular francesa, dependendo do gosto dos organizadores e da faixa de população que se pretende atingir. Outras contratam orquestras para tocar ao vivo e algumas ainda promovem o tradicional *bal musette,* em que se dança ao som do *accordéon* diversos gêneros musicais, como java, valsa e foxtrote. Além das casernas de bombeiros, as praças públicas também são locais onde se organizam concertos e bailes para celebrar a festa nacional de 14 de julho, entre os quais, como não poderia deixar de ser, a própria praça da Bastilha, em Paris, onde a Revolução começou em 1789.

Os bailes fazem parte das tradições e costumes da cultura popular parisiense. Em 1870, um antigo moinho de vento situado em Montmartre – que, então, era um arrabalde de Paris onde havia, inclusive, plantações de videiras – iria ser transformado em um dos mais célebres salões de baile da cidade, o Moulin de la Galette, que foi retratado por diversos pintores, como Renoir, Van Gogh, Toulouse-Lautrec e Picasso. Durante o entreguerras, quando o clima pesado da Primeira Guerra Mundial se desfez e a população europeia voltou a se entregar aos prazeres da vida metropolitana e moderna, esses cabarés populares, chamados *guinguettes*, que misturam restaurante com pista de dança, espalharam-se pelos arrabaldes de Paris, sobretudo às margens dos rios Sena e Marne. Nos anos 1960, as *guinguettes* entraram em declínio, sobrevivendo apenas graças aos nostálgicos e aficionados, mas nos anos 1980 elas voltam a ganhar importância como divertimento público, sobretudo nas cidades do departamento Val-de-Marne, na região metropolitana de Paris. Foram nesses mesmos anos de revivescência dos bailes populares que uma nova festa pública surgiu e que, ao que tudo indica, veio para ficar: a Festa da Música.

Já há um quarto de século que os franceses celebram a chegada do verão com muita música pelas ruas de todo o país. Em 1982, o então ministro da Cultura do primeiro governo de François Mitterrand, Jack Lang, propôs a todos que soubessem

Festa da Música nas ruas do Quartier Latin, em Paris.

tocar um instrumento musical que fossem à rua exibir o seu talento. A proposta nasceu tímida, pois ninguém sabia se a iniciativa seria acolhida pela população ou não: apenas meia hora de música, de oito e meia às nove da noite. Mas a resposta popular foi surpreendente. Instrumentistas profissionais e amadores de todos os estilos atenderam ao chamado e foram para as ruas tocar por um tempo bem mais longo que a meia hora proposta. A partir daquele ano, todo dia 21 de junho, data oficial do início do verão, os músicos e a população em geral saem às ruas após o pôr do sol para tocar, dançar e celebrar a chegada da estação estival. Ao completar 25 anos, a Festa da Música já havia levado oito entre dez franceses ao menos uma vez às ruas, e para a de 2006 algo como 18 mil concertos foram organizados em todo o país para alegrar os milhões de pessoas esperadas. Essa nova festa popular, embora já bastante institucionalizada, não chega a rivalizar com os tradicionais bailes de 14 de julho, mas o seu sucesso mostra bem como os franceses são rápidos e determinados ao adquirir novos costumes, sobretudo quando se trata de dançar ao ar livre e aproveitar o verão.

AS FÉRIAS DE VERÃO

As férias de verão são sagradas para os franceses. A legislação da França garante aos seus trabalhadores cinco semanas de férias por ano, além de muita flexibilidade para delas usufruir. Mas a esmagadora maioria dos franceses concentra nos meses de verão a maior parte das férias, reservando alguns dias no inverno para viajar até as montanhas e praticar esportes de inverno, e alguns outros dias próximos a feriados, como o da Páscoa, para viajar com a família. Os meses de julho e agosto, que são, de longe, os mais quentes do ano, são os preferidos para se tirar férias. No primeiro dia desses meses, ou nos fins de semana que imediatamente os antecedem, toda a França se mobiliza para a partida dos veranistas.

As rádios e televisões anunciam sem cessar a movimentação nas estações de trem, abarrotadas de gente, e a situação das estradas, que, sempre e em todas as direções, acumulam longos e demorados engarrafamentos de franceses ávidos por usufruir de suas férias e delas não perder sequer um dia. Diferentemente dos brasileiros, que associam verão a praia e mar e que por isso migram em massa para a costa, deixando as estações turísticas do interior e das serras praticamente vazias, os franceses procuram fundamentalmente o sol e a possibilidade de ficar ao ar livre, seja junto ao mar, à beira dos lagos, no campo ou nas montanhas. Por essa razão, por todo canto do país onde houver uma manifestação dos caprichos da natureza ou um registro cultural do passado, dignos de serem conhecidos e admirados – e ambos são abundantes – haverá sempre um grande número de franceses em férias.

A alta concentração de franceses tirando férias e viajando em um mesmo período explica-se tanto por razões climáticas quanto de trabalho. As razões climáticas são bastante óbvias: na maior parte do país, os invernos são longos, sombrios e rigorosos, enquanto os verões são demasiadamente curtos. Portanto, nada mais natural que a maioria dos franceses eleja os dois meses de calor para sair de férias.

Outro motivo para tanta concentração de pessoas em férias ao mesmo tempo é o número de pequenos comércios no país. Os açougues, peixarias, quitandas, mercadinhos, padarias, queijarias, lojas de vinho, lavanderias etc. são, em geral, estabelecimentos familiares que têm, no máximo, um ou dois empregados, quando os têm. Portanto, nada mais natural que o momento dos seus proprietários e famílias saírem de férias seja também o mesmo dos seus empregados. Por isso, na maioria dos bairros das cidades, o pequeno comércio fecha completamente as suas portas durante um dos dois meses de verão. Mesmo em Paris, que é uma grande metrópole cosmopolita, essa prática é corrente. Nos bairros residenciais da capital, metade do pequeno comércio fecha as portas em julho e a outra metade, em agosto. Os estabelecimentos que ficam abertos asseguram o abastecimento

204 | Os franceses

local dos poucos habitantes que não saíram de férias. Nesses meses, a vida de bairro, que durante o resto do ano é muito intensa em Paris, praticamente morre. Chega a ser desalentador passar todo um verão em um bairro de Paris.

Nem em cidades brasileiras de menor porte que Paris, como Porto Alegre e Curitiba, que sofrem um esvaziamento sensível durante o verão, a situação é comparável. Menos ainda nas metrópoles brasileiras, como São Paulo e Rio de Janeiro, onde mal se percebe que os meses de janeiro e fevereiro são de férias, de tantas pessoas que se encontram nas ruas, com todo o comércio e serviços funcionando normalmente. A única diferença perceptível é a maior quantidade de turistas no Rio de Janeiro e o menor número de automóveis nas ruas de São Paulo, o que facilita muito a vida dos paulistanos.

Os verões em Paris são o oposto dos invernos não só pelo clima. No início do inverno, sobretudo durante o mês de dezembro, muitos franceses que vivem no interior tiram alguns dias de férias para irem a Paris ver as inúmeras exposições de artes plásticas da cidade, enchendo as ruas de gente e alongando as filas dos museus. Nos meses de julho e agosto, não há qualquer exposição cultural em Paris, e os parisienses e demais franceses tomam outros rumos, deixando a capital inteiramente entregue às hordas de turistas estrangeiros – nas quais pontificam os japoneses – que se concentram nos locais e pontos turísticos, ficando o resto da cidade, literalmente, às moscas. Nesses meses, Paris torna-se uma cidade completamente estranha aos seus habitantes. A vida cotidiana se subverte completamente. Os amigos, conhecidos e familiares, assim como a maioria dos franceses, encontram-se em férias fora da cidade; os comerciantes do bairro também; não há atrações culturais, que nessa época do ano ocorrem em localidades turísticas, como o Festival de Cinema de Cannes e o Festival de Teatro de Avignon, no sul do país; e o calor é simplesmente insuportável.

Lembro-me bem de uma noite de agosto de 1992, em Paris, que foi a mais quente de que eu tenha registro. A uma hora da madrugada, o termômetro que ficava fixado do lado de fora da janela da cozinha do meu apartamento marcava nada menos que 30°C. Nem no Rio de Janeiro, nem em Porto Alegre, que são as duas cidades mais terrivelmente quentes durante o verão que eu já conheci, senti um calor parecido durante a madrugada.

Embora relativamente curto, o verão é ainda mais longo que o tempo de férias dos trabalhadores franceses e tem a mesma duração das férias escolares. É nesse período, em que os pais já se encontram de volta ao trabalho e as crianças continuam em férias, que uma outra instituição francesa entra em ação: as colônias de férias.

As colônias de férias

A França é provavelmente o país onde as colônias de férias para crianças e adolescentes são mais frequentemente utilizadas. Atualmente, cerca de 450 mil crianças vão para as colônias nos meses de verão, quantidade essa que chegou a atingir a cifra de um milhão em meados dos anos 1960. Os estabelecimentos de hoje pouco têm a ver com a estrutura e com os propósitos daqueles criados no final do século xix. Os do passado eram dirigidos aos pobres e perseguiam objetivos sanitários e educativos, enquanto os atuais atingem todas as classes sociais e são voltados eminentemente para o lazer e diversão.

As colônias de férias surgiram na Suíça por iniciativa de um pastor protestante de origem camponesa estabelecido em Zurique. A ideia lhe surgiu da constatação de que as crianças da cidade retornavam das férias escolares parecendo não terem aproveitado o seu tempo livre, enquanto as crianças das escolas rurais retornavam das férias mais coradas e saudáveis. Tratava-se, então, de retirar aqueles pobres meninos e meninas dos seus pouco salutares bairros operários e levá-los para as montanhas a fim de passar alguns dias, dando-lhes a oportunidade de fazer atividades ao ar livre e de ter contato com a natureza. Sua primeira tentativa consistiu em levar algumas dezenas de crianças para o vilarejo onde moravam seus pais, nas montanhas, e alojá-las nas casas dos camponeses da região. A melhoria nas condições de saúde dessas crianças foi notável e, em face do sucesso dessa primeira experiência, essa prática foi se espalhando por toda Suíça e pela França. Primeiro, foram as próprias escolas rurais que começaram a ser utilizadas durantes as férias de verão como abrigo para as crianças vindas da cidade. Depois, com o passar do tempo, associações religiosas e benevolentes passaram a criar espaços próprios para esse fim, surgindo, então, as primeiras colônias de férias propriamente ditas.

Na França, a lei de 1905, que instituiu o ensino laico, funcionou como um estímulo para a Igreja Católica e demais confissões religiosas criarem suas próprias colônias de férias. Não podendo mais influir na educação espiritual das crianças nas escolas públicas, não restava às igrejas outra solução senão procurar preencher o vazio de formação religiosa deixado pela escola, fazendo proselitismo nas suas colônias durante o verão. De forma análoga e com a intenção de influenciar na formação cívica e ideológica dos futuros cidadãos, outras organizações também passaram a criar suas colônias, como os sindicatos, comitês de empresa e também o Partido Comunista Francês, que se inspirou nas colônias de férias soviéticas à beira do mar Negro, onde se dava uma formação bolchevique às crianças. Mas com o passar das décadas, com o enriquecimento geral da sociedade francesa e com a liberalização dos costumes a partir dos anos 1960, as colônias de férias foram perdendo o seu caráter de classe e o seu pendor doutrinário, tornando-se simplesmente centros de lazer para as crianças e adolescentes poderem melhor aproveitar as suas férias, com mais divertimento, maiores oportunidades de lazer e de esportes e regras menos rígidas.

São raros os franceses que não tenham ido ao menos uma vez a uma colônia de férias, e muitas de suas lembranças de infância e adolescência remetem-se a essa experiência.

Passar uma temporada sem os pais e junto a outras crianças da mesma faixa etária em regiões diferentes da de suas residências; conhecer o mar ou a montanha; fazer longas caminhadas e esportes ao ar livre; reunir-se à noite em torno de uma fogueira; dormir em grandes dormitórios e fazer guerras de travesseiros; fazer novos amigos, namorar; enfim, toda uma série de experiências que as crianças não teriam se ficassem em casa ou se saíssem em férias com seus pais. Há uma série de registros gravados em áudio desde os anos 1930 que mostram bem a relação positiva das crianças com a sua *colo* (forma abreviada de se referir à sua *colonie de vacances*) e com os seus *monos* (*moniteurs*, isto é, os monitores), que são jovens encarregados de promover as diferentes atividades para ocupar, divertir e dar vazão à enorme energia infantil.

Os equipamentos e as atividades das colônias de férias de hoje são bem mais variados e sofisticados do que os de um século atrás, o que faz com que o seu custo operacional seja também bem mais elevado. Atualmente, o custo médio de uma temporada de quinze dias por criança é de cerca de 600 euros, o que é bastante caro para a maioria dos franceses e proibitivo para os menos favorecidos, tendo em vista que a renda mensal familiar dos 20% mais pobres é inferior a 1,2 mil euros e a de metade dos lares da França é de até 2 mil euros. Sendo assim, para poder garantir acesso universal de todas as crianças às colônias de férias, uma série de agentes públicos e privados – como as prefeituras, a Caixa de Auxílio Familiar do governo central (*Caisse d'Allocations Familiales*) e os comitês de empresa – oferecem subsídios às famílias de menor renda, que será maior quanto menor for a renda familiar.

Além de oferecer lazer e divertimento às crianças durante os verões e lhes possibilitar conhecer outras regiões do seu país, as colônias de férias têm um papel positivo na socialização das crianças. Fora de suas casas e do seu ambiente familiar, elas se veem confrontadas com a necessidade, e também com a possibilidade, de viver em grupo, praticar novos esportes, participar de jogos, organizar-se, criar e obedecer a regras, relacionar-se com adultos que não sejam apenas os seus pais e familiares, além de entrar em contato com crianças de outras origens sociais. Fazendo atividades lúdicas, as crianças aprendem coisas que não são ensinadas na escola, mas que são importantes para a vida.[2]

RETORNO AO COTIDIANO

Os franceses têm uma instituição *sui generis* que não encontra correlato em nenhum outro país europeu: *la rentrée*, que quer simplesmente dizer "o retorno". Em todos os países existe um momento de volta às aulas e de fim de férias e de verão, mas em nenhum outro há uma única data em que toda a sociedade se programa para voltar

Paris no outono: céu nublado, chuvas e os plátanos
perdendo suas folhas já amareladas.

à sua vida cotidiana. A mesma confusão das duas grandes datas de partida de férias (1º de julho e 1º de agosto), isto é, muito movimento nos aeroportos e estações de trem e enormes engarrafamentos nas autoestradas, reproduz-se na *rentrée* (1º de setembro) com uma única e grande diferença: a partida é alegre, e a volta, se não é um momento propriamente triste, é seguramente pesado. Na partida, há muita animação e boas expectativas, pois os franceses têm todas as férias de verão pela frente, com muito sol, calor e atividades ao ar livre. Já na *rentrée*, o desânimo – sobretudo dos parisienses – vem da certeza de que o que lhes aguarda não é apenas um ano de trabalho e de estudos, mas também um longo, sombrio e chuvoso inverno. Em alguns poucos anos, o bom tempo se prolonga outono adentro, chegando até próximo do início do inverno, mas em geral o verão acaba de fato antes mesmo da data oficial, 23 de setembro. Não são raras as vezes em que os plátanos das ruas de Paris começam a amarelar e perder as suas folhas já nas primeiras semanas de setembro.

208 | Os franceses

Com a *rentrée* e com o outono têm início as campanhas salariais dos sindicatos. Começa também a temporada de greves e de manifestações públicas. É o fim das celebrações de verão e é tempo de reivindicação, protestos e contestação. É também nesse momento que aumenta a incidência de pessoas com quadro depressivo e crescem as taxas de suicídio no país. Mas nem tudo são ossos no outono, assim como na primavera nem tudo são flores. No outono começa a vindima nos campos da França, que se concentra, sobretudo, nos meses de setembro e outubro. Esse é um momento importantíssimo para os franceses, que não apenas apreciam muito o vinho – como de resto todos os povos europeus da bacia do Mediterrâneo – como também cultivam uvas viníferas em praticamente todo o seu território, até nas regiões mais frias, que são, em princípio, menos adequadas ao cultivo da uva, como a Champanhe. Além da vindima, que mobiliza milhares de pessoas em todas as regiões, o outono oferece um espetáculo que só pode ser apreciado pelos habitantes das regiões temperadas do planeta. As folhagens das árvores passam por um processo de mutação cromática, que dos diferentes tons de verde do verão transmutam-se em amarelo, vermelho e marrom, ganhando uma coloração especial sob a incidência do sol oblíquo do outono.

Os franceses, que apreciam muito caminhadas em florestas, encontram no outono um estímulo a mais para fazê-las: a coleta dos cogumelos selvagens, que nascem apenas nessa estação e que não são passíveis de serem cultivados. Os cogumelos necessitam de um pouco de calor e de muita umidade para se desenvolverem; por isso, a primavera e sobretudo o outono são as estações mais adequadas ao seu desenvolvimento. Há uma variedade enorme de cogumelos selvagens comestíveis, assim como há toda uma outra gama de cogumelos tóxicos, alguns dos quais muito parecidos com os comestíveis. Por essa razão, na época de coleta de cogumelos, as farmácias da França se preparam para atender gratuitamente a população que foi às florestas colhê-lhos e ajudá-la a separar os comestíveis dos venenosos. Alguns são fáceis de se identificar. Por exemplo, aqueles cogumelos vermelhos pontilhados de branco, tão comuns nos desenhos animados, todos sabem que são tóxicos e, por isso, ninguém os colhe. Mas há muitos outros cujas características de identificação são muito sutis para os leigos e que só são devidamente reconhecidos pelos especialistas. Por exemplo, um dos mais reputados é o Amanita dos Césares (*amanita cesarea*), que nasce sob as florestas de carvalho e castanheiras, mas que é facilmente confundido com o *amanita muscaria*, que é tóxico. Há também o *bolet à pied rouge*, também comestível, mas passível de ser confundido com o *bolet de satan* e com o *cèpe diabolique*, que, como os próprios nomes sugerem, não devem ser consumidos de forma alguma. Alguns são claramente comestíveis, como o *girolle*, algumas espécies de *lépiotes* e o *trompette des morts*, que apesar do nome nada tem de mortífero e assim é chamado apenas devido à sua aparência, a de um trompete preto. Nos domingos de outono, muitos franceses vão às florestas fazer as suas caminhadas matinais e colher cogumelos que serão posteriormente preparados para serem consumidos no almoço. Lembro-me de uma ocasião em que fiz isso com alguns amigos franceses, que estavam tão seguros da qualidade dos cogumelos que haviam colhido que sequer recorreram a uma farmácia para se certificarem. Foram várias as espécies colhidas e preparadas separadamente, cada uma a sua moda. Entre as iguarias, havia provavelmente um cogumelo tóxico misturado aos comestíveis. Por pura sorte e talvez instinto, ao provar do prato com o cogumelo tóxico, não me apeteceu comê-lo. Os demais comensais se deliciaram com ele. À noite, todos tiveram diarreia, menos eu e minha mulher, que dele havíamos apenas provado.

Nos meses de coleta de cogumelos selvagens, os mercados públicos e feiras de rua enchem-se deles. Alguns, como as trufas, crescem sob a terra, são cheirosos, saborosíssimos e custam uma verdadeira fortuna. Além da coleta de cogumelos para consumo próprio, os comerciantes também se organizam para coletar as espécies selvagens e vendê-las no mercado aos consumidores interessados, mas não dispostos a procurá-las nas florestas e ainda terem de se certificar nas farmácias se aquilo que foi colhido é realmente comestível.

Logo após a temporada dos cogumelos, mais para o fim do outono, tem início a temporada de caça. Nesse momento não são mais as feiras e mercados que exibem e oferecem aos consumidores franceses as variedades de produtos só disponíveis naquela estação, mas os açougues. De novembro até o Natal, as casas de carnes enchem-se de caças que ficam penduradas e expostas ao público com suas plumagens, no caso de marrecos, faisões, codornas e perdizes, ou com suas peles, no caso de lebres, javalis, cervos e tantas outras espécies caçadas na França, mas vindas principalmente das florestas da Europa Oriental, onde são mais abundantes. As carnes de caça custam ainda mais caro que as de animais de criação, que já não são baratas e, por essa razão, são consumidas apenas em ocasiões especiais, como nas festas de fim de ano. Além do preço elevado, as carnes de caça requerem um preparo todo especial, com muitas horas, de marinada quando não alguns dias, em uma mistura de vinho e condimentos.

Além dos programas e atividades gastronômicas do outono e do inverno, é também a partir da *rentrée* que tem início a programação cultural em Paris, só comparável em quantidade, qualidade e variedade à de outras metrópoles como Londres e Nova York. Na Ópera Garnier começa a programação de balé, assim como na Ópera da Bastilha começa a temporada lírica, na Commedie Française, a de teatro, e na Salle Pleyel, a de música de concerto, que são os polos de cada gênero artístico. Mas há também por toda a cidade muitas outras salas especializadas em diferentes atividades artísticas, como, por exemplo, o Théâtre du Chatelet (ópera), Théâtre de la Ville (dança), Théâtre de l'Odéon (teatro) e Théâtre des Champs-Élysées (música clássica). Nas cidades do interior há também importantes salas de espetáculos, como as óperas de Bordeaux, Lyon e Toulouse,

Cartaz de rua anunciando exposição em abril de 2007 e longas e demoradas filas em frente ao Museu d'Orsay para assistir à exposição de arte russa, em dezembro de 2005.

e orquestras reputadas, tais como as de Toulouse e Lille e a Filarmônica de Estrasburgo. Portanto, por toda a França não faltam atrações culturais em ambientes fechados e aquecidos para entreter e cultivar o espírito dos franceses durante os meses de frio. Mas entre toda a variada gama de manifestações artísticas, duas têm claramente a preferência dos franceses: o cinema e as exposições de belas-artes. No país, há mais de 5,2 mil salas de cinema, e a quantidade de grandes exposições de artes plásticas em Paris não encontra paralelo em nenhuma outra cidade do mundo. As exposições de Paris são extremamente concorridas e os seus ingressos, vendidos com muita antecedência. Quem não quiser enfrentar longas e demoradas filas exposto às intempéries poderá sempre comprar os seus ingressos pela internet, tendo acesso garantido na hora marcada. É isso que a maioria dos franceses faz, organizados, programados e precavidos que são.

Em meio às variadas atividades culturais e gastronômicas, os franceses – que não são apenas organizados, mas também muito inventivos – criaram uma nova tradição: a chegada do *beaujolais nouveau*. Há duas décadas, os franceses estabeleceram a terceira quinta-feira do mês de novembro para que, em todo o mundo, abra-se e deguste-se pela primeira vez o vinho produzido no ano. A rigor, existe vinho novo de todas as cepas, mas por uma questão de marketing resolveu-se restringir o seu lançamento comercial ao *beaujolais*, que é feito da cepa *gamay*. Nessa tão esperada data, os franceses se reúnem nos cafés para celebrar a chegada e provar o *beaujolais nouveau* do ano, também chamado de *beaujolais primeur*, além – é claro – de analisar as características do vinho e falar longamente a respeito. O vinho, em si mesmo, deixa muito a desejar, valendo mais o evento do que a degustação propriamente dita. O *beaujolais* já não é lá um grande vinho, e o *beaujolais nouveau* o é menos ainda. Mas a moda pegou e aparentemente veio para ficar. É a expectativa e o divertimento que realmente contam, além dos benefícios comerciais de se colocar no mercado um vinho que, se não fosse pela propaganda e expectativa criada em torno dele, dificilmente seria tão consumido.

AS CELEBRAÇÕES PRIVADAS

Como em todos os países do mundo de tradição cristã, o Natal é uma data muito importante para os franceses. As ruas das cidades são caprichosamente enfeitadas e nos troncos e galhos das árvores sem folhas são colocadas minúsculas lâmpadas. As vitrines das lojas de Paris são um espetáculo à parte. As grandes lojas de departamentos, como as Galleries Lafayettes e o Bon Marché, se esmeram em decorações animadas com bonecos mecânicos. Nas casas, as ceias de Natal são longas e os menus cuidadosamente elaborados. Na longa sequência de pratos e bebidas, alguns são praticamente obrigatórios: ostras, *foie gras* (fígado gordo de pato ou de ganso), champanhe e *bûche de Noël* (rocambole doce). Todos os demais são variáveis, e escolhas é o que não faltam na culinária francesa. A

212 | Os franceses

tradição de se celebrar o Natal com um prato principal à base de ave – que originalmente representava o pássaro solar, que garantia a proteção solar a quem dele comesse – acabou se perdendo na França. Até o século xix, era esse o costume, e o ganso assado, recheado e acompanhado de castanhas portuguesas era então bem mais comum que o peru na mesa dos franceses. Esse prato nada tem, ou tinha, de refinado e fora eleito para a ceia de Natal exatamente pela sua simplicidade e pelo fato de se poder comê-lo frio. Antes da celebração de Natal se secularizar e transformar-se em uma orgia gastronômica, era o seu sentido religioso que se impunha. Ir à missa à meia-noite, entre 24 e 25 de dezembro, era a atividade principal, e a ceia que se seguia, absolutamente secundária. Exatamente porque todos os católicos iam à missa de Natal, inclusive os empregados domésticos, a ceia tinha de ser preparada com antecedência e comida fria, de onde a preferência por aves recheadas, nozes e frutas secas. Como atualmente poucas são as pessoas que frequentam a missa de Natal na França, muitos são aqueles que dedicam o seu tempo à preparação de verdadeiros banquetes. A hoje tradicional sobremesa natalina, a *bûche de Noël*, nada tem a ver com a de um século atrás. A atual é um doce preparado à base de creme de manteiga e aromatizado com baunilha, Gran Marnier ou café. Mais recentemente, apareceram as *bûche de Noël* geladas, ou seja, recheadas com sorvete naqueles mesmos sabores. O que todas as variedades dessa sobremesa têm em comum é o seu formato de tronco de árvore (*bûche*). No passado, a *bûche de Noël* não era um doce, mas um grande tronco de árvore que se queimava na lareira na noite de Natal. Como todos tinham de ficar acordados até mais tarde, aguardando a missa da meia-noite, para só depois fazer a ceia, reservava-se para essa noite um tronco de árvore bem maior que os normalmente utilizados, já que o fogo deveria durar mais tempo do que nas demais noites de inverno. Com a urbanização e com a substituição do aquecimento a lenha pela calefação a gás, a óleo ou elétrica, a verdadeira *bûche de Noël*, que era consumida pelo fogo, desapareceu, dando lugar a outra *bûche*, a ser consumida pelos humanos de modo pagão ou cristão.

As celebrações natalinas se encerram por volta de 6 de janeiro, com a Festa de Reis, sempre em torno da mesa, mas desta vez com muita simplicidade. Para celebrar o dia de Reis, familiares ou amigos se reúnem para comer a *galette des rois*, que é um pão doce feito à base de massa folheada ou de brioche, conforme a região, recheado com frutas secas e amêndoas e aromatizado com essência de baunilha ou de flor de laranjeira. No meio da massa, embrulhada em papel manteiga, vai escondida uma coroa de papel, ou qualquer outro objeto, como um grão de fava, que indicará que o seu ganhador será o rei da festa. No momento da celebração, a primeira *galette de rois* a ser consumida é cortada em tantos pedaços iguais quanto forem os comensais, de forma que nenhum pedaço fique sobrando e que a coroa escondida caiba a algum dos convivas. Aquele que for o premiado desembrulha-a e coloca-a sobre a cabeça, tornando-se rei da festa e oferecendo a próxima galette aos seus convivas. Essa forma de celebrar a Epifania, que é a festa cristã que marca a apresentação do menino Jesus aos reis magos, é prenhe de sincretismo.

Uma *bûche de Noël* fotografada durante o Natal de 2004. Calçada em frente às vitrines de uma grande loja de departamentos de Paris na época de Natal.

A prática de *tirer le roi* (isto é, escolher aleatoriamente o rei da festa) é pré-cristã e remonta às comemorações em homenagem ao deus Saturno na Roma Antiga. Durante as Saturnais, utilizava-se um grão de fava como cédula de voto para eleger, entre os convivas, um rei para presidir as festividades. Também as festas de Natal e de Páscoa misturam diversos elementos cristãos e pagãos. O Natal coincide com o momento em que todos os povos primitivos celebravam o solstício de inverno no hemisfério norte. O pinheiro de Natal, que acabou sendo adotado na festa cristã, é uma reminiscência da festa pagã. Por ser uma árvore de folhas perenes que permanece verde mesmo sob o mais rigoroso inverno, o pinheiro foi escolhido pelos povos da Europa para representar a celebração da vida. Essa tradição tão arraigada nas populações do Velho Mundo foi logo cristianizada pela Igreja Católica, já nos seus primórdios. Em lugar da tradicional celebração pagã da vida, passou-se então a celebrar o nascimento do Salvador e do portador da vida eterna. A Páscoa, por sua vez, também coincide com a festa pagã do equinócio de primavera no hemisfério norte. Seus símbolos pagãos até hoje conservados – o coelho e os ovos – representam a fertilidade que se esperava da terra no momento em que se iniciava o cultivo dos campos. Essa antiga festa pagã já havia sido apropriada pela religião judaica na celebração do *Pessach*, que comemora a saída do povo hebreu do Egito e a travessia do mar Vermelho rumo à Terra Prometida, antes de ser cristianizada como celebração da morte e ressurreição do Cristo.

Qualquer que seja a conotação religiosa que se dê às festas, elas sempre vêm acompanhadas de uma comemoração que envolve o ato de comer. Para alguns povos, o que se come nas festas tem forte conotação simbólica e pouca importância gastronômica, como o pão ázimo e o vinho doce consumidos na celebração judaica do *Pessach*. Mas, para os franceses, o ato de comer é indissociável da gastronomia, isto é, de comer bem, e não apenas se alimentar e satisfazer as necessidades fisiológicas. O ascetismo dos protestantes puritanos encontra o seu mais perfeito oposto no hedonismo gastronômico dos franceses, contraste esse muito bem explorado no filme do diretor dinamarquês Gabriel Axel *A festa de Babette* (1987), em que uma grande chefe de cozinha de um famoso restaurante parisiense, interpretada por Stéphane Audran, foge da Comuna de Paris e vai viver em meio a uma pequena comunidade de puritanos na Jutlândia, no norte da Dinamarca, onde todos se alimentam quase que somente à base de sopa de pão. Esse filme é uma verdadeira ode à gastronomia francesa e uma boa demonstração da sua variedade e refinamento.

Notas

[1] Robert Dallington, The view of Fraunce, London, 1604.

[2] Jean Houssaye, C'est beau comme une colo: la socialisation en centre de vacances, Vigneux, Matrice, 2005.

A GASTRONOMIA

O universo culinário e gastronômico dos franceses é extremamente vasto, diversificado e rico, o que torna delicado abordar essa importante questão na sua vida cotidiana sem incorrer em reducionismos e simplificações. No mundo, são poucos os povos que, como eles, chegaram a desenvolver uma culinária tão requintada e variada. Na cozinha francesa, não há, a rigor, ingredientes nobres e ingredientes pobres. Há, sem dúvida, matérias-primas que são mais raras e caras que outras, mas isso não faz das mais baratas e abundantes menos dignas de serem consumidas e apreciadas. A dicotomia brasileira que classifica os diferentes cortes de carne bovina entre carnes de primeira e de segunda é completamente estranha ao universo culinário francês. Praticamente todas as partes do boi, assim como os demais animais herbívoros, peixes, aves e moluscos, são passíveis de serem apreciados e servidos em qualquer ocasião, desde que adequadamente preparados. O mesmo vale para os cereais, leguminosas, tubérculos, legumes e folhagens.

Os franceses, individualmente, podem ter preferências por alguns pratos e restrições em relação a determinados ingredientes, mas como povo, em geral, eles são onívoros. Não tanto quanto os chineses, que comem carne de cachorro, de cobra, espetinhos de escorpiões e outros insetos, mas bem mais que os brasileiros, que torcem o nariz só de imaginar que os franceses possam se deliciar comendo *escargots*, ostras cruas, fígado e carne de caça *faisandé* (isto é, aquela que depois de abatida fica alguns dias pendurada sem qualquer preparo ou refrigeração para ganhar um sabor especial, processo esse que os brasileiros, sem nenhum constrangimento ou sutileza, chamariam de "apodrecimento").

No entanto, o que singulariza os franceses não é só o que eles comem, mas como comem cada alimento, em que ordem e acompanhado de quê. O cartesianismo tipicamente francês, que se revela no seu apreço pela definição e diferenciação precisa de todas as coisas e pela sua correta classificação, não poderia deixar de se refletir na sua alimentação. A elaboração dos alimentos é um processo eminentemente químico em que a cozinha é um laboratório doméstico, e o cozinheiro, um químico intuitivo. Assim sempre foi para a maior parte das pessoas, mas os franceses não poderiam se contentar

216 | Os franceses

com esse amadorismo. Por isso, os processos culinários foram por eles detalhadamente descritos e codificados, e a cozinha, racionalmente organizada. As cozinhas modernas parecem-se muito com um laboratório de química – dotado de pias, balcões de pedra ou de aço, geladeira, fogão, exaustores, balanças e toda sorte de utensílios necessários para se produzir as reações químicas –, e isso se deve aos franceses. Foi o grande cozinheiro e primeiro gastrônomo da história, Antonin Carême, que reestruturou o espaço da cozinha, antes um lugar insalubre onde o cozinheiro ficava exposto a altas temperaturas e respirando os gases tóxicos resultantes da queima de carvão – o que lhe encurtava, em muito, o seu tempo de vida –, transformando-o em um ambiente saudável. Foram também os franceses que iriam inventar o termo *gastronomia* e, com ele, criar todo um novo campo de experimentação, investigação e criação.

A palavra "gastronomia" aparece pela primeira vez em 1800, como título de um poema de Joseph de Berchoux e entraria no dicionário da Academia Francesa em 1835. Diferentemente da literatura culinária, que tradicionalmente se destinava àqueles que, na cozinha, preparavam os alimentos, a literatura gastronômica iria se dirigir, sobretudo, àqueles que se encontram à mesa. O novo termo viria designar a ciência e a arte de comer bem, recobrindo uma ampla gama de aspectos: da comida, composição dos pratos, sua sequência e harmonização com as bebidas às artes de mesa, como o modo de servir e dispor as porcelanas, cálices, talheres e guardanapos. A literatura gastronômica iria ganhar impulso após a Revolução Francesa, pretendendo influenciar diretamente a burguesia ascendente – rica e plebeia – que começava a se educar para aprender a se comportar como nova classe dominante, adquirindo boas maneiras, sobretudo à mesa. Mas os novos modos e hábitos burgueses de se alimentar não se mantiveram restritos à classe dirigente e acabaram sendo, muitos deles, assimilados pelo conjunto da população francesa.

O que atualmente se considera como a gastronomia tipicamente francesa é, na verdade, aquela que foi instituída após a Revolução de 1789. Isso, no entanto, não quer dizer que todos os seus hábitos alimentares tenham sido radicalmente revolucionados. Muitos ingredientes da atual culinária francesa são utilizados desde a Idade Média e várias receitas têm origem na sociedade camponesa e tradicional, sendo mais testemunhos de continuidade do que de ruptura. A variedade de queijos, vinhos e aguardentes produzida na França e apreciada por todo o mundo foi sendo desenvolvida e aperfeiçoada durante séculos, e não criada após a Revolução. No entanto, há outros ingredientes que passaram a ser consumidos apenas durante o século XIX, como a batata e o tomate, e alguns hábitos alimentares que se estabeleceram em declarada ruptura com o Antigo Regime. É do amálgama dessas duas influências que resulta a gastronomia francesa contemporânea.

OS INGREDIENTES

Tradicionalmente, a França divide-se em três partes quanto à gordura utilizada na culinária: a maior região, que divide o país entre norte e sul e que vai da Normandia a Lyon, retira a gordura dos laticínios, tendo a manteiga como matéria predominante e o creme de leite como ingrediente complementar. O que atualmente se considera como cozinha tradicional francesa é a culinária dessa região, que tem em Lyon o seu epicentro gastronômico. Ao sul, a França se divide entre a parte atlântica e a mediterrânea. No sudoeste, a gordura utilizada é de origem animal, extraída dos gansos ou patos, que são alimentados à força para a produção do *foie gras*, resultando dessa sobrealimentação, além da tão apreciada iguaria, muita gordura que é utilizada na preparação da maior parte dos demais pratos salgados, à qual se adiciona, às vezes, um pouco de óleo de amendoim. Na Provence-Côte d'Azur, a gordura de base é de origem vegetal – o azeite – devido à abundância de oliveiras na bacia mediterrânea e à forte influência italiana.

Alguns legumes são consumidos em todas as regiões, como alho-poró, cenoura, nabo, salsão e batata, que, misturados em um caldeirão com pedaços de carne normalmente bovina e cozidos em fogo baixo, formam o prato mais tipicamente francês, consumido em todas as regiões, em todos os tempos, por todas as classes e em todas as residências, dos castelos às choupanas: o *pot-au-feu*. Para acompanhar o *pot-au-feu*, assim como qualquer outro prato em todas as regiões do país, não pode faltar o pão, que por muitos séculos foi a base alimentar da população pobre. O papel do pão na alimentação dos franceses é tão grande que apenas parcialmente pode ser comparado com a importância do arroz para os asiáticos e do macarrão para os italianos. Na Itália, come-se a *pasta*, em geral, como *primo piatto* (primeiro prato), mas ela também pode ser substituída por um risoto. Na china, o arroz é a base da alimentação do dia a dia, mas jamais é servido em festas. Já na França o pão é onipresente, da mais caseira refeição ao mais refinado banquete, servindo de acompanhamento para as entradas, sopas, pratos principais, saladas e queijos. Portanto, aquela imagem do francês andando na rua com uma baguete debaixo do braço não é tão estereotipada assim e corresponde bem à sua realidade cotidiana.

Excetuando-se o *pot-au-feu*, os demais pratos que hoje compõem a culinária tradicional francesa têm sua origem em uma região específica. Por exemplo, a *ratatouille* é tipicamente provençal porque é composta majoritariamente por produtos originários ou cultivados na região, como berinjelas, abobrinhas e tomates, que são refogados com cebola no óleo de oliva e temperados com louro, tomilho, alecrim, manjerona ou outros condimentos nativos da Provença (*herbes de Provence*). Da

Savoia vieram o *fondue* – que é uma mescla de queijos regionais fundidos em uma mistura de vinho branco com uma dose de aguardente de cereja (*kirsh*) – e a *raclette* – que é o queijo derretido de mesmo nome servido sobre batatas e acompanhado de picles. A Borgonha contribuiu para a culinária nacional com o *escargot*, pequeno molusco consumido como entrada com uma mistura de manteiga e salsa, o *coq au vin* e o *boeuf bourguignon*, que são pratos principais, o primeiro feito com carne de galo e o segundo, com músculo bovino, ambos preparados na manteiga e cozidos no vinho tinto com cebolas e cogumelos. Além do *foie gras*, o sudoeste brindou os franceses com o *cassoulet*, que é uma mistura de feijão branco, ou favas, pedaços de pato, carnes e linguiças de porco, preparados na gordura de pato (*confit de canard*), e com o *magret de canard*, que é o filé de peito de pato que pode ser preparado de várias maneiras. A Normandia envia, ainda hoje, para toda a França o queijo que se encontra na preferência nacional, o *camembert*, assim como do Massivo Central o queijo *roquefort* vai para todo o país.

Mas, apesar da grande integração da França, da facilidade de se fazer chegar produtos regionais a qualquer parte do país e da curiosidade e gosto dos franceses por uma culinária variada e diversificada, há alguns hábitos e preferências alimentares mais localizados em uma região do que em outras. Na Alsácia, o consumo de repolho (base para a preparação do chucrute), salsichas e outros embutidos, bacon e cerveja é bem maior do que no restante da França devido à influência alemã. Da mesma forma, na região norte o consumo de batatas, carne de porco, endívias e cerveja também é mais elevado do que a média nacional em virtude da influência flamenga. Na Normandia, o consumo de creme de leite é maior do que em qualquer outra região graças ao seu enorme rebanho de gado leiteiro, assim como o uso de maçãs se deve às suas grandes plantações da fruta, que se estendem até a Bretanha, sendo utilizadas para acompanhar pratos salgados, fazer doces e bebidas fermentadas (como a cidra) e destiladas (como o calvado). No sudoeste, o consumo de *foie gras* é bem mais frequente, não se restringindo às festas de fim de ano. Por razões também óbvias, é nas regiões costeiras que se consomem mais frequentemente frutos do mar, como ostras, vieiras, mexilhões e ouriços-do-mar. Mas os franceses não apreciam apenas os seus pratos nacionais e especialidades regionais, sendo também muito abertos à culinária do resto do mundo. Restaurantes marroquinos, turcos, chineses, vietnamitas e tailandeses, para não citar outros mais exóticos, como os de comida afegã e da Ilha da Reunião, encontram-se à disposição sobretudo dos parisienses e estão sempre lotados. Essa variedade culinária, curiosidade gastronômica e refinamento do paladar, atualmente compartilhada pelos franceses de praticamente todos os estratos sociais, inexistia até o século XIX, pois durante o Antigo Regime até o que se comia era fator de identificação e estratificação social.

A dieta sob o Antigo Regime

Se no mundo contemporâneo comer carne ou ser vegetariano é uma questão de opção alimentar de cada indivíduo, que independe da sua condição econômica, até às vésperas da Revolução Francesa esse era um divisor de classe. Desde a Antiguidade até a Idade Média, comer carne era um privilégio dos ricos. Nos banquetes da Roma imperial só se comia carne, muita carne, dos mais variados animais, como bem descreveu Petrônio em várias páginas do seu mais conhecido romance, *Satiricon*. Também nas festas da nobreza medieval eram servidas muitas carnes e aves, assadas, cozidas e temperadas, sobretudo, com gengibre, canela, noz moscada e açafrão, que eram os temperos disponíveis à época e que correspondiam ao gosto de então. Quanto aos pobres, a grande maioria de camponeses tinha que se contentar com raízes e legumes, além de pão, é claro! Mas tanto a dieta dos nobres quanto a dos camponeses era bastante pobre se comparada à dos nossos contemporâneos, e sobretudo a dos franceses. Foi somente a partir das grandes navegações e após a descoberta do Novo Mundo que os europeus passaram a ter a oportunidade de conhecer uma alimentação mais variada.

Do Oriente, a Europa já recebia, há vários séculos, condimentos como a pimenta-do-reino, o cravo-da-índia e o açúcar que, de tão fundamentais que eram para conservar os seus alimentos, estimularam os europeus a buscar o caminho marítimo para as Índias após a queda de Constantinopla, em 1453, quando os turcos interromperam a rota comercial por terra. Mas foi da América, descoberta por acaso na tentativa dos espanhóis de chegar às Índias pela rota do Ocidente – contrariamente aos portugueses, que preferiram fazer o contorno da África – que o Velho Mundo recebeu as maiores contribuições alimentares que iriam modificar completamente a dieta dos europeus e, em seguida, a dos habitantes de todo o resto do mundo, que então passaria a viver sob a influência da Europa. Antes da chegada de Cristóvão Colombo ao hemisfério ocidental, os feijões, as abóboras, o milho, o tomate, a mandioca e as batatas eram alimentos consumidos exclusivamente pelos ameríndios e jamais vistos pelos europeus. Também as pimentas e os pimentões eram desconhecidos, assim como aves como o peru, que foi introduzido na França com o nome de *poule d'Indes* – isto é, galinha das Índias, já que se imaginava que Colombo tivesse chegado à Índia, e não descoberto um novo continente –, antes de adquirir a sua denominação atual, *dinde*.

Hoje é inimaginável a culinária francesa e europeia sem a batata, assim como o tomate se tornou indissociável da cozinha provençal e italiana, e também a polenta, da culinária do Vêneto. Mas esses alimentos encontraram forte e longa resistência dos franceses até serem integrados na sua dieta. Em primeiro lugar, levou longo tempo até que o milho e o tomate se aclimatassem e pudessem ser regularmente cultivados na

220 | Os franceses

Europa. Demorou mais ainda até que o paladar dos europeus aceitasse o sabor desses novos alimentos. Hoje, os tomates produzidos na Itália são tão saborosos e combinam tão perfeitamente com manjericão e óleo de oliva que parecem até ser um fruto nativo da região. Já o cultivo da batata não foi tão difícil, mas demorou muito mais tempo até que os franceses aprendessem a colhê-la no momento certo e prepará-la adequadamente.

Até o final do século XVIII, as batatas eram utilizadas na França apenas para alimentar os porcos, porque não eram consideradas próprias ao consumo humano. Além disso, em torno do tomate e da batata havia muitos preconceitos, provavelmente por pertencerem à família das solanáceas, a mesma da mandrágora. À batata era associada a transmissão de uma série de males, entre os quais a lepra. Por essa razão, em 1748, o parlamento da França chegou a proibir o seu cultivo em território francês, que só voltaria a ser permitido sob o reinado de Luís XVI.

O tomate, devido à sua cor e à forma como o fruto se prende ao caule, lembrava mais ainda a mandrágora, planta originária da bacia do Mediterrâneo – atualmente quase extinta –, que possui uma série de qualidades terapêuticas e produz efeitos alucinógenos, razão pela qual era utilizada pelas bruxas da Idade Média nas suas feitiçarias e temida pela grande maioria das pessoas. Em torno da mandrágora, muitos mitos se criaram ao longo dos séculos. A Bíblia, no trigésimo capítulo do Gênesis, faz referência direta a ela. Raquel, a esposa preferida de Jacó, teria deixado de ser estéril e dado à luz José após ter recebido de Rubem, filho primogênito de Lia, primeira mulher de Jacó, as mandrágoras por ele colhidas no campo. Também teria sido à base de mandrágoras que o frei Lourenço teria preparado a poção que Julieta tomou para parecer morta e poder depois viver com seu amado Romeu, longe de Verona e das vendetas que contrapunham Capuletos a Montecchios.

A resistência ao consumo da batata só foi quebrada na França após a insistente campanha que o farmacêutico e nutricionista francês, Antoine Parmentier, encabeçou sob a proteção de Luís XVI. Parmentier, que trabalhava para o exército da França e o acompanhava em suas incursões militares, resolveu estudar as propriedades nutritivas da batata após ter sido preso pelo exército prussiano durante a Guerra dos Sete Anos (1756-1763). Durante o tempo de cativeiro, não havia senão batatas para se alimentar, e, contrariamente ao mito popular, Parmentier observou que nenhum prisioneiro adoeceu por tê-las comido. Ao contrário, todos se mantiveram bastante saudáveis e bem alimentados. Mas os mitos não surgem do nada e têm sempre alguma ligação com a realidade.

Como todas as solanáceas, a batata, o tomate e a mandrágora possuem toxinas, sobretudo nas suas partes verdes. Durante os vários períodos de fome que a Europa atravessou, a batata foi muitas vezes colhida e consumida antes que estivesse madura,

A gastronomia | 221

Flor de batata, com suas pétalas lilases e pistilo amarelo, que Parmentier ofereceu ao rei Luís XVI para incentivar o consumo do tubérculo pelos franceses.

222 | Os franceses

o que provocou muitos casos de intoxicação alimentar e ensejou o desenvolvimento do mito de que ela não era adequada ao consumo humano. Parmentier teve de lutar contra esse preconceito e demonstrar que, se a batata fosse colhida no momento adequado de maturação e devidamente preparada, ela não apenas não causaria qualquer prejuízo à saúde como também seria saborosa e nutritiva. Após ter feito um rigoroso estudo sobre as virtudes alimentares do tubérculo, que lhe renderia o primeiro prêmio da Academia de Besançon, em 1771, Parmentier foi procurar o apoio do rei para iniciar uma campanha em favor do consumo da batata na França.

Com o estímulo de Luís XVI e contra a proibição do parlamento francês, Parmentier iniciou uma plantação de batatas em Neuilly, na periferia de Paris, onde hoje, à frente da prefeitura, se encontra uma estátua erigida em sua homenagem. Parmentier não era apenas um grande cientista, mas também um homem sensível para a necessidade de uma adequada divulgação das suas descobertas científicas, sensibilidade essa pouco comum àquela época e que, atualmente, fica a cargo dos publicitários e marqueteiros. Para vencer o preconceito e estimular o apetite popular pelo tubérculo americano, em torno do campo de plantação em Neuilly foi montada uma guarda nem tanto para protegê-la, mas muito mais para fazer a população crer que se tratava de uma cultura cara e rara, destinada ao consumo exclusivo da nobreza. A guarda deveria ser vigilante o suficiente para evitar que as batatas fossem roubadas ainda verdes, o que seria um desserviço e funcionaria como contrapropaganda, mas também negligente o bastante para que alguns tubérculos maduros pudessem ser surrupiados, cozidos e consumidos pelo povo. Quando a sua plantação experimental de batatas floresceu, Parmentier fez um buquê e levou-o ao rei, que o recebeu muito bem, colocando uma das flores na lapela do seu casaco, outra na peruca de Maria Antonieta e declarando: "Um dia a França lhe agradecerá por ter inventado o pão dos pobres".

Devido à sua proximidade com o monarca, por pouco Parmentier não perdeu a cabeça na guilhotina da Revolução. Felizmente a comunidade científica da época soube lhe dar o devido suporte e pô-lo imediatamente a serviço do novo regime. Trabalhando para as forças armadas do governo revolucionário, Parmentier ocupou-se da conservação dos alimentos e da higiene nos navios da Marinha, além de instituir a vacinação antivariólica para os soldados do exército e criar a escola de padeiros, em 1800.

Hoje a batata é um acompanhamento essencial na culinária francesa e utilizada em muitas receitas. Uma das mais comumente preparadas em toda a França, por ser prática e barata, foi inventada pelo próprio Parmantier e leva seu nome: *hachis parmentier*, que nada mais é que uma mistura de purê de batatas com carne bovina, moída ou picada, temperada com sal, pimenta-do-reino, noz-moscada, salsa e queijo *gruyère* ou parmesão. Parmentier criou essa receita para estimular os franceses a consumir batatas, aproveitando as sobras de carne do *pot-au-feu* ou de um assado. A *brandade de morue* é outro prato muito comum na França, que foi levado ao conhecimento dos parisienses por Charles Durand, cozinheiro reputado de Nîmes, também chamado "o Carême da cozinha provençal". Originária da Provence, a *brandade de morue* é preparada à base de bacalhau, alho, leite e óleo de oliva. À receita original foi posteriormente acrescentado um purê de batatas, tornando-a um prato completo. Também do sul, da região de Dauphine, foi para toda a França outro prato de batatas servido como acompanhamento de carnes: o *gratin dauphinois*, que montado com batatas cruas cortadas em fatias finas é cozido no forno em um mistura de leite, creme de leite, ovos, alho e queijo parmesão, além de sal, é claro! Há ainda muitas outras formas de os franceses consumirem batatas, como fritas (que os americanos chamam de *french fried potatoes*), cozidas no vapor (*pomme de terre à la vapeur*) ou simplesmente refogadas (*pomme de terre sauté*). Embora a batata não seja tão essencial à mesa dos franceses quanto é na dos ingleses e alemães, ela é hoje um acompanhamento absolutamente corriqueiro e integrado à sua dieta alimentar.

A SEQUÊNCIA DE PRATOS

Para os franceses, qualquer refeição digna desse nome é composta por uma sequência de pratos. A sequência será tão mais longa e variada quanto maior for a importância do evento que se celebra à mesa. Um jantar familiar, corriqueiro e despretensioso, inicia-se por uma entrada, que pode ser quente ou fria. Em seguida, é servido o prato principal (*plat de résistance*), que em geral é uma carne acompanhada de legumes e batatas. Depois da refeição quente, servem-se obrigatoriamente algumas variedades de queijos, que consumidos com o pão e o vinho, os quais jamais podem faltar à mesa, completam a refeição de alimentos salgados. Por fim, come-se a sobremesa, embora essa não seja obrigatória, e encerra-se o jantar. A partir dessa composição mínima, não há limite para o número de pratos que podem ser acrescidos e servidos em um jantar para bem receber os convidados.

Os restaurantes na França costumam oferecer o seu cardápio do dia dando algumas alternativas ao cliente. O cardápio fica normalmente exposto na parte externa do estabelecimento, com os preços das diferentes sequências de pratos indicados, de tal forma que ninguém entre em um restaurante sem ter ideia do que vai comer e de quanto vai gastar. Aliás, a maioria dos restaurantes apresenta os seus menus organizados por preço, e para os franceses não há nada de estranho nem de vulgar nisso. Afinal, uma refeição tem um custo que deverá ser pago logo após o seu consumo, e nada mais natural que explicitá-lo ao cliente, oferecendo alternativas para aqueles que podem ou querem gastar mais ou menos. Os cardápios (*menus* ou *formules*) mais em conta oferecem, em geral, uma entrada, um prato principal, um prato de queijos ou uma sobremesa, além de uma pequena jarra (*une pichet*) de vinho. Para cada prato, há sempre algumas opções, de forma que cada cliente possa montar a sua própria sequência. As propostas de menu mais caras já oferecem um maior número de pratos, como um *consommé* ou um caldo leve, duas entradas (uma fria e outra quente), além do prato principal, queijo, sobremesa, café e licor. Pão não precisa ser pedido, pois será sempre servido ao longo de toda a refeição, e uma jarra de água da torneira (*une carrafe d'eau*) pode sempre ser solicitada sem qualquer custo, pois, por lei, servir água é obrigatório onde quer que se sirvam refeições ao público.

Se o número de pratos servidos é bastante elástico e variável, a sua sequência e harmonização com as bebidas que os acompanham obedecem a determinados princípios. Por exemplo, bebidas destiladas não costumam acompanhar nenhum prato, sendo servidas antes, como aperitivo, e depois da refeição, como digestivo. Mas, se a sequência de pratos for longa, é possível também servi-las no intervalo entre dois pratos, fazendo às vezes de um *entremets* (isto é, entrepratos). Na Normandia, é costume beber um pequeno copo de aguardente de maçã (*calvados*) entre um prato e outro, hábito esse que recebe o nome de *trou normand* (literalmente, buraco normando). Segundo os normandos, uma dose de *calva* (diminutivo de calvados) ajuda a abrir novamente o apetite dos comensais. Mas é cada vez mais comum substituir o consumo de calvados puro por um *sorbet*, que é um sorvete preparado à base de frutas, mas sem adição de creme (o que o diferencia do sorvete cremoso chamado *glace*), acrescido de um álcool. Na Normandia, o *sorbet* costuma ser feito de maçãs e regado com calvados, mas em outras regiões ele pode ser preparado com outras frutas, como peras e ameixas, e regado com outros álcoois que com elas combinem, como *poire* e *mirabelle*. Como *entremets*, é também bastante corrente servir uma salada, entre o prato principal e a sobremesa, criando uma transição entre um prato quente e salgado e um prato doce.

Enfim, não há regras rígidas a serem seguidas ao se montar o cardápio de uma refeição nem qualquer impedimento em se servir um prato doce entre dois salgados e um frio depois de um quente. O que realmente importa é que a sequência de pratos seja harmônica. Um prato mais suave deve sempre ser servido antes de um mais forte – como uma carne branca deve ser servida antes de uma vermelha –, pois a inversão dessa ordem faria o sabor do mais forte mascarar completamente o gosto do segundo. De acordo com o mesmo princípio, um prato neutro, como uma salada ou um *sorbet*, deve ser servido entre dois pratos de gosto muito diferentes – como um à base de frutos do mar e outro de carne vermelha – para que ambos possam ser devidamente apreciados sem

Castelo de Monbazillac e suas vinhas, cujas uvas produzem o vinho do mesmo nome.

que o sabor de um interfira no do outro. Essas regras básicas, assim como muitas outras que poderiam ser aqui lembradas, derivam todas do princípio central da gastronomia francesa, que é levar o comensal a tirar o maior prazer possível dos alimentos consumidos.

De acordo com esse princípio, cada prato deve também ser acompanhado da bebida que com ele melhor se harmonizar. Por exemplo, pratos leves à base de carnes brancas suaves são mais bem acompanhados por vinhos brancos e leves, assim como os de carnes vermelhas ou de caça servidos com molhos harmonizam-se melhor com vinhos tintos encorpados. Mas nada impede que se opte por um vinho tinto leve para acompanhar um prato de peixe de sabor mais pronunciado, como o bacalhau. As variações nas combinações são admitidas e até estimuladas, e, quando bem-sucedidas, são admiradas e adotadas. Afinal, o lado conservador dos franceses não é mais forte que a sua propensão para a inovação. Mas há algumas combinações clássicas, que embora não sejam obrigatórias, quando seguidas evitam o risco de gafes. Ostras cruas, acompanhadas de pão e manteiga, harmonizam-se perfeitamente com champanhe ou vinho branco secos. Tentar inovar nessa combinação tão bem-sucedida não teria lá muito futuro. No entanto, a também clássica combinação de *foie gras* servido sobre uma fatia de brioche (que é um pão adocicado) e acompanhado de um cálice de *sauternes* ou de *monbazillac* (que são vinhos brancos naturalmente fortificados e adocicados, produzidos no Périgord) jamais será considerada indevida, e por muitos será considerada como a combinação mais perfeita. Mas sempre haverá aqueles que, como eu, preferirão o *foie gras* temperado com pimenta-do-reino e sal grosso, embebido em vinho tinto e acompanhado de um pão salgado (como o *pain de campagne*) e de champanhe *brut*.

Embora esses princípios de combinação de pratos e de harmonização com as bebidas estejam bem arraigados nos hábitos e na cultura dos franceses, as grandes livrarias de todo o país costumam reservar um setor dedicado exclusivamente à culinária, com uma série de publicações com receitas e sugestões de menu. Uma publicação tradicional e altamente instrutiva sobre a culinária e gastronomia francesas é o *Larousse de la cuisine*, organizada em forma de dicionário (isto é, em ordem alfabética), que além de oferecer 1,5 mil receitas – das mais tradicionais às mais recentes, inclusive algumas a serem preparadas em micro-ondas – apresenta uma classificação dos mais variados ingredientes, explica em detalhes e com o auxílio de fotos as diferentes formas de seu preparo, desde o corte dos legumes, carnes, aves e peixes, até as várias técnicas de cocção dos alimentos, apresentando, por fim, algumas sugestões de menu para as diferentes estações do ano e as mais diversas ocasiões. Mas, junto a essas e tantas outras publicações sobre a culinária francesa, encontram-se muitas outras sobre as cozinhas do mundo. Embora os franceses sejam absolutamente seguros de que, se a sua cozinha não é *a* melhor do mundo, ela, com toda certeza, encontra-se entre *as* melhores, sua curiosidade e cosmopolitismo gastronômicos os mantêm sempre abertos para as contribuições alimentares dos outros povos do mundo. No entanto, se os pratos, temperos e ingredientes podem variar em sua mesa, a forma de consumi-los segue sendo francesa. O pão, o vinho e a sequência composta por entrada, prato principal e sobremesa não costumam ser alterados. Para os franceses, comer à francesa não é uma questão de chauvinismo, mas a forma que eles consideram gastronomicamente mais adequada para se apreciar os prazeres da mesa. Mas nem sempre foi assim.

O que hoje se considera como forma tipicamente francesa de se alimentar é, na verdade, relativamente recente. O hábito de comer diversos pratos, em pequenas porções individuais, servidos um após o outro, foi introduzido no país pelo príncipe russo Alexandre Kuriakin, que serviu como embaixador da Rússia na França, entre 1808 e 1812. O serviço à russa, como foi batizado pelos franceses, rapidamente seria adotado no país pela nova classe dirigente na ânsia de diferenciar-se dos hábitos da nobreza sob o Antigo Regime. A nova etiqueta republicana consistia em ficar todos os comensais sentados à mesa, sendo servidos por uma equipe de serviçais, composta, entre outros, por um mestre de cerimônia (*maître d'hôtel*) e um mordomo. Os pratos passariam a ser servidos sempre pela esquerda e retirados pela direita, enquanto os vinhos deveriam ser servidos pela direita, em um copo específico para cada tipo. Sobre a mesa, em frente a cada comensal, seria colocado um *sous-plat*, um prato e sobre este um guardanapo dobrado em forma decorativa. Do lado direito do prato, seriam dispostas a faca, com a lâmina voltada para dentro, e a colher, do lado esquerdo o garfo. Essa forma de servir e arrumar uma mesa é considerada hoje altamente refinada e conforme a mais estrita etiqueta, mas naquela época representou uma enorme simplificação dos hábitos. O fato de a burguesia francesa ter se inspirado no comportamento à mesa de uma outra monarquia europeia da sua época, a russa, para estabelecer um novo parâmetro de refinamento mais condizente com a igualdade republicana dá uma ideia de quão faustosa e extravagante eram as recepções e banquetes da corte francesa.

O SERVIÇO À MESA NO ANTIGO REGIME

O serviço à francesa resultou de uma longa evolução dos hábitos alimentares da nobreza francesa e europeia desde a Idade Média, que só foi definitivamente abandonado após o século XIX, com a afirmação da revolução burguesa. Nos banquetes da Idade Média, comiam-se fartamente muitas aves e outras caças, temperadas com gengibre, canela e açafrão, mas sem qualquer refinamento. Não havia talheres nem pratos. A colher era a única cutelaria de uso comum, e para cortar os pedaços de carne cada convidado do sexo masculino utilizava a sua própria faca, que usualmente carregava à cintura. Os pedaços de carne assim cortados eram colocados sobre pedaços de pão duro que serviam de prato, e os dedos eram os instrumentos utilizados para levar o alimento à boca. Como os hábitos de higiene naquela época eram os piores possíveis, muita gente adoecia e acabava morrendo – literalmente – pela boca, com exceção dos judeus, cuja religião determinava que as mãos fossem lavadas para fazer as orações que precediam as refeições. Assim, sem ninguém entender por que, os judeus adoeciam e morriam menos que os cristãos, o que ensejou o surgimento da ideia – que acabou se disseminando e que muito favoreceu o surgimento do antissemitismo na Europa – de que os cristãos adoeciam porque os judeus envenenavam os seus poços. Mas essa é uma outra e longa história.

Nos banquetes medievais, todo tipo de comida era colocado sobre a mesa ao mesmo tempo, doces e salgados, petiscos e grandes assados. Nesse sistema, tinham acesso aos melhores pratos aqueles que estavam mais bem situados à mesa, isto é, próximos ao anfitrião; já os convivas menos prestigiados comiam o que era colocado à mesa junto deles. Os comensais sentavam-se todos de um mesmo lado da mesa, sobre a qual era colocada uma grande toalha que lhes servia também de guardanapo, ficando o outro lado livre para que os criados pudessem retirar os pratos vazios e substituí-los por outros cheios e para que, nos momentos de *entremets*, os quais àquela época eram apenas uma pausa entre um serviço e outro da cozinha, pudessem assistir às apresentações de música, dança e teatro.

Durante a Renascença, os hábitos alimentares dos europeus começaram a se aprimorar sob o impacto da obra de Erasmo, publicada em 1530, estabelecendo os modos de civilidade a serem ensinados às crianças, *Civilitas morum puerilium*. A rainha Catarina de Médici levaria da Itália para a corte francesa algumas inovações à mesa, como o uso do garfo, de pratos de porcelana, de guardanapos individuais e de cálices de cristal, além de alguns cozinheiros florentinos que introduziram brócolis, alcachofras e outros legumes na dieta da nobreza. Mas o costume de servir vários pratos ao mesmo tempo foi mantido. Durante o reinado de Luís XIV, os banquetes iriam se tornar cada vez mais sofisticados e as travessas de comida seriam colocadas na mesa obedecendo a uma rígida simetria com pratos de diversos tamanhos, o maior deles disposto no centro da mesa e os demais distribuídos por tamanho decrescente de forma concêntrica, tais como as árvores, arbustos e flores nos canteiros dos jardins franceses da época. Os vários pratos eram servidos em três serviços consecutivos, que compunham o que se convencionou chamar serviço à francesa, que da corte de Versalhes se espalharia pelo resto da Europa como padrão de bem receber os convidados. O primeiro serviço era composto por caldos, sopas e peixes, acompanhados de uma série de entradas de carne, aves e frutos do mar, alguns *entremets* e vários petiscos (*hors*

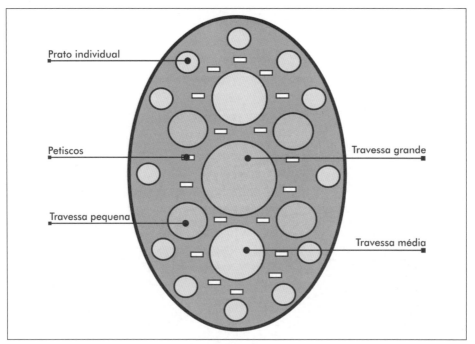

Desenho ilustrando a distribuição dos pratos à mesa no serviço à francesa, durante o Antigo Regime.

d'oeuvres) espalhados entre os pratos maiores. No segundo serviço, eram servidos os pratos mais substanciosos, como carnes assadas variadas acompanhadas por molhos, vegetais, saladas e também sempre por alguns *entremets*. Por fim, o terceiro serviço consistia de queijos, doces variados preparados com massa (*pâtisserie*), cremes, frutas, mas também alguns patês de carne.

Esse ordenamento do serviço à francesa seria mantido de forma simplificada no serviço à russa, com a sequência: entrada, prato principal, queijo e sobremesa. Mas tal como no sistema atual, cujas etapas básicas podem ser acrescidas de outras, no serviço à francesa também se podia organizar um banquete com mais de três serviços, dependendo das circunstâncias. O grande *maître d'hôtel* francês do tempo de Luís XIV, François Vatel, que servia o superintendente de finanças do reino, o marquês Nicolas Fouquet, organizou um lauto banquete para a inauguração da nova residência do seu senhor, o castelo de Vaux-le-Vicomte. Para o jantar, foram convidados o rei, então com apenas 23 anos, sua mãe, Ana da Áustria, e toda a sua corte, que foram acomodados em oitenta mesas e servidos cinco serviços, para o último dos quais Vatel reservou uma surpresa: o *crème chantilly*. Para os convidados de honra, foram colocados à

Castelo de Vaux-le-Vicomte, residência do superintendente de finanças de Luís XIV, Nicolas Fouquet, onde o mestre de cerimônias François Vatel organizou, em agosto de 1661, um banquete tão faustoso em homenagem ao jovem rei, com 80 mesas e 30 bufês, que chegou a causar inveja ao monarca.

mesa talheres de ouro maciço e para os demais, talheres de prata. Para animar a corte, foi apresentada uma comédia-balé criada por Molière especialmente para a ocasião, *Les Fâcheux* (Os desagradáveis), com música de Jean-Baptiste Lully. O rei teria saído dessa recepção com o orgulho ferido, tamanha a suntuosidade do evento oferecido pelo seu súdito, justamente o encarregado do tesouro do reino em um momento em que o Estado atravessava dificuldades financeiras decorrentes da Guerra dos Trinta Anos (1618-1648). Depois disso, seria o próprio Luís XIV que iria oferecer os mais grandiosos banquetes em Versalhes, hábito que seria mantido por todos os monarcas até o fim do Antigo Regime.

Além da substituição do serviço à francesa pelo serviço à russa, a Revolução Francesa iria também promover a generalização, inicialmente no país e, em seguida pelo mundo, de um estabelecimento comercial inventado em Paris na última metade do século XVIII: o restaurante. Diferentemente da adoção do serviço à russa, que foi intencional e teve um forte significado simbólico de ruptura com o passado, o desenvolvimento dos restaurantes foi um efeito secundário da Revolução. Sob o novo regime, boa parte da aristocracia iria partir da França, deixando para trás muitos cozinheiros e *maîtres d'hôtel* desempregados, forçando-os a procurar uma nova inserção econômica e profissional na nova ordem social. Oferecer refeições ao público foi a alternativa encontrada por alguns deles e seguida depois por muitos outros.

BREVE HISTÓRIA DOS RESTAURANTES

Ainda durante o Antigo Regime, em 1765, um comerciante de Paris chamado Boulanger abriu o primeiro restaurante, tendo sobre a porta do estabelecimento uma placa com uma frase retirada do Evangelho de São Mateus: "Vinde todos a mim, vós cujos estômagos gritam de miséria, e eu os restaurarei".[1] Mal sabia ele que a sua iniciativa pioneira, direcionada aos mais pobres, seria copiada por muitos outros que não mais se proporiam a aplacar a fome dos menos abastados, oferecendo *bouillons restaurants* (caldos restauradores), mas também a regalar o paladar dos mais ricos. Antes da invenção de Boulanger havia – é claro – outros tipos de estabelecimentos comerciais onde se podia comer e beber, mas não da mesma forma.

Durante a Idade Média, era costume montarem-se tendas nas feiras ou à beira das estradas por onde passavam viajantes e peregrinos em que a comida a ser vendida era preparada. As pessoas alimentavam-se em pé, sem qualquer cerimônia e sem outra intenção que não fosse a de quebrar o jejum, que é a origem dos termos desjejum, em português, *déjeuner*, em francês, e *breakfast*, em inglês. Na França do tempo de Luís XIII e dos Três Mosqueteiros, personagens do romance de Alexandre Dumas, havia albergues nas cidades e povoados onde se podia comer e beber, mas não havia cardápio nem muito menos escolha do que comer. O cozinheiro era quem decidia o que iria ser preparado, de acordo com o que houvesse disponível em sua despensa, e o que as pessoas iriam comer, sentadas, todas, em torno de uma única grande mesa, tal como os religiosos nos mosteiros. Fora desses lugares, comia-se em casa, sobretudo comida pronta que era vendida nas tratorias, rotisserias, salsicharias e tantos outros estabelecimentos cujos proprietários, ligados a uma certa corporação de ofício, detinham o monopólio da produção e comercialização de um determinado produto.

O restaurante de Boulanger iria provocar uma verdadeira revolução, antes mesmo que a Revolução Francesa eclodisse 24 anos mais tarde, desafiando o monopólio dos

Foto de fachada de restaurante em Lyon, uma invenção parisiense do século XVIII que se espalhou por toda a França e por todo o mundo.

profissionais ligados às corporações de ofício do Antigo Regime. Boulanger percebeu que um novo nicho de mercado então se abria, como diriam hoje os profissionais de marketing, e o elemento decisivo do surgimento desse novo mercado foi a contínua queda do preço do pão a partir da segunda metade do século XVIII, que daria aos pobres, antes condenados a consumi-lo para se manter e aplacar a fome, acesso a outros produtos para enriquecer a sua dieta. Para que se tenha ideia das mudanças econômicas que ensejaram a revolução alimentar na França, entre o fim do século XVIII e início do XX, vale a pena apresentar alguns números comparativos. Durante a maior parte do século XVIII, o salário médio de um trabalhador parisiense equivalia a cinco quilos de pão por dia. No momento em que os restaurantes começaram a se espalhar por Paris, no início do século seguinte, essa equivalência já era de oito quilos diários. Em 1850, o gasto com o pão consumia ainda 20% do orçamento doméstico, mas em 1900 ele já não passava de 9%. Aos pobres trabalhadores do país abria-se então uma ampla janela de oportunidades alimentares, que Boulanger soube muito bem aproveitar.

Boulanger iria oferecer uma refeição a preço fixo, servida em mesas individuais e a qualquer horário, composta por uma sequência de diferentes alimentos preparados no seu próprio estabelecimento. As corporações de ofício, que se sentiram lesadas pela ousadia de Boulanger, moveram-lhe um processo judicial, mas o tribunal de Paris não acatou o argumento da acusação, assegurando ao réu o direito de continuar oferecendo os seus serviços, em claro desrespeito ao monopólio até então assegurado pela lei. Tudo indica que o precedente legal que ensejou o surgimento de outros restaurantes pela cidade deveu-se menos à liberalidade dos magistrados do que à perspectiva que se abria para a municipalidade de fortalecer as suas finanças por meio da arrecadação de impostos sobre o novo serviço.

Em 1782, o então cozinheiro de um irmão de Luís XVI, Antoine Beauvilliers, resolveu abrir um restaurante voltado para os ricos. Seu apelo mercadológico era o de que na Grande Taverne de Londres, que ocupava um prédio elegante da Rue Richelieu, próximo ao Palais Royal, as pessoas poderiam comer como se comia na casa dos príncipes. A iniciativa de Beauvilliers foi seguida por outros cozinheiros, que passaram a abrir seus restaurantes naquela mesma região em que se situava – e se situa até hoje – a Commédie-Française e outros teatros muitos frequentados pelo *beautiful people* de então. Os restaurantes entraram rapidamente na moda, sobretudo aqueles frequentados por celebridades da sociedade parisiense do final do século XVIII. Cozinheiros de outras regiões do país também vão abrir seus restaurantes na região e levar aos parisienses a culinária regional. É nesse momento que um prato típico de Marselha, a *bouillabaisse*, que é uma espécie de caldeirada de peixes e frutos do mar, chega a Paris e a culinária da Provence passa a ser conhecida e respeitada. De menos de cem estabelecimentos antes de

1789, os restaurantes passam para um número entre 2 e 3 mil, 30 anos após. Na década de 1820, estima-se que, dos cerca de 800 mil habitantes de Paris, 60 mil frequentavam diariamente os restaurantes da capital, na grande maioria pessoas pobres, que viviam em habitações tão minúsculas que não havia sequer espaço para cozinhar. No final do século, os restaurantes já se encontravam solidamente estabelecidos como instituição nacional e eram frequentados por todos. Segundo Eugen Weber, "até aquelas pobres garotas operárias – costureiras, chapeleiras, balconistas – conhecidas como *midinettes*, porque seu almoço (*repas du midi* [refeição do meio-dia]) não passava de um lanche, podiam encontrar por 15 soldos uma *dinette*, que consistia de um prato de carne, um de legumes, queijo, vinho e pão". [2]

Em apenas um século após a Revolução de 1789, os hábitos alimentares franceses mudaram radicalmente, atingindo todos os estratos sociais, dos mais ricos aos mais pobres. Talvez as mudanças no plano alimentar tenham sido mais rápidas e profundas do que em outras esferas da vida social, que, como bem mostrou Alexis de Tocqueville na sua magnífica obra *O Antigo Regime e a Revolução*, importantes mudanças já haviam se produzido na sociedade francesa e estavam bem consolidadas quando a Revolução finalmente eclodiu. Mas, por mais radical que tenha sido a revolução alimentar dos franceses no século XIX, dois alimentos seguem tendo a mesma importância na sua dieta que tinham nos antanhos, o que mostra que os franceses não apenas sabem se adaptar aos novos tempos como conservar a sua rica herança cultural: os queijos e os vinhos.

OS QUEIJOS

Já foi dito que os franceses têm 365 queijos, um para cada dia do ano, mas na verdade cada região tem o seu próprio queijo, desenvolvido e aprimorado ao longo de séculos, e cada francês consome aqueles que mais agradam o seu paladar. Desconheço uma contagem séria do número de queijos produzido na França, mas com as suas centenas de queijos os franceses elaboraram algumas classificações bastante precisas. A primeira, e mais óbvia, classifica-os de acordo com a sua matéria-prima de fabricação: leite de vaca, de cabra ou de ovelha. Outra, menos óbvia, procura precisar a melhor época para o seu consumo: verão, inverno, primavera e outono. Mas ainda há outras mais sofisticadas que ordenam os queijos de acordo com o seu método de fabricação. O *Larousse de la cuisine* classifica os queijos em seis grandes famílias: os que são cozidos (*pâtes cuites*); os apenas prensados (*pâtes pressées*); os que são cremosos por dentro e têm a crosta dura e lavada (*pâtes molles à croûte lavée*); os cremosos de crosta macia (*pâtes molles à croûte fleurie*); aqueles que em seu interior se desenvolvem alguns fungos esverdeados, que lhes dão uma aparência de serem misturados com salsa picada (*pâtes persillées*); e os de cabra (*les chèvres*).

Banca de queijos em feira.

Da família dos queijos de massa cozida fazem parte aqueles produzidos nas regiões montanhosas fronteiriças com a Suíça e com a Itália. Eles têm uma crosta dura e seca, consistência firme e massa entremeada por buracos razoavelmente grandes. Como são produzidos em peças de grande tamanho, seu tempo de maturação dura entre seis meses e um ano. Esses queijos são consumidos, sobretudo, durante o inverno e alguns deles são utilizados na preparação do *fondue*. O *fondue savoyard* é preparado com proporções equivalentes de diferentes tipos desse queijo, como o *emmenthal*, *comté*, *beaufort* e *appenzel*.

Já os queijos não cozidos, mas apenas prensados e fabricados com leite coalho, devem ser consumidos preferencialmente no verão. Eles são também originários das regiões montanhosas, como a Savoia, o Massivo Central e os Pirineus, têm uma consistência menos rígida que os de massa cozida, mas ainda bastante firme. *Morbier* (Franche-Comté), *saint-nectaire* (Auvergne), *reblochon* e *tomme de Savoie* (Savoia), são feitos com leite de vaca, mas o *etorki* (país basco) é feito com leite de ovelha.

236 | Os franceses

Entre os queijos cujo interior é cremoso e a crosta macia, encontram-se as preferências nacionais dos franceses, como o *camembert*, fabricado na Normandia, o *brie de Melun*, feito na região parisiense, e o *brie de Maux*, originário da Champanhe. Com menos de um mês de maturação, esses queijos desenvolvem uma fina camada branca sobre sua crosta, e se não forem consumidos logo perderão as suas características suaves iniciais, tornando-se bastante fortes para o paladar e com um cheiro muito pronunciado. Os queijos *brique*, sejam os de leite de vaca, de cabra ou de ovelha, fazem parte dessa família.

Já os queijos moles de crosta dura são, sem dúvida, os mais fortes, tanto para o paladar como para o olfato. Durante o seu tempo de maturação, eles têm a sua casca lavada e escovada, procedimento esse que influencia na sua fermentação. Esse tipo de queijo é produzido com leite de vaca em todas as regiões da França. Na Normandia, faz-se o *pont-l'évêque*, que recebe esse nome do vilarejo, localizado no departamento de Calvados, onde ele é fabricado há séculos. Na Borgonha, em toda metade noroeste do departamento da Côte d'Or, fabrica-se o maravilhoso e fortíssimo *époisses*, que também deve o seu nome a um vilarejo da região e que atinge o seu ponto ideal de maturação entre os meses de maio e novembro. Nas montanhas do leste são produzidos vários tipos de *vacherin*, como o *vacherin Mont d'Or*, fabricado no Jura, e o *vacherin de Savoie*, originário dos pré-Alpes. Na Córsega, onde não há vacas, fabrica-se o *niolo*, que é um queijo dessa família feito com leite de ovelha.

Uma menção à parte merecem os queijos de cabra e os maturados com fungos. Embora possam ser classificados nas categorias anteriores, estas não conseguem expressar inteiramente as suas características e particularidades. Os mais conhecidos dos queijos fermentados sob a ação de fungos são o *roquefort*, produzido com leite de ovelha na região do Massivo Central, e o *gorgonzola*, feito na Itália com leite de vaca. Mas há, ainda, outros que são denominados genericamente por *bleu* (azul) em função dos veios – meio esverdeados, meio azulados – que os caracterizam. A maior parte dos *bleus* são produzidos na região de Auvergne, no Massivo Central, entre os quais o *bleu d'Auvergne*, que é feito de massa de leite de vaca não cozida e prensada. Na Bélgica também se fabricam alguns tipos de *bleu*.

Com o leite de cabra se produz uma variada gama de queijos. A maioria deles são bastante frescos e cremosos, como o *cabécou* e o *rocamadour*, mas alguns já são bem mais secos e amadurecidos, como os fabricados na Córsega. Certos queijos de cabra são envoltos em cinza de carvão vegetal e têm formato piramidal, como o *valençay*; outros têm forma cilíndrica, como o *sainte-maure*. Há, ainda, aqueles que podem ser consumidos frescos, envolvidos em *herbes de provence* ou marinados no óleo de oliva, como o *pélardon*. Enfim, há queijo de cabra de todos os tipos e para todos os gostos, desde que se aprecie essa qualidade de queijo, evidentemente. Contrariamente aos queijos das demais famílias, que se harmonizam muito bem com vinho tinto, os queijos de cabra – por serem, em geral, consumidos bastante frescos – combinam mais com vinhos brancos. Mas não seria nenhum crime de lesa-majestade comê-los eventualmente acompanhados de vinho tinto. O importante – como tudo na cozinha e gastronomia francesas – é pôr em relevo os sabores para melhor poder apreciá-los. Por isso, ao fim de um jantar, quando se serve à mesa um prato com queijos variados, cada comensal se serve daqueles que mais lhe agrada e que o seu apetite ainda lhe permite ingerir, começando a comer primeiro os mais suaves e por último os mais fortes.

Poucos são os povos que, como os franceses, apreciam tanto os queijos. Pão, queijo e vinho formam a tríade alimentar que acompanha os franceses do mais informal piquenique ao mais requintado jantar.

OS VINHOS

Assim como todos os povos da bacia do Mediterrâneo, os franceses são tradicionalmente grandes produtores e consumidores de vinho. Durante a ocupação romana da Gália, as vinhas foram plantadas por todo o país, até nas regiões onde o clima era menos propício ao seu cultivo, como as províncias do norte. Até o século XIX, o vinho era considerado um alimento essencial na dieta dos mediterrâneos, da mesma forma que a cerveja era a fonte principal de energia e hidratação dos povos da Europa do norte. Para os nossos contemporâneos pode parecer absurdo, mas durante a maior parte da história acreditava-se que a água era essencial para quase tudo – navegar, irrigar plantações, hidratar os animais e cozinhar –, menos para o consumo humano *in natura*. Até se descobrir que bastaria fervê-la por alguns minutos para torná-la estéril e adequada ao consumo humano, não se bebia água, pois ela era, sabidamente, fonte de transmissão das mais variadas doenças. Por isso, o vinho – nos países onde era possível cultivar uvas – e a cerveja – nos territórios onde só se conseguia cultivar cereais para poder produzir uma bebida fermentada – eram as principais fontes de hidratação dos homens. E de alimentação também. Afinal, as bebidas alcoólicas são altamente calóricas, aplacam a fome, trazem bem-estar e energia para quem as consome.

Além disso, nas sociedades camponesas europeias, não se tinha o hábito de comer pela manhã. Antes do início das atividades rotineiras de trabalho, que variavam de acordo com a estação do ano, bebia-se cerveja, no caso dos ingleses e outros povos do norte, e tomava-se vinho, no caso dos franceses e demais populações mediterrâneas. No caldeirão suspenso sobre o fogo da lareira, que servia tanto para aquecer a casa durante

O *Angelus* é uma prece católica recitada três vezes ao dia, às 6h, 12h e 18h, antecedida e anunciada pelos sinos das igrejas, que nas regiões rurais da França serviam também para balizar a jornada de trabalho dos camponeses. No chão, entre o casal que interrompe sua jornada de trabalho para rezar, encontra-se a cesta de alimentos para o seu desjejum.

os meses de frio quanto para iluminá-la e cozinhar durante o ano todo, colocavam-se os alimentos que seriam consumidos apenas à noite, após a jornada de trabalho. É por isso que a grande maioria dos pratos tradicionais – do *pot-au-feu*, passando pelo *cassoulet* e pelo *boeuf bourguignon*, na França, ao *irish stew*, na Grã-Bretanha – é constituída de pratos únicos de longa cocção, pois enquanto os homens e mulheres faziam o seu trabalho no campo o jantar ia sendo lentamente preparado sobre o fogo. Ao meio do dia, após o *Angelus*, os franceses quebravam o jejum comendo alguma coisa, como pão e queijo, e durante toda a jornada de trabalho bebiam vinho, muito vinho, até finalmente chegarem às suas casas, jantarem e beberem mais vinho até o momento de dormir.

A dependência alimentar dos franceses pelo vinho era tanta que, quando uma praga atacou e praticamente dizimou os vinhedos franceses, na segunda metade do século XIX, houve quase uma comoção nacional. Um pequeno pulgão, chamado filoxera, que ataca o caule das videiras, alimentado-se da sua seiva até levá-las à morte, chegou à França junto com cepas importadas do continente americano, espalhando-se, em seguida, por quase toda Europa. Pouquíssimas regiões não foram atingidas pela praga, que levou à extinção a quase totalidade das espécies de uvas viníferas europeias cultivadas por milênios no continente. Durante algum tempo, os franceses viram-se obrigados a consumir um vinho de péssima qualidade, pois as poucas regiões não atingidas pelo mal tiveram de assegurar o fornecimento das demais, produzindo vinho a toque de caixa e reduzindo, consequentemente, a qualidade do produto. Dizia-se então que "se fazia as vinhas mijar" (*on faisait pisser les vignes*), ou seja, tirava-se delas tudo o que se podia para fazer vinho, até o mijo da videira. E esse vinho de péssima qualidade, que era produzido no sul do país, acabou sendo responsável pela má fama dos vinhos meridionais por muitos anos.

Mas nem tudo estava perdido como se imaginava, pois da mesma América de onde partiu o veneno vieram o remédio e a salvação para o vinho europeu. As espécies de vinha europeias (*Vitis vinifera*) só não foram extintas porque do outro lado do mundo, no longínquo território do Chile, todas elas já haviam sido transplantadas com sucesso e lá permaneceram protegidas do ataque da filoxera em virtude do isolamento do território chileno, que se encontra sanitariamente separado do restante da América pelo deserto do Atacama, ao norte, e pela cordilheira dos Andes, a leste. Assim, enquanto a praga dizimava os vinhedos da Europa, o Chile se tornava o santuário de preservação das espécies de uvas europeias. No entanto, para a retomada da viticultura na Europa, não bastava ter as diferentes castas de *Vitis vinifera* devidamente preservadas no Chile, já que a filoxera havia chegado ao Velho Mundo para ficar. E, uma vez mais, a salvação veio da América. As espécies de vinhas americanas (*Vitis labrusca* e *Vitis bourquina*), por serem bem mais rústicas que as europeias, suportam bem o ataque da filoxera, produzem uma boa uva de mesa, que também é bastante apropriada para a produção de sucos, mas que não têm o refinamento das uvas requeridas para a vinificação. A solução encontrada foi, então, a do enxerto, utilizando as espécies americanas como cavalo, isto é, como suportes plantados diretamente na terra, e enxertando no tronco delas espécies de vinhas europeias, como *cabernet sauvignon*, *merlot*, *cabernet franc* e *pinot noir*, no caso das uvas pretas, e *chardonnay* e *sauvignon blanc*, no das brancas, para utilizar apenas alguns exemplos das castas francesas. Hoje, praticamente no mundo todo, à exceção do Chile e da Argentina, não há mais vinhas europeias plantadas em pé-franco, isto é, diretamente na terra. Mas nem tudo voltou

240 | Os franceses

a ser como era antes da chegada da filoxera à Europa. A região de Île-de-France, no entorno de Paris, que até a chegada da filoxera era a maior produtora de vinho da França, nunca mais retomou a sua vocação vinícola. Atualmente encontram-se espalhadas pelo território francês diversas áreas onde se produzem vinhos com características próprias, com reputação muito diversa e nem sempre justa, em que se sobressaem três regiões produtoras principais: Bordeaux e Borgonha – antigas rivais –, e Champagne – *hors concours*.

Borgonha e Bordeaux

Apesar de todas as regiões da França produzirem seus próprios vinhos, com cepas específicas e técnicas próprias, as quais associadas às características do solo e do clima compõem o *terroir* que dá a cada vinho suas características peculiares, as regiões de Bordeaux e Borgonha se sobressaem entre as demais, reivindicando o *status* de produtoras do melhor vinho do mundo. Mas qual, de fato, produz o melhor vinho? Há defensores ferrenhos tanto de um lado quanto de outro, a começar pelos habitantes de uma e outra região. Os bordeleses, por princípio, não bebem *borgonha*, assim como os borguinhões tampouco tomam *bordeaux*. Mas os enólogos e *sommeliers* se negam a tomar posição nessa disputa, e eles têm toda razão. Um borgonha e um bordeaux têm características tão diferentes que é impossível compará-los e dizer que um é melhor que o outro. Pode-se preferir um bordeaux a um borgonha, ou vice-versa, mas isso é apenas uma questão de gosto, e, como bem diz a sabedoria popular, gosto não se discute. *Vox populi, vox Dei*.

O bordeaux resulta de uma *assemblage*, isto é, de uma mistura de uvas de três cepas diferentes e combinadas numa proporção fixa para a produção do vinho tinto: *merlot* (60%), *cabernet-sauvignon* (25%) e *cabernet-franc* (15%). Apenas nos *médoc*, produzidos na sub-região do mesmo nome, que fica ao norte do estuário do rio Gironda, as proporções de *cabernet-sauvignon* e *merlot* se invertem. Em Bordeaux, produz-se também vinho branco, mas em quantidade bem inferior à do tinto, com uvas como *sémillon*, *muscadelle* e *sauvignon*. Além dos vinhos brancos secos, produzem-se também os licorosos, como o *sauternes* e o *monbazillac*. Já o vinho produzido na Borgonha é sempre varietal, isto é, feito a partir de uma única cepa: *pinot noir*, para o tinto, e *chardonnay*, para o branco.

Nos jantares formais costuma-se servir bordeaux, ao invés de borgonha, pois o risco de se errar oferecendo um bordeaux de má qualidade é bem menor. Os borgonhas não são tão fáceis de serem escolhidos quanto os bordeaux, pois são produzidos em menores quantidades e em estabelecimentos pequenos, além de serem também bem mais caros. Fora isso, um borgonha sobe mais facilmente à cabeça do que um bordeaux, o que

Vinhedos da Borgonha durante a primavera.

poderia vir a causar constrangimento aos anfitriões e convivas em grandes festas. Por todas essas razões, serve-se normalmente bordeaux, e não borgonha, nas embaixadas e recepções oficiais da França.

A produção do bordeaux é também muito maior do que a do borgonha, correspondendo a cerca de um quarto de toda a produção vinícola francesa. Dos 10.725 km² da região bordelesa, cerca de 120 mil hectares de sua superfície são ocupados por vinhas que produzem, anualmente, algo como 850 milhões de garrafas. Já na região da Borgonha, que é cerca de três vezes maior que a de Bordeaux, as videiras ocupam apenas 25 mil hectares, produzindo não mais que 24 milhões de garrafas por ano. Essa diferença explica, em grande parte, por que o borgonha é mais caro que o bordeaux e também porque este é mais conhecido mundo afora. Só em 2004, a região bordelesa exportou cerca de 250 milhões de garrafas para o mundo, ou seja, dez vezes mais que toda a produção da Borgonha.

Muito do que já se escreveu sobre o bordeaux – e a literatura sobre ele é bem mais extensa do que a que trata do seu rival – é prenhe de preconceitos. Enquanto o bordeaux seria um vinho refinado, o borgonha não passaria de um vinho medíocre que só se presta para fazer molhos, como o do *boeuf bourguignon*. O bordeaux seria um vinho maior, produzido próximo ao oceano Atlântico e voltado para o mundo, enquanto o borgonha não passaria de um vinho provinciano e voltado para o interior, onde ele é produzido. Como em todo preconceito, há nisso um fundo de verdade e muita distorção dos fatos. O borgonha tinto guarda, sem dúvida, as características de um vinho mais camponês, sem no entanto ser um vinho rústico. Elaborado exclusivamente com uvas *pinot noir*, que é uma cepa bastante adaptada à região, ele resulta num vinho leve e delicado, na cor, no olfato e no paladar, mas que produz um impacto sensorial considerável. Já o bordeaux é um vinho mais escuro, estruturado e tânico, e – conforme a opinião de um especialista em vinhos franceses, Jean-Robert Pitte, aliás, não referendada pela enologia –, contrariamente ao borgonha, age mais sobre o espírito do que sobre os instintos corporais, ensejando o diálogo, a reflexão e a contemplação.

Segundo Jean-Robert Pitte, relacionado às características físicas de cada vinho há também um fator cultural, não só de quem o produz, mas também de quem o consome. O bordeaux, não por acaso, é o vinho consumido pelos países protestantes e puritanos da Europa do norte, enquanto o borgonha seria um vinho católico, consumido pelos papas de Avignon e de Roma, pelos reis da França, duque de Borgonha e demais elites da Contrarreforma. Não por acaso, o bordeaux seria mais adequado à ética protestante, na medida em que preserva a racionalidade e sobriedade de quem o bebe, o que é fundamental para os calvinistas, luteranos e anglicanos, ao passo que o borgonha, pelos efeitos mais explosivos que provoca, seria mais bem aceito em meio à permissividade do mundo católico. De acordo com essa mesma lógica que associa um vinho a uma moral religiosa, um bordeaux tem de ser bebido em uma taça de cristal e em um ambiente suficientemente iluminado, para que a sua cor e transparência possam ser devidamente apreciadas. Já um borgonha pode ser consumido dentro de uma cave, à luz bruxuleante de uma vela e servido de uma garrafa empoeirada. Os próprios formatos das garrafas e taças especiais para cada vinho são reveladores do caráter mais austero do bordeaux e do espírito mais expansivo do borgonha. Para os bordeaux, taças e garrafas mais esguias e retilíneas; para os borgonhas, recipientes mais arredondados e abaulados. Alguns comparam a garrafa de bordeaux a um *tailleur*, e a de borgonha a um vestido. Outros ainda veem na silhueta do bordeaux a de um austero pastor protestante, e na do borgonha a exuberância das vestes dos padres, bispos e papas.

Estereótipos à parte, a verdade é que a garrafa do borgonha guarda a forma mais simples com que era fabricada desde a Idade Média, e a do bordeaux, com seu abrupto afunilamento, é mais adequada para reter as partículas dos vinhos que produzem sedimentos, como os bordeaux. Também é verdade que o bordeaux se espalhou pelo

A gastronomia | 243

Copo e garrafa do borgonha, à esquerda, e do bordeaux, à direita.

mundo em função do local estratégico da sua produção – junto ao Atlântico –, enquanto o borgonha se manteve restrito à Europa continental em função das possibilidades existentes à época para a sua distribuição – fluvial ou por terra. Por longo tempo, o grande vinho consumido em Paris era o borgonha, que chegava à capital pelo Sena. Hoje não é mais assim, mas ainda há alguns poucos grandes restaurantes em Paris, como La Tour d'Argent, que preservam a antiga tradição parisiense, tendo em sua cave dois terços de vinhos da Borgonha, proporção essa que é normalmente ocupada pelos vinhos de Bordeaux na maioria dos restaurantes de todo o país.

Mas não se fazem grandes vinhos apenas nessas duas regiões da França. No vale do Loire, produzem-se vinhos de alta qualidade, que são vendidos no mercado a preços bem inferiores aos das duas regiões mais reputadas, como os *muscadet, saumur, anjou, bourgueil* e *touraine*. Na Alsácia, produzem-se belos vinhos brancos frutados, como o *gewürstraminer*. No sudoeste, em toda a costa mediterrânea, assim como na Córsega e em torno de todo o vale do Ródano, são produzidos vinhos bastante honestos e que merecem ser degustados. Mas nenhuma outra região produz o vinho que tinha tudo para dar errado, mas que acabou

O champanhe

se tornando rei das festas em todo o mundo: a Champagne, com o seu particularíssimo vinho espumante duplamente fermentado, o champanhe.

O champanhe

Anualmente, cerca de cem mil pessoas dedicam-se à vindima nos inóspitos campos da Champagne para colher as uvas com que durante séculos não se conseguiu produzir mais que um vinho medíocre, mas que, com o desenvolvimento de um novo método de dupla fermentação e com muito engenho e arte, são utilizadas para a produção da bebida mais reputada e que se encontra associada às celebrações em quase todo o mundo: o champanhe. Segundo Edouard Zarifian,[3] o desenvolvimento do champanhe é o resultado de uma série de milagres, pois ninguém ousaria imaginar que em uma região onde o sol aparece raramente, a temperatura média anual é de 10°C – apenas um grau acima da temperatura em que a vinha entraria em hibernação – e onde a terra propriamente dita não passa de uma fina camada cobrindo o solo calcário seria possível produzir a bebida que é a quintessência dos sentidos.

Atualmente as uvas utilizadas para se produzir o champanhe são originárias da região da Borgonha, isto é, das cepas *chardonnay*, *pinot noir* e *pinot meunier*, mas as semelhanças com o borgonha não vão além disso. Tanto os vinhos bordeaux quanto os borgonhas são identificados pela propriedade onde são produzidos e pelo ano da colheita, enquanto os champanhes resultam da mistura de vinhos produzidos por diversos produtores em anos diferentes e são identificados pela casa que transforma a mistura em uma nova bebida e a distribui pelo mundo. A palavra-chave que define o champanhe é *assemblage* (mistura). Misturam-se vinhos produzidos com uvas de cepas diferentes, em diversas propriedades ao longo do vale do Marne e resultantes de colheitas de anos variados. Além dessa mistura de vinhos, que são sempre extremamente secos, acrescenta-se, já na garrafa, uma outra mistura de vinho, açúcar e fermento chamada *liqueur de tirage*, que provocará uma segunda fermentação, elevando o teor alcoólico do vinho e tornando-o espumante. Esse método especial, chamado *champenoise*, foi desenvolvido sob o reinado de Luís XIV por um monge cujo nome é atualmente dado a um dos grandes champanhes produzidos pela casa Moët-Chandon: Don Perignon (1638-1715). O Rei Sol não só nasceu e morreu no mesmo ano que Don Perignon como também bebeu durante toda a sua vida o champanhe preparado pelo seu inventor, o que torna as histórias da bebida e a de ambos os personagens indissociáveis.

No século XIX, o champanhe já era apreciado em todas as cortes europeias e pelas elites de todo o mundo. Entre as diversas casas produtoras e exportadoras de champanhe, estabelecidas em Reims e em outras cidades da região, apenas a de Louis Roederer chegou a vender 2,5 milhões de garrafas, 390 mil das quais para os Estados Unidos e 660 mil para a Rússia. Em 1876, Louis Roederer Filho criou para o czar Alexandre II um champanhe especial chamado Cristal, que recebeu esse nome por ser fermentado e servido em garrafas de cristal de fundo plano. Foi nesse século que se estabeleceram alguns grandes exportadores e difusores dessa fantástica bebida mundo afora, entre os quais algumas mulheres francesas, como as famosas Veuve Clicquot, Louise Pommery, Mathilde Laurent-Perrier e Elisabeth Bollinger, e outros tantos negociantes alemães que também se tornaram muito conhecidos com suas marcas, como Mumm, Krug e Heidsieck, entre outros.

Embora vinhos espumantes sejam fabricados em muitas partes do mundo, sendo alguns, inclusive, de alta qualidade, como os *proseccos* italianos, nenhum compete em prestígio com os fabricados na Champagne. Em 2004, a região produziu cerca de trezentas milhões de garrafas de champanhe, metade das quais foi exportada para todo o mundo, mas sobretudo para os mercados inglês e americano, que são, atualmente, os seus maiores apreciadores fora da França.

O champanhe pode tanto ser servido como aperitivo quanto acompanhar pratos salgados e sobremesas. Para cada momento da vida ou etapa da refeição, há um champanhe mais adequado, que vai do extrasseco (*très brut*), passando pelo seco (*brut*) até o suave (*demi-sec*), que podem ser brancos ou rosados. Napoleão era um grande amante da bebida e, como depois se tornou costume no exército francês, ele a bebia após as batalhas, qualquer que fosse o seu resultado. Por isso, atribui-se a ele a seguinte frase que justificaria o seu consumo em qualquer circunstância: "Nas vitórias, porque merecido; nas derrotas, porque necessário".

Além de poder acompanhar todos os momentos da vida, o champanhe deve também ser apreciado por todos os sentidos. Pela audição pode-se apreciar o crepitar, algo metálico das bolhas de gás que sobem sem cessar do fundo da taça; com a visão observa-se a espuma que sobe vigorosa quando ele é servido na taça e que vai diminuindo até formar uma fina coroa sobre o *perlage*, que são os filetes persistentes e abundantes das minúsculas bolhas de gás liberadas pelo vinho; pelo olfato tem-se a possibilidade de apreciar os complexos odores exalados; pelo paladar usufrui-se dos diversos sabores que todos os bons vinhos têm; e, finalmente, pelo tato sente-se a textura das bolhas de gás que tocam a língua e o céu da boca. E, como todos os sentidos são solicitados, o champanhe pode ser considerado como a quintessência da sensualidade.[4]

Notas

[1] "Venez tous à moi, vous dont l'estomac crie misère et je vous restaurerai".
[2] Eugen Weber, França fin-de-siècle, São Paulo, Companhia das Letras, 1989, pp. 84-5.
[3] Edouard Zarifian, Bulles de Champagne, Paris, Perrin, 2005.
[4] Idem.

OS FRANCESES E SUAS INSTITUIÇÕES

 # A POLÍTICA

A importância da Revolução de 1789 no imaginário político dos franceses foi bastante salientada nos capítulos anteriores, da mesma forma que os valores de liberdade, igualdade e fraternidade na vida cotidiana dos franceses já foram suficientemente invocados. Voltar a esses marcos fundamentais da cultura francesa seria equivalente a chover no molhado. Por isso, peço ao leitor e à leitora que me concedam licença para fazer uma pequena digressão, levando a questão política para o terreno da discussão de gênero. Sem delongas, intróitos ou tergiversações, eu diria que a *anima* política da França contemporânea é essencialmente feminina, enquanto a do Antigo Regime era masculina. Essa abordagem de gênero pode parecer um tanto extravagante e mesmo sem qualquer sentido para os povos cujas línguas desconhecem variações de masculino e feminino nas palavras e artigos, como os anglo-saxões, mas faz sentido para os falantes de francês e português. Além disso, é fato inegável que todos os símbolos da França republicana são femininos e os da monarquia francesa, masculinos.

A REPÚBLICA É UMA MULHER

Alguns regimes monárquicos, como o da Inglaterra e da Holanda, podem ter tanto reis como rainhas na qualidade de chefes de Estado, conforme suas regras internas de sucessão, mas o da França sempre reservou o posto de monarca aos homens. Com o Absolutismo, o rei de França chegou, inclusive, a se tornar a encarnação do próprio Estado, tal como sintetizado na célebre frase atribuída a Luís XIV: "*L'Etat c'est moi*" (Eu sou o Estado). O rei, o reino e o Estado – três entidades masculinas – fundiam-se e eram associados a símbolos e conceitos igualmente masculinos – o sol, o poder e a ordem (que em francês também é substantivo masculino, *l'ordre*) –, que eram exercidos por meio dos editos e ordenamentos oriundos dos palácios reais. Sob o Novo Regime, a tônica e a simbologia passariam a ser inteiramente femininas. A Revolução viria contrapor-se ao Antigo Regime; a nação iria preponderar sobre o Estado; a liberdade, a igualdade e a fraternidade seriam os valores a ocupar o lugar do poder e da ordem (*l'ordre*), além da República, que viria tomar o lugar do Reino.

Tela *A liberdade guiando o povo*, de Eugène Delacroix, com a figura feminina representando a liberdade, e estátua erigida em Paris, representando a República na praça do mesmo nome.

Tradicionalmente, a República é representada por uma mulher e essa tradição seria não só mantida como também aprofundada pelos franceses. Desde 1789, a Revolução e a República tomariam a forma de uma mulher, a mãe-pátria generosa e protetora que iria conduzir os seus filhos – que deixavam de ser súditos do rei para se tornarem cidadãos da República – à liberdade. Na famosa tela de Eugène Delacroix, *A liberdade guiando o povo* (1830), que se encontra exposta no museu do Louvre, a liberdade é representada na figura de uma mulher, que com seu olhar sereno, voltado para o povo em armas, tem os seus seios expostos ao empunhar a bandeira tricolor da República na sua mão direita, enquanto a sua esquerda segura uma baioneta, que é o símbolo da revolução popular. Do seu lado esquerdo, encontra-se um garoto com uma pistola em cada mão, um dos tantos meninos de rua da Paris do século XIX, que trinta anos mais tarde deixaria de ser um anônimo qualquer para se tornar conhecido de todos os franceses pelo nome de Gavroche, personagem do mais conhecido romance de Victor Hugo, *Os miseráveis* (1862).

A liberdade, a República, a vitória, a paz e a harmonia, às vezes, confundem-se nas suas diversas representações, mas assumem sempre a figura feminina. Os seios expostos na tela de Delacroix também são símbolos da fartura e da generosidade, que assumem o lugar do trigo derramado aos seus pés em outras representações mais recatadas e clássicas, em que a figura feminina aparece vestida com uma longa túnica, como são os casos da *Alegoria da República*, feita em bronze e erigida sobre um pedestal de pedra em meio à praça da República, em Paris, e da *Estátua da Liberdade*, com que a França presenteou os Estados Unidos, em 1885, e que se encontra na entrada do porto de Nova York.

Às representações femininas da República foi acrescido o barrete frígio desde o início da Revolução. O barrete frígio é uma espécie de touca ou boina que remonta à iconografia romana e que, entre os seus diversos significados, simboliza a liberdade, já que era utilizado pelos escravos libertos na Roma imperial. Mas a razão principal da adoção desse símbolo deve-se, provavelmente, ao fato de que o povo pobre que desencadeou a revolução portava barretes frígios, na cor vermelha, quando tomou a Bastilha em 1789. Já no início da Primeira República, em 1792, o governo revolucionário resolveria, por decreto, modificar os símbolos pátrios. A França seria, então, representada por uma mulher em pé, vestida com uma túnica e portando sobre a cabeça um barrete frígio, ou barrete da liberdade, entre outros símbolos que obrigatoriamente deveriam compor a figura. A aristocracia contrarrevolucionária logo iria desdenhar da nova simbologia republicana, passando a chamá-la, pejorativamente, de Marie-Anne, nome bastante popular e comum entre as empregadas domésticas de origem camponesa. Dizia a nobreza ironicamente: "Já que a República veio cuidar do povo, então ela deve também carregar o seu nome – Marie-Anne!". Mal sabia aquela nobreza pedante o que com ela iria acontecer

252 | Os franceses

no decurso da revolução e muito menos imaginava que o nome, que na sua boca era depreciativo, viria posteriormente a ser oficialmente adotado e tornar-se símbolo da República Francesa, não mais na forma original composta, mas contraída: Marianne.

No entanto, até que Marianne fosse definitivamente adotada como símbolo da República, houve muitas idas e vindas, da mesma forma que a própria República só viria de fato a vingar na França na terceira tentativa, após a Restauração, dois Impérios e três outras revoluções – a de 1830, a de 1848 e a Comuna de Paris, em 1871. Ainda durante a Terceira República, não estava devidamente sedimentado nem o seu nome, nem a sua forma de representação. O povo republicano chamava-a afetivamente de Marianne. A burguesia republicana preferia chamá-la, simplesmente, de República e representá-la, preferencialmente, com uma coroa de ramos de trigo sobre a cabeça, ao invés do barrete frígio vermelho, que lhes invocava a revolução dos *sans-cullotes* (o povo pobre que não usa *culottes*, mas calças compridas) que eles queriam condenar ao passado e definitivamente esquecer. Já os antirrepublicanos insistiriam em chamá-la, pejorativamente, de Marie-Anne. Mas as estátuas e bustos de Marianne-República iriam se espalhar por todos os espaços públicos, nas escolas e, sobretudo, na prefeitura, substituindo os bustos do imperador Napoleão III.

Sob a Quinta República, Marianne já havia se tornado unanimidade entre todos os franceses, exceto para a extrema-direita arregimentada em torno da Frente National, de Jean-Marie Le Pen, que tem a figura de Joana d'Arc, uma santa medieval, como seu símbolo nacional, e não Marianne, que é a expressão do republicanismo laico e do Iluminismo. Em 1970, já fora do poder e sob a presidência de Georges Pompidou, o general De Gaulle iria propor à atriz Brigitte Bardot, então aos 36 anos, no auge de sua beleza e símbolo sexual inconteste dos anos 1960 em todo o mundo, a servir de modelo para o busto de Marianne, a ser colocado em todos os prédios públicos da França. A Marianne nela inspirada seria como a própria modelo: jovem, exuberante e de seios fartos. Sob a presidência de Valéry Giscard D'Estaing, em 1978, seria a vez de a bela, eclética e então bastante famosa cantora Mireille Mathieu servir de modelo para a nova Marianne. Em 1985, com Mitterrand no exercício do seu primeiro mandato na Presidência da República, seria a atriz Catherine Deneuve que iria emprestar o seu rosto para modelo da nova Marianne. Aos quarenta e poucos anos, Catherine Deneuve daria origem a uma Marianne madura, nem tão sensual e exuberante quanto as anteriores e mais austera.

Mas a feminilização da política na França pós-revolucionária sofreria os seus percalços ao longo do século XIX. O Império seria um interstício de preponderância da *anima* masculina no século de domínio feminino, e Napoleão, o símbolo supremo dessa virilidade guerreira, que, no entanto, conservava em seu íntimo os valores da Revolução.

NAPOLEÃO, A REVOLUÇÃO E O IMPÉRIO

Poucos personagens da história são tão controvertidos quanto o de Napoleão. Provavelmente por isso ele tenha recebido tanta atenção dos historiadores. A professora de História contemporânea da Universidade de Avignon, Natalie Petiteau, identificou cerca de dez mil obras escritas sobre Napoleão em menos de dois séculos, o que representa bem mais do que já se escreveu ao longo de dois mil anos sobre personagens como, por exemplo, Alexandre, o Grande, ou Júlio César.[1]

O comportamento de Napoleão durante os quinze anos em que governou os franceses pode parecer ambíguo, assim como paradoxal o seu legado para a França e para a Europa. Desde que assumiu o comando do governo da França, em novembro de 1799, declarando o fim da Revolução, seu comportamento foi o de um déspota, primeiro na condição de cônsul, depois na de imperador. Mas, animando sua atuação despótica tanto dentro quanto fora da França, encontrava-se o espírito libertário da Revolução de 1789. Na Europa, Napoleão foi incontestavelmente o grande promotor dos Direitos do Homem. Ao invadir a Prússia, os judeus seriam imediatamente retirados do gueto, sendo-lhes conferida plena cidadania; e na Espanha Napoleão iria abolir a Inquisição e revogar os direitos feudais. No entanto, a escravidão que já havia sido abolida pela República nas colônias da França foi por ele restabelecida, em 1802, o que iria representar um imenso retrocesso civil e uma afronta e contradição insanável com a Declaração dos Direitos do Homem da qual ele era difusor. Napoleão contribuiu decisivamente para consolidar o poder do Terceiro Estado e as instituições burguesas criadas pela Revolução, apesar de crescentemente desrespeitar os seus princípios. Com suas guerras, ele acabaria depauperando a França e dizimando sua população, mas nunca – nem antes, nem depois – o país iria ter tanta importância no mundo, nem viver tantos momentos de glória. Nenhum outro líder entusiasmaria os franceses como ele. E não apenas os franceses. Apesar de ter invadido com violência a Europa, deixando um rastro de sangue por onde passou, Napoleão iria seduzir, ao menos por certo tempo, boa parte das elites europeias, tanto burguesas quanto aristocráticas.

Por mais paradoxal que possa parecer, aos olhos de Napoleão tornar-se imperador era a única solução possível para manter as conquistas da Revolução e da República, evitando a volta da realeza ao poder e a restauração do Antigo Regime na França. Afinal, ele se considerava a própria encarnação da Revolução e procuraria mantê-la a todo o custo enquanto estivesse no poder. Para ele, a força da reação no continente era tamanha que, se os Estados Unidos – que eram modelo e referência de República, à época – se encontrassem no meio da Europa, tal como a França, não suportariam sequer dois anos a pressão das monarquias. Por isso, ele entendia ser necessário tornar-se

254 | Os franceses

imperador para, nessa nova condição, ser aceito pelas monarquias europeias, mantendo a França ao abrigo da reação.

Hoje, considera-se o Império uma forma de Estado muito mais próxima à de um Reino que à de uma República, e muitos, mesmo àquela época, iriam julgar Napoleão como um traidor dos princípios republicanos ao se fazer coroar como imperador dos franceses. Mas, no início do século XIX, as referências teóricas e históricas quanto à forma de organização do Estado ainda vinham da Antiguidade. Tal como ocorrera na Roma republicana – que fora governada por cônsules antes de se tornar o Império que iria assegurar a *pax romana* na bacia do Mediterrâneo, durante os séculos seguintes, até finalmente sucumbir às invasões bárbaras –, Napoleão foi o primeiro cônsul de um triunvirato, antes de se tornar imperador. E sua sagração – sempre do seu ponto de vista – deveria ser revestida de toda pompa e circunstância, para que nenhum monarca da Europa pudesse pôr em questão sua legitimidade.

Convicto de que o coração de um homem de Estado está na cabeça – já que a política não tem coração, mas apenas razão –, Napoleão fez o papa deslocar-se até Paris para colocar sobre a sua cabeça a coroa de imperador. Revolucionário que era, Napoleão não quis ir a Roma para se fazer coroar, como fizeram antes dele todos os imperadores do Sacro Império Romano-Germânico, mas inverter a relação entre as potências, fazendo com que o poder espiritual, representado pelo papa, fosse ao encontro do poder temporal, exercido por ele. Ainda jovem, com apenas 36 anos, Napoleão fez o papa Pio VII, então aos 63 anos de idade – um ancião para a época –, enfrentar uma longa e penosa viagem de Roma a Paris durante o rigoroso inverno daquele ano de 1805 para coroá-lo na catedral de Notre-Dame em uma majestosa cerimônia realizada no mês de dezembro. No entanto, Napoleão não se satisfez em ter feito o papa ir ao seu encontro. Durante a cerimônia de coroação, ele tomaria das mãos pontificais a coroa da imperatriz, coroando, ele mesmo, a sua esposa Josefina; depois, para espanto de todos, tiraria das mãos do papa a coroa imperial coroando a si mesmo.

Por mais que ele tenha amado Josefina – cujo nome teria sido invocado em seu leito de morte entre outras palavras, como "franceses" e "exército", numa sequência delirante e pouco compreensível –, sua imperatriz não foi capaz de lhe dar um herdeiro, o que foi motivo suficiente para dela divorciar-se e casar-se com a arquiduquesa da Áustria, Maria Luiza, selando um acordo de sangue com uma potência rival. Da mesma forma, não evitou ter como amante a condessa Maria Walewska, para quem criou o Grão-Ducado de Varsóvia não somente por amor, mas sobretudo por razões de Estado. O gênio político e militar de Napoleão fez surgir em torno dele toda sorte de sentimentos díspares, da admiração ao repúdio, da veneração ao ódio, mas jamais desprezo e indiferença. Por isso, mais que o personagem central da história europeia

Detalhe da tela de David em que Napoleão,
dando as costas ao papa, coroa a imperatriz Josefina.

do século XIX, Napoleão se tornaria um mito, e os mitos, uma vez criados, passam a ter existência própria e independente de qualquer base factual.

Na construção de uma imagem negativa de Napoleão, os propagandistas ingleses tiveram certamente um papel de destaque, sobretudo entre 1814 e 1815, quando panfletos e caricaturas dele eram impressos na Inglaterra e distribuídos na França. Nas guerras, propaganda e contrapropaganda são armas tão essenciais e poderosas quanto obuzes e canhões. A sedução por Napoleão jamais cruzou o canal da Mancha, e seus feitos militares só fizeram aprofundar a rivalidade entre franceses e ingleses. Essa imagem negativa, embora só tenha sido dominante na França em períodos bastante curtos, como logo após a Restauração e em seguida à queda do Segundo Império, reapareceria regularmente e de forma mitigada conforme os percalços da vida política francesa. Mas a pior alegoria já feita de Napoleão deve-se aos espanhóis, como já foi escrito em capítulo anterior, para quem ele seria uma espécie de ogro faminto, cruel, desalmado e comedor de criancinhas; a personificação do mal, que nem mesmo forma humana teria.

Stendhal, o grande escritor francês que participou como oficial das guerras napoleônicas, iria formar uma imagem mais equilibrada de Napoleão, consagrando a ele uma obra de cunho eminentemente histórico e analítico, começada ainda durante a Restauração, quando o ex-imperador encontrava-se vivo e prisioneiro dos ingleses na ilha de Santa Helena. Mas a obra foi logo abandonada e só retomada e completada no final da década de 1830.[2] Por um lado, Stendhal condenaria alguns aspectos do caráter autoritário e ambicioso de Napoleão; por outro, não o culparia pelas guerras em que se viu envolvido, destacando o seu desejo de união da Europa, que um dia ele revelou por uma frase que se tornaria célebre: "Muitas diferenças ainda separam os povos desta bela Europa, que deveriam formar uma grande família."[3]

Entre as décadas de 1820 e 1830, com o distanciamento dos fatos e com o enfraquecimento dos governos da restauração, a visão que se fazia de Napoleão iria se transformar, afastando-se da figura de um déspota violento e belicoso e aproximando-se da de um personagem de quem a França e os franceses teriam motivos para se orgulhar. Após a deposição de Carlos x (um Bourbon), em 1830, o novo rei Luiz Felipe (um Orléans) iria restituir as glórias de Estado a Napoleão, fazendo recolocar a sua estátua sobre a coluna da Place Vendôme, em Paris, e ordenando o retorno das suas cinzas para o território francês, o que aconteceria em 1840, em atenção ao seu desejo expresso um pouco antes da sua morte: "Quero que minhas cinzas repousem à beira do Sena, junto ao povo francês que eu tanto amei."[4] Hoje, sob a cúpula folheada de ouro do Hôtel des Invalides, à margem esquerda do rio, encontram-se guardadas num monumental túmulo as cinzas daquele que um dia se declarou imperador dos Franceses, e não da França.

Com o avançar do século xix, a imagem de Napoleão iria adquirir contornos claramente positivos, e o Romantismo iria colaborar muito com essa mudança. Vitor Hugo, que além de romances escreveu muitos textos políticos, contribuiria bastante para transformar Napoleão em um herói nacional, razão de orgulho para os franceses, e não uma mácula na história da França. Com o avanço do Romantismo, iria ser construído, na França, o mito de Napoleão como uma espécie de Prometeu moderno. Tal como o titã da mitologia grega, que por ter dado o fogo ao homem foi condenado por Zeus a ficar acorrentado sobre uma montanha de pedra do Cáucaso e a ter diariamente o seu fígado devorado por uma águia, que se regeneraria durante a noite para ser novamente comido num infindável castigo, Napoleão, que teria levado as luzes da liberdade para toda uma Europa monárquica e obscurantista, havia sido condenado a viver na solidão da ilha de Santa Helena, encarcerado sobre um rochedo

A política | 257

Três imagens de Napoleão: o ogro, tal como na tela de Goya que representa Saturno devorando um de seus filhos (A); o imperador, retratado por Girodet (B); e Prometeu, representado por Gustave Moreau (C).

no meio do Atlântico. Seria lá que ele acabaria morrendo em 1821, longe de tudo e, sobretudo, longe dos franceses, o que só iria reforçar neles o mito do herói injustiçado pelas forças estrangeiras que o derrubaram.

É difícil, se não mesmo impossível, tratar de um personagem tão complexo e ambíguo quanto o de Napoleão sem levantar controvérsias. Aqueles que o percebem como um ogro poderão julgar a abordagem acima demasiadamente influenciada pela visão francesa, assim como os que o veem como uma espécie de Prometeu talvez a considerem um tanto injusta e incompleta, quando não até um pouco pró-britânica. Aos que se encontram no Hemisfério Sul e no Extremo Ocidente, a milhares de milhas marítimas do epicentro das guerras napoleônicas, como a maioria dos brasileiros, a figura do imperador dos franceses não desperta qualquer paixão e pode mesmo parecer circunscrita à história da França e da Europa.

Mas, na verdade, não é bem assim, e entre os eventos políticos da França e do Brasil há mais relações do que poderia parecer à primeira vista. Alguns paralelismos podem ser meramente casuais, como o fato de a Inconfidência Mineira, em Ouro Preto, inspirada pelos princípios dos iluministas franceses, ter antecedido em apenas algumas semanas a tomada da Bastilha, em Paris. Mas a mudança da corte de Dom João VI para o Rio de Janeiro, em 1808, não é mera coincidência e se deve diretamente à determinação de Napoleão de invadir Portugal e punir o seu rei por ter desrespeitado o bloqueio naval imposto à Inglaterra. Não fosse isso, Dom João jamais teria deixado o conforto do seu palácio real em Lisboa, nem aberto os portos do Brasil ao comércio com as "nações amigas", fatos que tiveram efeito dinamizador sobre a economia colonial. Sem imaginar, e muito menos querer, foi Napoleão que acabou provocando a aproximação da economia brasileira com a inglesa, durante o século XIX, abrindo o caminho para Independência do Brasil, em 1822. Portanto, contrariamente aos espanhóis, de Napoleão os brasileiros não têm nada a reclamar, só a agradecer.

Mas a política francesa não é feita apenas de mitos e imagens masculinas e femininas. Os franceses brindariam ainda o mundo com uma nova classificação das forças políticas, surgida durante a Revolução e que iria marcar as relações entre grupos e partidos durante os séculos XIX e XX em quase toda Europa: a da clivagem esquerda-direita.

ESQUERDA E DIREITA

O mundo anglo-saxão sempre foi um tanto avesso em classificar suas forças políticas no *continuum* esquerda-direita. Os americanos dividem-se e autoidentificam-se como democratas ou republicanos, enquanto os ingleses se organizam, fundamentalmente, em torno das denominações de conservadores e trabalhistas. São os analistas que costumam classificar os conservadores e republicanos como direita, e os trabalhistas e democratas como esquerda, mas jamais eles próprios. No Brasil, a depender da autoclassificação dos políticos, só existiria esquerda e, fora dela, no máximo, haveria aqueles que se qualificariam como de centro. Na cultura política brasileira, a esquerda encontra-se revestida de um valor positivo e a direita, de uma conotação negativa. Os brasileiros, de um modo geral, enchem a boca e estufam o peito ao se declararem de esquerda e reservam aos seus adversários a injuriosa alcunha de "direita", como se um representasse o bem e o outro, o mal. Nada mais estranho que esse comportamento no universo político francês. Na cultura política francesa, não há qualquer maniqueísmo nessa classificação, que é eminentemente utilitária, servindo apenas para identificar e agrupar as forças políticas conforme as suas afinidades e rivalidades.

A classificação das forças políticas entre esquerda e direita surgiu com a Revolução Francesa, identificando, então, tão somente a distribuição espacial das preferências políticas dos representantes do povo na Assembleia Nacional durante os debates e discussões em torno da constituição do país. Os revolucionários mais radicais, que se opunham à concepção de direito de veto para o rei, sentavam-se à esquerda do plenário, enquanto as forças realistas, favoráveis ao veto, agrupavam-se à direita da assembleia. Durante os debates constitucionais, outras denominações surgiriam dividindo os membros da assembleia, como a de girondinos e montanheses, a primeira designando o grupo que representava a burguesia do interior da França e a segunda, as forças mais radicais, que se sentavam na parte superior ao fundo do plenário, integradas por Danton, Marat e Robespierre. Com o desenrolar e radicalização do processo revolucionário, o grupo dos montanheses iria se cindir e dar origem aos jacobinos, que tiveram como expoentes Robespierre e Saint-Just. Mas essas denominações do tempo da Revolução ficaram restritas àquele tempo – exceto a de jacobino, que daria origem ao substantivo "jacobinismo", sinônimo de radicalismo –, enquanto as de esquerda e direita iriam se consolidar durante os séculos XIX e XX, indo além dos limites territoriais da França, espalhando-se inicialmente pela Europa e depois pelo resto do mundo ocidental.

As famílias políticas da França contemporânea são facilmente identificáveis. À direita encontram-se e identificam-se como tal os gaullistas, que desde o fim da Segunda Guerra Mundial vêm se organizando sob denominações e siglas distintas. Como União do Povo Francês (RPF), os gaullistas se mantiveram organizados entre 1947 e 1954, fazendo forte oposição à instável Quarta República (1946-1958). De 1958 a 1968, período durante o qual o general De Gaulle voltaria ao poder, pondo fim à Quarta e instaurando a Quinta República, os seus partidários iriam se reunir

260 | Os franceses

sob a denominação União para uma Nova República (UNR). Após a morte de De Gaulle, entre 1971 e 1976 os gaullistas iriam se organizar sob o nome de União dos Democratas pela República (UDR), que se tornaria, a partir de então, a União pela República (RPR), e só trocaria de nome e de sigla em 2002, por ocasião da reeleição de Chirac para presidente, tornando-se UMP, inicialmente chamada União pela Maioria Presidencial e depois transformada em União por um Movimento Popular.

Quase sempre aliados à direita gaullista, encontram-se os grupos de centro, organizados a partir de 1978 sob a denominação de União pela Democracia Francesa (UDF) para dar apoio ao então já eleito presidente Giscard D'Estaing, e que teve e ainda tem a deputada Simone Veil como expoente do partido na França e no Parlamento Europeu – que não deve ser confundida com a sua quase homônima, a filósofa Simone Weil, também de origem judaica. Mas, durante a presidência de Mitterrand, o centro também teve o seu espaço no governo de esquerda, com a União do Centro (UDC), que teve participação nos governos socialistas comandados pelos primeiros-ministros Michel Rocard, Edith Cresson e Pierre Bérégovoy.

Merece observação o fato de que nenhuma das agremiações de direita ou de centro da França tenha assumido a denominação "partido", embora claramente o fossem e tenham sempre agido como tal. A "união" dos franceses (definida pelas palavras *union* ou *rassemblement*, que querem dizer a mesma coisa) sempre preponderou na sua autoidentificação em oposição à divisão do povo em partes ideológica e socialmente diferentes e estanques, como foi o caminho escolhido pela esquerda. Essa diferença não é gratuita nem fortuita, pois, na verdade, os partidos políticos surgiram de uma invenção dos representantes das forças populares nos parlamentos da Europa, que não tendo os mesmos recursos que os seus adversários burgueses e abastados – individualistas contumazes – resolveram criar organizações parlamentares para lhes dar maior força diante do grande número de representantes dos ricos nos parlamentos. E essa estrutura se mostrou tão eficiente que acabou sendo perenizada antes, durante e depois das eleições, e copiada, inclusive, pelos grupos de direita, ainda que a denominação "partido" nunca tenha sido assumida.

À esquerda, encontram-se o Partido Socialista (PS) e o Partido Comunista Francês (PCF), que são as agremiações tradicionais, às quais se agregariam mais recentemente o Partido Verde (PV), o Partido Radical de Esquerda (PRG) e o Movimento Republicano e Cidadão (MRC). Socialistas e comunistas estiveram durante muito tempo e muitas eleições coligados, mas entre eles há grandes e importantes diferenças. Embora ambos os partidos tenham tradicionalmente suas bases no movimento operário, os socialistas nunca foram marxistas nem revolucionários, enquanto os comunistas sempre se mantiveram vinculados à Terceira Internacional Socialista e alinhados com a União Soviética.

Jean Jaurès foi um dos fundadores do jornal *L'Humanité* em 1904, antes de este se tornar o órgão oficial do PCF, e da Seção Francesa da Internacional Operária (SFIO), em 1905, que daria origem ao Partido Socialista Francês. Antes disso, Jaurès, que vinha de uma família da pequena burguesia do interior da França e que fizera seus estudos na École Normale Superior, tornando-se professor universitário de Filosofia, em 1881, estivera ligado aos republicanos, como Jules Ferry e Gambetta. Seria por ocasião da greve dos mineiros de Carmeaux, em 1892, que Jaurès iria se aproximar do movimento operário e tornar-se socialista. Devido à sua intervenção junto ao governo durante a greve, ele seria escolhido pelos mineiros para passar a representá-los na Assembleia Nacional, tornando-se o primeiro colarinho branco com base política e social operária.

Com a eclosão do caso Dreyfus, que dividiria os franceses em dois campos opostos, Jaurès tomaria publicamente a defesa do acusado, aprofundando suas diferença com a esquerda marxista, que tinha então entre seus expoentes o deputado Jules Guesde, para quem Dreyfus era um oficial burguês cuja defesa não seria, de forma alguma, prioritária. Foi nesse momento que outra importante liderança dos socialistas franceses emerge, Léon Blum, de origem judaica e burguesa e que havia estudado no prestigiado Liceu Henri IV, na École Normale Supérieure e na Sorbonne, onde se formou em Direito e Literatura. Após a morte de Jaurès, no início da Primeira Guerra Mundial, Blum iria se notabilizar por sua posição contrária à adesão dos socialistas à III Internacional, em 1920. É nesse momento que a família socialista se dividiria, sendo fundado o Partido Comunista Francês, que se chamaria, inicialmente Seção Francesa da Internacional Comunista (SFIC), o que revelaria o seu caráter internacional e vinculado à orientação vinda de Moscou.

Em 1936, socialistas, comunistas e radicais iriam se reunir em torno de um programa comum. A Frente Popular (FP) ganharia então as eleições, assumindo a chefia de governo o socialista Léon Blum com o apoio parlamentar dos comunistas, mas sem a sua participação no governo. Três anos depois, com o início da Segunda Guerra Mundial e o apoio dado pelos comunistas franceses ao acordo assinado entre a Alemanha nazista e a União Soviética, o partido iria ser proscrito, situação essa que não lhe seria inteiramente desconhecida, já que os comunistas, enquanto revolucionários, sempre mantiveram um aparelho legal e outro clandestino. Essa experiência na clandestinidade acabou lhes sendo bastante útil durante o período de resistência ao invasor alemão, sobretudo após a Alemanha ter rompido o acordo e declarado guerra à União Soviética. Os comunistas ganham, então, importante espaço no Conselho Nacional da Resistência, que reunia todas as forças antinazistas e contrárias ao governo colaboracionista.

Qualquer semelhança entre a sede do PCF, em Paris, e os prédios públicos de Brasília não é mera coincidência. O arquiteto é o mesmo: o comunista brasileiro Oscar Niemeyer.

Após a guerra, o PCF iria se tornar uma importante força política, tendo alguns ministros nos governos entre 1944 e 1947 e obtendo quase 30% dos votos nas eleições. Mas, durante a Guerra Fria, os comunistas franceses iriam se recolher à sua condição de oposição em virtude do seu alinhamento com Moscou e assumir algumas posições publicamente antipáticas, como a hesitação em condenar os crimes de Stalin, denunciados por Kruschev, a defesa da invasão militar soviética da Hungria, em 1956, e a condenação do movimento estudantil na França, em maio de 1968. Seria apenas a partir de 1970, com a ascensão de Georges Marchais à secretaria-geral do partido, que o PCF iria se distanciar de Moscou e adotar o eurocomunismo, inventado havia décadas pelos italianos. Mas nem mesmo com o fim da União Soviética, em 1990, o PCF iria se dissolver ou mudar de nome, como fizeram os demais partidos comunistas no mundo ocidental. Depois de ter ocupado ministérios nos governos socialistas de Mitterrand, o

PCF entrou em grande declínio eleitoral, esvaziado de sua identidade e das referências políticas que fizeram sua história; mas, apesar de tudo, sobrevive.

OS INTELECTUAIS FRANCESES E A POLÍTICA

Entre todas as particularidades da vida política francesa, talvez a mais marcante seja a participação e o engajamento dos seus intelectuais no debate público. Ao mesmo tempo em que as elites culturais da França, sejam elas de esquerda ou de direita, formam uma casta educada em determinadas instituições às quais a maioria dos franceses não tem acesso, elas têm uma participação destacada na discussão política, dificilmente encontrável em outros países. Pensadores e filósofos são tão conhecidos da população em geral quanto jogadores de futebol, cantores populares e estrelas de cinema. E isso vem de longe, como exemplificam as seguintes estrofes cantaroladas por Gavroche, de *Os Miseráveis*, em uma barricada em Paris um pouco antes de ser morto pela polícia:

On est laid à Nanterre,	Somos feios em Nanterre,
C'est la faute à Voltaire,	A culpa é de Voltaire,
Et bête à Palaiseau,	E bobos em Palaiseau,
C'est la faute à Rousseau.	E a culpa é de Rousseau.
Je ne suis pas notaire,	Eu não sou notário,
C'est la faute à Voltaire,	A culpa é de Voltaire,
Je suis petit oiseau,	Sou passarinho,
C'est la faute à Rousseau.	E a culpa é de Rousseau.
Joie est mon caractère,	Alegria é o meu caráter,
C'est la faute à Voltaire,	A culpa é de Voltaire,
Misère est mon trousseau,	Miséria é o meu dote,
C'est la faute à Rousseau.	E a culpa é de Rousseau.

Na condição de um menino de rua, que morava na praça da Bastilha dentro da maquete de gesso de um elefante ali abandonado desde o tempo de Napoleão, que ali queria um monumental elefante de bronze, muito dificilmente Gavroche teria tido a oportunidade de ler os escritos de Voltaire ou Rousseau. Mas dado o ativismo político dos pensadores iluministas, seus nomes e suas ideias se tornariam de conhecimento público. Essa participação dos intelectuais franceses na vida pública só iria aumentar após a Revolução e com o advento da República, mas de uma forma muito peculiar.

Diferentemente da América Latina, onde é relativamente comum que intelectuais conhecidos publicamente se lancem na carreira política sem contudo renunciar inteiramente às suas atividades científicas, artísticas ou literárias, como fizeram Fernando Henrique Cardoso e Gilberto Gil, no Brasil, e Mario Vargas Llosa, no Peru, na França

264 | Os franceses

isso é muito raro. Nesse país, onde os campos de atividade e de saber são bem mais rigidamente apartados do que no Novo Mundo, os seus intelectuais, por mais populares que sejam, não costumam se apresentar como candidatos a cargos eletivos. Talvez seja precisamente por não se submeterem ao escrutínio eleitoral, o que os obrigaria a medir constantemente o impacto de suas palavras sobre o seu eleitorado, que os intelectuais franceses se engajem com tanto gosto e sem qualquer temor no debate público.

Voltaire foi certamente o primeiro intelectual engajado da França, que mobilizaria a opinião pública francesa pela primeira vez na história contra uma injustiça cometida pelo Parlamento de Toulouse, que condenou à morte um homem sem que houvesse qualquer prova contra ele, a não ser o fato inegável de ser protestante. Émile Zola 150 anos mais tarde faria o mesmo, dessa vez em defesa de um oficial do exército francês condenado ao degredo e à prisão perpétua por um crime que não cometera, mas que fora sentenciado como traidor da pátria pelo simples fato de ser judeu. Albert Camus, durante a Guerra Fria, iria escandalizar a esquerda comunista, sua família política de origem, ao reconhecer e denunciar publicamente os crimes de Stalin. E Jean-Paul Sartre e Raymond Aron que, tendo inicialmente, sido colegas e companheiros na École Normale Supérieure, tornaram-se adversários públicos e referências intelectuais antípodas em um mundo que se dividia de forma inconciliável entre esquerda e direita.

Voltaire e o caso Calas

> Mais do que nunca, estou convencido da inocência de Calas e da cruel boa-fé do parlamento de Toulouse, que pronunciou o julgamento mais iníquo baseado nos indícios mais enganosos. [5]
>
> *Voltaire*

Entre os dias 13 e 14 de outubro de 1761, o infeliz Marc-Antoine Calas foi encontrado estrangulado no piso térreo da sua casa paterna, em Toulouse, dando origem a um ainda mais infeliz caso de perseguição, julgamento sumário e suplício até a morte de seu desafortunado pai, Jean Calas, pequeno comerciante protestante conhecido na cidade. As circunstâncias e as verdadeiras causas da morte de Marc-Antoine nunca foram elucidadas, mas seu pai foi logo acusado de tê-lo matado. Entre a comunidade católica de Toulouse, havia a crença de que os protestantes haviam guardado dos ensinamentos de Calvino a ideia de que os pais teriam o direito de sacrificar os seus filhos por motivos de rebeldia, e a intenção atribuída a Marc-Antoine de se converter ao catolicismo foi de pronto considerada rebeldia suficiente para provocar a ira paterna. Para alimentar essa suspeita, contribuiu ainda uma contradição da família ao anunciar a morte do filho. Primeiro, foi dito que ele havia sido estrangulado por desconhecidos; depois, que havia se enforcado. Ambas as explicações eram bastante plausíveis, pois Marc-Antoine era um jogador contumaz e poderia muito bem ter sido assassinado por razão de dívida de jogo, e como ele também era um indivíduo que sofria de depressão e não havia tido sucesso na sua vida profissional o suicídio tampouco poderia ser descartado. Restava, portanto, saber por que a família havia entrado em contradição. Uma hipótese é a de que Marc-Antoine tenha sido, de fato, encontrado enforcado, e que, para evitar que o seu corpo fosse arrastado pelas ruas e exposto à humilhação e execração públicas, tratamento reservado aos suicidas durante o Antigo Regime, a sua família tivesse inventado a história do assassinato. Mas antes que qualquer investigação fosse feita para dirimir a dúvida, o boato de que o filho havia sido morto pelo pai espalhou-se pela vizinhança católica, que logo começou a reclamar o castigo dos hereges para o pai assassino. De imediato, a Confraria dos Penitentes Brancos, à qual pertencia Louis, um outro filho de Calas que havia se convertido à fé católica anos antes e abandonado a casa paterna, resolveu se apropriar do corpo de Marc-Antoine, transformando-o em mártir. Um funeral católico cercado de toda pompa e circunstância lhe foi preparado e seu corpo, enterrado em campo santo. Assim, a possibilidade de suicídio fora imediatamente descartada e assumida como certeza a versão de que o pobre filho havia sido assassinado pelo pai por tê-lo contrariado ao escolher o bom caminho da Igreja de Roma.

O mesmo procedimento foi adotado pelo Parlamento de Toulouse, a quem cabiam o julgamento e a sentença. Sem sequer ouvir o acusado e com base apenas em depoimentos de pessoas que haviam ouvido falar do intuito de Marc-Antoine de se converter ao catolicismo e que nada haviam visto nem ouvido da boca do réu ou de seus familiares, julgou e condenou Jean Calas ao suplício até a morte. Mas antes disso a vítima foi ainda barbaramente torturada, não para dela arrancar a confissão – como era então o hábito, pois a sentença já havia sido pronunciada –, mas possivelmente para que Calas delatasse os outros presumidos cúmplices do seu crime: a sua mulher, seu outro filho que se encontrava em casa, suas duas filhas e a empregada. Mas Jean Calas sustentou até o fim sua inocência. No dia 10 de março de 1762, Calas é amarrado à roda do suplício, recebendo violentos golpes de machado que quebrariam suas articulações, coluna e pernas. Sua agonia duraria ainda algumas horas até que a morte viesse pôr fim ao seu sofrimento. Acabado o martírio, seu corpo seria finalmente queimado em praça pública. Sobre a família e o amigo que com Jean Calas se encontravam em casa no momento em que o corpo de Marc-Antoine fora encontrado também pairava a suspeita do tribunal mas a ira popular já havia sido aplacada com o brutal castigo infligido ao pai. Assim, a mãe e a empregada seriam absolvidas; as filhas, enviadas

A infeliz família Calas, gravura de Jean-Baptiste Delafosse, feita a partir de um desenho de Carmontelle, retratando a leitura da reabilitação judicial de Jean Calas pelo filho Pierre à mãe, às irmãs e à criada, e tendo ao seu lado o amigo que jantara na sua casa na noite do suicídio do irmão Marc-Antoine; e a roda do suplício.

para um convento; o filho Pierre, banido e os bens da família, confiscados. Mas após ter passado por um mosteiro, onde lhe seria ensinada a verdadeira fé católica, Pierre conseguiria fugir da França e chegar até Genebra, único bastião do protestantismo em território de língua francesa, onde vivia Voltaire.

O ilustre filósofo francês resistiria, de início, a abraçar a causa da família Calas – não porque fosse católico, mas porque rejeitava todo fanatismo religioso, e havia muito fanatismo entre os protestantes. Mas após três meses de minucioso estudo do caso – cuja verdade não se restringia a um caso particular, mas importava ao ser humano – e após seu encontro com Pierre Calas, Voltaire formaria a firme convicção de que os Calas haviam sido vítimas de perseguição e fanatismo religioso e que Marc-Antoine havia se suicidado. Começaria então a sua tenaz campanha pela reabertura judicial do caso Calas e pela reabilitação da família. Em 1763, Voltaire iria publicar o seu célebre *Tratado sobre a tolerância*, que teria por subtítulo, "por ocasião da morte de Jean Calas". Muitas cartas e textos seriam escritos por Voltaire e publicados anonimamente na imprensa para suscitar o debate do caso. Outras tantas cartas seriam endereçadas ao ministro da Justiça, à amante do rei, madame Pompadour, e às várias personalidades influentes do reino. Voltaire mobiliza uma força até então desconhecida na história: a opinião pública. Outros intelectuais e artistas também abraçam a sua causa e mobilizam-se em apoio à família Calas. O pintor Carmontelle se proporia a fazer uma gravura da família Calas e com o dinheiro da sua venda, que foi promovida pelo barão Grimm e por Diderot, auxiliar a família.

A mobilização promovida por Voltaire deu certo. Em 1764, o inquérito sobre o caso seria oficialmente reaberto e, no ano seguinte, Jean Calas e sua família iriam ser definitivamente reabilitados por uma corte composta por oitenta juízes e pelo Conselho do rei. Como indenização, o rei concederia uma pensão à família. Encerrava-se assim o primeiro caso judicial a mobilizar os franceses, que dos tribunais fora levado às ruas e transformado em questão pública por iniciativa de um homem que acreditava na razão e na justiça.

Zola e o caso Dreyfus

> A mentira tem contra si mesma a impossibilidade de
> se manter para sempre, enquanto a verdade tem
> para si a eternidade.[6]
> *Émile Zola*

Na última década do século XIX, um outro caso judiciário iria sacudir a França – o caso Dreyfus –, dividindo os franceses em dois campos inconciliáveis: os que sustentavam a inocência do capitão Alfred Dreyfus e os que o julgavam culpado por alta traição ao Estado. Tudo começou em setembro de 1894, quando uma agente da contraespionagem francesa, que trabalhava como faxineira na embaixada da Alemanha, em Paris, encontrou no cesto de papéis da sala do adido militar alemão uma carta apócrifa de alguém que se identificava como oficial do serviço de informações do exército francês e que comunicava o envio, em anexo, de cópias de documentos, contendo importantes informações sobre os dispositivos de defesa da artilharia francesa. A partir disso, teria então início um inquérito administrativo que se transformaria, em seguida, em processo judicial, conduzido pelo serviço de contraespionagem do exército de forma absolutamente obscura – o que não é raro nos casos de contraespionagem. No curso das investigações, o nome do capitão Dreyfus surge como o principal suspeito da autoria da carta. Tudo conspirava para fazer dele o culpado ideal. O capitão Dreyfus era judeu de origem alsaciana, tinha perfeito domínio da língua e da cultura alemãs, além de vir de uma família burguesa com propriedades e atividades industriais na Alsácia, então parte integrante da Alemanha.

Um pouco mais de um mês após a eclosão do caso, Dreyfus é preso, e no início do mês de novembro ele começa a responder a um processo judicial que se desenvolve a sete chaves perante o Conselho de Guerra do Estado. Embora Dreyfus tenha sempre se declarado inocente das acusações de espionagem em favor do inimigo alemão, no mês de dezembro, após um processo militar eivado de ilegalidades e de vícios processuais, a alta corte militar da França iria condená-lo, por unanimidade, à degradação militar e ao degredo, devendo cumprir pena de prisão perpétua na Ilha do Diabo, na costa da Guiana. No dia 5 de janeiro de 1895, Dreyfus seria destituído de suas insígnias militares em uma cerimônia realizada na escola militar que fora presidida por cerca de quatro mil soldados.

No entanto, a fragilidade jurídica do processo que condenou o capitão Dreyfus ensejou, desde o início, a sua contestação e a reivindicação de sua reabertura. As primeiras tentativas de revisão processual encabeçadas pela imprensa de esquerda antimilitarista desencadearam uma forte reação e um recrudescimento do antissemitismo no país. Mas como – de acordo com o dito popular – a mentira tem pernas curtas, logo a mesma agente da contraespionagem iria encontrar um outro documento na embaixada da Alemanha com a mesma caligrafia daquele que servira para condenar Alfred Dreyfus e que apontava como seu autor um comandante de infantaria de origem húngara chamado Ferdinand Walsin Esterhazy. Começava a aparecer cada vez mais indícios de que o crime pelo qual o capitão Dreyfus havia sido condenado não fora de sua autoria, mas o Estado Maior das Forças Armadas não estava minimamente disposto a rever o processo e a pôr em questão a justeza da decisão da corte militar.

A política | 269

Gravura retratando a degradação do capitão Dreyfus, primeira página do jornal *L'Aurore* com a manchete *J'Accuse*, libelo escrito por Émile Zola.

270 | Os franceses

Em novembro de 1897, o irmão mais velho do capitão Dreyfus, Mathieu, apresenta queixa contra o comandante Esterhazy perante o Ministério da Guerra, mas o Conselho de Guerra, que havia condenado Dreyfus, acabaria por absolver o acusado. Frente a tão escandalosa e inescrupulosa iniquidade, Zola iria se manifestar de forma cada vez mais incisiva.

No dia 25 de novembro de 1897, Zola publicaria um primeiro artigo no jornal *Le Figaro* sustentando a inocência do capitão Dreyfus, mas a sua mais célebre peça de acusação ao alto comando do exército e de defesa do capitão encarcerado e degredado ainda estaria por vir. Em 13 de janeiro de 1898, Zola publicaria na primeira página do jornal *L'Aurore* a peça mais notável da imprensa francesa de todo o século XIX. Sob o título "Eu acuso!" (*J'Accuse!*), Zola iria escrever uma longa carta dirigida ao presidente da República, Félix Faure, que era, na verdade, um libelo incriminando nominalmente alguns altos oficiais do exército por terem agido de má-fé no caso Dreyfus. Essa edição do *L'Aurore* teria um impacto retumbante e uma tiragem especial de trezentos mil exemplares. Ao lado de Zola e a favor de Dreyfus iriam se alinhar intelectuais como Proust, Jaurès, Péguy, Léon Blum, Anatole France e Émile Duclos. Mas contra o capitão iriam tomar posição outras celebridades da época, como Júlio Verne, Cézanne, Degas, Renoir, Toulouse-Lautrec e Rodin. Diferentemente do caso Calas, que uniu toda a intelectualidade em defesa da reabilitação da vítima e de sua família, o caso Dreyfus provocou uma fratura profunda na sociedade francesa, mostrando quão enraizado estava o antissemitismo naquela sociedade.

Atualmente, mais de um século passado desde a reabilitação do capitão Dreyfus, todos os nossos contemporâneos são unânimes em reconhecer o sentido de justiça e a grandeza da iniciativa de Zola. Hoje não é tão fácil perceber os riscos a que Zola se expôs ao afrontar o alto comando do exército, acusando uns e outros de prevaricação, ocultamento de provas, falsificação e conivência com um ato ignominioso em uma sociedade em que os sentimentos antigermânicos e antissemitas eram claramente majoritários. Ao acusar publicamente personalidades da cúpula militar, Zola sabia perfeitamente que iria ser objeto de um processo civil – e esse era precisamente o seu objetivo, isto é, retirar o caso Dreyfus da esfera militar e trazê-lo para a esfera da justiça civil. Mas o risco envolvido nessa jogada não seria menor que a sua coragem. Zola foi julgado e condenado a uma pena que pode ser considerada simbólica – um ano de prisão e multa de três mil francos –, o que o levou a se refugiar em Londres por algum tempo, utilizando um nome falso para escapar do encarceramento. Quanto ao verdadeiro traidor, Esterhazy, este não teve de se refugiar, pois fora absolvido, migrando posteriormente para a Inglaterra, onde passaria tranquila e confortavelmente o resto dos seus dias.

A ação de Zola e o manifesto dos intelectuais que o apoiaram tornariam a reabertura do caso Dreyfus iminente, acirrando os ânimos em ambos os campos. No plano internacional, Zola e Dreyfus contavam com a crescente simpatia da opinião pública, mas na França os seus adversários iriam ficar ainda mais furiosos e ruidosos. E, como as peças apresentadas no julgamento que condenou Dreyfus em 1894 eram muito frágeis, pois em nenhum dos documentos apresentados havia provas do envolvimento do capitão, era necessário que se encontrasse uma prova decisiva ou que, na inexistência desta, se produzisse uma.

Assim, o tenente-coronel Hubert-Joseph Henry, que trabalhava na Seção de Estatísticas do Ministério da Guerra, eufemismo que designava o serviço de contraespionagem das forças armadas, iria produzir um falsa correspondência do adido militar italiano endereçada ao adido militar alemão em que o nome de Dreyfus apareceria. Mas a falsificação do documento foi tão grosseira que a fraude logo foi descoberta e acabou sendo confessada pelo seu próprio autor, que foi preso e terminou por se suicidar em 1898. Mas, para os adversários de Dreyfus, a diferença entre a mentira e a verdade não tinha a menor relevância. Um dos expoentes da extrema-direita francesa, Charles Maurras, chegou inclusive a saudar a falsificação produzida pelo tenente-coronel Henry, qualificando-a como uma "fraude patriótica". Após o suicídio de Henry, Maurras e a Ação Francesa (partido de extrema-direita) tratariam de promover uma enorme movimentação popular, trabalhando o antissemitismo existente no país e recolhendo dinheiro para a viúva do tenente-coronel, que seria transformado em vítima sacrificada pelos judeus.

Ao voltar à França da ilha do Diabo, em julho de 1899, Dreyfus foi submetido a um novo julgamento, desta vez em Nantes. Aos 40 anos, após ter ficado quatro anos encarcerado sem direito de falar sequer com os seus carcereiros, o ex-capitão tinha a aparência de um homem de 60. Durante o novo processo, Dreyfus teria de ouvir novamente todos os absurdos da acusação para acabar sendo, novamente, condenado a 10 anos de prisão, o que internacionalmente repercutiu como um escândalo. Para contornar essa situação vexatória, o presidente da República resolveu conceder-lhe indulto, o que Dreyfus, em princípio, recusava-se a aceitar, pois equivaleria a reconhecer sua culpa. Mas sua esposa, famílias, amigos e autoridades do Estado conseguiram convencê-lo a aceitar essa solução para recuperar imediatamente a sua liberdade, pois seu estado físico não lhe permitiria passar mais tempo encarcerado. Apenas sete anos mais tarde, em 1906, após vários recursos, ele seria inteiramente reabilitado, recuperando sua patente no exército.

O papel de Zola foi decisivo para a reabilitação do capitão Dreyfus. Zola teria o gosto de ver a sentença de 1894 anulada, o seu processo reaberto e o retorno do ex-capitão à França continental. Mas não teve a felicidade de presenciar a sua completa reabilitação, pois morreria quatro anos antes, em 1902, por asfixia, decorrente de uma chaminé obstruída em sua casa. Até hoje não se sabe se sua morte foi mero acidente – não raro à época – ou provocada por algum dos seus numerosos desafetos conseguidos durante o processo de revisão do caso Dreyfus. Durante o seu enterro, no cemitério de Montmartre, em Paris, um grupo de mineiros vindos do norte fez um cortejo diante do seu túmulo gritando *Germinal*, título do seu mais célebre romance, de 1885, que trata de uma greve de mineiros. Em 1908, as cinzas de Zola seriam transferidas para o panteão de Paris. Em 1998, por ocasião do centenário de *J'Accuse!*, o presidente Jacques Chirac enviaria uma carta aos familiares de Zola e de Dreyfus como reconhecimento da França e dos franceses à sua contribuição aos valores de liberdade, dignidade e justiça. Em 2006, ao completar-se um século da reabilitação do capitão Dreyfus, considerou-se transferir as suas cinzas para o panteão, o que acabou não ocorrendo. Afinal, Alfred Dreyfus foi a grande vítima do infeliz caso Dreyfus, e se naquela tragédia houve algum herói este foi, sem dúvida, Zola, que já se encontra no panteão.

Camus e a ruptura com a esquerda comunista

> Se a verdade for de direita, eu também serei.[7]
>
> *Albert Camus*

Diferentemente de Voltaire e de Zola, que tiveram uma participação decisiva na reparação de um erro judiciário contra uma vítima específica, ainda que aqueles erros tenham também vitimado todos os protestantes e judeus do seu tempo, além da verdade e da justiça, Camus não teve envolvimento de destaque em nenhum caso particular, mas durante os seus 46 anos de vida não deixou de tomar posição e de defender aquilo que julgava ser a verdade, ainda que essa opção o tenha obrigado, por diversas vezes, ao isolamento e à solidão. No universo intelectual francês do século xx, Camus era um estranho no ninho. Nascido na Argélia, em 1913, em uma família muito pobre, ele não iria frequentar as grandes escolas onde eram, e ainda são, formadas as elites francesas, independentemente da sua orientação ideológica. Talvez por isso, Camus jamais teve comprometimento com qualquer ideologia, o que era surpreendente em um período da história marcado por elas. Em 1935, ele entraria para o Partido Comunista, movido por um sentimento de justiça e por desejo de igualdade. Embora fosse um *pied noir* pobre que – como ele próprio definira – havia se criado entre o sol e a miséria –, sua pobreza, assim como a dos demais brancos pobres da Argélia, jamais fora tão aguda quanto a que ele observava existir entre os árabes. Foi essa constatação que o levou a escrever "Miséria na Cabília", um dos seus primeiros artigos publicados em jornais de Argel.

Mas sua passagem pelo PC foi rápida, deixando o partido dois anos depois e tornando-se um jornalista engajado na resistência durante toda a Segunda Guerra Mundial. Foi durante esse período que Camus iria escrever *O mito de Sísifo* e o belíssimo romance *O estrangeiro*, ambos em 1942, além da peça *Calígula*, dois anos após.

Logo após o fim da Segunda Guerra, Camus iria gozar de alguma reputação entre a intelectualidade francesa na condição de editorialista do jornal *Le Combat* e de autor do romance *A peste* (1947). Entre Camus e Sartre, haveria alguma aproximação, que logo iria se romper com a publicação da peça *Os justos* (1950) e do livro *O homem revoltado* (1951), em que Camus distinguiria claramente a revolta legítima contra a injustiça da revolução, que levaria sempre ao niilismo, ao terror e à repressão. Em uma entrevista falando sobre o livro que acabava de lançar, Camus faria a seguinte declaração:

> Eu não critico o sistema revolucionário em si mesmo, mas o sistema revolucionário triunfante do nosso tempo. A revolução do século xx e a sociedade burguesa atual são para mim apenas as duas faces do mesmo niilismo que temos de superar. Parece-me que meu livro, longe de definir uma posição romântica e idealista, é, ao contrário, um apelo contra o romantismo filosófico e a mistificação, que fazem do materialismo histórico um idealismo vergonhoso. Não creio, entretanto, que a minha causa já esteja perdida. Ela está viva, como vivo é o sofrimento de milhões de homens ligados pela sua infelicidade a essa causa.[8]

Além de desqualificar a revolução como alternativa libertária para a humanidade, Camus seria ainda um dos primeiros a reconhecer publicamente a existência de campos de concentração na União Soviética, algo que a esquerda, em geral, só admitia ter existido na Alemanha nazista, mas jamais na pátria-mãe do socialismo. Toda denúncia contra a União Soviética era então interpretada como maquinação da direita, e uma intensa disputa passou a se travar na imprensa, tendo, de um lado, Camus, na redação de *Le Combat*, e, de outro, Sartre, no *Les Temps Modernes*. No auge da oposição entre um e outro, após Camus ter escrito a frase em epígrafe, Sartre iria se dirigir a ele nos seguintes termos: "Eu não ousaria lhe sugerir a leitura de *O Ser e o Nada*, pois ela lhe pareceria muito árdua", no claro intuito de desqualificar a capacidade intelectual do seu interlocutor para elidir a discussão dos fatos, ideias e princípios. Esse desprezo de Sartre por Camus seria ainda compartilhado por muitos outros intelectuais franceses, que se negavam a reconhecê-lo como um dos seus pares.

Não só as origens de Camus o diferenciavam da maioria dos intelectuais da França, como também os seus hábitos e gostos. Camus gostava de lutas de boxe, de jogar futebol e tomar banho de mar no Mediterrâneo, algo absolutamente estranho aos intelectuais da época, que sobrevalorizavam o intelecto e desprezavam o corpo e as atividades físicas. Costumava ainda olhar as mulheres passarem na rua e usava roupas um tanto extravagantes para os padrões da época, contrariamente ao singelo desalinho e circunspeção dos intelectuais franceses. Por tudo isso, Camus era visto como um ser vulgar, um *pied noir* intruso no seleto grupo literário e intelectual de Paris. Além disso, ele iria se diferenciar da maioria dos intelectuais do seu tempo por sua posição em relação à Guerra da Argélia. Por maior que fosse a sua solidariedade com o povo árabe, Camus sabia que, com a independência da Argélia, para todos aqueles franceses que como ele haviam nascido e vivido na Argélia há gerações, não haveria outra alternativa senão a emigração ou a morte (*la valise ou le cercueil*). Portanto, Camus não poderia alinhar-se com a maioria dos intelectuais franceses que defendia a independência da Argélia, tampouco poderia negar a justiça do anseio da maior parte dos argelinos por sua independência, já que a dominação francesa na região havia condenado a população árabe a uma miséria vergonhosa. Por isso, ele declararia um dia sem hesitar: "entre a justiça [a independência da Argélia] e minha mãe [uma *pied noir*], eu fico com minha mãe".

Os livros do polêmico Albert Camus faziam enorme sucesso e, em 1957, a Academia de Ciências da Suécia resolveu conceder-lhe o Prêmio Nobel de Literatura pelo conjunto de sua obra literária, o que certamente deve ter causado inveja a muitos escritores franceses que se julgavam mais importantes que ele. Em 22 de janeiro de 1958, apenas alguns dias após ter recebido o tão cobiçado prêmio, Camus iria fazer o seguinte discurso, aprofundando o seu distanciamento com a intelectualidade francesa:

> Eu tento, de toda forma, solitário ou não, fazer o meu trabalho. E se às vezes ele me parece duro, é porque ele é exercido nesta horrorosa sociedade intelectual em que vivemos. Em que se faz ponto de honra a deslealdade; em que o reflexo substituiu a reflexão; em que se pensa à base de *slogans*; e em que a maldade se faz, frequentemente, passar por inteligência.
> [...]
> Não me encontro entre os amantes da liberdade que querem protegê-la com correntes reforçadas. Nem entre aqueles servidores da justiça que pensam que se serve mais a ela condenando gerações à injustiça. Eu vivo como posso; em um país infeliz, rico pelo seu povo e sua juventude, mas provisoriamente pobre por suas elites.
> [...]
> Eu tentei, em especial, respeitar as palavras que escrevi, pois por meio delas eu quis respeitar aqueles que poderiam lê-las e a quem eu não gostaria de enganar.[9]

Em um momento em que a política dividia tudo e todos, Camus iria ousar renunciar a ela sem jamais se omitir sobre qualquer questão política relevante do seu tempo. Para ele, a política e a moral encontravam-se em campos opostos, e ele não hesitava em abraçar a moral em detrimento da política. Por isso, Sartre iria, com grande desdém, classificá-lo como um "filósofo de colegiais" e de ter uma "filosofia da Cruz Vermelha". Camus morreria em um acidente de automóvel em 1960, desaparecendo assim da cena e do debate político francês, ficando a sua obra literária como legado para a posteridade. A partir de então, dois ex-colegas da École Normale Supérieure iriam se digladiar na imprensa até a morte: Sartre e Aron.

Sartre *versus* Aron

> É melhor errar com Sartre do que acertar com Aron.[10]
>
> *Máxima da esquerda francesa*

Jean-Paul Sartre foi, sem dúvida, o filósofo mais popular da França do século xx e ninguém, mais que ele, encarnou o intelectual engajado. Tampouco houve filósofo que tenha sido mais próximo do movimento operário que ele, discursando com invejável desenvoltura e receptividade nas fábricas de Billancourt, nem intelectual universitário que, mesmo sexagenário, fosse tão adorado pela juventude. Sartre foi o símbolo vivo do inconformismo e da pulsão libertária que agitaria os anos 1960 e 1970 na França e no mundo. No entanto, o seu engajamento político foi, paradoxalmente, bastante tardio, iniciando após a Segunda Guerra, quando ele já tinha 40 anos, contrariamente a Aron, que desde cedo se vinculara à família socialista. Antes e durante a guerra, apenas a literatura e o teatro iriam interessar a Sartre. Em 1933, ele iria para a Alemanha substituir Raymond Aron no Instituto Francês de Berlim, que por sua vez iria ocupar o lugar de Sartre no Liceu de Havre, na Normandia. Mas como a política não lhe interessava, nada do que por lá então se passava sob os seus olhos iria lhe chamar a atenção.

Aron, por outro lado, que vivera na Alemanha desde 1930, teve a oportunidade de assistir à primeira vitória dos nacionais-socialistas nas eleições de setembro daquele ano. Tendo morado primeiro em Colônia e depois em Berlim, ele logo iria perceber que o nazismo não seria uma febre passageira e que traria riscos políticos e humanos não só para a Alemanha, mas também para toda Europa. Foi durante a sua temporada na Alemanha que Aron iria fazer algumas descobertas importantes para sua vida: conhecer a teoria e a obra de Max Weber, que teriam sobre ele uma influência fundamental, e identificar-se como judeu. Aron, assim como Freud, fazia parte de uma burguesia judaica europeia secular e completamente assimilada e integrada aos valores da cultura ocidental. Mas a nova versão nazista do velho antissemitismo europeu iria lhe fazer perceber os riscos que sobre ele pairavam pelo simples fato de ser judeu, independentemente de qualquer convicção religiosa.

276 | Os franceses

Durante todo o período da guerra, Sartre iria viver e trabalhar em Paris, encenando suas peças de teatro sem que a censura alemã o importunasse. Aron, em compensação, iria juntar-se à resistência francesa em Londres, trabalhando com redator-chefe do jornal *France Libre*. Aron foi gaullista durante a resistência, chegou a ter uma rápida participação no ministério comandado por André Malraux no imediato pós-guerra, assim como também rápida foi sua passagem pelo partido gaullista RPR. Da mesma forma que o espírito crítico e a independência intelectual de Sartre o impediram de aderir a qualquer partido político da época, a adesão de Aron a organizações políticas foi apenas circunstancial.

Em 1945, Sartre iria fundar a revista *Les Temps Modernes*, reunindo colaboradores de todas as tribos que não se perfilavam entre as duas famílias políticas principais da França: a comunista e a católica. No conselho de redação da revista iriam se reunir personagens tão distintas quanto Raymond Aron, Simone de Beauvoir e Merleau-Ponty. Mas o convívio pacífico e colaborativo entre Sartre e Aron não iria durar muito mais, pois em breve um e outro tomariam direções políticas opostas e se tornariam, mutuamente, os melhores inimigos um do outro. Embora inicialmente equidistante dos comunistas e dos liberais, Sartre iria cada vez mais se aproximar dos comunistas, enquanto Aron iria tomar o caminho inverso, tornando-se um dos primeiros intelectuais ocidentais a denunciar a natureza totalitária do regime soviético. No mundo que emergia com a Guerra Fria, Aron não hesitaria em apoiar a Otan como forma de proteção das nações ocidentais contra a expansão soviética. O rompimento com a esquerda estava, assim, consumado, e Aron se transformaria em um implacável anticomunista. Sartre nunca fora marxista, enquanto Aron se declarava como tal. Como profundo conhecedor da teoria de Marx, Aron sabia muito bem reconhecer a fecundidade filosófica e o alcance da sua análise sobre a dinâmica do capitalismo, separando-a da doutrina política que se autodenominava marxista. Indiferente a essas questões, Sartre visitaria inúmeras vezes a União Soviética, a China de Mao Tsé-tung e a Cuba de Fidel Castro, retornando de suas viagens com declarações bombásticas, tais como: "todos os anticomunistas são uns cães"; "a liberdade de crítica é total na URSS"; "se entre 1960 e 1965 a França continuar estagnada, o nível médio de vida na URSS será de 30% a 40% superior ao nosso"; ou ainda "se alguém ainda tentar me dizer que na URSS a religião é perseguida ou proibida, eu quebro-lhe a cara."[11]

Por essas e outras de suas posições, Sartre seria amado por muitos e odiado por tantos outros, ao contrário de Aron, que iria logo desagradar a todos. Em 1955, Aron escreveria *O ópio dos intelectuais*, em que dissecaria os mitos dos intelectuais de esquerda e, em 1958, publicaria *A tragédia argelina*, em que se mostraria favorável à independência da Argélia. Assim, esquerda e direita, revolucionários e conservadores iriam ter mil reservas em relação a ele e suas ideias. Em relação à herança política do general De Gaulle para a Quinta República, de quem fora próximo durante o exílio em Londres, Aron faria uma análise cáustica:

> Talvez o mais difícil seja ainda a liquidação de alguns elementos do gaullismo: hábitos de autoritarismo e arbítrio que o estilo do presidente da República transmitiu aos pequenos senhores; política exterior que privilegia o aplauso e o sucesso teatral a uma construção durável, e que não consegue mais distinguir tática de estratégia, jogo de objetivo; ou que parece, finalmente, não ter outro objetivo senão a sua própria afirmação em um jogo a cada instante renovado.[12]

Maio de 1968 seria o ponto culminante de afrontamento de Aron com a esquerda e de identificação de Sartre com os estudantes. Enquanto um apoiava a revolta violenta dos estudantes, arrancando deles aplausos na Sorbonne, o outro se levantava contra as palavras de ordem estudantis que decretavam a morte da universidade e a decrepitude do Estado. Alguns jovens revolucionários, munidos de coquetéis molotov, ensaiariam até "tocar fogo no seminário de Aron", que acontecia na Rue Tournon. Embora Sartre tenha errado muito em suas análises políticas, e Aron poucas vezes tenha se equivocado, no caso de maio de 1968 foi Sartre quem compreendeu melhor o que estava se passando. O prazer era uma das palavras-chave do movimento e uma lembrança marcante e frequentemente invocada pelos seus ex-ativistas. Um prazer que surgia da simples abolição das barreiras sociais em uma sociedade que era, até então, rigidamente compartimentada. Experimentava-se o prazer de transgredir fronteiras sociais e normas de conduta. Para os estudantes universitários, o universo operário era-lhes, até então, completamente desconhecido, e o mundo fabril das periferias parecia-lhes tão distante quanto a Argélia ou o Vietnã. De forma análoga, para os operários das fábricas de Billancourt, a Sorbonne situava-se em um território longínquo. Em maio de 1968, essa distância foi subitamente encurtada. Estudantes em greve foram às fábricas e trabalhadores paralisados foram à Sorbonne.[13] Mas poucos naquele momento foram capazes de perceber isso.

Ao longo dos anos 1970, com a conversão do PCF ao eurocomunismo e com a publicação do *Arquipélago Gulag*, de Alexander Soljenitsin, a esquerda francesa começaria a adotar uma postura mais crítica em relação à União Soviética e a valorizar as instituições das democracias representativas do Ocidente, diminuindo a tensão existente entre ela e Aron. Em 1979, os intelectuais de esquerda da França iriam se mobilizar em favor dos refugiados do Vietnã e iriam propor a Sartre e Aron que fossem juntos entregar uma petição ao presidente Valéry Giscard D'Estaing para a concessão de três mil vistos de residência na França para os *boat people*. Segundo recorda o filósofo André Glucksmann, que presenciou o encontro, Aron estava visivelmente

278 | Os franceses

mais emocionado do que Sartre, que, já cego, aparentemente deu menos importância àquele encontro histórico. No ano seguinte, Sartre morreria, e seu cortejo pelas ruas do *14ème arrondissement* seria acompanhado por uma multidão de milhares de pessoas até o cemitério de Montparnasse. Em 1983, Aron seria enterrado no mesmo cemitério cercado por uma centena de pessoas, composta, sobretudo, por familiares, amigos e discípulos. No centenário do seu nascimento, aliás, do nascimento de ambos, uma cometarista escreveria no *Le Monde*:

> Sartre praticava boxe. Aron jogava tênis em alto nível, classificado na segunda série. A arte do corpo a corpo violento contra a da estratégia das linhas. As imagens finais desses dois esportistas no mesmo cemitério de Montparnasse mostram bastante bem as atitudes divergentes, quase contrárias, que puderam inspirar essas grandes figuras do século das ideologias. Aos sartrianos, a generosidade lírica. Aos aronianos, a paixão dominada.[14]

Notas

[1] Natalie Petiteau, Napoleón: de la mythologie à l'histoire, Paris, Seuil, 1999.

[2] Stendhal, Vie de Napoléon, Paris, Le Divan, 1930.

[3] "Trop de variétés encore séparent les peuples de cette belle Europe, qui ne devraient faire qu'une grande famille."

[4] "Je désire que mes cendres reposent sur les bords de Seine, au milieu du peuple français que j'ai tant aimé."

[5] "Je suis persuadé plus que jamais de l'innocence des Calas et de la cruelle bonne foi du Parlement de Toulouse qui a rendu le jugement le plus inique sur les indices les plus trompeurs."

[6] "Le mensonge a ceci contre lui qu'il ne peut pas durer toujours, tandis que la vérité à l'éternité pour elle."

[7] "Si la vérité est de droite, j'en serai."

[8] Journal de votre année, Archive "Pathé", 1960, Paris, Montparnasse. [Documentário em vídeo], reproduzido em 2000 Ans d'Histoire, France Inter, 22.03.2006.

[9] Idem.

[10] "Il vaut mieux avoir tort avec Sartre que raison avec Aron."

[11] 2000 Ans d'Histoire, France Inter, 17.08.2006.

[12] Raymond Aron, Démocratie et totalitarisme, Paris, Gallimard, 1965, p. 14.

[13] Kristin Ross, Mai 68 et ses vies ultérieures, Bruxelles, Complexes, 2005.

[14] "Sartre pratiquait la boxe. Aron jouait au tennis à haut niveau, classé en seconde série. L'art du corps-à-corps violent contre celui de la stratégie des lignes. Les images finales de ces deux sportifs, dans le même cimetière Montparnasse, racontent assez bien les attitudes divergentes, quasiment contraires, que purent inspirer ces figures majeures du siècle des idéologies. Aux sartriens, la générosité lyrique. Aux aroniens, la passion maîtrisée.", Marion Van Renterghem. "Raymond Aron l'émotion continue", *Le Monde, 13.03.2005.*

A EDUCAÇÃO

Hoje é voz corrente que a educação é a mais segura portadora do futuro e sólida base para o desenvolvimento de uma sociedade. Os estudos comparativos e as estatísticas internacionais mostram uma forte correlação entre escolaridade, renda e bem-estar social. Se a França se encontra hoje entre o seleto grupo de países de alto desenvolvimento humano, econômico e tecnológico, isso se deve, sem dúvida, à atenção que os sucessivos governos vêm dando há mais de um século à educação dos franceses em todos os níveis, do ensino primário ao superior. Não seria nenhum exagero afirmar que foi a escola pública o maior e mais decisivo instrumento de construção da sociedade e do Estado republicanos na França.

Até a segunda metade do século XIX, a maior parte da população francesa era composta por pessoas muito pobres, rudes, ignorantes e fortemente vinculadas às tradições e superstições do mundo rural. Seu comportamento social e doméstico demonstrava uma completa inadequação com os padrões de uma civilização moderna, livre, igualitária e fraterna, como a que havia sido imaginada pelos pensadores iluministas do século XVIII e pela qual se bateram os revolucionários de 1789, 1830 e 1848. A selvageria das classes populares assustava as elites, que se perguntavam como um povo tão tosco como aquele poderia ser politicamente incorporado em um sistema político democrático, que era a perspectiva da França e das demais sociedades da Europa Ocidental, sem que a civilização desse lugar à barbárie. Esse temor, compartilhado por quase todas as camadas ilustradas da sociedade, é muito bem descrito e ricamente exemplificado no livro de Eugen Weber, *França fin-de-siècle*. Mas, para alívio dos franceses educados, a participação popular na nascente democracia francesa do final do século XIX não viria pôr em risco a sobrevivência da civilização francesa, nem levou à corrupção do Estado. E, para isso, a escola republicana teve um papel central. Por meio dela, no lapso de apenas uma geração operou-se a prodigiosa transformação de um povo: de camponeses iletrados e supersticiosos em um povo composto por indivíduos racionais, que não mais se viam como súditos de um monarca, mas como cidadãos de uma República e, nessa condição, detentores de direitos perante o Estado.

A ESCOLA PÚBLICA REPUBLICANA: LAICA, GRATUITA E OBRIGATÓRIA

A escola pública é, ainda hoje, uma das mais importantes instituições nacionais da França. Em fins do século XIX, os republicanos franceses já estavam plenamente convencidos de que o futuro do seu país e a sobrevivência da sua tão acalentada República passaria pela escola. Com a lei Jules Ferry, promulgada em 1882, iria se instituir o ensino laico, gratuito e obrigatório para todas as crianças de 6 a 13 anos em todo o país. Esse novo modelo de escola pretendia romper definitivamente com o passado, preparando os franceses para a modernidade. Por meio da escolarização das crianças, o Estado francês iria formar as novas gerações e lapidar os seus cidadãos, educando os filhos das massas populares dos campos e das cidades para viverem plenamente em liberdade, igualdade e fraternidade, conforme os princípios da República. A escola seria o local onde as crenças religiosas, culturais, ideológicas e filosóficas, que até então dividiam os franceses, deveriam ser deixadas de lado para dar lugar a um espaço público baseado na igualdade de todos, na tolerância e aceitação das diferenças e na liberdade de cada um. Mas como tudo na vida em sociedade, entre as intenções, os atos e os resultados há sempre uma certa distância e muitas mediações.

A lei Jules Ferry foi um marco na educação francesa, mas não uma revolução ou uma guinada na educação escolar das crianças. Antes que a educação primária se tornasse obrigatória, cerca de 80% das crianças francesas já frequentavam a escola. A obrigatoriedade tampouco teve, de início, grande impacto sobre a redução do absenteísmo. Primeiro porque não havia um sistema de sanções claras que obrigasse os pais a fazer os seus filhos frequentarem a escola. Segundo porque na inexistência de compensações financeiras ao trabalho infantil, quando a renda familiar diminuía quase que naturalmente, elevava-se o absenteísmo escolar em função do aumento do trabalho das crianças mais pobres nos campos e fábricas. O impacto da gratuidade também seria limitado, pois, em 1880, para cerca de dois terços dos alunos o ensino já era, na prática, gratuito, uma vez que apenas as famílias com melhor situação financeira contribuíam para as escolas em troca da educação dos seus filhos. O ensino laico, por sua vez, tampouco seria ideologicamente neutro, como pretendia a lei. O laicismo escolar representaria, antes de tudo, um combate da República contra a Monarquia e o clericalismo ainda muito fortes, e a doutrinação cívica à qual as crianças seriam submetidas na escola pública também tinha por objetivo ser um antídoto à ameaça das doutrinas socialistas e revolucionárias então em voga.[1]

No entanto, se a nova legislação não modificou objetivamente grande coisa, ajudou a criar uma mística e um ato de fé coletivo no poder da educação, que calou fundo e

Imagem atual de uma classe primária de uma escola pública francesa, na Alsácia. A escola pública foi, possivelmente, o mais importante instrumento de promoção e ascensão social durante a Terceira República.

enraizou-se na alma das famílias francesas, mesmo na das mais pobres. Aos olhos do povo, a educação surgiria como possibilidade de ascensão social pelo talento e pelo mérito, e a escola republicana apareceria como esse instrumento. A igualdade formal de direitos, garantida pela constituição republicana, finalmente se transformaria em igualdade real de chances de progressão social por meio da instituição escolar. Assim formou-se e consolidou-se o mito da escola republicana, que como todo mito tem sempre um pé firmemente calcado na realidade, mas, como as centopeias, têm ainda outros 99 pés que, no caso dos mitos, apóiam-se em sonhos. Ao estimularem o imaginário coletivo, acabam modificando a realidade.

Apesar do mito da igualdade e do progresso social, a escola republicana não seria, de fato, uma escola igualitária. De um lado, haveria a escola da maioria e dos mais pobres, e, de outro, as escolas burguesas para os filhos das famílias mais abastadas. Haveria

282 | Os franceses

ainda a escola primária, que inicialmente seria o único nível de ensino obrigatório e gratuito, e haveria também os liceus, criados por Napoleão para formarem a elite da nação e que só se tornariam gratuitos a partir de 1930. Mas, apesar de todas essas diferenças, havia professores primários imbuídos da fé na instrução como meio de promoção do povo e de ascensão social dos indivíduos, que ajudariam a disseminar essa crença e confiança entre os mais pobres, permitindo-lhes que, pelo seu próprio esforço, crescessem intelectual, social e economicamente. Foi essa conjunção entre a fé republicana na capacidade de a instrução modificar a vida das pessoas e a determinação e dedicação dos professores em transmitir conhecimento às crianças francesas de todas as classes sociais que deu origem a uma sociedade letrada, razoavelmente bem informada, muito mais igualitária do que até então havia sido e bastante coesa em torno de alguns valores e princípios. Algumas importantes personalidades francesas do século XX só chegaram aonde chegaram porque tiveram a escola como meio e instrumento de promoção e ascensão social.

Camus, que nasceu na Argélia e era filho de emigrantes pobres da Alsácia, só conseguiu sair da pobreza e tornar-se um dos grandes escritores franceses do século XX porque contou com o apoio e o estímulo do seu professor primário Louis Germain, que logo percebeu nele uma capacidade intelectual rara e estimulou-o a prosseguir seus estudos no liceu. Quando, em 1944, ele foi a Estocolmo receber o Prêmio Nobel de Literatura da Academia Sueca de Letras, Camus, em seu discurso, fez um especial agradecimento ao seu professor, que havia contribuído decisivamente para a sua carreira literária. Sem as condições que Camus encontrou na escola pública, ele, por mais brilhante que naturalmente fosse, certamente não teria chegado aonde chegou.

Georges Pompidou é outro exemplo de sucesso de ascensão social possibilitada pela escola, ainda que o seu caso não seja tão eloquente quanto o de Camus. Pompidou encontrava-se inserido em uma progressão social contínua, que atravessou algumas gerações sempre por meio do ensino. Seu avô fora agricultor, seu pai, professor primário, e ele não só faria estudos superiores na École Normale Supérieure como ainda se tornaria professor de liceu e chegaria à Presidência da República, em 1969.

Mas, se a escola foi um inegável instrumento de promoção da igualdade entre os franceses de diferentes origens sociais, ela também seria uma instituição na qual aquelas mesmas diferenças iriam também se explicitar. Por exemplo, Claude Sicre – no mesmo relato feito a Zeldin, já referido no capítulo "O espaço francês" – sentiria na pele a imensa barreira social que separava os franceses de diferentes origens quando passou a estudar em um dos melhores liceus da sua cidade natal, em Toulouse. Foi no liceu que Sicre passou a conviver com colegas oriundos de um meio social diferente do seu, na sua maioria de classe média, e a ter contato com uma literatura francesa que, a seu ver, não refletia os problemas e os sentimentos de suas origens operárias.[2] De fato, os liceus não foram criados para os pobres, mas para a formação das elites do país, e o acesso de jovens vindos dos meios populares a essas instituições, que só se tornaria possível devido à democratização do ensino primário promovida pela escola pública republicana, iria evidenciar esse conflito.

Estrutura do ensino básico na França

Classificação geral	Classificação específica	Descrição das séries	Idade	Condição legal
Primário	Maternelle	*Toute petite section* (TPS)	2	Facultativo
		Petite section (PS)	3	
		Moyenne section (MS)	4	
		Grande section (GS)	5	
	École	*Cours préparatoire* (CP)	6	Obrigatório
		Cours élémentaire 1ère année (CEI)	7	
		Cours élémentaire 2ème année (CE2)	8	
		Cours moyen 1ère année (CM1)	9	
		Cours moyen 2ème année (CM2)	10	
Secundário	Collège	*6ème*	11	
		5ème	12	
		4ème	13	
		3ème	14	
	Lycée	*2ème*	15	Facultativo
		1ère	16	
		Terminale	17	

Como em qualquer lugar do mundo, o sistema de ensino francês tem a forma de uma pirâmide invertida, que começa abarcando a todos (ao menos no início da escolarização obrigatória) e vai, progressivamente, afunilando-se até os níveis mais elevados de educação formal. No ano letivo de 2004-2005, havia inscritos nas escolas primárias e secundárias de toda a França, inclusive nas dos departamentos ultramarinos, cerca de 12 milhões de alunos, dos quais 6,6 milhões nas escolas primárias, 3,3 milhões nos ginásios (*collèges*) e 1,5 milhão nos liceus. Embora o ensino na França seja majoritariamente público e gratuito em todos os níveis, inclusive no superior, e seja em média de boa qualidade, ele não mantém o mesmo nível de excelência em todos os estabelecimentos, o que seria uma quimera. E, como o acesso às escolas, ginásios e liceus é garantido, preferencialmente, àqueles que moram no mesmo bairro onde elas se encontram, os jovens que vivem próximos às boas escolas acabam tendo melhores oportunidades de escolarização. Mas as boas escolas

284 | Os franceses

não se distribuem ao acaso no espaço, da mesma forma que as pessoas não se agregam aleatoriamente em um mesmo bairro ou região da cidade. É sobretudo a identidade de classe, que às vezes também pode assumir recortes étnicos e religiosos, que faz com que as pessoas se juntem em certos lugares em detrimento de outros. Os mais abastados, que, em geral, são também os mais ilustrados, tendem a se concentrar em determinados bairros, e seus filhos, consequentemente, a frequentar as mesmas escolas. Crianças nascidas em lares de mais alto nível sociocultural tendem, por sua vez, a ter melhor desempenho escolar do que crianças vindas de famílias menos favorecidas, o que faz com que as escolas frequentadas pelas primeiras tendam a ser melhores que as escolas das últimas. Bons alunos costumam também ser os preferidos dos professores, que, em geral, procurarão as melhores escolas para lecionar. Portanto, como bons alunos fazem boas escolas e como boas escolas atraem bons professores, cria-se o círculo virtuoso da excelência.

Mas, se a desigualdade só se produzisse com a diferenciação dos melhores em relação à maioria, não haveria muito problema. A questão é que no extremo oposto do círculo virtuoso da excelência encontra-se também o círculo vicioso da exclusão. Nas regiões mais pobres da periferia de Paris e das grandes cidades, onde o nível educacional dos pais é mais baixo do que o da média dos franceses, os adultos são menos qualificados profissionalmente, o desemprego é maior e as oportunidades de cultura e lazer, menores, o desempenho escolar das crianças e adolescentes também é pior e a violência nas escolas, muito maior. Consciente desse problema, o governo francês criaria, já no início dos anos 1980, as Zonas de Educação Prioritárias (ZEP), onde foram identificados os mais baixos níveis de desempenho escolar e os mais altos de evasão e violência contra alunos e professores. E, como os professores tendem a procurar as escolas onde se encontram os melhores alunos e a evitar aquelas onde existem mais problemas, o Estado francês resolveu criar um incentivo financeiro para atrair professores a lecionar em escolas classificadas nas ZEPs. No entanto, apesar dos esforços dos sucessivos governos, até hoje os resultados em termos de desempenho dos alunos dessas escolas ainda deixam muito a desejar. Atualmente, entre cerca de 68 mil escolas, ginásios e liceus existentes na França, há por volta de 8,8 mil classificados nas ZEPs, enquanto não há mais que quarenta liceus classificados como instituições de excelência. Isso mostra o quanto o círculo vicioso é numericamente mais representativo que o círculo virtuoso nas instituições francesas de ensino. E aqui estamos tratando apenas das escolas de primeiro e segundo graus. No ensino superior, o afunilamento e estratificação dos franceses é ainda maior, e o primeiro biombo que irá separar o seleto grupo de franceses a integrar a elite intelectual, administrativa e financeira do país é o *baccalauréat*, que é o exame nacional a que todos os jovens que tenham avançado nos seus estudos, concluído a classe terminal do liceu e que desejem seguir seus estudos no nível superior têm de se submeter.

Entrada do prestigiado liceu Henry IV, em Paris.

BACCALAURÉAT: PASSAPORTE PARA A EDUCAÇÃO SUPERIOR

Entre o segundo grau e os estudos superiores encontra-se o *baccalauréat*, referido simplesmente como *bac* pelos franceses de todas as gerações. O *bac* é um exame composto por prova escrita, prova oral e entrevista às quais cada candidato tem de se submeter para ter acesso aos níveis superiores de ensino. Além disso, o *bac* é uma prova bastante rigorosa, apresentada perante uma banca presidida por um professor pesquisador de uma universidade, que avalia e qualifica os candidatos. Para que se tenha ideia de quão rigoroso é esse exame, basta lembrar que o escritor Émile Zola acabou desistindo de prosseguir seus estudos em nível superior por haver sido reprovado por duas vezes consecutivas no *bac* devido ao seu desempenho insuficiente justamente nas provas de francês! Mas o extremo rigor com que os franceses eram e ainda são avaliados não termina no *bac*, que é apenas a porta de entrada para a educação superior. Quanto mais um indivíduo pretende avançar na sua formação superior e na sua carreira profissional, maiores serão os rigores da sua avaliação. Sartre, por exemplo, chegou a ser reprovado no primeiro concurso que prestou para *agrégation* em Filosofia, que dá acesso à carreira de professor de liceu e de ensino superior. Embora se desconheçam as circunstâncias e o desempenho de Sartre naquele concurso, cujo insucesso ele, ironicamente, atribuiria posteriormente à sua originalidade excessiva, e conhecendo o seu brilhantismo intelectual, talvez só comparável à sua feiura, é bem provável que a sua reprovação para *agrégation*, em 1928, tenha resultado de um excesso de rigor da sua banca, tal como o das que reprovaram Zola em francês.

O *bac* é condição suficiente para acesso a uma universidade, uma vez que não existe processo seletivo para um estudante ser aceito em uma universidade, bastando a sua aprovação nesse exame. É claro que as notas obtidas pelos candidatos determinam as suas chances de entrar nas universidades mais prestigiadas. De acordo com o sistema vigesimal que vigora na França, a nota mínima para aprovação no *bac* é 12/20. De 12 a 14, o candidato aprovado recebe a menção *assez bien*, que equivaleria a regular. A partir de 14 e abaixo de 16, a menção recebida é *bien*, e, acima de 16, *très bien*, que é a menção máxima. O rigor das bancas de avaliação é tamanho que as notas máximas obtidas pelos candidatos são, em geral, 18/20, sendo 19/20 reservadas àqueles que são, simplesmente, geniais, e 20/20 apenas aos deuses, que por serem deuses não se submetem ao *bac*.

Embora não haja qualquer limite legal que impeça os alunos egressos do secundário a prestar quantas vezes quiserem o *bac* até conseguirem uma nota suficiente que os habilite a pleitear a admissão no curso e na instituição almejados, o processo de avaliação é tão draconiano e expõe tanto o candidato aos rigores inquisitórios da banca de avaliação que a maioria dos jovens não se expõe a ele mais que duas vezes, carregando os resultados obtidos para o resto de suas vidas. Por meio do *bac*, que não é apenas um processo seletivo e classificatório, mas que constitui o primeiro ciclo da educação superior na França, os jovens franceses têm delimitado o seu universo de possibilidades e escolhas profissionais. Os aprovados com menção *assez bien* terão garantido o acesso a um curso universitário, mas apenas aqueles que receberem menção igual ou superior a *bien* poderão almejar estudar nas *grandes écoles*, que lhes abrirão melhores perspectivas de inserção no mercado de trabalho, tanto em empresas e órgãos públicos quanto em privados.

As escolhas profissionais dos franceses começam muito cedo. Aos 17 anos, após a conclusão do ensino obrigatório, os jovens que querem seguir estudando têm de escolher uma das alternativas das *classes terminales*, que os prepararão para os exames específicos de *bac*. As classes terminais dividem-se em profissionais, tecnológicas e gerais, que por sua vez subdividem-se em científica, literária, econômica e social. Os exames de *bac* são ainda mais específicos que as opções de *terminale*, dando acesso a cursos superiores cada vez mais especializados. A especialização é uma obsessão francesa, e qualquer tentativa de ruptura com essa lógica é vista com estranhamento. Para cada atividade existe uma formação específica, e a passagem de uma área para outra requer, geralmente, que o indivíduo faça um curso inicial.

Os percursos acadêmicos e profissionais não lineares, que no Brasil são facilmente aceitos e na Inglaterra são, inclusive, admirados, na França não são compreendidos e muito menos admitidos. A ideia comumente aceita em muitos países de que existem áreas de conhecimento afins, entre as quais se pode transitar com uma certa desenvoltura, como, por exemplo, fazer uma graduação em Direito, mestrado em Ciência Política e doutorado em Filosofia, soaria como uma heresia para os universitários franceses. Mesmo no interior das Ciências Sociais na França, a Sociologia, a Antropologia e a Ciência Política desenvolvem-se em caminhos inteiramente apartados e estanques. O mesmo ocorre na História. Um historiador que tenha se especializado em História da Arte do século XVII jamais ousaria se pronunciar sobre qualquer movimento artístico produzido durante o século XIX.

Essa rigidez e academicismo marcam a formação dos franceses desde a escola primária. Contrariamente ao mundo anglo-saxão, em que uma das funções da escola é estimular no indivíduo o desenvolvimento da sua criatividade, autoestima e autoconfiança para melhor poder viver e interagir na sociedade, na França o ensino está todo calcado na absorção de um conhecimento que vem sempre do exterior. Essa formação, no entanto, não faz dos franceses um bando de autômatos sem criatividade e capacidade empreendedora. Existe na educação francesa todo um lado que valoriza o desenvolvimento sensorial do indivíduo, mas isso não é ensinado na escola. É em casa que se aprende a degustar o vinho, a saborear os alimentos, a analisar e a dissertar sobre as experiências sensoriais. À escola cabem a transmissão do conhecimento acadêmico e o desenvolvimento dos valores cívicos; à família, a educação geral e o desenvolvimento integral do indivíduo.

Se, por um lado, essa formação escolar dá aos franceses uma sólida base de conhecimentos gerais – que os americanos médios, definitivamente, não têm –, um bom domínio da sua língua materna e um raciocínio bastante claro, lógico e metódico, por outro, a precoce especialização e a rigidez das carreiras de formação superior limitam muito as alternativas de inserção dos indivíduos no mercado de trabalho. Os cursos superiores na França dão, em geral, uma boa formação ao indivíduo, preparando-o a desempenhar com competência e elevada produtividade certas atividades no mercado de trabalho, mas não se mostram igualmente eficientes para prepará-lo a se adaptar às mudanças que, cada vez mais rapidamente, se processam nesse mesmo mercado. Assim, com relativa frequência, pessoas que passaram por uma formação profissional específica, devidamente certificadas por uma instituição de ensino superior, acabam ficando desempregadas não em função do seu desempenho, mas devido à obsolescência da sua formação profissional, vendo-se obrigadas a fazer uma nova formação específica que lhes possibilite encontrar uma nova colocação no mercado. Tudo isso custa caro ao Estado, que, já tendo arcado com o custo da formação anterior, terá que bancar o sustento dos indivíduos durante o seu período de desemprego e a sua requalificação profissional. Para os indivíduos, essa situação representa um grande desgaste pessoal ao verem todo o seu esforço de formação anterior ser sucateado, obrigando-os periodicamente a voltar a uma situação de estudantes e de profissionais em começo de carreira, o que os coloca em uma situação de segurança precária e de incerteza quanto ao futuro. Para os mais jovens, então, essa é uma perspectiva desalentadora, já que os estudos de hoje não lhes parecem garantias sólidas de trabalho e renda para o amanhã.

A UNIVERSIDADE E A EXPANSÃO DO ENSINO SUPERIOR

Embora a França tenha tido uma influência direta sobre o desenvolvimento da educação superior no Brasil – pois foi uma equipe de universitários franceses, da qual fez parte Claude Lévi-Strauss, que veio ao Brasil, nos anos 1930, ajudar na formação de uma das primeiras e maior universidade do país, a Universidade de São Paulo –, hoje pouca semelhança resta entre os dois sistemas, seja na sua forma de organização ou na sua cultura. Na mentalidade brasileira, vige o modelo único de instituição, de formação e de diploma superiores. Embora sempre tenha havido diferentes tipos de instituição de ensino superior no Brasil, do qual a universidade é apenas um deles, o modelo universitário, que associa ensino, pesquisa e extensão, é tido pela população em geral, pela comunidade acadêmica e pela burocracia do Estado como único modelo desejável, sendo os demais de segunda categoria. As formações de longa duração, de quatro anos no mínimo, são vistas pelos estudantes e pelo mercado de trabalho como as únicas realmente sérias e passíveis de serem qualificadas de nível superior, da mesma forma que o único diploma a que se atribui verdadeiramente valor é o de bacharel. Na França, ao contrário, aceita-se com toda naturalidade a existência de diversos tipos de instituições de ensino superior, de formações com duração bastante variadas e de diferentes títulos, diplomas e certificados de estudo.

Na França, a universidade é para a grande massa de estudantes que quer um diploma de ensino superior e, excetuando uma ou outra universidade bem conceituada,

Prédio da Sorbonne, em Paris, a mais antiga e prestigiada universidade da França.

os diplomas conseguidos nelas não têm muito prestígio no mercado de trabalho. Já as grandes *écoles* são as instituições verdadeiramente reputadas e viveiros dos quadros superiores da sociedade francesa, seja no mundo dos negócios, da política, da diplomacia e da administração pública. Mas o acesso a elas é bem mais difícil do que às universidades. Qualquer pessoa que tenha terminado os seus estudos secundários e tenha sido aprovada no *bac* tem direito a seguir seus estudos em uma universidade, e não faltam universidades e vagas para atender à demanda. Já o acesso às grandes *écoles* depende da aprovação em um concurso que os candidatos podem prestar após terem cursado de dois a três anos os cursos preparatórios para as grandes escolas oferecidos em alguns liceus do país. Ou seja, aqueles que pretendem cursar uma grande *école* não apenas têm de ter recebido nota mínima de 14/20 no *bac* – o que não é pouco, dado o rigor das avaliações na França –, como tampouco podem ter qualquer pressa ou necessidade de entrar logo no mercado de trabalho. Ou seja, as grandes *écoles* são acessíveis não apenas aos melhores alunos do secundário como também àqueles que gozam de melhores condições materiais de vida, reforçando os laços existentes entre elites intelectuais e elites econômicas na França republicana.

Nas universidades, que se destinam às massas, as condições de estudo não são tão favoráveis quanto nas grandes *écoles*. É comum haver classes superlotadas e faltar espaço de trabalho adequado para os professores desenvolverem suas pesquisas e atenderem aos alunos. Também as condições de conservação dos prédios e equipamentos nem sempre são das melhores, mas apesar disso funcionam e dão conta dos seus objetivos. Até o final dos anos 1990, quando a estrutura de ensino superior na França passou por uma reforma para tornar o seu sistema mais compatível com o dos demais países da União Europeia, as universidades francesas costumavam oferecer uma série de diplomas que iam sendo conquistados um após o outro conforme se avançava nos estudos e que não desapareceram por completo. Após os primeiros dois anos de estudos universitários, os estudantes recebiam um primeiro diploma, chamado pela sigla DEUG (*Diplôme d'Études Universitaires Générales*). Embora, como o próprio nome indica, se tratasse de um diploma que certificava a conclusão de estudos gerais, esse diploma não era tão geral assim, pois se dividia em sete grandes áreas, que, por sua vez, se subdividiam ainda em diplomas mais específicos (como, por exemplo, a divisão "artes" subdividia-se em História da Arte, Artes Plásticas, Artes Cênicas, Música etc.). Após o terceiro ano de estudo, ou seja, apenas um ano após o DEUG, o estudante receberia o diploma de *licence*, que seria equivalente ao bacharelado e à licenciatura no Brasil, que é ainda o diploma que qualifica os franceses a prestar concursos públicos. Com o quarto ano de estudos universitários e mediante a apresentação de uma monografia, o estudante receberia o diploma de *maîtrise* (que nada tem a ver com o diploma de mestrado no Brasil). Um quinto ano a mais, conforme a área de conhecimento e após a avaliação de sua dissertação por uma banca, o estudante receberia ou um diploma de DEA (*Diplôme d'Études Approfondies*) ou um diploma de DESS (*Diplôme d'Études Supérieures Spécialisées*), ambos possibilitando acesso ao doutorado, mas apenas o último sancionando também uma especialização diretamente voltada para o exercício de uma atividade profissional.

Antes da implantação desse sistema, como mostra o quadro a seguir, o percurso acadêmico de um estudante era ainda mais longo, com dois doutorados sucessivos, o primeiro equivalendo em exigência ao mestrado existente no Brasil até os anos 1980. Após 1998, o sistema tornou-se bem mais simplificado, conforme a fórmula *bac* + 3 + 2 + 3, isto é, *bac*, mais três anos de graduação, dois de *master* e três ou mais de doutorado.

Modificações do sistema universitário na França

Sistema vigente até os anos 1980	Sistema vigente até o final dos anos 1990	Sistema instituído em 1998
Doutorado de Estado (3 ou +)		
Doutorado de Terceiro Ciclo (3)	Doutorado Novo (3 ou +)	Doutorado (3 ou +)
DEA (1)	DEA – DESS (1)	*Master* (2)
Maîtrise (1)	*Maîtrise* (1)	
Licence (1)	*Licence* (1)	*Licence* (3)
DEUG (2)	DEUG (2)	

Mas não são apenas as universidades e grandes *écoles* que oferecem formação superior aos egressos da escola secundária, que após serem aprovados no *bac* deixam de ser alunos para se tornarem estudantes. Há, ainda, dois outros sistemas de formação superior: as Seções de Técnicos Superiores (STS), que funcionam, em geral, dentro dos liceus e que, após dois anos de curso, conferem ao estudante um diploma chamado pela sigla BTS (*Brevet de Technicien Supérieur*), que certifica uma formação específica seja nas várias áreas de serviços, seja nas outras tantas tecnológicas, e possibilita uma imediata inserção no mercado de trabalho, o que o diploma de DEUG, após o mesmo tempo de estudo em uma universidade, não proporciona.

Há, ainda, os Institutos Universitários de Tecnologia (IUTs), que são ligados a alguma universidade e oferecem formação de dois anos de duração também em áreas de serviços e tecnológicas, propiciando aos formandos um diploma universitário de tecnologia que, tal como o BTS, possibilita imediato acesso ao mercado de trabalho, mas que oferece ainda a possibilidade de o seu detentor dar prosseguimento a seus estudos em uma graduação profissional ou escola de engenharia. Embora essas formações sejam de boa qualidade e os diplomas por elas oferecidos sejam bem aceitos no mercado de trabalho, muitas delas padecem do pecado da extrema especialização, o que faz com que o seu valor seja gradativamente consumido de acordo com as mudanças que vão ocorrendo nos processos produtivos e no mercado de trabalho.

No entanto essa constatação óbvia não tem levado as autoridades francesas a pensar na adoção de um modelo mais próximo ao britânico. A política francesa segue sendo a mesma: novas formações, cada vez mais especializadas, em resposta ao desemprego e às necessidades específicas das empresas e organizações presentes no mercado. Mas não são apenas as novas formações que têm tido reduzido impacto sobre a ocupação e a renda. A França vive atualmente um fenômeno novo, curioso e inquietante que foi descrito pela socióloga Marie Duru-Bellat como inflação escolar.[3]

Tal como ocorre na economia, em que o aumento da emissão monetária sem o equivalente aumento da produção de riqueza na sociedade resulta na perda de valor da

292 | Os franceses

moeda, o aumento do nível educacional e da titulação dos franceses sem a expansão equivalente dos postos de trabalho que requerem qualificação resulta, no agregado, na perda de valor dos diplomas. Essa constatação vai na contracorrente de tudo o que vinha se afirmando nas esferas internacionais sobre o efeito da educação na elevação da renda, que ainda em muito meios segue sendo repetido como um mantra e uma verdade absoluta. A parte inquestionável dessa ideia disseminada mundo afora é que a educação básica produz efeitos altamente positivos entre a população de baixa renda, com efeitos claros na redução da sua taxa de fertilidade, na mortalidade infantil e nas suas condições gerais de saúde. Mas a expansão linear dessa relação de causa e efeito até o ensino superior não encontra guarida nos fatos. A educação é um vigoroso instrumento de ascensão e mobilidade social em períodos de expansão econômica, mas em situações de estagnação ela se torna "um mecanismo de seleção e recrutamento que reproduz as desigualdades sociais existentes, dada a grande correlação que existe entre desempenho escolar e nível socioeconômico das famílias dos estudantes".[4] A ilusão de que pela educação superior a vida dos franceses iria melhorar e que a situação de desemprego estrutural poderia ser superada foi reforçada durante a década de 1990, quando, por ocasião da "bolha da internet", imaginava-se que uma ampla janela de oportunidade iria se abrir para as pessoas que tivessem melhor qualificação na emergente "sociedade do conhecimento", na qual postos de trabalho com alto valor agregado iriam se expandir, enquanto as atividades de baixa qualificação, características da sociedade industrial que se estava deixando para trás, tenderiam a perder importância e valor no mercado. Em vez da expansão de empregos demandando massa cinzenta, o que se viu foi o crescimento da demanda por mão de obra pouco qualificada no setor de serviços, e aqueles diplomas que antes eram um passaporte para uma boa remuneração e colocação profissional inundaram o mercado, perdendo consequentemente seu valor. Assim, um enorme gasto público em educação superior e um igual esforço dos indivíduos em aprimorar suas capacidades profissionais por meio do estudo produziram poucos resultados concretos e muita frustração coletiva.

Não cabe dúvida, entretanto, de que a situação dos franceses menos escolarizados é ainda mais difícil que a daqueles que foram atingidos pelos efeitos da inflação escolar. Mas isso não representa qualquer consolo para aqueles que se esforçaram para mudar de vida e que, apesar de terem estudado mais que seus pais, não conquistaram uma situação mais segura e confortável que a deles. Afinal, a satisfação dos indivíduos é sempre relativa às suas expectativas, não existindo um patamar a partir do qual uma pessoa deveria se sentir bem e privilegiada e abaixo do qual seria justificável a sua revolta, desilusão e sentimento de injustiça. Na China contemporânea, as condições de trabalho e de remuneração dos operários industriais pareceriam insuportáveis para os trabalhadores brasileiros, e mais ainda para os franceses. Mas para os operários chineses, que têm uma jornada de trabalho só inferior a dos trabalhadores britânicos durante a Revolução Industrial na Inglaterra e que recebem remunerações risíveis para os padrões das sociedades de médio e alto Índice de Desenvolvimento Humano (IDH), como Brasil e França, a sua situação lhes parece boa e promissora. Primeiro porque eles não se comparam com os brasileiros ou franceses, mas com eles mesmos, e veem nas suas atuais condições uma melhoria significativa em relação à situação dos seus pais e a que eles mesmos teriam se estivessem trabalhando no campo, e não na cidade. Além disso, vislumbram para os seus filhos um futuro ainda melhor, com maiores oportunidades de educação, renda e consumo.

Na França, acontece justamente o contrário. Futuro promissor tiveram as gerações do pós-guerra, durante os Trinta Gloriosos, quando a vida de todos, ricos e pobres, franceses de nascimento e imigrantes, melhorava a olhos vistos, e não faltava trabalho e renda para ninguém. Justamente por isso, aqueles anos são ainda hoje lembrados como os Trinta Gloriosos. Mas, a partir do final dos anos 1970, tudo mudou. Não que a vida dos franceses deste início de século XXI seja materialmente menos confortável que há trinta anos. Certamente hoje todos usufruem de maiores comodidades e mais conforto do que gozavam durante a sua era de ouro do pós-guerra. A grande diferença é que se naquela época o futuro lhes parecia sorrir hoje lhes parece um tanto sombrio e duvidoso. Essa sensação de incerteza em relação ao futuro só não atinge aqueles poucos que conseguem entrar nas grandes *écoles* e têm promissoras perspectivas de inserção profissional.

AS GRANDES *ÉCOLES* E A REPRODUÇÃO DA ELITE REPUBLICANA

Há muito tempo, estabeleceu-se como consenso na sociedade francesa que as grandes *écoles* são as instituições de produção e reprodução da elite econômica, política e administrativa da França. Mas a publicação de um livro de mais de quinhentas páginas de autoria de um dos mais prestigiados sociólogos franceses, Pierre Bourdieu, intitulado *A nobreza do Estado: grandes* écoles *e espírito de corpo*, causou visível desconforto na intelectualidade francesa. Não que a obra trouxesse grandes novidades, pois ela ia ao encontro daquilo que todos intuitivamente já sabiam, mas porque fora publicada por uma autoridade intelectual como Bourdieu justamente no ano em que se festejava o segundo centenário da Revolução Francesa. Enquanto as autoridades preparavam grandes celebrações para comemorar os duzentos anos da Revolução, e os círculos acadêmicos organizavam colóquios e seminários para discutir a sua contribuição para a ruptura com o Antigo Regime e instalação da nova ordem republicana, Bourdieu iria chamar a atenção para um elemento nada republicano e característico da ordem monárquica, que após dois séculos guardava ainda enorme vitalidade nas grandes *écoles*: o espírito de corpo que animava a elite republicana formada nelas em muitos aspectos lembrava o da nobreza do Antigo Regime.

Não existe uma lista oficial das grandes *écoles*, tampouco uma definição precisa. O que as diferencia das demais instituições de ensino superior é o seu prestígio e o seu sistema de acesso, através de concursos bastante disputados prestados por estudantes que tenham cursado de dois a três anos uma escola preparatória. Algumas das grandes *écoles* datam do Antigo Regime, como a Escola de Engenheiros Navais (École des Ingénieurs-Constructeurs des Vaisseaux Royaux), Escola de Minas (École des Mines) e a Escola de Obras Públicas (École Royale des Ponts et Chaussées). Outras foram criadas durante a Revolução, como a Escola Politécnica e a Escola Normal Superior. Muitas outras ainda seriam criadas após a Restauração, em 1815, e outras ainda após a Segunda Guerra Mundial, como a Escola Nacional de Administração (ENA) e o Instituto de Estudos Políticos, popularmente chamado de *Sciences Po*. Algumas escolas são voltadas especificamente para a função pública, como as escolas militares, de estatísticas, a ENA e a Escola de Magistratura. Outras se destinam a formar os altos quadros das empresas privadas, como as escolas de engenheiros e escolas de comércio. E outras ainda são polivalentes, como as escolas normais superiores e as *Sciences Po*, existentes não só em Paris, como também em outras cidades da França.

A grande diferença entre as universidades e as grandes *écoles* não é tanto a qualidade do ensino, como se poderia pensar, mas o tipo de formação que oferecem. Universidades e grandes *écoles* oferecem cursos distintos e, portanto, não se encontram em competição. Trata-se de um sistema muito diferente do anglo-saxão e do brasileiro, em que diferentes instituições – públicas e privadas, universidades, institutos e faculdades – disputam alunos no mercado de ensino oferecendo o mesmo tipo de formação. Nesse sistema, as posições dos cursos e instituições no ranking da educação superior podem variar de acordo com o resultado das avaliações nacionais, fazendo com que alguns percam prestígio e outros ganhem notabilidade. Na França não é assim. As grandes *écoles* oferecem cursos em certas áreas para um reduzido número de estudantes, de tal forma que a sua posterior inserção profissional em condições avantajadas seja praticamente garantida. Já as universidades oferecem outras formações para a grande massa de estudantes, que depois terão de enfrentar o mercado de trabalho sem qualquer garantia de colocação. Além disso, não há um sistema nacional de avaliação de cursos, que poderia pôr em xeque o prestígio de algumas grandes *écoles* e revelar bons cursos em determinadas universidades. Nesse arranjo, o prestígio das grandes *écoles* segue intocado e seus alunos, protegidos.

Entrada da Escola Normal Superior, em Paris, uma das primeiras e mais prestigiadas das grandes *écoles* que formam as elites intelectuais francesas.

As barreiras que vão represando o acesso da maioria dos estudantes às grandes *écoles* são várias. O mérito acadêmico e as condições culturais e financeiras familiares dos estudantes encontram-se em primeiro plano, mas há também restrições geográficas. Durante muito tempo, o enorme centralismo que caracteriza o sistema político e administrativo francês também se refletiu na concentração das possibilidades de acesso às grandes escolas na região parisiense. Em 1970, a região em torno da capital concentrava cerca de 40% dos estudantes inscritos em cursos preparatórios para as grandes escolas. Nas últimas décadas do século XX, essa distorção acabou sendo reduzida, mas não eliminada. Atualmente, 1/3 dos estudantes em cursos preparatórios encontra-se na grande Paris e 1/5, na Paris *intramuros* (isto é, apenas na capital). Considerando que 20% dos candidatos às grandes *écoles* estão concentrados na cidade onde vivem apenas 5% dos franceses, percebe-se o quanto as chances de os jovens franceses encontrarem um lugar ao sol seguem ainda mal distribuídas no país.

Tudo isso faz os oriundos das grandes *écoles* serem vistos, pela maioria dos franceses, como pessoas, em geral, arrogantes. Entre os formados pelas grandes *écoles*, os que mais suscitam a indignação popular são os oriundos da ENA, os popularmente chamados de "enarcas", que dividem entre si e mutuamente se sucedem nos mais altos cargos do governo.

A ENA e os "enarcas"

A ENA foi criada ainda sob o governo provisório do general De Gaulle, em 1945, e teve Raymond Aron como um dos seus primeiros professores. Assim como outras escolas voltadas para o setor público, a ENA não fora criada para que os seus formandos monopolizassem os cargos da administração do Estado, com exceção das escolas militares e de magistratura, que têm claramente uma vocação monopolista. Até hoje, o número de alunos que ingressa na ENA é bem menor que o número de cargos de poder no Estado, da mesma forma que as escolas normais de formação de professores (*écoles normales d'instituteurs*) não são capazes de preencher todos os postos de professores nas escolas. O objetivo de criação dessas instituições de educação superior era, e ainda é, o de formar um núcleo duro de funcionários que fossem capazes de assegurar a qualidade da administração pública, no caso da ENA, e de onde se poderia recrutar os membros das bancas de concurso para professores e inspetores de escola, no caso das escolas normais de formação de professores. Mas o espírito de corpo, do qual falou Bourdieu, se revelaria com muito mais força entre os enarcas.

Em uma sociedade marcada pelo formalismo, como a francesa, em que as pessoas que não são íntimas tratam-se sempre por "*vous*", os enarcas adotaram o tratamento "*tu*", o que mostra o quanto a sua formação comum os faz se identificar uns com os outros e sentir-se, se não íntimos, próximos. Na alta administração e na diplomacia, são os enarcas que pontificam, seja em governos de direita ou de esquerda. Muitos países, entre os quais o Brasil, invejam a França por ter criado uma escola que forma os ocupantes da alta burocracia e que, assim, garante a continuidade administrativa. Não é essa a opinião da maioria dos franceses, que, se por um lado, não negam a competência técnica dos enarcas, por outro deploram neles o distanciamento da realidade cotidiana dos comuns dos mortais.

Há uma piada que teve muito sucesso alguns anos atrás, contada inclusive na ENA, que trata justamente dessa distância que separa os altos funcionários do Estado do simples cidadão. Trata-se de um homem que dirigia seu carro por uma estrada vicinal do interior da França e que, ao encontrar um pastor que conduzia um rebanho de ovelhas e obstruía o seu caminho, começou a buzinar. O pastor, dando pouca importância à pressa daquele motorista impaciente, faz-lhe então a seguinte proposta: "se o senhor for capaz de me dizer quantas ovelhas há em meu rebanho, eu não só lhe abro caminho como ainda lhe dou uma de presente". O motorista aceitou de imediato o desafio e ao observar o rebanho estimou a área total ocupada pelos animais, o número de cabeças por metro quadrado e, com o auxílio de uma calculadora, chegou a um resultado preciso: 260 ovelhas. "Muito bem", disse-lhe o pastor, "o senhor pode pegar uma ovelha e passar". O homem, então, saiu do carro, pegou um animal e antes que o pusesse no carro o pastor lhe disse: "vejo que o senhor estudou na ENA, não é verdade ?". Ao que o homem, surpreso, respondeu: "Sim, como você sabe disso?". O pastor, então, lhe respondeu: "porque o senhor acaba de pegar o meu cachorro".

Os valores republicanos, que hoje muito poucos franceses põem em questão, não os isenta de viver e sentir as diferenças que separam os que se encontram no andar de cima da escala social dos que se encontram embaixo. Ainda que a sociedade francesa seja bem mais igualitária que a dos outros grandes países do mundo, essas diferenças os incomodam, e muito. É possível que esse mal-estar venha justamente dos valores igualitários da Revolução Francesa, que os ingleses nunca tiveram, e que para os americanos, que fizeram sua revolução anos antes e em outras circunstâncias, são muito diferentes. Mas isso não torna os franceses menos felizes que os ingleses e americanos, nem menos integrados. A sua cultura comum ainda segue sendo um forte fundamento de união e de identificação, ainda que uns sejam mais ricos que outros, mais ou menos sucedidos no plano profissional, e que na pele eles jamais exibam a mesma homogeneidade de cor que a de um século atrás. Ser francês é, sobretudo, uma cultura e uma forma de ver-se e ver o mundo.

Notas

[1] Jean-Michel Gaillard, Le moment Ferry: l'école de la République entre mythologie et réalité, s/d.

[2] Theodore Zeldin, Os franceses, Rio de Janeiro, Record, 2000, p. 23.

[3] Marie Duru-Bellat, L'inflation scolaire: les désillusions de la méritocratie, Paris, Seuil, 2006.

[4] Elisa Pereira Reis e Simon Schwartzman, Pobreza e exclusão social: aspectos sociopolíticos, p. 17 (mimeo).

A ARTE

Um livro que tem os franceses como objeto não poderia se encerrar sem tratar de sua produção artística, abordagem que será sempre parcial e limitada dadas a riqueza e variedade de suas manifestações em todos os campos das artes ao longo de sua história. Querer inventariá-la, resumi-la ou mesmo dela tirar o essencial seria uma aventura temerária e condenada de antemão ao fracasso. Em face da impossibilidade de tratar de tudo e extrair o todo, abordar algumas das suas singularidades aparece como uma alternativa viável. Além de incompleto, seria enfadonho para o leitor abordar cada arte em separado – literatura, teatro, música, pintura, dança, cinema –, mas deixar de tratar dessas manifestações tampouco seria possível. Em virtude disso, a linha temporal pareceu-me o melhor fio condutor, sem qualquer pretensão de querer acompanhá-la *pari passu* ou com ela tecer uma História da Arte resumida.

Nos nove capítulos anteriores, a história foi o pano de fundo necessário para tratar de todos os temas, e neste não haveria de ser diferente. O poder, a arte, a indústria e a ciência entrelaçam-se na história, embora perseguindo objetivos distintos. O teatro clássico de Corneille, Molière e Racine dificilmente pode ser dissociado dos monarcas e poderosos que os acolheram como seus protegidos. A pintura histórica neoclássica de David não faria sentido sem a Revolução e Napoleão. As revoluções estéticas produzidas pelo impressionismo, na pintura, e pela *nouvelle vague*, no cinema, têm também relação direta com as inovações tecnológicas produzidas no seu tempo. Enfim, a vida cultural da França contemporânea, com seus museus, exposições, teatros, cinemas e concertos, funda-se nessa densa herança cultural que os franceses acumularam ao logo de sucessivas gerações.

Poucos povos no mundo tiveram uma atuação tão marcante e abrangente nas artes quanto os franceses. Talvez apenas os italianos possam com eles rivalizar e, em determinados campos, até os superar, como no operístico. Alguns povos são rápida e facilmente associados a certas expressões artísticas, como os holandeses e flamengos à pintura, e os alemães à música. Mas é difícil associar os franceses a uma arte específica. Ao lado dos ingleses e russos, eles compõem o núcleo duro do que se convencionou chamar de literatura universal, que inclui o teatro; na música, eles foram tão originais quanto os russos na virada do século XIX para o XX, e na arquitetura e artes plásticas, estão *mano a mano* com

300 | Os franceses

os italianos. Em Paris encontram-se por todos os lados os testemunhos dos séculos de arte da França, e nada melhor que passear pela cidade para conhecer a sua cultura.

PALAIS ROYAL, ALA RICHELIEU, 1º ARRONDISSEMENT: O TEATRO FRANCÊS

O teatro é uma antiga paixão dos franceses. Atualmente, existem bem mais de mil companhias teatrais independentes em todo o país, além de 600 companhias que recebem subvenção do Estado e outras 250 diretamente conveniadas com o Poder Público. Entre os 70 teatros nacionais espalhados pela França, que acolhem os mais diversos tipos e gêneros de espetáculos cênicos, apenas a Commédie Française, em Paris, possui uma trupe de atores permanente. A Commédie Française foi criada por Luís XIV em 1680, reunindo em um mesmo corpo duas trupes que então disputavam a proteção real, sendo uma delas a que havia sido criada por Molière, morto alguns anos antes. Desde então, a companhia se tornaria a referência máxima do teatro na França, encenando comédias e tragédias de grandes autores em três salas em Paris, a mais famosas das quais é a Salle Richelieu, situada no número dois da rua de mesmo nome e que faz parte do conjunto de prédios que formam o Palais Royal, em frente ao Louvre. O todo-poderoso ministro de Luís XIII, cardeal Richelieu, iria receber essa homenagem do teatro francês por algumas razões bem merecidas. A primeira delas é que o Palais Royal, onde seria construída a mais importante sala de teatro do país entre 1786 e 1790, havia sido sua residência privada, que o cardeal deixaria como herança para o rei Luís XIII após a sua morte. A segunda delas, mas de forma alguma uma razão secundária, é que Richelieu fora o protetor do primeiro dos grandes autores do teatro clássico francês, Pierre Corneille. Durante o Antigo Regime, os artistas não eram mais que vassalos dos poderosos e sem a proteção de um nobre ou de um rei não teriam condições de desenvolver o seu trabalho. Richelieu soube reconhecer em Corneille o seu talento, fazendo dele o responsável pelo o teatro da corte.

Da mesma forma, Luís XIV iria proceder com Molière. Quando o irmão do rei o levou, pela primeira vez, a apresentar-se no palácio real, Molière encenou uma tragédia, que entediou visivelmente o rei e, em seguida, apresentou uma comédia, que fez Luís XIV quase morrer de rir. Molière não apenas era um grande autor como também um excelente ator cômico, que levava as plateias ao delírio. Esse seu talento acabou levando-o a criar mais comédias do que tragédias, ao contrário de Corneille e Racine, que embora também tenham escrito comédias notabilizaram-se por suas tragédias.

Tragédias e comédias eram as duas variantes do teatro clássico, estruturado conforme a regra das três unidades: a unidade de tempo, que determinava que toda

Um entreato em uma noite de estreia na Commédie Française, em 1885.
Óleo sobre tela de Édouard-Joseph Dantan, 1886.

história se desenrolasse em um único dia; a unidade de lugar, que impunha um mesmo cenário para todos os atos, e a unidade de ação, que dava a cada peça um único fio condutor e um único argumento. Um mesmo padrão de texto também era imposto: a rima emparelhada, que obrigava que a primeira frase de cada estrofe rimasse com a segunda, e que a terceira rimasse com a quarta. A duração de cada ato seria ainda de exatos vinte minutos, não em função de qualquer imposição de ordem rítmica ou dramática, mas simplesmente porque esse era o tempo que duravam as velas que iluminavam o palco. As tragédias e comédias clássicas iriam se diferenciar não só pela intensidade dramática e pelos sentimentos que provocariam na plateia, mas sobretudo pelos seus temas e personagens.

A tragédia iria situar-se, com frequência, na Antiguidade greco-romana, tendo como protagonistas reis, nobres e aristocratas, e por tema, os valores elevados do homem e da civilização, como a virtude e a honra – tal como *El Cid* (1636) e *Horácio* (1640),

Molière em cena, retratado por Nicolas Mignard em 1658.

de Corneille –, o sacrifício pela pátria e o amor – como *Ifigênia* (1674), *Andrômaca* (1667) e *Fedra* (1677), de Racine. Já a comédia se passaria no tempo presente, tendo como personagens os homens comuns, plebeus e pequenos burgueses, com seus baixos sentimentos, falsidades e mesquinharias. A hipocrisia religiosa seria o tema central de *Tartufo* (1664), a mentira, de *O avarento* (1668) e o charlatanismo, tema de *O doente imaginário* (1673), de Molière. Por tratar dos vícios, e não das virtudes, Molière e seu teatro seriam muito benquistos pelo rei, que conhecia a vileza dos seus cortesãos, mas seriam detestados por muitos daqueles que se identificavam com seus personagens. A apresentação de *Tartufo* teria um impacto tão grande e negativo sobre os devotos e carolas do reino que Luís XIV se veria obrigado a proibir a encenação da peça durante cinco anos, embora algumas apresentações privadas tivessem ocorrido durante aquele tempo. Por suprema ironia do destino, Molière iria morrer em sua casa, na Rue Richelieu, logo após a uma apresentação de *O doente imaginário*. A cadeira em que ele se sentou durante a sua última aparição em cena encontra-se hoje exposta na Commédie Française, da qual ele é, com toda justiça, o patrono.

Mas o gosto pelo teatro não ficaria restrito à corte francesa, sendo também compartilhado pela burguesia emergente e pelas classes populares. No final do século XVIII, o teatro era a única atração capaz de fazer os parisienses deixar as suas casas durante as noites. Sabendo disso, os proprietários dos primeiros restaurantes foram abrir os seus estabelecimentos justamente nas imediações da Rue Richelieu, onde se localizavam os teatros da época, para aproveitar e servir a clientela que saía dos espetáculos. Em 1920, iria ser criado, também em Paris, o Teatro Nacional Popular (TNP), com o objetivo de fazer um espetáculo cênico de qualidade acessível a todos, ou, como sintetizou um dia Antoine Vitez, um dos seus diretores, "um teatro elitista para todos". Dentro dessa mesma iniciativa, Jean Vilar iria criar o Festival de Avignon, que acontece anualmente há sessenta anos durante o verão. O festival começou modesto, no mês de setembro de 1947, com alguns poucos espetáculos representados em apenas três lugares, entre os quais o pátio do palácio dos papas, durante uma única semana. Mas seu sucesso foi tamanho que o festival só cresceu e não mais deixou de se realizar. Ao invés de apenas uma semana no fim do verão, ele acontece durante todo o mês de julho, em pleno período de férias, com espetáculos espalhados em cerca de vinte teatros da cidade e em mais outras dezenas de lugares adaptados para esse fim, como escolas, igrejas e ginásios de esportes. Além do festival oficial, a cidade ainda atrai e acolhe durante o mesmo período centenas de outros grupos de teatro em um festival paralelo. Até nas ruas pode-se assistir a representações teatrais, e tantas atrações ocorrendo ao mesmo tempo acabam trazendo um número crescente de pessoas de toda a França e de outros países, dada a projeção internacional do festival.

304 | Os franceses

Na França contemporânea, há teatro de todo o tipo e para todos os gostos, mas há um grupo que merece uma menção particular não apenas pela sua originalidade, mas sobretudo pela sua qualidade: o *Théâtre du Soleil*, dirigido por Ariane Mnouchkine desde a sua criação, em 1964, e que no final dos anos 1970 mudou-se para um hangar desocupado em Vincennes, na periferia de Paris, chamado *La Cartoucherie*, onde até hoje faz as suas apresentações para o público parisiense. Há algumas semelhanças entre a forma de fazer teatro de Ariane Mnouchkine e a de Antunes Filho, em São Paulo, como a qualidade dramática em palco e as regras específicas que orientam a vida do grupo fora de cena, e quem aprecia o teatro de um certamente apreciará o do outro. Na Cartoucherie, não há subdivisões nem camarins, pois a estrutura de hangar foi mantida, o que permite à plateia circular pela coxia e ver os atores se maquiarem. Ao público que chega à Cartoucherie para assistir aos espetáculos costuma-se oferecer sopa, para que bem alimentado possa melhor aproveitar a peça. O Théâtre du Soleil é, sem dúvida, um teatro engajado, mas não no sentido de engajamento do Centro de Teatro do Oprimido (CTO-Rio) de Augusto Boal, no Brasil. Seu comprometimento é com questões humanitárias, políticas e sociais mais amplas que envolvem os diversos povos do mundo. O cosmopolitismo é outra de suas características, que se expressa tanto no seu elenco quanto nos seus textos. No inverno de 1990-1991, a atriz brasileira Juliana Carneiro da Cunha, que há vários anos integrava o grupo, seria a personagem principal da tragédia *Agamenon*, de Ésquilo, interpretando magistralmente o papel de Climnestra. Shakespeare e Molière também seriam encenados pelo grupo, assim como autores contemporâneos. Mais recentemente, o Théâtre du Soleil tem se dedicado a encenar suas próprias criações coletivas, sempre com o mesmo padrão que o caracteriza há mais de quarenta anos.

Mas entre a Cartoucherie, Avignon e a Salle Richelieu há muito teatro sendo produzido, encenado, a que assistem franceses de todas as idades e origens sociais, para contentamento dos seus diretores e atores e deleite da plateia.

MUSEU DO LOUVRE, 1º *ARRONDISSEMENT*: DA PINTURA CLÁSSICA À ROMÂNTICA

Poucos metros separam o templo do teatro clássico francês do maior museu de artes plásticas do país. Basta atravessar a Rue Rivoli para deixar a casa de Molière e adentrar na de David e Delacroix, que acolhe também valiosas obras dos principais pintores europeus dos séculos XIII ao XIX e uma rica coleção de antiguidades babilônicas, assírias, persas, egípcias, gregas, etruscas e romanas. Seria arriscado afirmar que o Louvre é o mais importante museu do mundo, pois sempre alguém poderia argumentar – e com toda razão – que o Museu do Vaticano tem um acervo mais valioso de obras da Renascença italiana, assim como o Museu Britânico abriga um número muito maior de antiguidades orientais. Mas ninguém poderia contestar que como o Louvre existem pouquíssimos museus no mundo com um acervo tão grande, valioso e variado.

É notável que o Museu do Louvre tenha sido criado justamente no momento mais crítico da Revolução Francesa, em 1793, em pleno período do terror. Enquanto a guilhotina decepava com uma frequência jamais vista as cabeças de antigos revolucionários acusados de traição, algumas cabeças pensantes tiveram a ideia e a iniciativa de criar um grande museu. A partir daquele momento, um acervo monumental foi sendo acumulado com peças tão famosas como a *Mona Lisa*, de Leonardo Da Vinci, a *Vênus de Milo* e a *Vitória de Samotrácia*. No entanto, embora a ala do palácio do Louvre reservada ao museu fosse enorme, o acervo acumulado foi ainda maior, fazendo com que obras importantes ficassem dispostas nas paredes umas sobre as outras, sem que houvesse adequadas condições de iluminação e visualização pelo público. Até o final dos anos 1980, o Louvre contrastava com os outros museus da Europa por ter uma coleção tão valiosa e tão mal exposta. Mas com a construção de uma novo prédio, em Bercy, no 12º *arrondissement*, para abrigar o Ministério das Finanças, que ocupava toda uma enorme ala do palácio, o Louvre passou, a partir de 1993, ano do bicentenário da sua criação, a ser ocupado exclusivamente pelo museu. Não apenas as áreas antes tomadas por escritórios do Ministério das Finanças passaram a ser do museu, como também outros espaços foram criados, com a cobertura de pátios internos e a criação de uma vasta área subterrânea. Atualmente, o Louvre não fica nada a dever para os mais modernos e bem concebidos museus do mundo.

Quem visitar o Louvre deve ter em mente que ele é demasiadamente grande para poder ser todo visto em uma única vez. A melhor alternativa é escolher uma ala por vez a ser vista a cada visita, e o melhor momento de fazê-lo é à noite. Durante os dias, hordas e hordas de turistas circulam por dentro do museu querendo ver, no pouco tempo que as excursões lhes reservam, tudo aquilo que julgam imperdível. Para a maioria deles a vedete é a *Mona Lisa*, que dificilmente pode ser sequer divisada tamanha a quantidade de visitantes, na sua maioria japoneses, que se aglomeram em frente à tela, sem contar a quantidade de flashes disparados por segundo que se refletem no vidro que a protege de atentados de visitantes insanos, como já aconteceu. Entre as inúmeras vezes que visitei o Louvre, só pude me aproximar e contemplar calmamente a *Mona Lisa* uma única vez; foi em uma fria e chuvosa noite de um mês de dezembro, quando havia poucos visitantes no museu.

O ferrolho, de Fragonard (A), pintura característica do Rococó em que se veem detalhes do movimento e dobras dos panos, contrastando com a ordem da pintura neoclássica de David, como em *O juramento dos Horácios* (B), e com a profusão de sentimentos de *A jangada da Medusa* (C), de Géricault.

Mas, mesmo durante o dia, quem evitar o circuito turístico mais disputado poderá apreciar bem o seu acervo, e aqueles que escolherem a seção de pintura francesa terão um belo e riquíssimo panorama da arte pictórica do período clássico até a primeira metade do século XIX, pois as obras posteriores a essa data encontram-se no Museu d'Orsay, do outro lado do Sena. No segundo andar da ala Richelieu, pode-se apreciar a pintura clássica de Claude Gellée, mais conhecido como Le Lorrain, com suas paisagens marítimas, frequentemente iluminadas por uma luz diáfana de sol poente, em que se misturam elementos arquitetônicos da Grécia antiga e da Itália renascentista e onde são retratadas cenas da mitologia e história gregas, como *Ulisses devolve Criseida ao seu pai*, e *O desembarque de Cleópatra em Tarso*, entre mais de uma dezena de obras do pintor existentes no museu. Ainda no segundo andar na ala Sully, há belos exemplos da pintura, característica do Rococó, por muitos considerada frívola e sensual, como *O ferrolho* (1780), de Fragonard, que retrata uma cena dúbia, que tanto pode sugerir um estupro por um homem que invade os aposentos de uma nobre dama pegando-a à força com o braço esquerdo enquanto tranca a porta do quarto com a mão direita, quanto uma cena de amor roubado entre amantes de classes diferentes, ela aristocrata e ele um jovem homem do povo, pois nenhum nobre cortesão teria aquela musculatura definida nos braços e pernas.

No primeiro andar da ala Denon, entre as trinta telas existentes no acervo do pintor que foi o expoente da escola neoclássica francesa, Jacques-Louis David, encontram-se algumas obras-primas da pintura histórica, como *A sagração de Napoleão* (1806-1807) (página 255), e de outras obras inspiradas na história e mitologia greco-romanas, como *O juramento dos Horácios* (1784), *Os amores de Páris e Helena* (1788) e *As sabinas* (1799). Em todas as telas, percebe-se a rigorosa observância dos princípios da estética neoclássica, como os cenários representados em perspectiva, a simetria na distribuição dos personagens em cena, a definição precisa das expressões e gestos de cada um e a luz que os ilumina partindo de um ponto preciso. Avançando na história da pintura francesa, no mesmo piso da ala Denon, encontram-se, lado a lado, duas imensas telas-símbolo do Romantismo, em que o movimento, as cores e as expressões dos personagens se impõem às regras neoclássicas, procurando despertar a sensibilidade e a imaginação do espectador. De um lado, a famosa e exuberante tela de Eugène Delacroix, *A liberdade guiando o povo*, (página 250), e de outro a representação do trágico naufrágio ocorrido na costa do Senegal em 1816, *A jangada da Medusa* (1819), de Théodore Géricault. Nesse percurso se terá cruzado certamente com muitos turistas, mas também com muitos franceses de todas as idades, que não apenas observam as obras expostas como, sem qualquer constrangimento, fazem os seus comentários a respeito, sempre bem fundamentados, como é o seu hábito.

MAISON DE BALZAC, 16º *ARRONDISSEMENT*: O ROMANCE COMO GRANDE LITERATURA

A França do século xix foi pródiga na produção de grandes escritores que deixaram profundas marcas na literatura francesa e universal: Honoré de Balzac, Victor Hugo, Gustave Flaubert, Charles Baudelaire, Émile Zola e Guy de Maupassant fazem parte desse grupo, entre outros. Balzac não apenas foi o primeiro de todos eles a nascer e a morrer, como também teve uma vida e um percurso literário *sui generis*. Entre outros feitos, foi Balzac que elevou o romance, na França, à condição de gênero literário superior, até então visto como uma forma menor de literatura quando comparada à poesia, ao teatro e à filosofia. Apesar do grande sucesso das obras de Balzac por toda a Europa e de sua plena aceitação nos meios literários parisienses, a Academia Francesa só iria aceitar um romancista entre os seus pares no final do século xix. Mas Balzac não foi um militante de primeira hora do romance. Antes de se notabilizar como romancista, ele tentaria uma incursão na literatura superior, escrevendo uma tragédia para o teatro, porém o resultado alcançado não foi mais que medíocre. Seria apenas após essa tentativa fracassada que ele iria se aventurar a escrever seus primeiros romances, que tampouco resultariam em grande coisa e que, por isso, consciente da duvidosa qualidade dos seus escritos ele os publicaria sob pseudônimos diversos para não conspurcar o próprio nome, o qual, aliás, não era propriamente seu, mas de empréstimo de uma família nobre. Seu verdadeiro sobrenome de nascimento era Balssa, e não Balzac.

Depois das primeiras tentativas infrutíferas de ingressar no mundo da literatura, Balzac resolveria trocar as letras que saíam da sua pena pelas letras de chumbo, comprando uma tipografia e dedicando-se à edição e publicação de livros de autores renomados. Enquanto editor, Balzac iria inventar um tipo de publicação que seria posteriormente adotado em todo o mundo por diversos editores: as edições compactas, em que toda a obra de um autor é reunida em um único e pequeno volume. Balzac foi o primeiro a editar nesse formato as obras completas de La Fontaine e de Molière, imaginando que esse novo tipo de livro iria ter grande acolhida, uma vez que o apetite literário da população era crescente e os apartamentos parisienses eram cada vez menores, o que impedia as pessoas de terem bibliotecas em casa para acumular grandes e volumosas publicações.

Entretanto, como diriam hoje os profissionais de marketing, a boa ideia e o "nicho de mercado" encontrados por Balzac não foram suficientes para torná-lo rico e financeiramente bem-sucedido, pois faltou-lhe uma adequada estratégia de comunicação com o público ao qual se dirigia o seu novo produto – os leitores – e com os intermediários entre o produtor e o consumidor final – os livreiros de Paris –, que pouca atenção deram àquele jovem intruso no meio editorial. Nessa malfadada aventura empresarial, Balzac iria contrair uma série de pesadas dívidas, das quais ele não mais iria se livrar até a sua morte. Mas nem por isso ele viveria mal ou se privaria do conforto, e mesmo de luxos, que o século XIX era capaz de proporcionar àqueles que tivessem dinheiro. Afinal, Balzac acreditava-se predeterminado ao sucesso e não haveria por que desistir de persegui-lo diante dos revezes. Segundo suas próprias palavras, "existem vocações a que se deve obedecer, e alguma coisa irresistível me leva à glória e ao poder".[1]

Seguro da sua vocação, Balzac não deixou de fazer projetos para ganhar dinheiro, nem deixou de gastá-lo como se rico fosse, tamanha a sua certeza no seu sucesso inexorável. Este acabou vindo, mas na literatura, o que de fato lhe era mais importante, mas não o suficiente para cobrir os seus gastos e pagar as suas dívidas. Ao mesmo tempo em que ele corria atrás de dinheiro, escrevendo novelas em capítulos diários publicadas em jornais, ele também corria dos seus credores. Contam seus biógrafos que a sua casa, em Paris, era expressamente servida por duas entradas. Se alguém viesse lhe cobrar uma dívida em uma porta, ele imediatamente se evadia pela outra.

Mas a glória, de fato, esperava-o, e ele encontrou-a aos trinta anos quando começou sua intensa produção literária que deu vazão à sua criatividade até então represada, consumindo toda sua energia e saúde até a sua morte, aos 51 anos. Em 1829, Balzac iria publicar um pequeno tratado que faria enorme sucesso entre o público feminino, chamado *Fisiologia do casamento* (*La Phisiologie du mariage*). Nesse que foi o seu primeiro livro de sucesso, Balzac, ainda jovem e solteiro, entraria em uma série de considerações, propósitos e conselhos sobre a vida marital, recomendando aos homens, entre outras coisas, a terem atenção com o prazer das mulheres durante o ato sexual, o que era algo absolutamente inusitado à época. Balzac tinha um grande amor e consideração pelas mulheres, postura um tanto rara no século XIX. Não apenas ele iria escrever uma série de novelas chamada *A mulher de trinta anos*, que à sua época era considerada a idade de uma mulher madura, e que ensejou o surgimento da expressão "balzaquiana", como também iria frequentemente se envolver afetivamente com mulheres mais velhas que ele. Nessa sua atração talvez houvesse uma busca recorrente da figura materna, já que durante sua infância sua mãe o colocou em um internato onde ele passaria cinco anos – o que para uma criança é uma eternidade –, durante os quais ele receberia a visita materna apenas duas vezes. Esse abandono não fez dele um homem misógino. Ao contrário, seu interesse pelo sexo oposto seria, inclusive, muito bem correspondido. Apesar de gordinho e meio feio, Balzac era um *bon vivant* simpático e muito espirituoso, qualidades essas que compensavam amplamente sua ausência de predicados físicos aos olhos das mulheres.

No mesmo ano da publicação da *Fisiologia do casamento*, Balzac iria também publicar *Les Chouans* (nome dado aos realistas do oeste da França que se insurgiram

Única foto existente de Balzac, tirada em 1842 por Louis-Auguste Bisson.

contra a Primeira República), que viria a ser o primeiro livro da sua grande obra, *A comédia humana*. Apesar do formato de romance histórico, como era moda à época, e dos personagens dos seus livros se situarem sempre em um passado recente, a Revolução, a obra de Balzac iria abordar uma série de sentimentos e características humanas que são, na verdade, atemporais, como a ambição, a cupidez, a vaidade e a inveja. As páginas dos cerca de vinte livros que compõem *A comédia humana* iriam ser povoadas por cerca de dois mil personagens criados por Balzac, que apareceriam mais de uma vez nos seus romances, mantendo todos eles uma notável coerência de seu caráter nos vários livros e personificando os diferentes tipos humanos da sociedade francesa do século XIX.

A obra de Balzac iria fazer grande sucesso por toda a Europa, da Rússia a Portugal, sem que houvesse necessidade de ser traduzida, já que todas as elites europeias do século XIX eram francófonas. Sua grandiosidade e imortalidade seriam também devidamente reconhecidas, tanto pelos homens de letras seus contemporâneos, como Victor Hugo, que sempre manteve com ele uma relação próxima e amigável e que já era então um escritor de bastante sucesso, quanto pelas gerações posteriores de escritores mais jovens, como Baudelaire e Zola. No dia 21 de agosto de 1850, no dia do enterro de Balzac, em frente a seu túmulo, Hugo fez uma bela homenagem ao seu velho companheiro de letras que foi ouvida pelos amigos, familiares e admiradores presentes à cerimônia:

> Todos os seus livros formam um único livro, livro vivo, luminoso e profundo, em que se vê ir e vir, caminhar e mover-se, com um não sei o quê de assustador e de terrível misturado ao real, toda a nossa civilização contemporânea. Livro maravilhoso que o poeta intitulou Comédia, mas que poderia ter chamado de História; que assume todas as formas e todos os estilos; que vai além de Tácito e chega a Suetônio; que atravessa Beaumarchais e chega a Rabelais; livro que é observação e que é imaginação; que transborda o verdadeiro, o íntimo, o burguês, o trivial, o material... À sua revelia, queira ele ou não, que o consinta ou não, o autor dessa obra imensa e estranha compartilha da força dos escritores revolucionários. Balzac vai direto ao ponto: ele abraça a sociedade moderna; de todos, ele arranca alguma coisa: de alguns, a ilusão; de outros, a esperança; de certas pessoas, um grito; de outras, a máscara. Ele mergulha e sonda o homem, a alma, o coração, o cérebro, e por um traço da sua natureza vigorosa e livre ele se desprende sorridente e sereno desses estudos temerários, que produziam a melancolia em Molière e a misantropia em Rousseau.[2]

MUSEU D'ORSAY, 7º *ARRONDISSEMENT*: A REVOLUÇÃO IMPRESSIONISTA

Depois de mais de dois séculos de intenso vigor e criatividade que animaram os pintores franceses, fazendo com que diferentes escolas pictóricas se sucedessem e

312 | Os franceses

deixando sempre um importante legado para a História da Arte, a pintura francesa entraria em um estado de letargia e esclerose. O academicismo, escola derivada do neoclassicismo, seria dominante nos meios oficiais das belas-artes durante a maior parte do século xix, impondo uma série de parâmetros e regras rígidas que teriam de ser estritamente seguidas por todos aqueles que pretendessem fazer carreira no mundo das artes plásticas. Segundo os princípios acadêmicos, o trabalho do pintor deveria ser invisível, sem deixar na tela marcas dos traços do pincel, ficando em evidência apenas as figuras representadas da forma mais clara possível, sem deixar margem a interpretações dúbias. Os temas dignos de serem retratados eram também limitados à história, à mitologia greco-romana e a retratos de personalidades das elites aristocráticas e burguesas. Nada que fugisse aos padrões estéticos e temáticos estabelecidos pela Academia de Belas-Artes seria aceito nos salões oficiais de exposição.

Inconformados com essa rigidez embotadora da criatividade, um grupo de jovens pintores começaria a se organizar em Paris, tendo Claude Monet como um dos seus líderes, e, na trilha aberta pelos paisagistas ingleses algumas décadas antes, como Constable e Turner, iriam abandonar os ateliês de pintura para executar seus quadros ao ar livre, retratando paisagens e registrando as modulações da luz e as variações das cores conforme as diferentes estações do ano e horas do dia. Após uma década de trabalho, esses pintores resolveriam finalmente se apresentar ao público fazendo uma exposição, certos de que seus quadros jamais seriam aceitos pelos comitês de seleção de obras para os salões oficiais, dominados pelos acadêmicos. Assim, no dia 15 de abril de 1874, no ateliê do fotógrafo Felix Nadar, situado no número 35 do Boulevard des Capucines, em Paris, ocorreria a primeira exposição impressionista, reunindo telas de Pierre-Auguste Renoir, Edgar Degas, Claude Monet, Camille Pissarro, Alfred Sisley e Gustave Caillebotte, que repercutiria como uma bomba nos meios artístico e jornalístico da época. O crítico Albert Wolf, do jornal *Le Charivari*, assim descreveria o trabalho desses pintores rebeldes: "Eles pegam telas, cores e pincéis, jogam ao acaso alguns tons e assinam embaixo. Esses pretensos artistas chamam-se impressionistas. É assim que espíritos desgarrados recolhem pedras pensando ter encontrado diamantes."[3] Já o crítico do jornal *Le Figaro* compararia o trabalho dos impressionistas ao "de um gato que caminha sobre o teclado de um piano ou ao de um macaco que se apossou de uma lata de tinta".[4] A intensidade e violência dos ataques indicam o quanto a ousadia daqueles pintores desestabilizou o *establishment* artístico-acadêmico francês. Para os padrões da época, o trabalho dos impressionistas não passava de esboços, pois lhe faltava o acabamento considerado essencial pelos acadêmicos. Por isso, alguns os denominavam como participantes da "escola das manchas".

A arte | 313

Lago no jardim de Monet, em Giverny, com as plantas aquáticas que ele tanto pintou no fim da sua vida.

314 | Os franceses

O termo "impressionismo" seria cunhado pelos adversários do movimento, mais precisamente pelo crítico Louis Leroy, do jornal *Le Charivari*, em um artigo retratando uma situação imaginária em que um pintor clássico francês, ao visitar a exposição no ateliê de Nadar, iria ficando cada vez mais horrorizado com o que estava diante dos seus olhos, até parar diante do quadro *Impressões, sol nascente* (*Impressions, soleil levant)*, de Monet, e exclamar com menosprezo: "Impressões, eu tinha certeza! Eu estou impressionado! Certamente deve ter impressão aí dentro."[5] No entanto, apesar dessa origem maldosa, o nome impressionismo foi logo assumido pela maioria dos pintores que integravam o movimento, pois ele correspondia bastante bem à sua proposta que era a de apresentar uma visão mais espontânea da realidade cotidiana, e não uma representação pronta e acabada de uma imagem ideal que se pretendia passar por real, como a dos acadêmicos. Renoir, no entanto, desde o início rejeitou essa denominação. Segundo o cineasta Jean Renoir, filho do pintor Pierre-Auguste, seu pai acreditava tanto na disciplina do pintor e que os elementos que ele reunia para colocar na tela eram colhidos e digeridos lentamente que a ideia subjacente à palavra impressionismo – a de uma percepção e um olhar rápidos que seriam imediatamente transpostos para a tela – irritava-o profundamente. Segundo a própria definição do filho, o pai era um "revolucionário clássico" [*sic*] que trabalhava fazendo uma estranha mistura de "anarquismo e conservadorismo, que desconcertava muito as pessoas".[6] Apesar das divergências entre Renoir e os demais pintores do grupo quanto ao nome que deveria ser dado ao seu movimento, entre eles não havia qualquer oposição e muito menos contradição. As posições aparentemente divergentes apenas colocavam em destaque dois lados, igualmente fundamentais e indissociáveis, dos princípios do movimento que iria revolucionar a estética a partir de então, não apenas na França e na pintura, mas no mundo todo e com influência sobre as demais artes.

A perspectiva impressionista seria muito mais rica e complexa do que seriam capazes de perceber os seus críticos e bem mais sofisticada e refinada do que os rígidos padrões do academicismo então vigentes. Afinal, nada mais complexo e rico do que a natureza, e o ponto de partida dos impressionistas era justamente o "olho natural".[7] Nesse mergulho na natureza e rejeição da artificialidade da pintura acadêmica, os impressionistas iriam se apoiar firmemente nas inovações técnicas ocorridas durante a segunda metade do século XIX. A fotografia seria uma referência constante e importante para os pintores impressionistas, e não seria por acaso que a sua primeira exposição iria ter lugar justamente no ateliê de um fotógrafo. A partir da fotografia e dos mecanismos pelos quais o aparelho fotográfico capta e registra as imagens, os pintores iriam refletir sobre a forma como o olho natural percebe o mundo real. Diferentemente das representações clássicas e acadêmicas, em que todas as figuras têm seus contornos claramente definidos, o olho

Ateliê de Nadar, 35, Boulevard des Capucines,
local onde foi realizada a primeira mostra impressionista em 1874.

natural foca apenas um único objeto ou conjunto de objetos, ficando todos os demais elementos alcançados pela visão fora de foco. Com a fotografia, pôde-se perceber mais claramente como o olho natural processa as imagens. Quando se ajusta o foco da câmera fotográfica em um objeto que se encontra em primeiro plano, na foto apenas este terá os seus contornos claramente definidos, enquanto os demais objetos em segundo plano aparecerão como que envoltos em neblina. Se se fizer o inverso, focando um objeto no segundo plano, aqueles que estiverem em primeiro aparecerão consequentemente desfocados. É dessa mesma forma que os olhos captam as imagens do mundo exterior, e seria exatamente dessa maneira que os impressionistas iriam querer retratar as paisagens e as pessoas nas suas telas.

Da mesma forma que o olho humano não é capaz de apreender claramente a imagem de um objeto que se encontre muito próximo, necessitando de uma certa distância para poder bem focá-lo, as imagens retratadas nas telas dos impressionistas não podem ser percebidas de perto, sendo necessário que quem as olha tome alguma distância delas para, enfim, conseguir ver o todo. Nada disso é banal nem fácil de ser fixado em uma tela e transmitido a outras pessoas. No fim das contas, passar uma impressão é bem mais difícil do que transmitir uma ideia ou um conceito.

A fotografia iria ainda mostrar aos impressionistas como se poderia registrar na tela o movimento em uma sociedade que concentrava nas cidades um número cada vez maior de pessoas, que pelas suas ruas iam e vinham, perseguindo caminhos próprios e entrecruzando-se em direções opostas. As deficiência técnicas da fotografia no século XIX, em que a abertura demasiadamente prolongada do diafragma das máquinas fotográficas fazia com que os corpos em movimento ficassem registrados nas fotografias deixando uma mancha do seu deslocamento no tempo pelo espaço, seria reproduzida nos quadros dos pintores. Do ateliê de Nadar, em um prédio todo envidraçado de onde se abria uma bela perspectiva sobre o Boulevard des Capucines, tanto Monet quanto Pissarro pintariam alguns quadros, hoje famosos, em que o movimento frenético dos transeuntes seria registrado tal como na época seria capaz de fazê-lo a máquina fotográfica utilizada por Nadar.

Embora o diálogo com a fotografia tenha sido intenso, havia ainda outros elementos do novo mundo tecnológico que então se abria e que iria ter grande influência no trabalho dos impressionistas. A indústria química iria lhes oferecer novos pigmentos e, com eles, novas cores e tons, embalados em pequenos tubos que poderiam ser facilmente transportados para qualquer lugar, desobrigando-os a ficar prisioneiros dos seus ateliês e de seus modelos. Essa mobilidade lhes permitiria partir para os campos, ruas, teatros, cafés e cabarés munidos apenas de um pequeno cavalete, uma tela, alguns pincéis e tubos de tinta, onde lhes seria possível observar e registrar as suas impressões da vida dos seus contemporâneos. Assim, além das referências trazidas pela fotografia, então apenas em preto e branco, os impressionistas teriam ainda muitas cores novas a utilizar em suas telas. O movimento impressionista – que não foi propriamente uma escola, pois não havia mestres nem normas a serem seguidas – mais que romper com o academicismo dominante iria se alinhar com os avanços técnicos do seu tempo. Para os impressionistas, a questão não era apenas romper com as normas estabelecidas, o que seria uma pretensão admissível e justificável apenas para os adolescentes, mas fazer com que a arte expressasse e acompanhasse a realidade do mundo em que se encontrava inserida, utilizando todos os recursos postos à disposição pelo conhecimento científico e pelo avanço tecnológico do seu tempo, tal como Leonardo Da Vinci fizera na Renascença. Cada pintor iria escolher livremente os seus temas. Renoir iria retratar todos os eventos da vida cotidiana, das festas, como *Le bal au Moulin de la Galette* (1876), que se encontra no Museu d'Orsay, em Paris, a retratos como o *Rosa e azul* (1881), que integra o acervo do Museu de Arte de São Paulo (Masp). Degas iria dedicar-se a pintar e esculpir bailarinas, enquanto Monet daria especial atenção às paisagens, passando o fim da sua vida a pintar o magnífico jardim da sua casa em Giverny.

Como toda revolução que faz jus a essa denominação, o movimento impressionista teve uma duração curta, mas representou um marco decisivo na História da Arte. Atualmente, quase ninguém conhece os pintores acadêmicos franceses do século XIX – que foram muito bajulados à sua época – pois não deixaram qualquer marca para a posteridade, mas praticamente todo mundo conhece e reconhece a grandiosidade das obras de Renoir, Monet e Degas. Menos de dez anos após a impactante e revolucionária exposição impressionista de 1874, cada pintor tomaria o seu rumo, e o movimento inicial logo daria origem a novas correntes. Depois dos impressionistas viriam os neoimpressionistas, ou pontilhistas, como Seurat e Signac, que inventariam uma nova técnica, formada de pontos de cores variadas que compõem uma imagem apenas quando a tela é vista a distância; e logo em seguida viriam os pós-impressionistas, como Cézanne, Gauguin e Van Gogh. Monet iria viver em Giverny, na Normandia; Cézanne trocaria Paris pelo sul da França; e Gauguin iria viver em Pont-Aven, na Bretanha, antes de mudar-se definitivamente para a Polinésia. O movimento impressionista havia acabado antes mesmo do fim do século, mas a revolução estética por ele provocada apenas estava no começo. O fauvismo e o cubismo derivariam dele, assim como as demais correntes pictóricas que se seguiriam e que se encontram reunidas no museu de arte contemporânea no Centro Georges Pompidou (Beaubourg).

Atualmente, a maior e mais valiosa coleção impressionista encontra-se exposta no quinto andar do Museu d'Orsay, constituída sobre a base da coleção privada de Caillebotte, doada ao Estado. Entre todos os pintores impressionistas, Caillebotte era o mais rico e

318 | Os franceses

ajudava seus colegas comprando suas telas. Se hoje os quadros dos pintores que formaram o núcleo duro do movimento impressionista valem uma verdadeira fortuna, na época em que foram pintados valiam muito pouco e seus autores, em geral, viviam em situação financeira bastante precária, só sobrevivendo graças ao apoio dos seus admiradores de primeira hora, como Caillebotte e Gauguin. A casa de Monet em Givergny mostra que ele, no fim da sua vida, já havia conquistado uma situação confortável, mas a enorme valorização das suas telas, assim com a dos seus contemporâneos e parceiros, só se daria após a morte de todos eles, quando o impressionismo deixaria de ser um escândalo para se tornar quase uma arte clássica. Apenas poucos espíritos ilustrados e iluminados do seu tempo, como Zola e Mallarmé, souberam reconhecer neles a genialidade.

Sem qualquer dúvida, o impressionismo foi o mais importante marco artístico do século XIX, rompendo com todos os padrões estéticos anteriores e influenciando os que surgiriam a partir dele. Para muitos, a matriz impressionista pode parecer mais rica e inventiva que as suas derivações no século XX. Mas a sua repercussão na música do seu tempo não deixaria nada a desejar.

Das cores da luz às cores do som

Mais do que na pintura, em que impressionistas, neoimpressionistas e pós-impressionistas logo se dividiriam e se autoclassificariam em grupos diferentes, no meio musical a diferenciação e pretensa oposição entre uns e outros seria ainda maior. Os músicos, talvez mais que os pintores, são avessos aos rótulos. Claude Debussy seria o primeiro, se não o único, músico francês a assimilar e a assumir sem resistência a denominação de impressionista. Afinal, entre a sua obra musical e a pintura de Monet e Renoir havia algo em comum: a dissolução das notas e da melodia na obra pianística e orquestral de Debussy e a dissolução do traço nas telas dos impressionistas. Em ambos, da dissolução dos sons e traços surgiriam novas cores e tons que provocariam sensações e impressões no espectador. Já Eric Satie, que era bastante próximo e amigo de Debussy, com seu espírito revoltado e inconformista por natureza, iria, inclusive, ensaiar um movimento anti-impressionista ao lado de Jean Cocteau. Mas o impressionismo de Debussy e o anti-impressionismo de Satie não passariam de rótulos que pouco falam do conteúdo da obra de um e de outro. Se houvesse de fato uma oposição tão forte entre os seus trabalhos, Debussy não poderia ter feito a versão orquestral de uma das três *Gynmopédias*, compostas por Satie para piano, e de tantas outras obras suas. Rótulos à parte, há uma clara afinidade entre as obras musicais de Debussy, Satie e Ravel, ainda que o trabalho de cada um tenha características muito próprias e em determinados aspectos até opostas uns dos outros.

A *Gymnopédia*, dança dos jovens espartanos nas festividades de verão em homenagem a Apolo e Ártemis.

Maurice Ravel, que foi aluno de Gabriel Fauré, admirava Satie, Saint-Saëns (1835-1921) e Debussy, e, como este, seria fortemente influenciado pela poesia de Mallarmé. Satie, por sua vez, teria grande influência sobre Poulenc. Todos, na verdade, faziam parte do mesmo meio e se influenciavam mutuamente, conforme o tempo e a idade de cada um, é claro. Certo é que a música erudita francesa do fim do século XIX e início do XX apresentaria características bem particulares e facilmente identificáveis, independentemente de qualquer denominação.

Satie, por exemplo, avesso a todo academicismo, gostava de qualificar sua obra como "música ambiente" (*musique d'ameublement*), e a si mesmo como um *gymnopedista*. A *gymnopédia* (em grego antigo, Γυμνοπαιδία) era uma festa religiosa que os espartanos celebravam nos meses de julho e agosto, quando os jovens exercitavam suas artes marciais dançando nus em homenagem a Apolo e Ártemis. Hoje é difícil imaginar o que na gymnopédia teria exercido tanta atração sobre Satie, que não só se identificava como gymnopedista como também havia feito três peças para piano intituladas *Trois gymnopédies*, aliás as únicas que tiveram boa aceitação do público no seu tempo e que são até hoje as suas mais conhecidas peças. As três gymnopédias são tão suaves, doces e intimistas, que dificilmente poderiam levar o ouvinte a imaginar os exercícios marciais dos jovens espartanos. Talvez apenas o acachapante sol e calor da Grécia durante o verão poderiam dar à dança em praça pública daqueles jovens nus a lentidão e a doçura das peças de Satie. É bastante provável que Satie as tenha composto durante o inverno, imaginando e fantasiando um mundo passado, heroico, varonil e juvenil à beira do mar e sob o sol. Mas as notas da segunda gymnopédia dissolvem-se tão lenta e melancolicamente quanto a neve que tomba sobre Paris durante o inverno, em flocos tão minúsculos

320 | Os franceses

que qualquer rajada de vento as mantêm no ar, retardando a sua inevitável e completa dissolução ao tocar o chão.

CINEMATECA FRANCESA, 12º *ARRONDISSEMENT*: O CINEMA E CASAMENTO DA ARTE COM A INDÚSTRIA

Já no século XIX, Paris era chamada "A Cidade Luz", que ainda mais luminosa ficaria com a invenção dos irmãos Lumière (nome que por obra do acaso ou do destino significa, precisamente, luz): o cinema. A sétima arte fundiria todas as expressões artísticas até então conhecidas com as inovações trazidas pela Segunda Revolução Industrial, tendo inicialmente a França por sede e polo de irradiação. Mesmo após a migração do centro da indústria cinematográfica para a Califórnia, nos Estados Unidos, durante a Segunda Guerra Mundial, o cinema francês continuaria ainda a ser uma referência importante e necessária na cinematografia do século XX.

Embora o período de glória do cinema francês já tenha passado e o hollywoodiano continue a ter uma penetração massiva na França, as produções francesas ainda ocupam uma parcela expressiva do mercado cinematográfico interno. Atualmente, nas salas de projeção do país, cerca de 30% dos filmes exibidos são franceses. Em relação às produções estrangeiras, sobretudo americanas, a fatia do mercado interno ocupada pelo cinema francês é claramente minoritária, mas se comparada ao que se passa em alguns países vizinhos, que já tiveram destacada participação na produção cinematográfica mundial, como a Itália e a Alemanha, a situação francesa parece ainda bastante confortável. Na terra de Felini, Pasolini, Visconti e De Sicca, assim como no país de Murnau, Fritz Lang, Herzog e Fassbinder, as produções nacionais ocupam não mais que 10% dos seus mercados internos. E isso não pode ser creditado a um maior nacionalismo dos franceses em relação aos alemães e italianos. Na verdade, entre os três povos, os franceses são, sem dúvida, os mais cosmopolitas e abertos ao mundo. Na França é possível assistir a filmes de qualquer parte do mundo em versão original (que nos guias semanais de programação cultural parecem indicados com as letras VO), isto é, não dublados e com legendas em francês, ao passo que na Itália isso é muito raro e na Alemanha, praticamente impossível. Na França não há barreira à entrada de filmes estrangeiros; ao contrário, lá se pode ver o cinema produzido nos quatro cantos do mundo, pois mais que nacionalistas os franceses são fundamentalmente cinéfilos. E essa cinofilia francesa não se expressa apenas no consumo, mas também, e sobretudo, na produção cinematográfica, com gerações sucessivas e ininterruptas de grandes atores e diretores que chegam aos nossos dias.

O cinema das grandes estrelas

Até a metade do século xx, pontificavam nas telas da França os grandes e renomados atores, que para o público seriam a grande atração, embora a França já tivesse grandes diretores, como Jean Renoir, René Clair e Marcel Carné. Da mesma forma que o pai fora um grande pintor, o filho Jean Renoir seria um grande diretor de cinema e referência central do realismo romântico. Sua produção começaria em 1924 e só se encerraria em 1971, deixando cerca de quarenta filmes para a posteridade e deleite dos cinéfilos, entre os quais *A grande ilusão* (1937), *A besta humana* (1938) e o magnífico *A regra do jogo* (1939), em que ele também apareceria em cena como ator. Marcel Carné iria se notabilizar pela sua obra prima, *O bulevar do crime* (*Les Enfants du paradis*), de 1945, tendo nos papéis principais a grande estrela do cinema francês da época, Arletty, com sua beleza incomparável e sua voz aguda no papel de Garance, e Jean-Louis Barrault, interpretando magnificamente o papel de um mímico que conheceria e se apaixonaria pela bela Garance no bulevar do crime, no ano de 1828, em Paris.

Além de Arletty, o cinema francês teria outras estrelas muito reputadas e disputadas, como Maurice Chevalier e Jean Gabin, que atuou em quase cem filmes, entre os quais *A grande ilusão* e *A besta humana*, de Jean Renoir; Fernandel, o ator marselhês com seu inconfundível sotaque meridional; e Jacques Tati, que tanto atuou como ator quanto foi diretor dos filmes *Dia de festa* (1949), *As férias de Monsieur Hulot* (1953) e *Meu tio* (1958). Jeanne Moreau era, então, mais conhecida como atriz de teatro e, no final dos anos 1950, iria aparecer nas telas de cinema com um novo visual, sob a direção de Louis Malle e de François Truffaut, que ao lado de outros jovens cineastas iriam fazer uma revolução dentro da revolução que o cinema já representava com a *nouvelle vague*.

O cinema de autor e a *nouvelle vague*

A *nouvelle vague* (nova onda), que surgiria no final dos anos 1950, não seria apenas uma nova forma de fazer cinema com novos temas e novas técnicas, mas representaria também a chegada na indústria cinematográfica francesa de uma geração de jovens cineastas de menos de 30 anos. Isso se deu em um meio profissional que há muito tempo se encontrava fechado à entrada de jovens e monopolizado por um grupo de diretores mais velhos e experientes a quem a indústria do cinema confiava a realização de filmes cujos custos de produção vinham numa espiral crescente desde o surgimento do cinema falado. O cinema, que no início do século xx surgira como uma arte inteiramente inovadora, chegava à meia-idade conservador e sem o vigor da juventude. Seria um

322 | Os franceses

pequeno grupo de cinéfilos que não havia passado pela escola de cinema, nem sido assistentes dos diretores renomados da época – o que então era o caminho natural para se chegar à condição de produtor e diretor –, mas que há uma década escrevia na revista *Les Cahiers du Cinéma*, que iria revolucionar a sétima arte, marcando decisivamente o cinema francês a partir de então. François Truffaut, Jean-Luc Godard, Jacques Rivette, Claude Chabrol e Éric Rohmer comporiam o núcleo duro desse grupo.

A *nouvelle vague* traria uma clara mudança na abordagem do que até então se concebia como cinema de grande público. À época, o cinema era dominado por grandes e caras produções, cheias de diálogos densos que não guardavam qualquer relação com a vida cotidiana e encenadas por estrelas famosas. De um momento para o outro, os jovens franceses começariam a ver projetadas nas telas histórias que contavam a vida de rapazes e moças comuns, como a dos que se viam ordinariamente nas ruas e a dos que se encontravam sentados nas salas de cinema. O que os filmes da *nouvelle vague* teriam em comum seria uma nova forma de tratar as relações amorosas, mais aberta e moderna, abordando as relações entre os jovens em uma sociedade que ainda era extremamente repressiva no plano dos valores e dos costumes. A França vivia, então, sob o governo do general De Gaulle, quando mesmo a contracepção ainda era proibida. Nos seus filmes, os novos diretores, todos homens, passariam a tratar dos seus objetos do desejo, as mulheres, ou mais precisamente, a mulher desejada. Como bem definiu a historiadora do cinema francês, Geneviève Sellier, a *nouvelle vague* seria um cinema no masculino singular, em que homens jovens narram na primeira pessoa suas experiências e aventuras amorosas.[8] Sua perspectiva chegava a ser até misógina, sem ser, entretanto, machista. Não era interesse dos autores revolucionar as relações entre os sexos, mas mostrá-las tal como elas eram vividas pela juventude do seu tempo. Esse novo cinema também não teria nada de engajamento político ou social, como alguns erroneamente deduziram de certas declarações dos cineastas por ocasião do movimento de maio de 1968. Tratava-se de um cinema essencialmente intimista, que privilegiava temas e questões pessoais, e se algum engajamento havia dos seus diretores era com a sua própria arte.

O filme inaugural da *nouvelle vague* seria *O belo Sérgio*, de 1958, de Claude Chabrol, que então tinha 28 anos. O filme foi rodado em apenas dois meses, exclusivamente em cenários externos e internos reais, e custeado com recursos próprios do diretor, que também foi seu produtor e roteirista. Era o cinema de autor que então surgia, sem a interferência e as exigências impostas pelos patrocinadores e pelos grandes atores. *O belo Sérgio* seria premiado, naquele mesmo ano, no festival internacional de cinema de Locarno, na Suíça. No ano seguinte, chegaria às telas de cinema e seria premiado no Festival de Cannes o filme *Les Quatre cents coups*, de Truffaut – no Brasil erroneamente traduzido por *Os incompreendidos*, que distorce inteiramente o sentido do seu título original, que não expressa qualquer comiseração em relação ao personagem central, pois *faire les quatre cents coups* significa "fazer todas as besteiras do mundo". Esse filme também teria direção, produção e roteiro exclusivos de Truffaut. Ainda em 1959, seria lançado o filme *Acossado*, com Jean-Paul Belmondo, sob a direção de Godard, roteiro de Truffaut e supervisão de Chabrol. Fora esse núcleo duro, oriundos dos *Cahiers du Cinéma*, havia outros jovens diretores que compartilhavam com os primeiros os mesmos princípios, como Louis Malle, que tiraria Jeanne Moreau dos palcos de teatro para levá-la às telas de cinema, e outros ainda que não chegariam a fazer parte do movimento da *nouvelle vague,* mas que utilizariam uma linguagem comum, como Claude Lelouch.

O novo cinema que então surgia seria revolucionário não apenas na forma de financiamento como também nos planos técnico e estético. Os jovens cineastas souberam explorar as novas possibilidades que as mudanças tecnológicas recentes lhes ofereciam enquanto possibilidade de inovação estética, tal como o fizeram os pintores impressionistas três quartos de século antes. Com os novos equipamentos, menores e mais leves, passava a ser possível filmar com a câmara na mão, como eles começaram a fazer. Isso tornava as tomadas muito mais ágeis, dando à câmara que filmava um movimento mais próximo ao do olhar humano. Nesse ponto também os filmes da *nouvelle vague* seriam filmes de autor, pois a câmara iria registrar aquilo que o cineasta que se encontrava por trás dela via. A nova tecnologia, mais sensível à luz, permitiria ainda que se filmasse sem todo o aparato de iluminação de estúdio, utilizando quase que exclusivamente a luz ambiente. Dessa forma, tornava-se possível utilizar cenários reais, internos e externos, evitando os elevados custos dos cenários de estúdio. Completando a redução dos custos, havia um outro elemento no cinema da *nouvelle vague* que nada tinha a ver com a tecnologia: a escolha de jovens atores em detrimento das vedetes do cinema, que impunham uma série de condições e cobravam caro. Desambiciosos quanto aos recursos, arrojados na linguagem e inovadores no uso da tecnologia, os novos cineastas não se contentariam, entretanto, em ficar restritos a um circuito periférico. Eles queriam participar do mercado do cinema comercial de grande público. Por isso, não aderiram à película de 16 mm, escolhendo a de 35 mm em preto e branco, que era a alternativa mais barata e aceitável pelo circuito comercial.

Ao mostrar que era possível fazer um cinema interessante, com boa aceitação pelo público e barato, o grupo logo entraria em moda e cairia nas graças dos produtores e distribuidores. Ainda que nem todos os seus filmes tenham se tornado grandes sucessos de bilheteria, o pouco que conseguiram foi suficiente para torná-los financeiramente viáveis, em oposição às caras produções anteriores que representavam sempre grandes riscos para os produtores. A revolução estética produzida pela *nouvelle vague* não iria ficar restrita à França, mas influenciaria também o cinema produzido em outras partes do mundo. O cinema novo brasileiro, que tinha por lema "uma câmera na mão e uma ideia na cabeça" *mutatis mutandis* seria fortemente influenciado pela *nouvelle vague*. No entanto, como toda a revolução digna desse nome, o movimento logo iria se diluir já nos primeiros anos da década de 1960. Mesmo os que foram cabeça de fila do movimento acabaram cada um tomando o seu próprio caminho.

O cinema atual de Claude Chabrol lembra pouco os seus filmes de quase cinquenta anos atrás. Entre *O belo Sérgio* e *La Cérémonie*, de 1995 – o belo filme estrelado por Sandrine Bonnaire e Isabelle Huppert, que no Brasil foi pessimamente traduzido como *Mulheres diabólicas* – não resta muita coisa em comum. O mesmo ocorre entre *Os incompreendidos* e *O homem que amava as mulheres*, de 1977, com a magistral interpretação de Charles Denner, embora ambos sejam, de certa forma, autobiográficos. A geração posterior de cineastas não deixaria de sofrer a influência da *nouvelle vague*, ainda que não tentasse segui-la ou atualizá-la. Entre os grandes diretores que reconhecem a sua influência encontra-se André Techiné, que entre uma vintena de filmes por ele dirigidos destacam-se *Minha estação preferida*, de 1993, em que a bela e talentosa Catherine Deneuve contracena com o igualmente talentoso, mas nada belo Daniel Auteuil, e um lindo filme, de 1994, chamado *Les Roseaux sauvages*, que no Brasil recebeu o mais que impróprio título de *Rosas selvagens* (o filme faz uma referência direta à fábula "O carvalho e o junco", de La Fontaine, que discute a relação entre a força do primeiro e a flexibilidade do segundo. Os juncos selvagens do título original seriam precisamente os três colegiais que são os seus protagonistas, mas nada disso fica claro nas legendas do filme, pois *roseau* seria erroneamente traduzido por rosa, e não junco, e *chêne* por jequitibá (!), e não por carvalho).

Claude Sautet, entre tantos outros, também reivindicaria a herança da *nouvelle vague*, deixando como legado mais de uma dezena de filmes, entre os quais *Um coração no inverno*, de 1991, em que Daneil Auteuil contracena com Emmanuelle Béart, em um jogo de sedução que transcorre ao som do belíssimo *Trio para piano, violino e violoncelo*, de Ravel.

Sem reivindicar qualquer filiação à *nouvelle vague*, mas exibindo vigor e grande criatividade, encontram-se tantos outros diretores franceses, como o inclassificável Alain Resnais, que apesar da idade avançada ainda continua ativo, tendo em sua vasta filmografia títulos como *Hiroshima mon amour* (1959), *Providence* (1977) e *Medos privados em lugares públicos* (2006). O espanhol afrancesado Luis Buñuel, mestre do surrealismo, que na França produziu obras-primas como *A bela da tarde* (1966), *O discreto charme da burguesia* (1972), *O fantasma da liberdade* (1974) e *Esse obscuro objeto do desejo* (1977). E os irreverentes Étienne Chatiliez e Josianne Balasko.

A arte | 325

Essas referências são bastante incompletas, pois não só grandes filmes como também importantes diretores sequer foram aqui referidos, mas podem dar ao leitor alguma ideia de quão vivo, criativo e rico foi e segue sendo o cinema francês. Os franceses, atualmente, ressentem-se muito da perda do espaço que um dia já tiveram no mundo da política, da diplomacia e da filosofia. Mas, nas artes e sobretudo na sétima delas, o cinema, eles não têm absolutamente nada de que se queixar.

A ARTE NAS RUAS

A produção artística e a cultura francesas não se encontram encerradas nas estantes das bibliotecas e nos depósitos dos museus e cinematecas, e tampouco prisioneiras dos recintos fechados das salas de espetáculos e de concerto. Pelas ruas e praças, a sua enorme criatividade encontra-se materializada em pedra, ferro, vidro e cal, assim como também por toda a parte manifesta-se a riqueza do seu enorme patrimônio imaterial. Os monumentos espalhados por toda Paris são testemunhos dessa riqueza que os franceses não apenas conseguiram produzir, mas também como poucos povos souberam conservar.

Torre Eiffel, 7º *arrondissement*: a associação da engenharia à arte

Entre os inúmeros monumentos espalhados pela cidade de Paris, talvez o mais conhecido, admirado e reproduzido em telas, fotos e cartões postais seja a Torre Eiffel. Esse monumento que é visível de quase toda cidade e atualmente indissociável dela, no entanto, foi concebido para ter uma existência curta e limitada ao tempo de duração da Exposição Universal de 1889, devendo ser, posteriormente, desmontado. Para celebrar o centésimo aniversário da Revolução Francesa, com toda a pompa e circunstância que a pujante potência republicana europeia requeria, o Estado criou um concurso que desafiava todo o engenho e arte da indústria, arquitetos, engenheiros e trabalhadores da França: erigir, no Campo de Marte, à margem esquerda do Sena, uma torre de ferro de trezentos metros de altura. Era a atração dos franceses pela modernidade e avanço tecnológico que, mais uma vez, se impunha. Uma torre que deveria ser avistada de toda Paris e que faria todos os visitantes estrangeiros presentes à Exposição maravilharem-se com a genialidade e ousadia dos franceses. Essa torre deveria superar em altura a Estátua da Liberdade, que, anos antes, fora doada pelos franceses aos americanos em homenagem ao centenário da sua independência e de instauração da República, rompendo a simbólica barreira dos mil pés de altura, o que no sistema métrico equivaleria a trezentos metros.

Contrariamente ao que muitos pensam, a Torre Eiffel não recebeu o nome do seu arquiteto, mas o de seu construtor. Segundo relatos, Gustave Eiffel não se mostrou lá muito entusiasmado pelo esboço de torre que um dos engenheiros de sua empresa, Maurice Koechlin, propôs-lhe, mas logo se viu seduzido em tornar aquele projeto realidade, menos pelas suas qualidades estéticas e mais pelos desafios técnicos do empreendimento. Já havia algum tempo que os construtores da Europa e da América do Norte tentavam, sem sucesso, erguer um monumento de trezentos metros de altura e, se a tentativa de Eiffel fosse bem-sucedida, ele e sua empresa certamente iriam colher os frutos da façanha. Eiffel não era novato no ramo; sua empresa já havia construído a estrutura que dá sustentação à Estátua da Liberdade, em Nova York. Respaldado por essa experiência e com base no projeto do seu arquiteto, Eiffel sairia vencedor do concurso público e, a partir de 1887, começaria a produzir as peças com as quais a sua torre iria ser montada.

Durante a sua construção, Eiffel iria se referir a ela como "a minha torre de trezentos metros", já que era esse o seu desafio e a meta do concurso. No entanto, logo que a torre começou a subir, ela iria escandalizar as pessoas de bom gosto. Muitos arquitetos e artistas de Paris a achavam simplesmente uma excrescência e com todo o desprezo iriam referir-se a ela como "a torre do senhor Eiffel". E as críticas seriam bastante pesadas.

Em 14 fevereiro de 1887, foi publicado no jornal *Le Temps* um protesto dos artistas contra a torre do senhor Eiffel:

> Nós, escritores, pintores, escultores, arquitetos, amantes apaixonados da beleza até hoje intacta de Paris, vimos protestar com toda a nossa força e toda nossa indignação, em nome do gosto francês ignorado, em nome da arte da história francesa ameaçadas, contra a ereção, em pleno coração da nossa capital, da inútil e monstruosa Torre Eiffel.[9]

Guy de Maupassant, que assinaria o manifesto, iria ainda se referir a ela como "alta e magra pirâmide de escadas de ferro, esqueleto desgracioso e gigante, cuja base parece feita para suportar um formidável monumento de ciclopes e que aborta em um ridículo e magro perfil de chaminé de fábrica".[10] Mas a história dá as suas voltas e, às vezes, bastante rápido. Uma vez terminada, a Torre Eiffel iria se tornar um sucesso técnico e arquitetônico, além de ser muito bem aceita pelo público. Durante a exposição, cerca de dois milhões de pessoas iriam visitá-la para do seu alto divisar a cidade. O sucesso foi tanto que, mesmo após o término da exposição, o projeto inicial de desmontá-la foi definitivamente abandonado e, além de ser conservada e

Vista geral da Exposição Universal de 1889, em Paris, com a Torre Eiffel em destaque.

transformada em símbolo da França, a ela seria dada outra função, sempre ligada à técnica: a de torre de emissão de telégrafo sem fio, em 1903; depois de sinal de rádio, a partir de 1921; e, finalmente, de sinal de televisão, em 1949. Durante quarenta anos, mais precisamente até 1930, a Torre Eiffel seria a mais alta estrutura erigida pelo homem na Terra.

A música das ruas e dos cabarés nas ondas do rádio

Com as novas tecnologias surgidas no final do século XIX e popularizadas no século XX, as manifestações eruditas e populares da cultura francesa iriam alcançar um número cada vez maior de pessoas, tendo como ponto de emissão de sinal a Torre Eiffel. A canção e as danças populares não abandonariam as ruas e cabarés, mas entrariam também na casa dos franceses, primeiro pelas ondas do rádio e depois pelas telas de televisão.

328 | Os franceses

Nos cabarés populares da periferia de Paris, os chamados *bal-musette* ou simplesmente *guinguettes*, surgiria, no início do século XX, uma nova dança popular chamada java, que é uma valsa rápida, dançada em passos curtos, com os corpos dos dançarinos bem próximos um do outro e com um movimento típico dos quadris. Alguns cavalheiros, a fim de melhor coordenar o movimento da dama, ousavam colocar a mão sobre as suas nádegas, o que faria com que a java acabasse sendo banida dos *bal-musette* mais familiares e respeitáveis. Nos bailes populares, que não sempre podiam contar com orquestras ou mesmo mais de um único instrumentista, era o acordeão que animava a festa. Atualmente, tanto o acordeão quanto a java são considerados por muitos fora de moda, e até mesmo cafonas, mas eles são partes indissociáveis da cultura popular francesa. Claude Nougaro compôs uma música que trata desse estranhamento dos franceses com a sua cultura popular, *Le Jazz et la java*, que foi celebrizada na voz de Yves Montand.

Entre todas as cantoras populares da França, provavelmente é Édith Piaf quem melhor sintetiza e personifica a história da canção francesa. Com apenas 20 anos, ela começaria sua carreira como cantora de cabaré, mas a sua voz singular, potente e dramática logo lhe abriria as portas dos estúdios de gravação. Em 1936, ela gravaria o seu primeiro disco, que teria grande sucesso. Mas nesse mesmo ano, ela acaba envolvida em um caso policial (o assassinato do homem que a introduziu na vida artística e que tinha ligações com o baixo mundo de Pigalle), o que iria conspurcar sua imagem e obrigá-la a retornar à condição de cantora de cabaré. No entanto, seu ostracismo não seria longo. No ano seguinte, ela iniciaria sua carreira como vedete do *music-hall* e em 1940 estrearia no teatro em uma peça de Jean Cocteau, seu grande amigo que a acompanharia por toda a sua vida e que, por obra do acaso, morreria no mesmo dia que ela, apenas algumas horas mais tarde. Em 1945, Piaf escreveria *La vie em rose*, sua mais célebre canção, e estrearia no cinema em um filme de Marcel Carné. Seria ela que abriria as portas do mundo da música para o belo e talentoso Yves Montand (*La Byciclette, Je t'aime*), então com apenas 23 anos, com quem manteve uma relação amorosa. Em 1951, Piaf ficaria muito próxima de outro jovem e talentoso cantor, que viria a se tornar o embaixador da musica francesa no mundo, Charles Aznavour (*Que c'est triste Venise, Hier encore*). Durante os anos 1950, iria ainda se envolver afetivamente com outro jovem cantor de origem egípcia, Georges Moustaki, introduzindo-o no mundo artístico. Mas ao lado dele ela sofreria um grave acidente de automóvel, em 1958, o que agravaria a sua já debilitada saúde, comprometida por anos de consumo de heroína. Em 1960, Edith Piaf ajuda a salvar o Olympia da falência, fazendo espetáculos em que cantaria uma música especialmente composta para ela por Charles Dumont, *Non, je ne regrette rien*. Dumont ainda comporia para Édith Piaf outros de

Túmulo de Édith Piaf, no cemitério Père Lachaise, em Paris, que é uma das atrações turísticas da cidade pelo número de lápides de pessoas famosas, como Molière, Balzac, Chopin, Oscar Wilde, Proust, Pissarro, Poulenc, Yves Montant e Jim Morisson, entre tantas outras.

330 | Os franceses

seus grandes sucessos, como *Les Flonflons du bal*, *Mon Dieu* e *Les Amants*. Mas com a morte de Piaf em 1963, Charles Dumont teria de se aproximar de outras celebridades para continuar compondo, como Jacques Brel (*La Valse à mille temps*, *Ne me quitte pas*), outra importante referência da música francesa, e Jacques Tati, diretor sem par no cinema francês.

Ao lado de Charles Trenet (*Douce France*), Jacques Brel, Yves Montand e Charles Aznavour, Édith Piaf ocupa o lugar de musa da canção francesa. O corpo de Édith Piaf encontra-se enterrado no cemitério Père Lachaise, em Paris, onde jaz boa parte das celebridades da França de todos os tempos.

Os monumentos da era Mitterrand

Um passeio cultural por Paris não poderia deixar de contemplar as mais recentes obras materiais legadas pelo presidente que mais tempo governou os franceses: François Mitterrand. Como lembrança dos seus longos 14 anos à frente da Presidência da República, Mitterrand faria questão de deixar aos franceses aquilo que os grandes monarcas da história costumavam legar aos seus súditos para que estes jamais se esquecessem do soberano após a sua morte: monumentos. Os faraós mandavam construir enormes pirâmides para lhes servir de sepultura, além de lembrar a posteridade da sua grandeza. O rei Ptolomeu I, o primeiro da dinastia de reis gregos do Egito, mandaria construir em Alexandria uma grande biblioteca, provavelmente para rivalizar com Atenas, que no século III a.C. era o principal centro cultural da bacia do Mediterrâneo. Napoleão faria construir arcos inspirados nos modelos dos antigos arcos romanos para celebrar as suas vitórias militares. O Arco do Triunfo do Carrossel seria erigido entre 1806 e 1808, em uma área entre o Museu do Louvre e a entrada do Jardim das Tulherias. Não satisfeito com apenas esse arco, Napoleão colocaria, ainda no ano de 1806, a primeira pedra para a construção de um segundo arco, bem maior que o primeiro, que acabou tendo suas obras interrompidas após a queda do Império, e que só seria concluído em 1836, durante o reinado de Luís Felipe. No Segundo Império Napoleão III mandaria construir uma ópera que acabaria ganhando o nome do arquiteto que a projetou, Garnier.

Mitterrand não quis ficar para trás de nenhum de seus predecessores e mandou construir de tudo: pirâmide, arco, ópera e biblioteca. O presidente francês não só foi mais ambicioso que os imperadores franceses como também teve mais sorte que eles. Napoleão III não teve a felicidade de inaugurar a sua ópera, que só seria concluída sob a Terceira República, em 1875, assim como o seu tio não tivera a chance de inaugurar o seu grande Arco do Triunfo. Mitterrand teve o privilégio de inaugurar quase todos os seus grandes monumentos. A única exceção foi a biblioteca, aberta somente após sua morte, mas que, em compensação, levou o seu nome.

Arco do Triunfo do Carrossel e vista da Pirâmide do Louvre.

Grande salão da Ópera Garnier e palco de uma noite de espetáculo de dança, em dezembro de 2005.

Se o legado monumental da era Mitterrand é sem dúvida mais vasto e portentoso que o dos dois Napoleões, o valor estético dos seus monumentos é, no entanto, bastante questionado pelos franceses. Quanto aos monumentos napoleônicos, os franceses não têm quaisquer reservas. O Arco do Triunfo do Carrossel é um primor de harmonia e de leveza. Ele obedece, rigorosamente, à estrutura do Arco de Trajano, em Roma, isto é, um arco central secundado por dois arcos menores, ladeados por quatro colunas de mármore rosado sobre as quais se encontram estátuas de soldados dos exércitos napoleônicos, e coberto por todos os lados de baixo-relevos que narram as vitórias do imperador nas campanhas militares de 1805. O grande Arco do Triunfo, embora menos gracioso que o Arco do Carrossel porque muito maior, bem mais maciço e pesado, tampouco é passível de reparos no plano estético. Inspirado no Arco de Constantino, também em Roma, ele é todo em pedra clara, tem um único arco central, quatro alto-relevos nas laterais, feitos por escultores renomados da época, e ornado de baixo-relevos na sua parte superior.

Quanto à Ópera Garnier, embora ela não tenha a sobriedade dos arcos napoleônicos, é de uma beleza inquestionável. O edifício é símbolo máximo do estilo Napoleão III, isto é, absolutamente eclético, misturando barroco e rococó numa profusão de cores e de materiais diversos, cheio de afrescos e pinturas murais, além de muitas colunas, estátuas e bustos, muitos espelhos e lustres de cristal, muito veludo e muito dourado por tudo.

Dos monumentos da era Mitterrand não se pode dizer que sejam nem sóbrios, nem sobrecarregados. Eles são, antes de tudo, estranhos. Alguns são até bonitos, como a Pirâmide do Louvre, construída toda em vidro, sustentada por uma estrutura de metal, e localizada entre as duas grandes alas do museu e em frente ao Arco do Triunfo do Carrossel. Este é o mais elegante dos monumentos de Mitterrand. À noite, com a luz que brota do seu interior ela fica, a um só tempo, mais visível e mais leve, o que compõe um quadro em que, curiosamente, o Museu do Louvre abraça a pirâmide de vidro numa surpreendente harmonia. No entanto, mesmo esse monumento bem-sucedido é questionado por muitos franceses, que não o desaprovam em si mesmo, mas acham que ele destoa do conjunto arquitetônico do Louvre. Mas os demais monumentos – o Grande Arco da Defesa, a Ópera da Bastilha e a Biblioteca Nacional François-Mitterrand – são muito mais objeto de críticas do que de admiração e elogios.

O Arco da Defesa é uma enorme construção em forma de cubo vazado no meio, com fachada toda recoberta em mármore branco. O vão-livre que forma o arco na parte inferior desse cubo é tão monstruoso que nele poderia caber nada menos que a catedral de Notre-Dame. Se esse arco é, indiscutivelmente, monumental, há contestação quanto à sua beleza e harmonia. O Arco da Defesa situa-se em uma extremidade de um grande conjunto de monumentos dispostos em perspectiva, que começa no Louvre, passa pelo Arco do Triunfo do Carrossel, atravessa o Jardim das Tulherias, passa pelo grande Obelisco do templo de

334 | Os franceses

Luxor, que se encontra no meio da praça da Concórdia, segue pela avenida dos Campos Elíseos até o grande Arco do Triunfo, na praça Charles de Gaulle-Étoile, prossegue por outra enorme avenida até chegar, finalmente, ao Grande Arco da Defesa. No entanto, quando visto do Arco do Triunfo da praça Charles de Gaulle-Étoile, aparece meio de lado, isto é, com a abertura do arco voltada um pouco para a esquerda e não alinhada aos demais monumentos, como se encontram dispostos os dois outros arcos de Napoleão. Isso causa, no mínimo, um certo estranhamento, pois quebra a harmonia da grande perspectiva formada pelos três arcos. Alguns não veem qualquer problema nisso, argumentando que a harmonia não depende apenas da simetria e que junto com toda inovação estética vem sempre um questionamento e ruptura com os padrões até então dominantes. O argumento é bom, mas não acaba com a polêmica.

A Ópera da Bastilha é, sem dúvida, um belo teatro moderno e com uma boa acústica, isto é, se se considerar apenas as suas funcionalidades internas, mas vista do exterior ela ocupa um espaço desproporcional no conjunto arquitetônico da praça. Em Nova York, São Paulo ou Berlim, a beleza do prédio em si mesmo talvez pudesse ser mais bem apreciada, mas na praça da Bastilha, ao invés das suas paredes envidraçadas lhes darem leveza, ele aparece como um corpo estranho.

A Biblioteca François Mitterrand, construída em uma enorme área à margem esquerda do Sena, é, entre todos os monumentos legados pelo presidente, o mais controvertido e criticado. Não resta qualquer dúvida de que a França necessitava de uma outra biblioteca nacional, maior, mais moderna e confortável do que a situada no $2^{\underline{o}}$ *arrondissement*, em plena região central da cidade. Mas o projeto arquitetônico aprovado, cuja execução custou uma verdadeira fortuna aos cofres públicos, não precisaria ser tão simplório: oito enormes edifícios que em torno de uma grande área quadrada se unem dois a dois, formando um ângulo de 90 graus, sugerindo quatro grandes livros abertos. Internamente a biblioteca é espetacular, mas vista de fora deixa muito a desejar.

EPÍLOGO

A descrição impiedosa e impressionista dos monumentos mais recentes de Paris, não deve levar o leitor a pensar que a França, os franceses e Paris encontram-se perdidos e peripatéticos em busca da glória do tempo passado que nunca mais irá voltar. Os franceses, em geral, são muito conscientes da sua nova situação no mundo que, embora não lhes agrade, tampouco os assusta. De principal potência europeia no final do século XVIII e início do XIX, a França passaria à condição de potência secundária, com a Inglaterra à frente, durante o século XIX, e a Alemanha na dianteira, durante o século XX. Neste início de século XXI, a França não seria nem mesmo mais a segunda potência da Europa, mas a terceira, após a Alemanha e a Inglaterra. Mas os rankings econômicos com que os países são classificados pouco nos dizem deles. A França segue sendo um país com uma vitalidade cultural e econômica encontrada em poucos povos no mundo. Isso faz dela o primeiro destino turístico em todo o planeta.

Entre todos os povos da Terra, os franceses são provavelmente os mais irrequietos e inconformados, sempre em busca da inovação e obstinados na sua convicção de que só as luzes da razão são fonte segura para o progresso social, científico e econômico da humanidade. Essa perspectiva tipicamente francesa de ver a vida não foi superada e ainda segue viva para muitos não franceses que veem neles, na sua cultura e na sua forma de viver um caminho atrativo que não se confunde com uma particularidade invejável de um povo específico que não pode servir de modelo aos demais, mas como uma referência universal de convívio civilizado e construtivo, baseado na razão e nos princípios da liberdade, igualdade e fraternidade que não pertencem apenas à história, mas que seguem vivos nos franceses contemporâneos.

Notas

[1] "Il y a des vocations auxquelles il faut obéir. Et quelque chose d'irrésistible m'entraîne vers la gloire et le pouvoir." [http://www.radiofrance.fr/franceinter/em/2000ansdhistoire/index.php?id=40428].

[2] "Tous ses livres ne forment qu'un livre, livre vivant, lumineux, profond, où l'on voit aller et venir, marcher et se mouvoir, avec je ne sais quoi d'effaré et de terrible, mêlé au réel, toute notre civilisation contemporaine; livre merveilleux que le poète a intitulé Comédie et qu'il aurait pu appeler Histoire; qui prend toutes les formes et tous les styles; qui dépasse Tacite et qui va jusqu'à Suétone; qui traverse Beaumarchais et qui va jusqu'à Rabelais; livre qui est l'observation et qui est l'imagination; qui prodigue le vrai, l'intime, le bourgeois, le trivial, le matériel... A son insu, qu'il veuille ou non, qu'il y consente ou non, l'auteur de cette oeuvre immense et étrange est de la force des écrivains révolutionnaires. De Balzac va droit au but: il saisit corps à corps la société moderne; il arrache à tous quelque chose; aux uns l'illusion, aux autres l'espérance, à ceux-ci un cri, à ceux-là un masque. Il creuse et sonde l'homme, l'âme, le coeur, le cerveau, et par un trait de sa vigoureuse et libre nature, il se dégage souriant et serein de ces redoutables études qui produisaient la mélancolie chez Molière et la misanthropie chez Rousseau."

[3] "Ces soi-disant artistes s'intitulent les impressionnistes. Ils prennent des toiles, de la couleur et des brosses, jettent au hasard quelques tons et signent le tout. C'est ainsi que des esprits égarés ramassent des cailloux et se figurent qu'ils ont trouvé des diamants." [http://www.radiofrance.fr/franceinter/em/2000ansdhistoire/index.php?id=41329]

[4] "D'un chat se promenant sur le clavier d'un piano où d'un singe qui se serait emparé d'une boîte de couleur." (idem).

[5] Une révolution dans la peinture: l'impressionnisme, 2000 ans d'Histoire, France Inter, 01.03.2006.

[6] Idem.

[7] Isabelle Cahn, L'Impressionnisme ou l'oeil naturel, Paris, Chêne, 2005.

[8] Geneviève Sellier, La nouvelle vague: un cinéma au masculin singulier, Paris, CNRS, 2005.

[9] "Nous venons, écrivains, peintres, sculpteurs, architectes, amateurs passionnés de la beauté jusqu'ici intacte de Paris, protester de toutes nos forces, de toute notre indignation, au nom du goût français méconnu, au nom de l'art et de l'histoire français menacés, contre l'érection, en plein coeur de notre capitale, de l'inutile et monstrueuse Tour Eiffel."

[10] "Cette haute et maigre pyramide d'échelles de fer, squelette disgracieux et géant, dont la base semble faite pour porter un formidable monument de Cyclopes, et qui avorte en un ridicule et mince profil de cheminée d'usine cette haute et maigre pyramide d'échelles de fer, squelette disgracieux et géant, dont la base semble faite pour porter un formidable monument de Cyclopes, et qui avorte en un ridicule et mince profil de cheminée d'usine."

RECEITAS

UM PRATO PRINCIPAL CLÁSSICO

Boeuf bourguignon/Carne à moda da Borgonha
(porção para seis pessoas)

Ingredientes:
- 1,5 kg de músculo bovino cortado em cubos
- 200 g de bacon cortado em cubos
- 3 cebolas grandes cortadas em rodelas
- 2 dentes de alho picados
- 3/4 de tablete de manteiga sem sal
- 1 garrafa de vinho tinto seco (de uvas viníferas)
- 300 g de cogumelos frescos (ou congelados, mas não em conserva, pois não têm gosto)
- Salsa
- 1 *bouquet garni* (alguns ramos de salsa, 1 folha de louro e 1 ramo de tomilho amarrados com barbante)
- 2 colheres de sopa de farinha de trigo
- Sal e pimenta-do-reino a gosto

Modo de preparo:
1. Derreter 1/2 tablete de manteiga numa panela de fundo grosso (de pressão, por exemplo), acrescentar o bacon e dourar a carne. Reservar.
2. Na mesma gordura, dourar a cebola e o alho; acrescentar a carne e a farinha de trigo; mexer bem, cobrir com o vinho (completar com água se for necessário), acrescentar o *bouquet garni*, sal e pimenta.
3. Cozinhar na pressão por cerca de 1 hora (ou até que a carne esteja macia).
4. Em uma frigideira, dourar os cogumelos cortados em fatias no restante da manteiga.
5. Na hora de servir, acrescentar os cogumelos à carne e salpicar salsa picada.
6. Servir com arroz ou batatas cozidas.

UM ACOMPANHAMENTO PARA ASSADOS
(OU PRATO PRINCIPAL PARA VEGETARIANOS)

Gratin dauphinois/Gratinado à moda de Dauphine
(porção para seis pessoas)

Ingredientes:
- 1,5 kg de batatas
- 1 dente de alho
- 1 ovo
- 1 copo de leite (200 ml)
- 200 ml de creme de leite fresco
- 100 g de queijo prato ralado
- Manteiga
- Sal e pimenta-do-reino a gosto

Modo de preparo:
1. Descascar e cortar as batatas em rodelas finas.
2. Besuntar de manteiga uma travessa que vá ao forno. Espalhar o alho picado no seu fundo.
3. Colocar uma camada de batatas cortadas, temperar com sal e pimenta, acrescentar um pouco de creme de leite e de queijo ralado.
4. Repetir essa operação até completar a travessa, cobrindo o prato com o restante do queijo ralado. Acrescentar o leite e levar ao forno quente por uma hora (cobrir a travessa com uma folha de papel-alumínio ajuda a guardar o calor e evita ressecar e queimar as batatas).
5. Quando as batatas estiverem cozidas, bater ligeiramente um ovo com o restante do creme de leite em uma tigela e colocar a mistura sobre as batatas, que deverão voltar ao forno por mais uns 15 minutos, ou até gratinar.
6. Servi-las imediatamente acompanhadas de uma carne assada e de uma salada verde.

UMA SOBREMESA FÁCIL

Poires au vin/Peras ao vinho
(porção para seis pessoas)

Ingredientes e modo de preparo:

1. Descascar meia dúzia de peras pequenas e firmes sem cortar o talo.
2. Colocá-las em uma panela de pressão junto com uma colher de chá de essência de (ou um favo de) baunilha; uma xícara de açúcar; duas xícaras de vinho tinto, cravo e canela.
3. Cozinhá-las por 10 minutos na pressão.
4. Retirar as peras da panela de pressão e deixar reduzir o caldo até a metade.
5. Colocar o caldo sobre as peras e levar à geladeira antes de servir.

Muito importante: Essas três receitas não combinam umas com as outras. Se quiser experimentá-las, faça uma de cada vez, associando-a com outros pratos conforme a sua criatividade.

CRONOLOGIA

- Cerca de 15.000 a.C. – Os homens do período Paleolítico deixam seus registros pictóricos na caverna de Lascaux, no sudoeste da França.
- Cerca de 2.800 a.C. – Na península da Bretanha, habitada desde o 4º milênio a.C., após a última glaciação, povos do Neolítico erguem menires, dólmens e *tumulus*.
- Cerca de 1.500 a.C. – Os celtas começam a ocupar o território da França.
- Entre 900 e 600 a.C. – Colonos gregos instalam-se na costa mediterrânea da França, fundando a cidade de Marselha.
- 100 a.C. – Roma ocupa definitivamente o sul da França.
- 51 – As tropas de Júlio César derrotam as de Vercingetorix na batalha de Alésia, abrindo caminho para o completo domínio e romanização da Gália a partir do ano seguinte.
- Entre 250 e 300 – A antiga cidade gaulesa, denominada pelos romanos de Lutécia, passa a se chamar Paris e começa a invasão da Gália pelos francos.
- Entre 400 e 450 – Início da dinastia dos Merovíngeos. Os bretões começam a migrar da Grã-Bretanha, de onde foram expulsos pela invasão dos anglo-saxões, para a península continental da Bretanha.
- 496 – O terceiro rei Merovíngeo, Clóvis I, converte-se ao catolicismo.
- 507 – Paris torna-se a capital do reino.
- 751 – Início da dinastia dos Carolíngeos.
- 790 – Os vikings começam a se estabelecer na costa atlântica ao norte da Bretanha, dando origem ao povo normando.
- 800 – Carlos Magno é coroado imperador dos francos e dos romanos pelo papa, em Roma.
- 880 – O ducado da Borgonha é fundado por reis da dinastia dos Carolíngeos.
- 987 – Início da dinastia dos Capetos.
- 1066 – O duque da Normandia, Guilherme II, torna-se rei da Inglaterra como Guilherme I.
- 1204 – A Normandia é anexada ao reino da França.
- 1328 – Início da dinastia dos Valois.
- 1453 – Os exércitos franceses derrotam definitivamente as forças inglesas em Castillon, pondo fim a trezentos anos de dominação britânica na Aquitânia.
- 1539 – Por meio da *Ordonnance de Villers-Cotterêts*, o rei Francisco I impõe o francês como idioma obrigatório de redação de todos os atos jurídicos e administrativos do Estado.
- 1572 – Católicos massacram protestantes franceses durante a trágica noite de São Bartolomeu.
- 1598 – Início da dinastia dos Bourbons, com Henrique IV.
- 1598 – Henrique IV assina o Edito de Nantes, dando liberdade de culto aos protestantes.

340 | Os franceses

- 1635 – Sob o reinado de Luís xiii, o cardeal Richelieu funda a Academia Francesa, encarregada de zelar pela pureza e unidade da língua francesa.
- 1637 – René Descartes escreve *O discurso do método*, primeira grande obra filosófica escrita em francês, e não mais em latim.
- 1638 – Nascimento de Luís xiv e de Don Perignon, monge que desenvolveu o método de fabricação da champanhe e produziu a bebida que o Rei Sol iria tomar durante toda a sua vida.
- 1661 – O mestre de cerimônias e chefe de cozinha François Vatel organiza um banquete para o jovem rei Luís xiv em que foi servido, pela primeira vez, o *crème chantilly*.
- 1673 – Molière morre logo após representar *O doente imaginário*.
- 1680 – Luís xiv cria a Commédie Française.
- 1682 – Os franceses instalam-se às margens do rio Mississipi, dando origem ao território da Luisiânia.
- 1685 – Revogação do Edito de Nantes, por Luís xiv, retornando a perseguição aos protestantes.
- 1706 – Québec torna-se a capital dos territórios franceses no Canadá.
- 1748 – O parlamento da França proíbe o cultivo da batata em território francês.
- 1762 – O comerciante protestante residente em Toulouse, Jean Calas, é injustamente acusado e condenado à tortura e morte pelo assassinato do seu filho, Marc-Antoine, por perseguição religiosa.
- 1763 – A França entrega seus territórios no Canadá ao Reino Unido, por força do Tratado de Paris. Voltaire publica o *Tratado sobre a tolerância: por ocasião da morte de Jean Calas*.
- 1765 – É aberto o primeiro restaurante em Paris voltado para as classes populares. Jean Calas e sua família são reabilitados por uma corte de juízes após a mobilização da opinião pública promovida por Voltaire.
- 1768 – A Córsega é vendida à França após quatro séculos de dominação genovesa.
- 1769 – Nascimento de Napoleão Bonaparte em Ajaccio, na Córsega.
- 1782 – O cozinheiro de um irmão de Luís xvi, Antoine Beauvilliers, abre, em Paris, o primeiro restaurante voltado para os ricos.
- 1785 – Sob a proteção de Luís xvi e desrespeitando a proibição do Parlamento da França, o farmacêutico e nutricionista Antoine Parmentier inicia uma plantação de batatas perto de Paris, para estimular os franceses a consumir o tubérculo.
- 1789 – Em 17 de junho, os Estados Gerais reúnem-se em Assembleia Nacional, logo transformada em Assembleia Constituinte. Em 14 de julho, tem início a Revolução Francesa com a tomada da Bastilha, em Paris.
- 1792 – Abolição da Monarquia e proclamação da Primeira República.
- 1793-1795 – período do terror jacobino.
- 1793 – Em janeiro, Luís xvi é executado e, em novembro, em pleno processo revolucionário, é criado o Museu do Louvre.
- 1794 – Abolição da escravidão nas colônias francesas.
- 1799 – Napoleão começa a governar os franceses como primeiro cônsul, anunciando o fim da Revolução.
- 1800 – Napoleão cria o cargo de *préfet* para administrar todos os departamentos da França, em estreita sintonia com o governo nacional sediado em Paris.
- 1801 – Napoleão assina o Concordato, que disciplina as relações do Estado francês com as religiões então dominantes na sociedade e reconhecidas pelo poder público: a católica, as diferentes denominações protestantes e a judaica.
- 1802 – A escravidão é restabelecida nas colônias.

Cronologia | 341

- 1803 – Napoleão vende a Luisiânia aos Estados Unidos.
- 1804 – Napoleão retira a coroa das mãos do Papa Pio VII e ele mesmo se coroa imperador dos franceses.
- 1805 – A esquadra francesa é derrotada pela britânica na Batalha de Trafalgar, na costa mediterrânea da Espanha, e os exércitos napoleônicos vencem os austríacos e russos na Batalha de Austerlitz, em território austro-húngaro.
- 1812 – Fracasso do exército napoleônico na campanha da Rússia.
- 1815 – Napoleão é definitivamente vencido na Batalha de Waterloo, na Bélgica. Restauração da monarquia com Luís XVIII.
- 1821 – Morte de Napoleão na ilha de Santa Helena.
- 1829 – Honoré de Balzac escreve o primeiro livro da *Comédia humana*.
- 1830 – Eclode a revolução que resultará na deposição de Carlos X, o último rei da dinastia dos Bourbons, e na ascensão ao trono de Luís Filipe, da casa dinástica de Orléans, como rei dos franceses. Durante a revolução na metrópole, a armada francesa ocupa a Argélia.
- 1848 – Início da Segunda República. A escravidão é definitivamente abolida nas colônias.
- 1851 – O censo populacional registra 380 mil estrangeiros residindo na França (1% da população).
- 1852 – Fim da Segunda República e início do Segundo Império, com Napoleão III.
- 1853 – Napoleão III indica o barão Haussmann como prefeito de Paris, que dará início à modernização da capital francesa.
- 1860 – O ducado da Savoia e o condado de Nice são anexados à França em decorrência do Tratado de Turim assinado por Napoleão III e por Victor Emanuel II, rei da Sardenha.
- 1862 – Victor Hugo publica *Os miseráveis*.
- 1870 – Guerra Franco-Prussiana. A França perde o domínio sobre a Alsácia-Lorena, que passa a integrar a Alemanha. Cai o Segundo Império.
- 1871 – Início da Terceira República e da expansão colonial na África e no oceano Pacífico.
- 1874 – No ateliê do fotógrafo Félix Nadar, em Paris, é realizada a primeira exposição impressionista.
- 1882 – A Lei Jules Ferry é promulgada, instituindo o ensino laico, gratuito e obrigatório para todas as crianças na França.
- 1887 – A Torre Eiffel começa a ser erguida no Campo de Marte, em Paris.
- 1891 – O censo populacional registra 1,1 milhão de estrangeiros residindo na França (3% da população).
- 1895 – O capitão Dreyfus é injustamente degradado por alta traição.
- 1898 – Émile Zola publica na primeira página do jornal *L'Aurore* a peça mais notável da imprensa francesa de todo o século XIX: *J'accuse!* (Eu acuso!), em defesa do capitão Dreyfus.
- 1902 – Morte de Zola.
- 1905 – Com a Lei do Laicismo, estabelece-se a completa separação entre o Estado e as igrejas na França. Nascem Jean-Paul Sartre e Raymond Aron, os antípodas da intelectualidade francesa do pós-guerra.
- 1906 – O capitão Dreyfus é definitivamente reabilitado.
- 1914 – Início da Primeira Grande Guerra.
- 1918 – A Alemanha capitula e assina o armistício em 11 de novembro. A França recupera o domínio sobre a Alsácia-Lorena.
- 1931 – O censo populacional registra 2,7 milhões de estrangeiros residindo na França (6,4% da população).

342 | Os franceses

- 1936 – Os partidos reunidos na Frente Popular vencem as eleições e a França tem, então, o seu primeiro governo de esquerda.
- 1940 – Paris e o norte da França são ocupados pelo exército nazista. A Alsácia-Lorena é anexada à Alemanha. O exército francês assina a rendição e o marechal Pétain forma, em Vichy, um governo de colaboração com a Alemanha, controlando o sul do país e pondo fim à Terceira República.
- 1941 – Charles Trenet grava *Douce France*.
- 1942 – As forças aliadas ocupam o Marrocos e a Argélia, e o general De Gaulle instala em Argel o governo provisório da França.
- 1944 – As tropas aliadas desembarcam na Normandia e libertam a França da ocupação nazista.
- 1945 – Sartre funda a revista *Les Temps Modernes*. A École Nationale d'Administration (ENA) é criada pelo general De Gaulle. Edith Piaf escreve *La Vie em rose*.
- 1946 – Início da Guerra da Indochina.
- 1947 – Realiza-se o primeiro festival de teatro em Avignon.
- 1954 – O exército francês capitula e abandona a Indochina após ser derrotado na Batalha de Dien-Bien-Fu. Forma-se a Frente Nacional de Libertação (FNL) e tem início a Guerra da Argélia.
- 1957 – Albert Camus recebe da Academia de Ciências da Suécia o Prêmio Nobel de Literatura pelo conjunto de sua obra literária.
- 1958 – Em plena crise na Argélia, o general De Gaulle volta ao poder, pondo fim à Quarta República e dando início à Quinta. O filme de Claude Chabrol, *O belo Sérgio*, marca o início da *nouvelle vague* no cinema.
- 1962 – Termina a Guerra da Argélia e o país torna-se independente.
- 1968 – Os estudantes tomam as ruas de Paris, forçando a saída do general De Gaulle do poder.
- 1970 – O busto de Marianne, símbolo da República, assume a feição de Brigitte Bardot.
- 1981 – François Mitterrand torna-se o primeiro presidente socialista da França.
- 1982 – O presidente Mitterrand cria 22 regiões administrativas com poderes autônomos e independentes do governo central e dos departamentos.
- 1986 – Primeiro governo de coabitação na França – presidente de esquerda e primeiro-ministro de direita.
- 1995 – Jacques Chirac é eleito presidente do país.
- 1999 – 9,6% da população da França é composta por imigrantes estrangeiros ou naturalizados.
- 2005 – Os franceses rejeitam, em referendo durante a primavera, o tratado instituindo uma Constituição europeia. No outono, eclodem violentas rebeliões nas periferias das grances cidades da França. Saldo: mais de 9 mil carros incendiados e de 2,7 mil pessoas presas pela polícia.
- 2007 – O ex-ministro do Interior de De Villepin, Nicolas Sarkozy, responsável pela polícia e pela política de segurança interna durante as revoltas de 2005, é eleito presidente da república.

BIBLIOGRAFIA

Aurousseau, Nan. *Bleu de Chauffe*. Paris: Stock, 2005.
Aronson, Ronald. *Camus et Sartre*: amitié et combat. Paris: Alvil, 2005.
Ariès, Philippe; Duby, Georges (org.). *Histoire de la vie privée*. (5 v.) Paris: Seuil, 1985.
Aron, Raymond. *Démocratie et totalitarisme*. Paris: Gallimard, 1965.
Aymes, Jean-René. *L'Espagne contre Napoléon*: la guerre d'indépendance espagnole (1808-1814). Paris: Nouveau Monde Editions, 2003.
Aymes, Jean-René (org.). *L'Image de la France en Espagne (1808-1850)*. Paris: Presses de la Sorbonne Nouvelle, 1997. (Monde hispanophone)
Baverez, Nicolas. *Raymond Aron*: un moraliste au temps des idéologies. Paris: Flammarion, 2005.
Bertholet, Denis. *Sartre*. Paris: Perrin, 2005.
Bourdieu, Pierre. *La Noblesse d'Etat*. Grandes écoles et esprit de corps. Paris: Minuit, 1989. (Le sens commun)
Braga, Danio. *Tradição, conhecimento e prática dos vinhos*. 5. ed. Rio de Janeiro: abs, 1998.
Bryan, Anne-Marie. Le "tu" et le "vous". In: *The French Review*. v. 45, n. 5, apr., 1972, pp. 1007-1010.
Cahn, Isabelle. *L'Impressionnisme ou l'oeil naturel*. Paris: Editions du Chêne, 2005.
Carême, Antonin. *L'Art de la cuisine française au xixeme siècle*. Paris: Payot & Rivages, 1994.
Cherubini, Bernard. *Cayenne, ville créole et polyethnique*. Paris: Karthala/Cenaddom, 1988.
Chaurand, Jacques. *Histoire de la langue française*. Paris: puf, 2006. (Que sais-je ?)
Coûteaux, Paul-Marie. *Être et parler français*. Paris: Perrin, 2006.
Cornette, Joël. *Versailles, le pouvoir de la pierre*. Paris: Tallandier, 2006.
Dallington, Robert. *The View of Fraunce*. London: 1604.
Deltombe, Thomas. *L'Islam imaginaire*: la construction médiatique de l'islamophobie en France, 1975-2005. Paris: La Découverte, 2005.
Draï, Raphaël; Mattéi, Jean-François (orgs.). *La République brûle-t-elle?* Paris: Michalon Éditions, 2006.
Drouard, Alain. *Une histoire des cuisinier en* France: xixème et xxème siècles. Paris: Éditions du cnrs, 2004.
Drouard, Alain. *Les Français à table*: alimentation, cuisine, gastronomie. Paris: Éditions Ellipses, 2005.
Duc, Hélène. *Entre Cour et Jardin*. Paris: Éditions Pascal, 2005. (Biographie)
Duru-Bellat, Marie. *L'inflation scolaire, les désillusions de la méritocratie*. Paris: Seuil, 2006. (La République des Idées)
Faes, Géraldine ; Smith, Stephen. *Noir et français!* Paris: Éditions du Panama, 2006.
Faucher, Léon. Statistique morale: la colonie des Savoyards à Paris. In: *Revue des deux mondes*. Paris, 1834.
Garrisson, Janine. *L'Affaire Calas*: miroir des passions françaises. Paris: Fayard, 2004.
Géraud, Marie-Odile. Destination Amazonie: le modèle brésilien dans la société guyanaise. In: *Ethnologies Comparées, Revue électronique du cerce - Centre d'études et de recherches comparatives en ethnologie*, n. 2, printemps 2001. (Miroirs Identitaires) [http://alor.univ-montp3.fr/cerce/revue.htm]
Gaillard, Jean-Michel. *Le Moment Ferry*: l'école de la République entre mythologie et réalité. [http://www.ac-grenoble.fr/patrimoine-education/seminaire/momment_ferry.htm]
Gravier, Jean-François. *Paris et le désert français*. Paris: Le Portulan, 1947.
Grémion, Pierre. *Modernisation et progressisme*: fin d'une époque, 1968-1981. Paris: Éditions Esprit, 2006.
Grimaud, Renée. *Nos ancêtres les Gaulois*. Rennes: Ouest-France Éditions, 2001.
Guides Voir. *France*. Paris: Hachette, 2003.

HAGÈGES, Claude. *Combat pour le français*: au nom de la diversité des langues et des cultures. Paris: Odile Jacob, 2006.

HOUSSAYE, Jean. *Colonies de Vacances*: a l'écoute du grand air! Verrières: Éditions de l'Étrave, 2006.

_____. *C'est beau comme une colo*: la socialisation en centre de vacances. Vigneux: Editions Matrice, 2005.

LAROUSSE DE LA CUISINE. Paris: Larousse, 1995.

LEFORT, Bernard. *Sartre, réveille toi, ils sont devenus mous*. Paris: Ramsay, 2005.

MCNEILL, Tony. *Immigration in Postwar France* (Lecture 2). Sunderland (GB): The University of Sunderland, 1998. [http://www.sunderland.ac.uk/~os0tmc/contemp1/immig2.htm].

MARY, Philippe. *Un nouvel ordre artistique*: la Nouvelle vague et la révolution du cinéma d'auteur (1950-1960). Paris: Éditions du Seuil, 2006.

MARY, Philippe; DUVAL, Julien (orgs.). *Actes de la recherche en sciences sociales*: cinéma et intellectuels, nn. 161-162. Paris: Éditions du Seuil, 2006.

MILZA, Pierre. Le racisme anti-italien en France: La "tuerie d'Aigues-Mortes" (1893). In: *L'Histoire*, n. 10, mars 1979.

MOATI, Serge; LAURENT, Yves. *Capitaines des ténèbres*. Paris: Fayard, 2006.

NOIRIEL, Gérard. Histoire de l'immigration. In: *Actes de la Recherche en sciences sociales,* n. 54, octobre 1984.

PETITEAU, Natalie. *Napoleón, de la mythologie à l'histoire*. Paris: Éditions du Seuil, 1999.

PÉAN, Pierre. *Main basse sur Alger*: enquête sur un pillage. Paris: Plon, 2004.

PHILIP'S ATLAS OF WORLD HISTORY. London: Reed International Books, 1992.

PITTE, Jean-Robert. *Le Vin et le divin*. Paris: Fayard, 2004.

_____. *Bordeaux-Bourgogne*: les passions rivales. Paris: Hachette Littératures, 2005.

PROST, Antoine. L'Ecole et la Famille dans une société en mutation (depuis 1930). *Histoire générale de l'enseignement et de l'éducation*. t. IV. Paris: Perrin, 2004. (Librairie Académique)

QUENEAU, Jacqueline. *La grande histoire des arts de la table*. Avignon: Éditions Aubanel, 2006.

REIS, Elisa Pereira; SCHWARTZMAN Simon. *Pobreza e exclusão social*: aspectos sociopolíticos. (mímeo)

RENTERGHEM, Marion Van. Raymond Aron l'émotion continue. *Le Monde*, 13.03.2005.

RICHARD, Jean-Luc (org.). *Problèmes politiques et sociaux n. 916*: les immigrés dans la société française. Paris: La Documentation Française, septembre 2005.

RONDEAU, Daniel. *Camus ou les promesses de la vie*. Paris: Éditions Mengès, 2005.

ROSS, Kristin. *Mai 68 et ses vies ultérieures*. Bruxelles: Éditions Complexes. 2005. (Questions à l'Histoire)

ROWLEY, Anthony. *Une histoire mondiale de la table*. Paris: Odile Jacob, 2006.

_____. *Les Français à table*: atlas historique de la gastronomie française. Paris: Hachette, 1997.

SCHAMA, Simon. *Cidadãos*: uma crônica da Revolução Francesa. Trad. Hildegard Feist. São Paulo: Companhia das Letras, 1989.

SELLIER, Geneviève. *La Nouvelle vague*: un cinéma au masculin singulier. Paris: CNRS Éditions, 2005.

SILVA, Helenice Rodrigues da. *Texte, action et histoire*: réflexions sur le phénomène de l'engagement. Paris: L'Harmattan, 1994.

STENDHAL. *Vie de Napoléon*. Paris: Le Divan, 1930. [http://gallica.bnf.fr/ark:/12148/bpt6k6923v]

TALLANDIER, François. *Balzac*. Paris: Gallimard, 2005. (Folio Biographie)

THUILLIER, Guy. *L'ENA avant l'ENA*. Paris: PUF, 1983.

TOCQUEVILLE, Alexis de. *O Antigo Regime e a Revolução*. Lisboa: Fragmentos, 1989.

VERGÈS, Françoise. *La Mémoire enchaînée*: penser l'esclavage aujourd'hui. Paris: Albin Michel, 2006.

WEBER, Eugen. *França fin-de-siècle*. Trad. R. Eichenberg. São Paulo: Companhia das Letras, 1989.

WINOCK, Michel. *13 mai 1958*: l'agonie de la IVème République. Paris: Gallimard, 2006. (Les journées qui ont fait la France)

ZARIFIAN, Edouard. *Bulles de Champagne*. Paris: Perrin, 2005.

ZELDIN, Theodore. *Os franceses*. Trad. F. Rangel. Rio de Janeiro: Record, 2000.

ICONOGRAFIA

Capítulo "A formação dos franceses"
Pág. 18: Pinturas rupestres da Gruta de Lascaux.
Pág. 23: "Memorial a Vercingetorix", GNU Free Documentation License.
Pág. 27: À esquerda, "Clóvis I", medalha de bronze, GNU Free Documentation License. À direita, "Carlos Magno", estátua, GNU Free Documentation License.
Pág. 29: Representação de Guilherme, o Conquistador, Museu de Bayeux, GNU Free Documentation License.
Pág. 33: Imagem superior, ponte sobre o rio Mosela, Metz, Lorena, França, foto licenciada conforme GNU Free Documentation License. Imagem inferior, costa norte da Cérsega, França, Ricardo C. Coelho, 1992.
Pág. 39: Cidade de Aigues-Mortes, F. de la Mure.
Pág. 44: "Banho turco", Jean Auguste Dominique Ingres, óleo sobre tela, 1862.

Capítulo "O espaço francês"
Pág. 58: "Ataque a Argel", óleo sobre tela, 1830.
Pág. 67: Barricadas nas ruas de Argel, 1960, Michel Marcheux, Creative Commons.
Pág. 70: (A) plantação de cana-de-açúcar na Ilha da Reunião, GNU Free Documentation License, (B) mercado de Pointe-à-Pitre, Guadalupe, GNU Free Documentation License, (C) Caiena, Guiana, F. de la Mure.
Pág. 75: Mapa. Limites hexagonais da França, adaptado da Nasa.
Pág. 77: Fotos de Ricardo C. Coelho, 1990.
Pág. 80: Castelo de Chambord, Y. J. Chen, GNU Free Documentation License.
Pág. 81: Ponte sobre o rio Dordonha, Ricardo C. Coelho, 2005.
Pág. 84: Peillon, Ricardo C. Coelho, 1991.
Pág. 87: Ricardo C. Coelho, 1992.
Pág. 89: "Pompas fúnebres de Carlos III", 1608, Museu Histórico Loreno, IGN Départements 3.
Pág. 91: IGN Départements 3
Pág. 93: Lescheraines, Ricardo C. Coelho, 1990.

Capítulo "Os vizinhos"
Pág. 100: Gare d'Austerlitz, Paris, Floflo, 2006.
Pág. 104: Trincheiras em Verdun.
Pág. 107: Imagem superior, Goya, "Dos de mayo de 1808 ou La carga de los mamelucos", óleo sobre tela, 1814. Imagem inferior, Goya, "Los fusilamientos del tres de mayo", óleo sobre tela, 1814.
Pág. 122: Maison Kammerzell, foto tirada entre 1890 e 1900.
Pág. 131: Imagem superior, Place de la Concorde, C. Stefan. Imagem inferior, Ricardo C. Coelho, 2002.
Pág. 137: GNU Free Documentation License.
Pág. 141: Estátua do General De Gaulle, Jaime Pinsky, 2007.

Capítulo "Cotidiano e comportamento social"
Pág. 147: Esquema gráfido montado pela Editora Contexto.
Pág. 148: Gustave Caillebotte, "Rua parisiense, dia chuvoso", 1877, óleo sobre tela, Instituto de Arte de Chicago.
Pág. 151: Ricardo C. Coelho, 2005.
Pág. 155: (A e B) Jaime Pinsky, 2007, (C, D e E) Ricardo C. Coelho, 2005.
Pág. 160: Fotos de Jaime Pinsky, 2007.
Pág. 162: Edifício em Nancy, Lorena.
Pág. 167: Jardins do Palácio de Versalhes, GNU Free Documentation License.

Capítulo "A comunicação"
Pág. 173: Brasão real da Coroa britânica.
Pág. 174: Silhouette France 1 © IGN.
Pág. 178: Institut de France, GNU Free Documentation License.
Pág. 186: Minitel, GNU Free Documentation License.

Capítulo "O lazer"
Pág. 191: Imagem superior, Manet, "O almoço sobre a relva", óleo sobre tela, 1863. Imagem inferior, Monet, século XIX.

346 | Os franceses

Pág. 195: Partida de jeu de paume, século XVII.
Pág. 199: Cartão postal manuscrito, imagem de Ricardo C. Coelho.
Pág. 200: Imagem superior, Van Gogh, Fachada do Moulin de la Galette. Imagem inferior, Toulouse.
Pág. 202: F. de la Mure, 2005.
Pág. 207: Ricardo C. Coelho, 2005.
Pág. 210: Fotos de Ricardo C. Coelho, 2005.
Pág. 213: Imagem superior, GNU General Public License. Imagem inferior, F. de la Mure.

Capítulo "A gastronomia"

Pág. 225: Fotos de Ricardo C. Coelho, 2005.
Pág. 229: Esquema gráfido montado pela Editora Contexto.
Pág. 230: Castelo de Vaux-le-Vicomte, Y. J. Chen, GNU Free Documentation License.
Pág. 232: Jaime Pinsky, 2007.
Pág. 235: Jaime Pinsky, 2007.
Pág. 238: Jean-François Millet, "Angelus", óleo sobre tela, 1859, Museu d'Orsay.
Pág. 241: Jaime Pinsky, 2007.
Pág. 243: Ricardo C. Coelho, 2007.

Capítulo "A política"

Pág. 250: Imagem superior, Eugène Delacroix, "A liberdade guiando o povo", óleo sobre tela, 1830. Imagem inferior, foto de Ricardo C. Coelho.
Pág. 257: (A) Goya, "Saturno devorando seus filhos", óleo sobre tela, 1819. (B) Girodet "Napoleon in Coronation Robes". (C) Gustave Moreau, "Prometeu", óleo sobre tela, 1868.

Pág. 262: Charlotte Balavoine.
Pág. 266: Imagem superior, Jean-Baptiste Delafosse, "A infeliz família Calas", Bibliothèque Nationale de France. Imagem inferior, "A roda do suplício".

Capítulo "A educação"

Pág. 281: F. de la Mure.
Pág. 285: GNU Free Documentation License.
Pág. 289: Ricardo C. Coelho, 2005.
Pág. 295: Jastrow, 2004, GNU Free Documentation License.

Capítulo "A arte"

Pág. 301: Édouard-Joseph Dantan, óleo sobre tela, 1886 (Coleção da Commédie Française).
Pág. 302: Nicolas Mignard, 1658 (Coleção da Commédie Française).
Pág. 306: (A) Fragonard, "O ferrolho". (B) David, "O juramento dos Horácios". (C) Géricault, "A jangada da Medusa".
Pág. 310: Louis-Auguste Bisson, 1842.
Pág. 313: Imagem superior, foto de Ricardo C. Coelho. Imagem inferior, Monet.
Pág. 315: Nadar, em domínio público.
Pág. 327: Exposição Universal de 1889, em Paris.
Pág. 329: Arpingstone, em domínio público.
Pág. 331: Imagem superior, foto de Ricardo C. Coelho, 2005. Imagem inferior, foto de Jaime Pinsky, 2007.
Pág. 332: Fotos de Ricardo C. Coelho, 2005.

"Receitas"

Fotos de Ricardo C. Coelho.

AGRADECIMENTOS

Os franceses tem alguns padrinhos que o autor não poderia deixar de render tributo. O primeiro deles é Jorge Grespan, que me indicou para a Editora Contexto, que estava buscando um autor para o título. Sem Jorge é bem provável que eu jamais tivesse escrito este livro. A primeira madrinha de *Os franceses* é Adriana Contin, minha esposa. Adriana foi a minha constante e infatigável interlocutora. Com seu senso crítico apurado, seu vasto conhecimento da cultura francesa e rara sensibilidade estética, Adriana foi o melhor contraponto que um escritor poderia desejar. Maria Lúcia Rehder de Andrade revisou com competência e dedicação admiráveis os originais, e José Alex Sant'Anna, com quem trabalhei enquanto escrevia este livro, proporcionou-me as melhores condições possíveis para fazê-lo. Além desses, Alcides Domingos Leite, Germaine Mandelsaft, Helenice Rodrigues da Silva, Luiz Antonio Vellinho d'Angelo, Manuel Carlos Siqueira Cunha e Patrick Straumann, cada um a sua forma, muito contribuíram e me estimularam a escrever *Os franceses*. A todos o meu reconhecimento e agradecimento.

 # O AUTOR

Ricardo Corrêa Coelho é cientista social com doutorado em Ciência Política pela Universidade de São Paulo. Viveu na França no início dos anos 1990 e há vinte anos frequenta regularmente o país. Tem trabalhos acadêmicos sobre eleições e política partidária e experiência profissional como docente no ensino superior e nas áreas de administração e de políticas públicas. Está ligado ao Ministério da Educação (MEC), e, nos últimos anos, vem atuando em cursos voltados para a administração pública federal e escrito sobre políticas educacionais.

CADASTRE-SE
EM NOSSO SITE,
FIQUE POR DENTRO DAS NOVIDADES
E APROVEITE OS MELHORES DESCONTOS

LIVROS NAS ÁREAS DE:

História | Língua Portuguesa | Educação
Geografia | Comunicação | Relações Internacionais
Ciências Sociais | Formação de professor
Interesse geral | Romance histórico

ou
editoracontexto.com.br/newscontexto

Siga a Contexto
nas Redes Sociais:
@editoracontexto

GRÁFICA PAYM
Tel. [11] 4392-3344
paym@graficapaym.com.br